Mary C. Neal
7 Botschaften des Himmels

MARY C. NEAL

7 Botschaften des Himmels

Wie ich nach der Nahtoderfahrung mehr Lebensfreude fand

Aus dem Amerikanischen übersetzt
von Gabriel Stein

Allegria

Die Originalausgabe erschien 2017
unter dem Titel *7 Lessons From Heaven*
im Verlag Authentic Media Ltd., UK

MIX
Papier aus verantwortungsvollen Quellen
FSC® C014496

Allegria ist ein Verlag der Ullstein Buchverlage GmbH

ISBN 978-3-7934-2332-4

Übersetzung: Gabriel Stein
Lektorat: Ulla Mothes
Umschlaggestaltung:
Simone Mellar, zero-media.net, München
Satz: Keller & Keller GbR
Gesetzt aus der Minion
Druck und Bindearbeiten:
GGP Media GmbH, Pößneck
Printed in Germany

Dieses Buch ist dem Gott gewidmet,
der uns mehr liebt, als wir es begreifen können.

Soli Deo Gloria

Inhalt

Einleitung – Das ändert alles 9

ERSTER TEIL 17

1. Fluss des Todes, Fluss des Lebens 19
2. Wie ich mein Leben von jenseits der Zeit sah 31
3. Wir sind sowohl physische als auch spirituelle Wesen 42
4. An der Seite von Jesus 58
5. Das Leben geht über die Wissenschaft hinaus 69
6. Hinüberwechseln und zurückkehren 93
7. Eine Führung durch den Himmel 114
8. Wunder liegen immer in der Luft 127
9. Engel wandeln mitten unter uns 145
10. Gott hat einen Plan 163
11. Die Schönheit erblüht aus allem 182
12. Inmitten des Verlusts keimt die Hoffnung 199

ZWEITER TEIL 219

13. Wie man mit absolutem Vertrauen lebt 221
14. Schritt 1: Blicken Sie über den eigenen Horizont hinaus
Formulieren Sie mit offenem Herz eine Hypothese 236
15. Schritt 2: Schauen Sie sich in der Welt um
Sammeln Sie Beweise aus der Natur und dem Leben anderer Menschen 249
16. Schritt 3: Sehen Sie nach innen
Entdecken Sie in Ihrer eigenen Geschichte die Zeichen für Gottes Gegenwart 262

17. Schritt 4: Ziehen Sie ein Fazit
Bewerten Sie Ihre Hypothese neu, treffen Sie eine Entscheidung und handeln Sie ihr gemäß 272
18. Die süßeste Frucht auf Erden 280

Dank 290
Anleitung für Lesegruppen 293
Anmerkungen 310

Einleitung

Das ändert alles

Sich in Gott zu verlieben, ist die größte aller Liebesgeschichten;
ihn zu suchen, das größte aller Abenteuer;
ihn zu finden, die größte menschliche Leistung.

Raphael Simon

Meine Geschichte beginnt auf der Kante eines Wasserfalls in Südamerika, in jenem Bruchteil einer Sekunde, da man alles kommen sieht, zugleich aber weiß, dass es für jede Änderung zu spät ist. Ich saß in meinem Kajak, schaute hinunter und wusste, dass ich in Schwierigkeiten war. Ich wusste, dass der Strudel in der Tiefe mich erfassen würde, ebenso jedoch, dass ich einen Ausweg fände, was mir bisher immer gelungen war.

Dieses Mal war es anders. Ich fand keinen Ausweg. Nachdem ich in die aufgewühlten Wasser gestürzt und gut zwei Meter untergetaucht war, verkeilte sich der Bug meines Boots fest zwischen Felsblöcken am Grund.

Sofort versuchte ich mich freizukämpfen, aber nichts bewegte sich, wie sehr ich mich auch bemühte. Die reißende Strömung und das Gewicht des Wassers drückten mein Gesicht auf das Vorderdeck des Kajaks. Meine mächtigen Anstrengungen, der Situation zu entkommen, schlugen fehl, und mir war klar: Wenn sich jetzt nicht etwas änderte oder unerwartet eintrat, würde ich ertrinken.

Was dann geschah, überraschte sogar mich. Die Zeit verlangsamte sich, und trotz des Wissens um meine Zwangslage, trotz der ungestümen Strudel ringsum fühlte ich mich entspannt, ruhig und seltsam zuversichtlich. In diesem Augenblick betete ich die Worte, die von außerhalb meiner selbst zu kommen schienen: »Gott, dein Wille geschehe. Nicht meiner, sondern deiner.«

Nie werde ich es mit Sicherheit wissen, aber tief in meinem Herzen glaube ich, dass eigentlich schon zu diesem Zeitpunkt meine Reise in den Himmel und zurück begann.

Von vornherein möchte ich betonen, dass ich mich nicht als einen besonderen Menschen betrachte. Damals war ich, genauso wie jetzt, recht normal. Doch was sich ereignete, als das Wasser meine Lungen füllte, war wirklich außergewöhnlich. Ich machte eine bemerkenswerte Nahtoderfahrung (NTE), durch die ich die unbeschreibliche Schönheit des Himmels sah, das überwältigende Mitgefühl von Jesus Christus erlebte, Engeln begegnete und in Gottes reiner Liebe versank.

Ja, das will viel heißen – und sorgfältige Erläuterungen werden folgen –, aber glauben Sie mir, niemanden erstaunen diese Worte mehr als mich.

Als Chirurgin habe ich in etlichen Jahren medizinischer Ausbildung gelernt, skeptisch zu sein gegenüber allem, was außerhalb der wissenschaftlichen Sphäre angesiedelt ist. Wenn etwas nicht zu messen, zu überprüfen, zu röntgen und zu reproduzieren war, konnte ich es rational nicht akzeptieren. Aus diesem Grund suchte ich in den Monaten nach meinem Ertrinken und den anschließenden übernatürlichen Erfahrungen fieberhaft nach einer nicht spirituellen Erklärung für die Geschehnisse.

Doch es gab keine. Nach ausgiebiger Forschung kam ich zu dem unleugbaren Schluss, dass die meisten meiner Erfahrungen weit über die Grenzen von Medizin und Wissenschaft hinausgingen.

Dennoch zögerte ich. Nennen Sie es Stolz, berufliche Skepsis oder Flucht vor der Einsicht, was Gott mich zu tun aufforderte. Was auch immer zutrifft – ich brauchte viele Jahre, um meinen eigenen Widerstand zu durchbrechen und meinen Erfahrungen in der Öffentlichkeit Ausdruck zu verleihen. Doch die Wahrheit lautet: Im Himmel war mir eine Aufgabe übertragen worden, der zufolge ich meine Geschichte mit anderen Menschen teilen sollte. Gewöhnlich bezeichne ich diese Aufgabe als Auftrag – eine himmlische Weisung von großer Wichtigkeit. Als ich mich der Aufgabe schließlich stellte, schrieb ich das Buch *Einmal Himmel und zurück*, worin ich nach besten Kräften erzählte, was vorgefallen war.

Erwartungsgemäß ist es schwierig, himmlische und rein geistige Erfahrungen zu beschreiben. Ich habe andere Personen mit Nahtoderfahrungen wiederholen hören, was auch ich bereits häufig sagte: Es gibt einfach keine irdischen Worte, um himmlische Wunder in Sprache zu übertragen. Noch die transzendentesten Begriffe verfehlen ihr Ziel. Dem ist so, weil die Wahrnehmungen des Himmels zahlreicher und intensiver sind und das Gefühl von Zeit und Dimension sich grundlegend unterscheidet von unserer Erfahrung oder Auffassung hier auf Erden.

Infolgedessen erschienen mir viele Darstellungen in *Einmal Himmel und zurück* später als unzureichend und lückenhaft. Es beschämt mich, gestehen zu müssen, dass ich das Buch hauptsächlich schrieb, um es von meiner To-do-Liste zu streichen und mich dann anderen Dingen zuwenden zu können.

Doch ich erfuhr, wie so oft, dass Gottes Pläne weitaus größer sind als die meinen. Inzwischen hatte ich die Gelegenheit, meine Geschichte in der ganzen Welt zu verbreiten, und das besondere Privileg, vor Tausenden von Menschen über Leben, Tod, geistige Erfahrungen und Wunder zu sprechen. Meinerseits habe ich Hunderte von Geschichten über Nahtoderfahrungen, Besuche im Traum, göttliche Eingriffe und Wunder vernommen. Mit unzähligen Personen, die den Verlust geliebter Wesen betrauern, habe ich Tränen vergossen. Und als ich meine Geschichte schilderte, wurde mir immer wieder bewusst, dass es noch so viel mehr zu erzählen gibt, was anderen helfen kann.

Wohin ich auch gehe, höre ich die gleichen Fragen: »Können

Sie weitere Einzelheiten berichten über das, was Sie gesehen haben? Der Tod eines geliebten Menschen erschüttert mich nach wie vor – was also können Sie mir sagen, um vielleicht Hoffnung und Trost zu spenden? Was haben Sie gehört oder erfahren, während Sie im Himmel waren? Existieren Engel wirklich? Inwieweit ist Ihr Leben heute anders?«

Ich weiß: Jetzt ist die Zeit, diese Fragen zu beantworten – nicht nur um meinen himmlischen Auftrag zu erfüllen, sondern um die Erzählung mit so viel wie möglich Wissenschaft, Glauben und Lebenserfahrung anzureichern. Und vor allem, um zu erklären, warum das für jemand anders wichtig ist. Für Sie zum Beispiel. Daher habe ich dieses Buch geschrieben.

Falls Sie *Einmal Himmel und zurück* nicht gelesen haben, werde ich Sie auf den folgenden Seiten über die Ereignisse unterrichten. Ich werde nicht jedes Detail wiederholen, aber genug mitteilen, damit Sie sich in der Geschichte nicht verlieren. Wenn Sie sie schon kennen, werden Sie schnell merken, dass dieses neue Buch anders ist.

Das erste Buch konzentrierte sich in erster Linie auf meinen persönlichen Werdegang. Ich begann mit meiner Kindheit, zeichnete meinen Weg zum Glauben nach, dann die Jahre in der höheren Ausbildung und schließlich mein Leben als praktizierende orthopädische Chirurgin in Jackson Hole, Wyoming. Ich erzählte von dem Kajakausflug nach Chile, meinem Ertrinken, meiner Nahtoderfahrung sowie meiner Genesung. Außerdem berichtete ich über den Tod meines Sohnes Willie und darüber, wie es war, diesen schlimmen Verlust kurze Zeit nach meinem Unfall zu erleiden.

Das vorliegende Buch widmet sich insbesondere der Frage: *Was nun?* Welchen Unterschied hat die Nahtoderfahrung in meinem Leben bewirkt? Wichtiger noch, welchen Unterschied könnte sie in Ihrem Leben bewirken? Wie können meine Erfahrungen Ihnen helfen, mit mehr Freude durchs Leben zu gehen?

Der erste Teil beginnt mit einer kurzen Zusammenfassung meiner Geschichte, denn auch wenn Sie *Einmal Himmel und zurück* nicht gelesen haben, sollen Sie sich nicht ausgeschlossen fühlen. Zugleich ergänze ich bislang fehlende Teile der Erzählung über meine Reise in den Himmel, etwa, was ich dort genau gesehen und empfunden habe, vor allem aber zwei sorgfältig wiedergegebene Gespräche mit Jesus. In beiden erfuhr ich Seine bedingungslose Liebe voller Mitgefühl und Güte. Des Weiteren wurde ich eingeweiht in die himmlische Zeit und göttliche Vergebung.

In diese Kapitel sind sieben lebensverändernde Einsichten oder Lektionen gefügt, die ich aus dem Himmel mit zurückbrachte. Ich werde Ihnen zeigen, dass das Leben nicht nur über die Wissenschaft hinausgeht, sondern dass wir als spirituelle Wesen eine von Engeln erfüllte Welt bewohnen, die reich ist an Wundern. Indem ich Gottes Plan für uns erforsche und der Frage nachspüre, wie wir ihn erkennen, werde ich erörtern, wie die Schönheit aus allen Dingen hervortreten kann, und darlegen, dass wir mit Freude leben können, selbst inmitten des Verlusts.

Im zweiten Teil präsentiere ich eine ebenso praktische wie bewährte Methode, eingedenk der herrlichen Wahrheiten des Himmels ein anderes Leben auf Erden zu führen. Ich nenne es *Leben mit absolutem Vertrauen*. Damit meine ich: Wir sollen nicht bloß weitermachen in der *Hoffnung*, der allgemeinen Überzeugung oder im *Glauben*, dass Gottes Versprechen wahr sind. Vielmehr sind wir aufgefordert, uns zu entfalten im *absoluten Vertrauen*, dass Gott gut ist, Seine Versprechen wahr sind – und dass wir heute und für immer auf Ihn bauen können.

Der Wechsel von der Hoffnung zu absolutem Vertrauen wird radikal verändern, was Sie fühlen, denken und glauben. Überdies werden wir so zu jenem von Freude erfüllten Leben geführt, das die meisten von uns ohnehin ersehnen. Nur versuchen wir meistens dorthin zu gelangen, indem wir Wege beschreiten, die oft im Nirgendwo enden.

Im dritten Teil schließlich werde ich Ihnen begreiflich machen, wie Sie auf das Vertrauen fokussiert bleiben – und warum ein Leben mit absolutem Vertrauen so viele Versprechen auf Freude in Ihrem Dasein bietet.

Die wunderbare Nachricht ist die, dass das Leben in absolutem Vertrauen nicht nur Menschen vorbehalten ist, die den Himmel besucht haben, sondern einem jeden. Ich bin fest überzeugt, Gott möchte unser Leben tatsächlich auf sehr praktische Weise ändern – im Hinblick darauf, wie wir Erfolg willkommen heißen, mit Herausforderungen zurechtkommen, den Tod eines geliebten Wesens verarbeiten, an die tägliche Arbeit herangehen, unsere Kinder großziehen, mit Leuten ringsum interagieren und unsere Träume verfolgen. So werde ich Ihnen vor Augen führen, wie Sie diesen Wandlungsprozess durchlaufen und zunehmend besser bewältigen.

Tauchen auf diesem Weg Hindernisse auf? Natürlich, und ich werde offen darüber sprechen. Doch während wir all diese Aspekte von einer Buchseite zur nächsten näher untersuchen, besteht mein tiefster Wunsch darin, dass Sie zu der Einsicht gelangen, die ich inzwischen gewonnen habe: Jeden Augenblick leben wir in Gottes Umarmung. Ja, das weiß ich jetzt. Wir sind niemals allein. Wir werden nie weniger als vollkommen und für immer geliebt.

Jetzt, da Sie diese Worte lesen, lade ich Sie ein, Ihr Herz zu öffnen für die Möglichkeit, dass Gott meine Geschichte verwenden möchte, um Seine unbedingte Liebe noch in die dunkelsten Winkel Ihrer Seele scheinen zu lassen und Ihnen zu zeigen, wie Sie ein Leben mit mehr Frieden, tieferem Sinn und größerer Freude annehmen, als Sie es je erfahren haben.

Wenn meine Reise vom Grund eines Flusses zu den Höhen des Himmels mir etwas offenbart hat, dann dies, dass Gott nicht nur wirklich und in unserer Welt gegenwärtig ist, sondern dass Er jeden von uns mit Namen kennt, jeden von uns liebt, als wäre er der einzige Mensch auf Erden, und für jeden von uns einen Plan hat, der bedeutsamer und lohnender ist als alles, was wir uns aus eigener Anschauung vorzustellen wagen.

Ich hoffe inständig, Sie schlagen ein neues Kapitel auf.

ERSTER TEIL

1

Fluss des Todes, Fluss des Lebens

Der Tod ist nicht das Ende des Lebens,
sondern der Beginn einer ewigen Reise.

Debasish Mridha

Gute Freunde, Sonnenschein und die freie Natur – dieser Januarmorgen des Jahres 1999 begann mit der gleichen Aufregung und Vorfreude, wie ich sie bei unzähligen früheren Kajaktouren empfunden und mit meinem Mann Bill geteilt hatte. Es war unser letzter Tag vor der Rückreise in die Vereinigten Staaten – und zudem Bills Geburtstag. Wir wollten ihn feiern, indem wir in einem abgelegenen Teil Chiles auf einer selten befahrenen Strecke des oberen Fuy River paddelten, bekannt für seine vielen Wasserfälle. Als erfahrene Wildwasserkanuten wussten wir beide, dass die etwa drei bis fünf Meter hohen Katarakte eine Herausforderung darstellten, aber aufgrund unserer Fähigkeiten sehr wohl gemeistert werden konnten.

Wir würden mit Tom unterwegs sein, einem professionellen Floß- und Kajakführer, der seit mehr als zwanzig Jahren entsprechende Exkursionen in Chile geleitet hatte, seinen zwei erwachsenen Söhnen Chad und Kenneth, dessen Frau Anne sowie mehreren anderen Kunden.

Dieser Abschnitt des Fuy erfordert Konzentration und vollen Einsatz – nicht nur wegen der Abgeschiedenheit des Ortes, sondern auch weil der Fluss auf beiden Ufern oft von Steilhängen eingeschlossen wird, die dichte Bambuswälder unpassierbar machen. Infolge der Beschaffenheit des Geländes ist es schwierig, wenn nicht unmöglich, das Wildwasser vor der bezeichneten

Anlegestelle weiter flussabwärts zu verlassen. Sobald man auf der Strömung dahingleitet, gibt es kein Zurück mehr.

Als Bill an jenem Morgen ausnahmsweise mit starken Rückenschmerzen aufwachte, traf er die unangenehme und enttäuschende Entscheidung, nicht mit uns Kajak zu fahren. Stattdessen setzte er uns am Fluss ab, gab mir seine leuchtend rote Kajakjacke, die ich unter meiner ebenfalls leuchtend roten Schwimmweste tragen sollte, küsste mich zum Abschied und wünschte mir alles Gute. Er hatte vor, ein sonniges Plätzchen zu finden, den Tag mit Lesen zu verbringen und uns dann am späten Nachmittag bei der Anlegestelle abzuholen. Ohne ihn aufzubrechen, erschien mir seltsam, aber ich konnte es nicht erwarten, endlich zu starten.

Unsere Gruppe stieß ab, ich entfernte mich aus dem Kehrwasser und steuerte meinen Kajak zuversichtlich in den reißenden Fluss. Niemand ahnte, dass in wenigen Minuten das Unglück geschehen würde.

Vor uns lagen zwei Wasserfälle. Ich bewegte mich in Richtung des schmaleren, der unserer Ansicht nach die sicherste Abfahrt in die Tiefe bot. Doch als ich ihm näher kam, fiel mir auf, dass an dessen Seite ein Kajak feststeckte, während die mächtige Strömung mich direkt dorthinzog. Ich musste schnell reagieren.

Mir blieb keine andere Wahl, als den Kurs zu wechseln, wodurch ich zu dem breiteren Wasserfall getrieben wurde. Ich würde das Beste daraus machen müssen. Als ich über die Kante geschleudert wurde, sah ich unten die heftigen Wirbel. Blitzartig stellte ich mir vor, was kommen würde.

In der Tiefe würde ich mit dem Kopf nach unten gedreht und wegen der Turbulenzen nicht imstande sein, mich wieder aufzurichten. Also würde ich die Spritzdecke aus Neopren, die mich vor Nässe geschützt hatte, abnehmen müssen, um mich dann mit den Beinen aus dem Boot zu stoßen. Durch das Wildwasser hin und her geworfen, würde ich mich an die Oberfläche kämpfen und dabei flussabwärts treiben. Anschließend würde ich, nach Luft schnappend, zum Ufer schwimmen und kleinlaut meine Habseligkeiten einsammeln. Was soll ich sagen – die meisten Wildwasserkanuten haben so eine Situation zumindest einmal schon durchgestanden. Ich bereitete mich auf das Unvermeidliche vor.

Doch was ich vermutete, trat nicht ein.

Rasch stürzte ich hinab in die tosende Flut und tauchte, wie vorherzusehen war, tief ein. Aber als sich das vordere Ende meines Kajaks in der Unterwasserwelt plötzlich verkeilte, kam ich abrupt zum schrecklichen Stillstand. Ich blieb aufrecht in meinem Boot, statt kopfübergedreht zu werden, und statt sofort wieder an die Oberfläche hochzusteigen, saß ich in etwa zweieinhalb Meter Tiefe fest, während die Wassermassen sich über mir schlossen.

Vergeblich bemühte ich mich, den Kajak durch eine Schaukelbewegung aus dem Hindernis zu lösen. Sodann versuchte ich mich daraus zu befreien. Doch das schiere Gewicht des Wassers und die Kraft der Strömung bogen meinen Oberkörper nach vorn und pressten sogar meine Arme auf das Vorderdeck. Ich hatte keine Luftblase – und keine Zeit zu verlieren. Wie sehr ich mich auch anstrengte, meine Unternehmungen, der Not zu entkommen, waren lächerlich. Allmählich dämmerte mir, was tatsächlich geschehen würde.

Ich würde ertrinken.

Weggleiten

Ich hatte mir immer vorgestellt, der Tod durch Ertrinken müsse furchterregend und grauenvoll sein, aber zu meinem Erstaunen fühlte ich eigentlich keinen Schrecken, sondern eine Art inneren Frieden. Ich hatte keine Luftnot, keine Panik, keine Angst. Und ich fing an, in Ruhe zu beten. Seltsamerweise bat ich Gott nicht, mich zu retten. Stattdessen flüsterte ich nur in Gedanken: »Dein Wille geschehe.«

Es ging nicht darum, aufzugeben, sondern eher darum, sich gezielt Gott zuzuwenden. Deshalb sage ich oft: Gott hat meine Zukunft nicht an sich *genommen* – ich habe sie Ihm bereitwillig *überlassen*.

In dem Moment, da ich meine Zukunft Gottes Willen anvertraute, überkam mich die physische Empfindung, von Jesus gehalten und getröstet zu werden. Das meine ich nicht in abstrakter Weise, in der Art einer Grußbotschaft. Nein, ich fühlte seine Umarmung genauso deutlich wie das Plastik des Bootes um meine Beine und das Gewicht des Wassers, das auf meinen Oberkörper drückte.

Wie ich in *Einmal Himmel und zurück* schrieb, versicherte mir Jesus, alles sei »gut«, meinem Mann ginge es »gut«, desgleichen meinen kleinen Kindern, ungeachtet dessen, ob ich lebe oder sterbe. Es war, als würde Jesus Seine grenzenlose Liebe, Güte, Anteilnahme und Gnade in meine Seele einströmen lassen.

Die Zeit schien stillzustehen. Ich spürte, wie mein Geist sich ausdehnte und zu einem Teil der Umgebung wurde. Mit allem fühlte ich mich nun verbunden. Im Nu hätte die Zeit enden können, und ich wäre mehr als zufrieden gewesen. Aber Jesus war bei mir. Während dieser Spanne führte Er mir liebevoll die Geschichte meines Lebens vor Augen und erinnerte mich an die große Schönheit, die jedes Ereignis ausstrahlt. (An späterer Stelle werde ich solche Lebensrückblicke genauer behandeln.)

Gerade als ich mich in Jesu unergründlicher Güte und Anteilnahme immer wohler fühlte, hatten meine Gefährten draußen begriffen, dass ich unter dem Wasserfall eingeklemmt war. Mit wachsender Verzweiflung versuchten sie, an mich heranzukommen, aber nichts half.

Der Prozess des Sterbens schien sehr lange zu dauern, und obwohl ich von den Bemühungen der Gefährten nichts mitbekam, konnte ich doch wahrnehmen, wie die heftige Strömung meinen Körper aus dem Boot und über das Vorderdeck zog. Schließlich riss sie mir den Helm vom Kopf und die Schwimmweste vom Leib. Meine Knie wurden gezwungen, sich nach vorn zu beugen, wobei Knochen gebrochen und Bänder durchtrennt wurden, aber ich empfand keinen Schmerz.

Im Verlassen des Bootes bemerkte ich noch etwas anderes – Jesus befreite mich, und mein Geist löste sich langsam vom Körper. Das geschah mit einem leisen *Plopp.* Diese Loslösung war schmerzlos, sanft und wunderbar. Nie war ich im einen Moment bei Bewusstsein, im nächsten bewusstlos; ich war völlig wach und dann noch wacher. Meine Wahrnehmung war klarer und intensiver, und ich fühlte mich lebendiger denn je.

Schließlich war mein ganzer Körper frei und wurde flussabwärts gezerrt, schrammte manchmal über den Grund des Flusses oder überschlug sich in der Strömung. Aber an all das erinnere ich mich nicht. Ich weiß nur, wie ich anmutig aus den Fluten emporstieg, mich ungebunden und leicht fühlte, während das Wasser von meinen ausgestreckten Armen abfiel und der glänzende Sonnenschein mich nach oben zu ziehen schien … bis ich auf die gesamte Szene hinabschauen konnte.

Ich hatte keine Angst. Da Gottes vollkommene Liebe derart den Raum ausfüllte, war kein Platz mehr für Angst.

Als ich über den Fluss schwebte, wurde ich von mehreren »Wesen« willkommen geheißen. Vielleicht sollte ich sie Geister, Engel oder Seelengefährten nennen. Doch diese Worte haben für jeden eine andere Bedeutung, und so bin ich unschlüssig, wie ich sie bezeichnen soll. Ich kann nur sagen: Ich war mir absolut sicher, dass diese Wesen mich zeit meines Lebens gekannt und geliebt hatten und dass auch ich sie immer schon gekannt und geliebt hatte. Wenn ich die Teilnehmer des Empfangskomitees näher betrachtet hätte, wäre mir wahrscheinlich jeder Einzelne vertraut gewesen als jemand, der in meinem

Leben eine wichtige Rolle gespielt hatte, ob ich ihm auf der Erde begegnet war oder nicht. Einer zum Beispiel mochte mein Urgroßvater gewesen sein, der lange vor meiner Geburt gestorben war.

Unter ihren Eigenschaften stach besonders diese hervor: Sie glänzten, strahlten und strömten über vor Gottes Liebe. In diesem Augenblick wusste ich ohne den Hauch eines Zweifels, dass sie von Gott gesandt worden waren, um mich zu trösten, zu führen und zu schützen. In ihrer Gegenwart fühlte ich mich von Gott vollkommen und bedingungslos geliebt – in einer Weise, die auf Erden schwer fassbar, wenn nicht unmöglich ist. Ich war von unsagbarem Frieden und Frohsinn erfüllt, denen gegenüber das diesseitige Leben blass und eintönig wirkte.

Mir schien, als sei ich endlich heimgekehrt.

In Richtung Himmel

Doch ich hatte die Erde noch nicht verlassen. Mir fiel auf, dass ich meine neue Existenz genoss, aber weiterhin beobachtete, was unten auf dem Fluss geschah. Ja, in jener Welt, die ich betreten hatte, herrschte ein anderes Bewusstsein für Zeit und Dimension. Vergangenheit, Gegenwart und Zukunft schienen zu einer einzigen Wirklichkeit zu verschmelzen. Außerdem befand ich mich offenbar in einer anderen räumlichen Dimension. Zugleich aber war ich imstande, aus der Höhe auf die Szene hinabzublicken.

Inzwischen war ich fast dreißig Minuten lang unter Wasser gewesen.

Flussabwärts trieb meine leuchtend rote Schwimmweste an die Oberfläche und erregte die Aufmerksamkeit von Toms achtzehnjährigem Sohn Chad, der sofort ins Wasser sprang, um sie zu bergen. Als er zum Ufer zurückschwamm, spürte er etwas gegen sein Bein stoßen. Es war mein Körper. Gelassen schaute ich zu, wie er mich am Handgelenk packte und meinen leblosen Körper aus dem Fluss zog.

Kurz darauf beobachtete ich, wie meine Freunde mit der Herz-Lungen-Wiederbelebung begannen, und kam zu der Erkenntnis, dass ich tot sein musste. Überraschenderweise rief das in mir weder Sorge noch Trauer hervor – ich nahm einfach nur Notiz davon. Am Ufer versuchte eine der anderen Kajakfahrerinnen meine Freunde davon zu überzeugen, die Wiederbelebungsmaßnahmen einzustellen. Zu viel Zeit sei seit meinem Ertrinken vergangen, meinte sie – und warnte davor, dass ich, ins Leben zurückgeholt, nur noch ein »geistiger Krüppel« wäre. Ein anderer wollte alles mit der Videokamera festhalten. Und ein weiteres Mitglied der Gruppe geriet in Panik, stieg rasch den Hang hinauf und verschwand.

Unten waren meine Freunde fieberhaft mit mir beschäftigt, aber ich fühlte mich ruhig. Ich dachte daran, was für ein entzückendes, wunderbar reiches Leben ich in meinem Körper geführt hatte. Ein Leben voller Möglichkeiten, Abenteuer, Entwicklungsprozesse. Ich hatte einen liebevollen Ehemann und vier kostbare kleine Kinder, die mein Herz höherschlagen ließen, als ich es mir je hätte vorstellen können, liebenswerte Familienmitglieder und Freunde sowie einen erfüllenden Beruf. Ich hatte tief geliebt und war dafür tief geliebt worden. Doch als ich die Geschehnisse auf dem Ufer verfolgte, bestand für mich keinerlei Zweifel, dass ich nun zu Hause und mein Leben in diesem Körper vorbei war.

Ehrlich gesagt: Ich wollte nicht zurück. Heute macht es mich ein wenig verlegen, meine mangelnde Sehnsucht nach Rückkehr einzugestehen, zumal in Anbetracht des Kummers, den meine Familie erlitten hätte. Aber vielleicht werden Sie mich verstehen, wenn Sie bedenken, was ich in jenen Momenten erlebte. Ich bekam einen Vorgeschmack auf unser wahres Zuhause in Gottes Liebe.

Hineingezogen in diese Liebe würdigte ich voller Dankbarkeit das Leben, das meines gewesen war, nahm dann im Stillen Abschied und wandte mich vom Ufer ab, um in Richtung Himmel aufzubrechen.

In Begleitung meiner Führer bewegte ich mich einen Pfad hinauf zum Eingang eines prächtigen Kuppelbaus, von dem aus es kein Zurück mehr geben würde, wie ich wohl wusste. Während unserer friedlichen Reise kommunizierten wir ohne Worte und kamen voran, ohne zu gehen. Beim Sprechen benutzten wir nicht den Mund, um die Worte zu formen, dennoch war die Verständigung rein und klar. Ich hörte die Dialoge in Englisch, meiner Muttersprache, aber es war, als würden die Worte in ihrer ursprünglichen Gestalt von einer Person an die andere übermittelt – eine Übertragung von Energie und Sinn.

Wir bewegten uns nicht blitzschnell fort, sondern würdevoll und mühelos. Ich weiß nicht, ob ich wirklich Füße hatte, und dachte nicht einmal daran, nach ihnen zu schauen. Der Weg glich einer physischen, durchaus soliden Oberfläche, verlief jedoch in der Mitte des Nichts. Seine undeutlichen Ränder wie auch der Raum darüber und darunter dehnten sich aus ins All. Ohne Anfang und Ende war dieser Weg unerklärlich schön.

Die Farben der Natur und die herrlichen Düfte der Blumen, der Bäume haben mich immer schon tief berührt, und wenig überraschend begegnete ich nun genau diesen Erscheinungen. Als ich näher hinschaute, schien unser Weg aus sämtlichen Farben des Regenbogens zusammengesetzt zu sein – wie sogar einigen anderen, die ich nie zuvor gesehen hatte. Eine offenbar unendliche Vielfalt von Blumen spross zu beiden Seiten, und mein ganzes Wesen wurde durchströmt von ihren betörenden Düften. Die Anordnung und Lebendigkeit der Farben, die Feinheiten der Blumen und die Verlockung der Düfte waren weitaus intensiver als alles, was ich bislang auf der Erde erfahren hatte. Ich sah und roch diese Dinge nicht nur, sondern hörte, schmeckte und spürte sie auch. Meine Sinne weiteten sich, sodass ich jeden Gegenstand erleben und zugleich verstehen konnte.

Natürlich bin ich mir bewusst, dass diese Beschreibung schwer nachzuvollziehen ist, aber ich hatte das Gefühl, Teil der Schönheit zu sein, wie sie Teil meiner selbst war. All dies war umhüllt und durchdrungen von Gottes spürbarer, vollkommener, unerschütterlicher und umfassender Liebe. Es war eine größere Liebe, als ich sie je empfunden und begriffen hatte. Sogar jetzt lässt sich das Gefühl nicht in Worte übertragen. Ich wollte diesen Ort niemals verlassen.

Auf der Schwelle

Auch wenn ich nicht von dort wegwollte, taten Tom, Kenneth und Chad auf dem Ufer tief unter mir alles, was in ihrer Macht stand, um meine Absichten zu durchkreuzen. Während Tom und seine Söhne Wiederbelebungsversuche durchführten, konnte ich hören, wie Chad mich anflehte, zurückzukommen und »Atem zu holen«. Seinen dringenden Appell im Ohr blickte ich flüchtig zurück und war betroffen von dem bestürzten Gesichtsausdruck des jungen Mannes. Überwältigt von Mitgefühl nahm ich den Pfad in umgekehrter Richtung zu meinem Körper, legte mich in ihn und machte einen Atemzug. Dann stand ich auf, um mich wieder meinen himmlischen Begleitern anzuschließen und den Weg mit ihnen fortzusetzen.

Doch kurz darauf vernahm ich erneut Chads inständige Bitte: »Komm schon! Ich weiß, dass du immer noch hier bist. Atme! Nur einen weiteren Atemzug!« Abermals fühlte ich mich gezwungen, in meinen Körper zurückzukehren und noch einmal Luft zu holen. Diese Rückkehr, um *einen* Atemzug zu machen – denn so deutete ich buchstäblich seine Bitte –, fand mehrfach statt, während wir langsam nach oben stiegen. Wieder und wieder wurde unser Vorankommen verzögert, weil ich für einen weiteren Atemzug zurückkehren musste, um Chads Wunsch zu erfüllen.

Die Seelen neben mir wiesen mich wegen dieser Unterbrechungen nie zurecht noch trieben sie mich zur Eile oder brachten etwas anderes als reine Liebe und Verständnis zum Ausdruck.

Schließlich erreichten wir die gewölbte Schwelle des domartigen Bauwerks. Es war so groß, dass ich seine Begrenzungen ebenso wenig erkennen konnte wie die des Weges, den wir passiert hatten. Sie verflossen mit der Umgebung, wohingegen das Gebäude selbst stabil schien, obwohl ich es nie wirklich berührte oder mich dagegenlehnte.

Unter dem gewölbten Einlass stehend, schaute ich mich um. Der Bogengang war hoch, aber nicht sehr breit, und vielleicht etwa drei Meter tief. Ich konnte dort mit einer Person in meiner Gruppe ausharren, während die anderen sich um uns versammelten. Es schien, als wäre der Bogengang aus wuchtigen Steinblöcken erbaut, zusammengehalten durch die Fasern von Gottes Liebe. Wie alles andere sandte auch diese Konstruktion strahlenden Glanz aus, ohne zu blenden oder Schatten zu werfen. Ich fragte mich, ob es sich dabei um die altbekannte Himmelspforte handelte. Obwohl sie offenbar nicht wirklich aus Perlen bestand, konnte ich mir vorstellen, dass man diese damit in Verbindung brachte, um das Spiel des irisierenden Lichts zu beschreiben, das aus dem Innersten jedes einzelnen Quaders hervorströmte.

Durch den Bogengang fiel mein Blick auf den zentralen Teil des Doms, wo ich ein reges Treiben wahrnahm – eine unüberschaubare Vielzahl von Wesen, die hin und her eilten. Sie bewegten sich in verschiedenen Richtungen, betraten oder verließen andere Bauten im Innern. Sah ich etwa das himmlische Jerusalem, von dem in der Bibel die Rede ist? Vielleicht. Jene Gebäude waren hoch und ebenso ätherisch wie der Dom selbst. Auch sie schienen aus ihrem Kern vollkommene Liebe auszustrahlen.

Ich hatte den Eindruck, dass die meisten dieser Wesen Menschen waren, wiewohl manche Engeln glichen. Mir ist nicht ganz klar, warum ich das annahm, und ich kann auch nicht den genauen Unterschied zwischen ihnen benennen, aber diejenigen, die ich für Engel hielt, wirkten größer und prächtiger, falls eine derartige Steigerung überhaupt möglich war. Ich hatte keine Ahnung, womit jeder sich so eifrig beschäftigte. Handelte es sich etwa um jene »vielen tausend Engel« (Hebräer 12,22) in freudiger Versammlung? Denn ich erinnere mich, dass ihre reine Wonne ein wunderbares melodisches Summen hervorrief. Wie jene, die mich begrüßt und geführt hatten, ergriffen mich diese »Menschen« durch ihre Alterslosigkeit und Gesundheit, ihre Lebendigkeit und Stärke. In solch großartigen Anblick vertieft, war ich erfüllt von Staunen und Ehrfurcht.

Stunden vergingen, zumindest schien es mir so, und während dieser Zeit empfand ich ein tiefes Gefühl universellen Verstehens. Letztlich ergab alles einen Sinn. Ich brauchte nur an eine Frage oder ein Thema zu denken, egal wie kompliziert, schon wusste ich die Antwort. Ich verstand nicht nur sie, sondern auch deren Voraussetzungen. Ich konnte die Vielschichtigkeit des Universums beobachten und zugleich seine Wahrheit erkennen.

Obwohl ich mich weder an die meisten Fragen, die ich stellte, erinnere noch an ihre Antworten, und nicht mit einer neuen Einsicht in die Quantenphysik zurückkehrte, bleibt mir doch im Gedächtnis, wie deutlich ich erfassen konnte, dass alles logisch, miteinander verbunden und göttlich geordnet ist. Tatsächlich sind wir alle verbunden und bilden zusammen *einen* Körper. Darüber hinaus behielt ich ein tiefes Verständnis von der Wahrheit vieler Versprechen Gottes, die uns allesamt zur Freude führen.

Doch etwas trieb mich zur Erde zurück.

Bleiben oder gehen

Am Ende waren es weder Chads inständige Bitten noch irgendjemandes Bemühungen, die mich zurückholten. Ich glaube, es war Gottes Wille. Trotz meiner Freude, »zu Hause« zu sein, erklärten die Seelen an meiner Seite, meine Zeit sei noch nicht gekommen. Sie meinten, ich hätte weitere Arbeit zu tun auf der Erde und müsse zu meinem Körper zurückkehren. Darauf versicherte ich ihnen, wie Jesus mir versichert hatte, dass alles gut sei, wenn ich bliebe, aber sie waren unnachgiebig. Um mich zu überzeugen, vertrauten sie mir auf sanfte Weise einige der Aufgaben an, die ich auf der Erde noch zu erledigen hätte.

Eine ihrer erschütterndsten Mitteilungen betraf den bevorstehenden Tod meines ältesten Sohnes. Mir wurde gesagt, dass Willie, damals erst neun Jahre alt, »bald« sterben werde, und dass ich meine eigene Nahtoderfahrung benutzen solle, anderen dabei zu helfen, die Schönheit seines Lebens und seines Todes zu erkennen.

Das überraschte mich nicht, weil mein Sohn mir schon einige Jahre vorher eröffnet hatte, dass er jung sterben werde. Heute glaube ich, seine Botschaft war ein Geschenk, um mich vorzubereiten, denn so konnte ich zuhören, ohne in Panik zu geraten, als die Seelen mir im Himmel darüber berichteten.

»Aber warum?«, fragte ich mit gebrochenem Herz. »Warum *mein* Sohn? Und warum so früh?«

Unversehens wurde ich wieder mit dem Lebensrückblick konfrontiert und daran erinnert, was Jesus mir versprochen hatte: Immer könne ich auf Gottes Liebe bauen und darauf vertrauen, dass Sein Plan für jeden Menschen wie für die Welt voller Hoffnung sei.

In diesem Augenblick führten sie mich über den Weg zurück zu meinem leblosen Körper, der auf dem nassen und steinigen Flussufer lag.

2

Wie ich mein Leben von jenseits der Zeit sah

Die Stunden sind für den Menschen da
und nicht der Mensch für die Stunden.

François Rabelais

Seit meiner Geburt habe ich die Zeit als linearen Fluss von der Vergangenheit in die Gegenwart und weiter in die Zukunft erfahren. Wie die meisten Leute in der westlichen Welt bin ich ein geradliniger, zeitplangesteuerter Mensch, der auf Uhren vertraut, um sein geschäftiges Leben zu organisieren. Die Zeit auf diese Weise aufzufassen, gab mir stets ein Gefühl von Kontrolle – und damit die Möglichkeit, einen Weg in die gewünschte Zukunft zu entwerfen.

Zeit war ein Rohstoff, der genutzt, verbraucht, eingeplant und gespart werden konnte. Manchmal war mir, als hätte ich einen Timer im Kopf. Natürlich nicht im wörtlichen Sinn, aber unaufhörlich verstreichen Sekunden, ebenso wie nach dem Start eines Rennens. Bisweilen ist das hilfreich, etwa wenn ich einen genau vorbereiteten chirurgischen Eingriff beginne, bei dem Effizienz wichtig und Timing entscheidend ist, doch in anderen Fällen beeinträchtigt es die Erfahrung des Augenblicks.

Eins … zwei … drei … Das ist eine fast physische Empfindung.

Wenn Sie so sind wie ich, haben Sie den Ablauf meiner Geschichte wohl schon getimt und überprüfen insgeheim das Messergebnis an jeder ihrer Wendungen.

»Wie viele Minuten war sie also im Kajak, bevor sie ertrank?«

»Wie lange haben dann die Gespräche mit den himmlischen Wesen gedauert?«

»Schauen wir doch mal, ob die Rechnung wirklich aufgeht …«

Aber der Himmel »funktioniert« nicht in dieser Weise. Die Reise zum Himmel und zurück hat mein Zeitverständnis völlig auf den Kopf gestellt. Die Zeit, wie ich sie immer gekannt hatte, endete in dem Moment, da ich von meinem irdischen Leben in das Leben nach dem Tod überwechselte. Was vorher in Sekunden oder Minuten, Tagen oder Jahren gezählt worden war – stets auf einer geraden Linie von der Vergangenheit in die Zukunft –, verwandelte sich in etwas anderes.

Es fühlte sich eher an wie ein riesiges Netz, worin Zeit und Raum miteinander verknüpft waren. Die Zeit zu messen, machte keinen Sinn mehr. Alles Frühere, Heutige und Künftige schien im Hier und Jetzt zu geschehen. Lassen Sie mich versuchen, das zu erklären.

Teil der Ewigkeit

Gefangen unter Wasser war ich mir der linearen Zeit immer noch ziemlich bewusst, nahm ihr Vergehen wahr und erkannte, dass ich wahrscheinlich sterben würde. Zugleich aber stellte sich das Gefühl ein, dass ich ein Teil der Vergangenheit und der Zukunft war. Ich empfand mich als Teil der Ewigkeit.

Die Ewigkeit ist eine sehr lange Zeit, weshalb manche Leute sich ernsthaft sorgen, der Himmel werde schrecklich eintönig sein. Wird uns nicht langweilig, nachdem wir ein paar Jahrhunderte die Wunder des Himmels erforscht haben? Nach allgemeiner Vorstellung – die oft weit in die Irre geht – ist der Himmel gleichbedeutend mit einem endlosen Gottesdienst, bei dem wir Orgelmusik lauschen und *ad infinitum* Klagelieder singen. Oder, schlimmer noch, wir werden den ganzen Tag auf Wolken sitzen und Harfe spielen. Einige mögen das für einen perfekten endlosen Zeitvertreib halten, aber sie sind gewiss in der Minderheit. Kein Wunder also, dass vielen Menschen das Nachdenken über die Ewigkeit Unbehagen bereitet.

Mir wurde bewusst, dass die himmlische Zeit – die wir als »Ewigkeit« bezeichnen – eher einem Ort gleicht, den man bewohnt, als einer Linie, an der man sich entlangbewegt. Sie vergeht nicht, sondern erblüht immerzu. Sie wird unmittelbar erlebt, nicht einfach nur verbracht oder verbraucht. (Können Sie mir noch folgen?)

Demnach ist die Ewigkeit nicht eine unendliche Zahl aneinandergereihter Jahre, die ineinanderübergehen wie ein Jahrhundert oder ein Kapitel des Geschichtsbuchs ins nächste. Die ganze Zeit – Vergangenheit, Gegenwart und Zukunft – ist *direkt hier, genau jetzt.*

In meiner Wahrnehmung enthielt jeder Augenblick seine Vergangenheit, Gegenwart und Zukunft, während er sich in die Ewigkeit dehnte. So erlebte ich in jedem einzelnen Augenblick die gesamte Ewigkeit. Blitzartig fühlte ich mich als Teil von allem und nichts.

Ich entdeckte, dass die Zeit allein in *diesem Moment* voll ausgekostet wird. Deshalb gibt es im Himmel keine Gedanken darüber, was morgen oder nächstes Jahr oder im kommenden Jahrhundert geschehen mag. Der gegenwärtige Moment ist so reich und befriedigend, wie wir es uns nur vorstellen können.

Für mich endete die Zeit, als ich unter Wasser war. Man könnte sagen, ich erfuhr am eigenen Leib, was Einstein geistig erkannte – dass die Zeit relativ ist und als vierte Dimension betrachtet werden sollte. Ein biblischer Autor hat es folgendermaßen ausgedrückt: »… *ein* Tag vor dem Herrn ist wie tausend Jahre und tausend Jahre wie *ein* Tag.« (2. Petrus 3,8)

Wenn Ihre innere Uhr funktioniert, haben Sie sich, als ich Ihnen meine Geschichte erzählte, bereits einige Sorgen gemacht über die vergehende Zeit. Unten auf dem Ufer verstrichen die

Sekunden in einem fort, während sich zugleich meine Erfahrung im Himmel in völliger Gelassenheit und mit geringem Einfluss auf die Geschehnisse um meinen Körper zu vollziehen schien.

Die unterschiedlichen Zeitwahrnehmungen traten nie deutlicher zutage als bei meinem sogenannten »Lebensrückblick«, der stattfand, als ich unter Wasser über die Schwelle zwischen Leben und Tod glitt.

Zurückspulen und Rückschau halten

Jeder weiß, was mit dem Jüngsten Tag gemeint ist. Die meisten von uns vermuten, dass dann die guten Taten belohnt und die schlechten bestraft werden. Eine solche Vorstellung erfüllt viele bisweilen mit Schrecken. Wir malen uns aus, Gott sitze auf einem riesigen, mit Edelsteinen besetzten goldenen Thron und fälle die Urteile über eine endlose Reihe kauernder Geschöpfe, die so lange warten, bis der eine oder die andere vortreten muss. Diese Angst, gepaart mit Enttäuschung, spiegelt sich wider in Walt Whitmans Aussage: »Gott ist ein gemeiner, streitsüchtiger Tyrann, der auf Rache sinnt an seinen Kindern, weil sie seinen unerreichbaren Maßstäben nicht gerecht werden können.«

Wie die meisten Leute hätte ich mir, bevor ich damit konfrontiert wurde, den eigenen Lebensrückblick als bloßes Vorspiel zu jenem endgültigen Urteil Gottes vorgestellt. Ungeachtet meiner Bemühungen und Absichten, ein moralisch und ethisch »gutes« Leben zu führen, hätte ich befürchtet, mein Lebensrückblick wäre hauptsächlich angefüllt mit Reue, Enttäuschung, Schuldgefühl. Entgegen der hoffnungsfrohen Botschaft, die George Baileys Lebensrückblick in dem Film *Ist das Leben nicht schön?* kennzeichnet, haben viele – auch Christen – das Gefühl, keinerlei Gnade zu verdienen.

Doch mir wurde klar, dass ein Lebensrückblick von ganz anderer Art ist, und diejenigen, die eine Nahtoderfahrung durchgemacht haben, berichten das Gleiche. Tatsächlich handelt es sich oft um das erhellendste Schauspiel, dem man überhaupt beiwohnen kann. Normalerweise präsentiert ein »Lichtwesen«, das häufig als Christus, Gott, »Quelle« oder »reine Liebe« bezeichnet wird, der sterbenden Person einen Rückblick auf ihr ganzes Leben. Ob er als Panorama, Film oder in kleinen Abschnitten erscheint – stets durchdringen ihn Verständnis und Mitgefühl. Nicht selten ist damit auch ein äußerst wertvoller Lernprozess verbunden.

Einigen wird zum Beispiel die Gelegenheit geboten, bestimmte Erfahrungen aus verschiedenen Perspektiven noch einmal zu durchleben. Dadurch gewinnt die sterbende Person wichtige Einsichten über sich und andere, beginnt zu verstehen, warum sie oder jemand anders genau so ist, und erkennt die Motive aller Beteiligten. Wie im Falle der Filmfigur George Bailey zeigt sich, welch großen Einfluss die sterbende Person durch Wort und Tat auf andere ausübt, was wiederum dazu führt, dass sie ihren Daseinszweck deutlicher wahrnimmt. Nach einem solchen Rückblick hegt sie gewöhnlich das intensive Gefühl, mit den Nächsten, ja sämtlichen Geschöpfen und dem Universum selbst unauflöslich verknüpft zu sein, und hält an der unerschütterlichen Überzeugung fest, dass im Leben ein Aspekt entscheidend ist: die Liebe.

Es spielt keine Rolle, wie jung der oder die Gläubige ist, wie lange und aufrichtig er oder sie sich bemüht hat, Gott zu folgen. Wir alle leiden unter dem Vergleich mit irgendeinem Ideal. Wenn wir andere betrachten, wird uns bewusst, dass wir nicht genug beten, freiwillig helfen, geben, lieben … Die Liste ließe sich beliebig fortsetzen. Wir meinen, ungeachtet der unternommenen Anstrengungen seien unsere Beiträge auf dieser Erde dürftig – gemessen an denen vieler anderer, die so viel mehr geschafft haben. Dabei vergessen wir, dass jeder von uns tagtäglich kleine und große Beiträge für das Ganze leistet. Außerdem entfällt uns leicht, was wir in den Augenblicken tiefster Hingabe an Gott vielleicht erfahren haben. Jedenfalls ist es eine allzu menschliche Sorge, dass wir angesichts unseres vor Gott ausgebreiteten Lebens mit all seinen Fehlern, Schwächen und dunkelsten Geheimnissen Seiner Vergebung und Belohnung nicht würdig seien.

Aber lassen Sie mich Ihnen erzählen, wie es mir in dieser Lage erging.

Behutsam lehnte ich an Jesus, und seine Gegenwart umfing und tröstete mich. Vor uns wurden Szenen meines Lebens sichtbar, projiziert gleichsam auf eine große, dreidimensionale und multisensorische Leinwand. Was sonst uns umgeben haben mochte, verblasste zur Bedeutungslosigkeit. Statt Sorge oder Angst empfand ich nichts als Liebe. In Seinem Gesicht nahm ich nur unerschöpfliche Liebenswürdigkeit wahr. In seinen Armen kam ich mir vor wie ein neugeborenes Kind, in das Er all seine Hoffnung, Rücksicht und Liebe, ja Sein ganzes Wesen einströmen ließ. Seine Umarmung war sanft, vollkommen und vertraut. Während mein Leben ablief, fühlte ich mich tief geliebt und wusste irgendwie, dass Seine Liebe nicht nur mir galt, sondern allen Menschen.

Die Szenen zogen schnell vorbei, von rechts nach links in fortlaufender Reihenfolge. Es war etwa so, als würde man auf einem Smartphone alle gespeicherten Fotos durchgehen. Diese Bewegung verlangsamte sich manchmal, wenn Jesus die Hand ausstreckte, um eine Szene aus meinem Leben herauszugreifen. Statt sie nur zu sehen, erlebte ich das Geschehen sofort noch einmal aus jedem Blickwinkel und mit absolutem Verständnis.

Wenn Ihnen das unmöglich erscheint, dann erinnern Sie sich an den Paradigmenwechsel, den ich weiter oben dargestellt habe. Die Zeit war erloschen, ich lebte in der ewigen Gegenwart. Und alles existierte in und dank der Liebe Gottes. Mit anderen

Worten: Ich bekam einen Vorgeschmack von der ewigen Güte und Gnade, die uns alle erwartet.

Als ich jeden Aspekt eines Ereignisses betrachtete, konnte ich im Nu die Lebensgeschichte der beteiligten Personen erkennen. Ich begriff vollkommen ihre Gemütszustände, Motivationen und Stimmungen. Ich erfasste ihren Standpunkt, was sie zur Situation beitrugen und wie dadurch ein jeder von uns verändert wurde.

Dann nahmen die Dinge konkretere Gestalt an. Wut und Verwirrung, die ich angesichts körperlicher Gewalt als Kind empfunden hatte, wurden ersetzt durch Mitgefühl, während ich mit ansah, wie die betreffenden Personen infolge ihrer Verletzungen, Erwartungen und Hoffnungen zu einer solchen Tat getrieben worden waren. Die persönliche Entwicklung beeinflusste ihre Verhaltensweisen und Reaktionen, und mir wurde klar, wie gerade jene Situation ihre Zukunft tiefgreifend veränderte. Der jahrzehntealte Groll gegen einen Nachbarsjungen, der mich als junges Mädchen belästigt hatte, löste sich auf in einer von Einfühlsamkeit und Versöhnlichkeit geprägten Haltung. Wieder und wieder verwandelte die Einsicht in die Vorgeschichte eines Menschen – seine Erfahrungen, Lebensumstände, Kümmernisse – meine Auffassung von ihm, worauf ich nun mit unbedingtem Wohlwollen reagierte.

Der Lebensrückblick erneuerte von Grund auf mein Verständnis der Gnade, und ich glaube, dergleichen kann er auch bei Ihnen bewirken.

Gnade wird oft herablassend als ein ebenso hohles wie unerreichbares Klischee erachtet. Wenn wir den Lügen in unserer gebrochenen Vergangenheit lauschen, nehmen wir an, die Gnade sei lediglich anderen Menschen vorbehalten. Aber die im Neuen Testament bekundete Gnade Gottes ist auf ein Gegenüber gerichtet und daher Ausdruck Seiner *jedem* von uns versprochenen Liebe. Er durchschaut unsere Fehler und Mängel und akzeptiert uns genauso, wie wir sind. Wo wir bloß Gebrochenheit sehen, erkennt Er Wiederherstellung und Heilung.

Gottes Gnade ist Seine ins Werk gesetzte Liebe – fortwährende Vergebung, Ermutigung, Barmherzigkeit, Anteilnahme und Güte, die beweisen, dass solche Liebe nicht unverdient ist.

Das erfuhr ich über die Gnade, die Gott uns offeriert. Und sie endet nicht bei uns selbst. Die Gnade, die wir empfangen, können wir dann anderen Menschen zuteilwerden lassen, ungeachtet der jeweiligen Begleitumstände.

Die erste Lektion, die der Himmel offenbart

Verhältnisse ergeben Sinn, wenn sie durch die Linse des Himmels betrachtet werden. Die überaus reiche Gnade, die wir von Gott empfangen, ist die gleiche Gnade, die wir freigiebig anderen schenken können.

Wie Sie sich vorstellen können, wird man durch eine solche Erfahrung von Grund auf verändert. Ich bin nicht mehr die Gleiche wie vorher. Ich empfinde ein viel höheres Maß an Gnade gegenüber anderen, selbst in geringfügigen Angelegenheiten. Wenn ich mich hintergangen oder ausgenutzt fühle, ja sogar wenn ein unberechenbarer Fahrer mir im Verkehr den Weg abschneidet, kann ich dem Missetäter mit einer Sanftmut begegnen, die mir vorher unbekannt war. Wenn jemand mich grob oder respektlos behandelt, vergegenwärtige ich mir, dass diese Person in dem Moment die Summe all ihrer Bürden und Freuden, Erfolge und Fehlschläge verkörpert. Gewiss sind weiterhin sämtliche Gefühle in mir, aber jetzt kann ich besser entscheiden, wie ich jeweils reagiere.

Das zeigt sich in großen wie in kleinen Dingen.

Einmal verließ ich kurzerhand die Trauung des Sohnes einer Freundin, als seine Eltern gerade den Mittelgang der Kirche entlangschritten. Einige Tage später überhörte ich jemandes barsche Bemerkung über mein unhöfliches Verhalten. Der Zusammenhang war folgender: Ich hatte es für wichtig erachtet, der Hochzeit beizuwohnen, weil der Bräutigam ein Klassenkamerad und Freund meines Sohnes Willie gewesen war. Ein wirklich freudiger Anlass, und jeder strahlte. Aber es handelte sich um die erste Eheschließung, an der ich seit dem Tod meines Sohnes teilnahm, und als ich die lächelnden Eltern des Bräutigams sah, überkam mich plötzlich ein tiefes Gefühl von Verlust, ein solches Ereignis niemals mit Willie erleben zu können. Ich ging schnell davon, um die anderen nicht mit meinen Tränen zu verletzen.

Doch sie konnten das nicht wissen, stimmt's? Zumindest in diesem Fall war ich imstande, die unfreundliche Reaktion auf meinen Entschluss mit neuen Augen zu sehen. Ich hatte den größeren Rahmen im Kopf, die Liebenswürdigkeit anstatt des Grolls im Herzen.

Nachwirkungen

Als Jesus die Szenen meines Lebens ablaufen ließ, beobachtete ich, wie bestimmte Handlungen vom Ereignis selbst ringsum ausstrahlten, konzentrischen Kreisen vergleichbar, und andere Menschen beeinflussten. Es ist leicht zu verstehen, dass unsere Worte und Taten auf den unmittelbaren Familien- und Freundeskreis abfärben, aber meistens nicht möglich, ihre Fernwirkung einzuschätzen. Während meines Lebensrückblicks erlaubte Jesus mir immer wieder, sowohl die direkten als auch die indirekten Folgen eines Vorgangs zu erkennen. Ich konnte ermessen und verstehen, wie jedes Geschehen sich durch Zeit und Raum ausbreitete, eine Vielzahl weiterer Phänomene hervorrief, von denen schließlich stets etwas Schönes und Wertvolles ausging.

Ich war weder dankbar noch glücklich, als meine Eltern zu der Überzeugung kamen, dass ihre Ehe nicht gelang, und daher die Scheidung einreichten. Die Fundamente meiner Welt brachen auseinander. Ich blieb zurück mit dem Gefühl, verletzt, betrogen, aufgegeben worden zu sein, was sich dann in Scham und Wut äußerte. Und als meine Gebete für ihre Versöhnung ungehört verhallten, fühlte ich mich auch noch von Gott im Stich gelassen und verwarf meine kindlichen Vorstellungen von einem liebevollen himmlischen Vater. Zu jener Zeit und etliche Jahre danach hätte nichts und niemand mich überzeugen können, dass aus einer derart schlechten Situation irgendetwas Gutes entstehen könnte.

Doch eine der erstaunlichsten Gaben Gottes ist Seine Fähigkeit, die Zeit zu nutzen, um zu heilen und zu erlösen – also aus dem, was jetzt hässlich erscheint, später etwas Schönes zu machen. In meinem Fall erwies sich der Mann, der schließlich mein Stiefvater wurde, als einer, dessen Einfluss ich äußerst wichtig nahm und hochschätzte. Durch sein Beispiel und unter seiner Anleitung lernte ich wesentliche Lektionen über Demut, unbedingte Liebe, Geduld, Standhaftigkeit und Mitgefühl. Ungeachtet des tiefen Kummers, den ich damals empfand, sehe ich die Scheidung meiner Eltern heute anders. Hätte sie nicht stattgefunden, wäre George nie in mein Leben getreten.

Fügt Gott wirklich alle Dinge zu unserem Wohl zusammen? Während ich bei meinem Lebensrückblick beobachtete, wie aus jedem Ereignis die Schönheit zum Vorschein kam, verwandelte sich mein Glauben an Gottes Versprechen von einer vagen theologischen Hoffnung in bedingungsloses Vertrauen. Ich verstand, dass Er in Seinem Rhythmus fürwahr alles schön gestaltet.

Das sage ich nicht leicht dahin und werde es an späterer Stelle weiter untersuchen. Sie oder diejenigen, die Sie kennen und lieben, sind heute vielleicht mit unvorstellbar schwierigen und schmerzlichen Hindernissen konfrontiert. Eine solche Phase werden die meisten von uns irgendwann durchmachen, ganz gleich, wie mühelos und unangreifbar das Leben gerade erscheinen mag. Von daher hoffe ich, dass die Einblicke, die ich bei meinem Lebensrückblick gewann, auch Ihnen Rückhalt und Zuversicht bescheren.

Ereignisse, die ungerecht oder gar schrecklich scheinen, strahlen tatsächlich aus, werden dem Wandel unterworfen und berühren dann Menschen auf eine positive Weise, wie wir sie uns aus irdischer Perspektive niemals erträumen könnten, die aber deutlich zutage tritt, wenn wir die Dinge aus dem Himmel betrachten.

In der Zwischenzeit liegt das Geheimnis darin, dass wir uns gestatten, innerlich verändert zu werden – nämlich durch Vertrauen. Wie ich Ihnen in einem späteren Kapitel zeigen werde, öffnet die bewusste Entscheidung, auf Gottes Versprechen zu bauen, die Tür zur umfassenden Erfahrung der tiefen Liebe und Gnade Gottes und Seiner dauernden Anwesenheit in der Welt. Selbst in aufreibenden und schmerzlichen Zeiten können wir hoffnungsvoll warten auf die Schönheit, die sicher kommen wird.

Der grundlegende Wechsel in meiner Wahrnehmung sowie das starke Gefühl, von Gott vorbehaltlos geliebt zu werden – all das war mir noch gegenwärtig, als ich die Gewalt der reißenden Strömung spürte, die meinen Körper über das Vorderdeck des Bootes zog. Während Jesus mich langsam daraus befreite, empfahl er, stets im Gedächtnis zu bewahren, was mir offenbart worden war.

An dieser Stelle endete mein Lebensrückblick, aber seine Nachwirkungen zogen sich auf mannigfache Weise durch mein Leben.

3

Wir sind sowohl physische als auch spirituelle Wesen

Die Grenzen, die Leben und Tod voneinander trennen, sind bestenfalls schattenhaft und undeutlich. Wer wollte sagen, wo jenes endet und dieser beginnt?

Edgar Allen Poe

Jede Beschreibung einer Nahtoderfahrung beinhaltet einen Moment, in dem der Geist sich vom Körper löst. Sie haben vielleicht Leute sagen hören, das könne nicht geschehen, Körper und Geist seien untrennbar, wenn der Körper sterbe, sei alles vorbei. Schaltet die Lichter aus, das Fest ist zu Ende.

Dennoch belehrt mich meine eigene Erfahrung nachdrücklich eines Besseren.

Ich hielt mich immer für ein körperliches Wesen, das zu geistig-seelischen Erfahrungen fähig ist – etwa sich geliebt zu fühlen oder berührt zu werden von stimmungsvollen Ereignissen. Als ich aufhörte, ein »körperliches Wesen« zu sein, wurde deutlich, dass meine Fähigkeit, alles um mich herum zu erleben – insbesondere die tiefe Liebe Gottes zu mir –, sich extrem erweiterte.

Eigentlich habe ich mich nie lebendiger gefühlt als in dem Augenblick, da ich meinen Körper weit hinter mir ließ.

Zweifellos sind wir sowohl physische als auch spirituelle Wesen. Wenn wir jene geistigen Vorgänge, die häufig den Tod eines Menschen begleiten, näher betrachten, stoßen wir auf einen reichen und zuverlässigen Schatz von Geschichten über verschiedene außerkörperliche Erfahrungen – Visionen und Besuche auf dem Totenbett zum Beispiel oder die plötzliche

Einsicht, dass wir *mehr* sind als unser Leib, so sehr wir uns auch mit ihm identifizieren. Davon handelt dieses Kapitel.

Ist es nicht ein wunderbares Paradox und darüber hinaus ein Geschenk des liebevollen Gottes, dass genau dann, wenn Menschen die Schwelle zwischen Leben und Tod erreichen, der Himmel überall ringsum durchzubrechen scheint? Frühere Verfahrensweisen, die Wirklichkeit zu ordnen, erweisen sich als ungenügend und hinfällig. Gott scheint greifbarer gegenwärtig zu sein und uns eindringlicher daran zu gemahnen, dass Seine fürsorglichen Pläne für uns um ein Vielfaches größer sind, als wir angenommen hatten.

Der folgende Text erfasst den Reichtum und das Geheimnis, das die Seele in der Minute des Aufbruchs und der Ankunft empfängt. »Was stirbt?«, schreibt der Autor. »Ich stehe am Meeresufer. Eine Barke segelt in der Morgenbrise und sticht in See. Sie ist ein Etwas, und ich schaue ihr nach, bis sie am Horizont verschwindet und jemand an meiner Seite sagt: ›Sie ist fort!‹ Fort wohin? Entschwunden aus meiner Sicht, das ist alles. Ihre verminderte Größe und der Verlust ihres Anblicks sind in mir, nicht in ihr. Und genau in dem Moment, als jemand neben mir sagt: ›Sie ist fort!‹, tauchen andere auf, die sie kommen sehen und frohgemut rufen: ›Da kommt sie!‹« Das ist Sterben.

Wenn die Seele aufbricht

Als ich unter Wasser meinen Körper verließ, war mir, als würde sich mein Geist langsam von ihm abschälen, gewissermaßen wie um ein schweres nasses Hemd abzustreifen. Die Strömung zog mein leibliches Selbst flussabwärts, während der Glanz der Sonne mein geistiges Selbst nach oben zog. Aus diesem konnte ich beobachten, wie mein Oberkörper auf dem Vorderdeck des Bootes ruhte. Ich unternahm keinen Versuch, diese Trennung zu verhindern, was ich wohl ohnehin nicht vermocht hätte. Noch immer fühlte ich mich als die Person, die ich bin, und war mir meiner Umgebung vollauf bewusst.

Tatsächlich beurteilte ich immer wieder mich selbst, um meinen Gefühlszustand zu überprüfen. Als ich spürte, dass die Knie sich nach innen verdrehten, hielt ich kurz inne, um herauszufinden, ob ich bei Bewusstsein war. Schrie ich, fühlte ich Schmerz? Nein. Versuchte ich zu atmen oder zu schwimmen? Nein. Zumindest kam es mir nicht so vor. Eines aber merkte ich, nämlich wie mein geistiges Selbst aus dem Fluss gehoben wurde. Als ich höher und höher stieg, fühlte ich mich leicht und frei.

Oft sage ich scherzend, im Herzen sei ich eine Eidechse – wenn die strahlende Sonne meine Haut wärmt, werde ich lebendig und empfinde eine tiefe Zufriedenheit, ja Glückseligkeit. Genauso fühlte ich mich, als mein geistiges Selbst das Boot verließ. Die Wärme des glänzenden Lichts, das ich als wunderbare Kugel im tiefblauen Himmel wahrnahm, schien mich zu umhüllen und mir Leben zu schenken. Ich hatte den Eindruck, dass diese Sonne die Quelle allen Lebens und aller Liebe ist. Sie lockte mich, und ich stieg bereitwillig empor, um ihr zu begegnen.

Die Unterscheidung in Leib und Seele geht zurück bis auf das Buch Genesis. Jakobs geliebte Frau Rachel hatte eine sehr schwere Geburt. Der Sohn überlebte, sie aber starb. So lesen wir: »Als ihr jedoch die Seele entwich und sie sterben musste, nannten sie ihn Ben-Oni …« (1. Mose 35,18)

Als ihr die Seele entwich. Diese Beschreibung hallt tief in mir wider, denn sie entspricht exakt dem, was ich erlebte. Jener *Plopp*, den ich spürte, als mein geistiges Selbst schließlich den Körper abschüttelte, war wie das Geräusch des Wassers, in das ein Stein gefallen ist.

Im Alten Testament findet sich eine weitere Stelle, wo der Geist als vom Leib getrennte Einheit aufgefasst wird. Allerdings geht es hier um die Gegenüberstellung der Geheimnisse des in den Körper fahrenden Geistes mit den Geheimnissen, die Gottes

Werk umgeben: »Gleichwie du nicht weißt, welchen Weg der Wind nimmt und wie die Gebeine im Mutterleibe bereitet werden, so kannst du auch Gottes Tun nicht wissen, der alles wirkt.« (Prediger Salomo 11,5)

Was für ein faszinierendes Bild der Unterschiedenheit von Körper und Geist! Gewiss, es gibt einen Moment, wenn sie zusammenkommen, aber zuvor sind sie getrennt, und wie das alles geschieht, wissen wir einfach nicht. Im nächsten Kapitel 12,7 des gleichen Buches veranschaulicht der Autor, wie Geist und Körper im Prozess des Sterbens entgegengesetzte Richtungen nehmen:

Im Prediger Salomo 12,7 wird veranschaulicht, wie Geist und Körper im Prozess des Sterbens entgegengesetzte Richtungen nehmen: »Denn der Staub muss wieder zur Erde kommen, wie er gewesen ist, und der Geist wieder zu Gott, der ihn gegeben hat.«

Im Neuen Testament erklärt Paulus (1. Korinther 15), dass wir auf dem Weg zum Himmel unseren irdischen Leib zurücklassen und ihn eintauschen gegen den ewigen Leib, den Gott für uns geschaffen hat. In 2. Korinther 5 bezeichnet er den irdischen Leib als »Hütte« und fügt hinzu: Wenn wir in unserem Leib wohnen, sind wir Gott fern; wenn wir jedoch dem Leib entstiegen sind, sind wir zu Hause bei Gott.

Haben Sie in all diesem Ankommen und Aufbrechen bemerkt, was überdauert? Nur der Geist ist ewig. »Wir sind nicht menschliche Wesen mit einer spirituellen Erfahrung«, schrieb der französische Philosoph und Priester Teilhard de Chardin. »Wir sind spirituelle Wesen mit einer menschlichen Erfahrung.«[1] Seine Schriften enthalten keinen Hinweis, dass er eine Nahtoderfahrung gemacht hat, aber ich stimme seiner Ansicht aus ganzem Herzen zu.

Meine eigene Erfahrung sagt mir, dass wir zum größten Teil Geist sind, eingeschlossen in eine »irdische Hülle«.

Ja, als Chirurgin staune ich über die Wunder des menschlichen Körpers, wie Gott ihn geschaffen hat. Aber noch verblüffter bin ich über den Geist, der in diesem Körper wohnt. Unser Geist ist in weitaus höherem Maß das Wesen, das wir sind, als Gewebe, Nerven und Knochen, die unseren Körper bilden.

Vielleicht sehen und hören deshalb so viele Menschen – von den streng Gläubigen bis zu den überzeugten Ungläubigen – das Wunderbare, wenn sie im Begriff sind, diese Erde zu verlassen.

Visionen auf dem Totenbett

Familienmitglieder und Pflegekräfte sind häufig Zeugen bei sogenannten »Visionen auf dem Totenbett«, in denen sich der oder die Sterbende auf die große Abreise vorzubereiten scheint und vor dem physischen Tod etwas zu erschauen oder zu erreichen sucht, das anderen verborgen bleibt. Möglicherweise sehen oder ergreifen sie die Hand von jemandem, der gekommen ist, sie über die Grenze zu führen. Die folgenden beiden Texte inspirieren mich jedes Mal, wenn ich sie wiederlese.

Mein Vater war zu Hause und wurde sowohl in wie nach dem Koma drei Tage palliativ behandelt, bevor er starb. Am zweiten Tag erwachte er, schien sich aber seiner Umgebung nicht bewusst zu sein. Immer wieder richtete er den Blick auf die obere Ecke des Zimmers und streckte die Arme aus, als wollte er jemanden umarmen. Manchmal faltete er die Hände wie zum Gebet. Dann straffte er den Sauerstoffschlauch unter dem Kinn und nestelte der Länge nach an seinem Brustbein herum.

Tags darauf starb er. Als die Palliativschwester herüberkam, fragten wir sie, was da eigentlich geschehen sei. Sie meinte, dergleichen habe sie bereits beobachtet, und es sei nicht ungewöhnlich. Den Sauerstoffschlauch unter dem Kinn straffen bedeute, die Krawatte glattzustreichen, und die Fingerbewegungen entlang des Brustbeins dienten dazu, das Hemd zuzuknöpfen. Das war absolut nachvollziehbar, denn genauso sah es aus, was er tat.

Nancy, Chattanooga, Tennessee

Meine Mutter wurde 1924 geboren, ihr Bruder einige Jahre davor. Das genaue Jahr weiß ich nicht. Aber als der Kleine zwei Jahre alt war, bekam er Scharlachfieber und lag im Sterben. Seine Mutter wiegte ihn auf der Veranda, als er plötzlich beide Arme hob, wie um von jemandem gehalten zu werden (es war niemand sonst anwesend), und sagte: »Mama, die Engel für mich sind da.« In diesem Moment starb er in ihren Armen.[2]

Noch verbreiteter sind Berichte von Sterbenden, die etwas sehen oder zu jemandem sprechen, der für die anderen im Raum nicht sichtbar ist. Oft nehmen sie die Schönheit des Himmels wahr, eine Mutter oder Mutterfigur, Geschwister oder Menschen, von deren Tod man bisher nichts wusste. Sie erklären, sich auf eine Reise vorzubereiten, fragen nach ihrem Gepäck oder Fahrausweis, beschreiben Engel oder erwähnen den Namen der Person, die sie abholen wird.

Steve Jobs, der Mitgründer und langjährige Leiter von Apple Inc., wurde weltweit als Pionier der PC-Revolution und von einigen gar als Genie anerkannt. Obwohl er über eine außergewöhnliche Intelligenz, Visions- und Tatkraft verfügte, glich er in einem Punkt ganz vielen anderen Menschen. Als Kind wurde er sonntags zum Gottesdienst mitgenommen, doch als ihm im Alter von dreizehn Jahren ein Foto mit verhungernden Kindern in Biafra vor Augen kam, wandte er sich ab von einem Gott, der solches Leiden zuließ. Später wurde er offenbar Buddhist, gegen Ende seines Lebens aber sagte er: »Was den Glauben an Gott betrifft, bin ich so eine Art *Fifty-fifty.*« Er wollte, dass etwas überdauert, wenngleich ihm bewusst war, es könnte sich dabei um Wunschdenken handeln. In seinen letzten Momenten starrte er an seiner liebevollen Familie vorbei und rief: »Oh wow, oh wow, oh wow!«[3]

Ich frage mich: »Wer oder was hat diesen geistreichen Mann derart in Erstaunen versetzt?«

2012 starb mein Schwager an einer seltenen Gehirnentzündung. Ein äußerst kluger, wortgewandter und schlagfertiger Mann, aber in der Woche vor seinem Tod unterlag seine geistige Klarheit starken Schwankungen. Er war kein spiritueller oder religiöser Mensch, doch als ich während einer der wachen Phasen an seinem Bett saß, lauteten seine Worte, er fühle sich »zwischen den Welten eingeschlossen«, ginge zwischen unserer Welt und der Welt Gottes hin und her und spräche mit Engeln. Er fragte mich, ob ich sie sehen könne, und bat meine Schwester, darauf zu achten, dass ihre Kinder von Jesus wissen.

Geschichten über Visionen auf dem Totenbett sind zahlreicher als Nahtoderfahrungen und werden – ebenso wie diese – bereits seit der Antike weitergegeben. Häufig erblickt die Person in der Agonie flüchtig Verstorbene, die sie einmal geliebt hat. Oder Engel erscheinen, um ihr beim Übergang in die nächste Welt Beistand zu leisten. Solche Visionen ereignen sich in den Tagen, Stunden oder Sekunden vor dem Tod. Schätzungen zufolge kommen sie in der Hälfte, ja in bis zu zwei Dritteln aller Fälle vor.[4,5,6]

Bemerkenswerterweise können Menschen im gleichen Raum oder sogar aus der Ferne an diesen Visionen zum Lebensende unmittelbar teilhaben.

Ähnlich wie Nahtoderfahrungen schließen Visionen auf dem Totenbett oft verstorbene Menschen mit ein, selbst wenn deren Tod dem im Sterben Liegenden nicht bekannt ist. Ein Beispiel dafür wurde von William Barrett berichtet.

Lady Barrett, eine Geburtshelferin in Dublin, brachte das gesunde Kind von Doris (ihr Familienname wurde im schriftlichen Bericht nicht genannt) zur Welt, aber aufgrund einer starken Blutung lag Doris im Sterben. Im Beisein der Ärzte begann sie seltsame Dinge zu sehen.

Mit den Worten von Lady Barrett: »Plötzlich starrte sie gespannt auf einen Teil des Zimmers, ein strahlendes Lächeln erleuchtete ihren ganzen Gesichtsausdruck. ›O herrlich, herrlich‹, sagte sie, worauf ich fragte: ›Was ist herrlich?‹ In leisem, zugleich aber nachdrücklichem Tonfall erwiderte sie: ›Was ich sehe.‹ – ›Was sehen Sie?‹ – ›Herrlichen Glanz, wunderbare Wesen.‹ Es ist schwer, den ausgeprägten Realitätssinn zu beschreiben, der durch ihre völlige Versunkenheit in der Vision vermittelt wurde. Als sie danach ihre Aufmerksamkeit einen Moment bewusster auf eine bestimmte Stelle zu richten schien, rief sie, fast mit einem Freudenschrei: ›Genau, es ist mein Vater! Er ist so froh, dass ich komme. Er ist so froh.‹ Sie sagte zu ihm: ›Ich komme‹, und schaute dann mich an. Sobald sie wieder zu jener Stelle blickte, erklärte sie ziemlich verblüfft: ›Vida ist bei ihm.‹ Sie wandte sich mir zu und wiederholte: ›Vida ist bei ihm.‹ Schließlich sprach sie: ›Du willst mich unbedingt bei dir haben, Papa; ich komme.‹

Dann starb sie. Vida, die Schwester von Doris, war drei Wochen vorher gestorben. Aber weil Doris sich in einem so heiklen Zustand befand, war ihr der Tod der geliebten Schwester verschwiegen worden.«[7]

Eine weitere Geschichte über eine aus unmittelbarer Nähe miterlebte Vision auf dem Totenbett wurde mir von Katie zugesandt.

Wenige Minuten, bevor mein Verlobter starb, setzte ich mich an sein Bett und versicherte ihm, dass es in Ordnung sei, loszulassen und zu Gott zu gehen. Ich gab ihm zu verstehen, dass ich eine starke Frau bin und mit allem schon zurechtkommen werde. Als ich aufhörte zu sprechen, öffnete er die Augen und schaute tief in meine. Die seinen leuchteten mit einem Licht, das durch sie schien. Wir beide waren eingeschlossen in eine Art Blase, die nicht von dieser Welt war. Ich empfand ein sehr tiefes Gefühl von Freude, Liebe, Glück und Frieden, das wir uns als Menschen nicht vorstellen können. Es war so stark, so schön. Als würde er durch seine Gedanken mit mir kommunizieren. Unter anderem sagte er, am Ende habe alles einen Sinn.

Diese Erfahrung dauerte ungefähr fünfzehn Sekunden. Ich wurde allmählich wieder zu mir selbst zurückgeführt, und im selben Moment schloss er langsam seine Augen, atmete ein letztes Mal aus und starb.

Das war ein sehr intensives Erlebnis. Ich schätze mich glücklich, dass es mir zuteilwurde. Nie werde ich an einem friedlichen Leben nach dem Tod zweifeln … Er starb vor vier Jahren und kam einmal zu mir. Mir ist gleichgültig, ob irgendjemand das glaubt oder nicht. Ich weiß, dass uns ein Leben nach dem Tod erwartet und dass die geliebten Wesen uns beschützen und über uns wachen.

Katie, McLean, Virginia

Besuche aus dem Jenseits

In ihrer Geschichte erwähnt Katie auch, dass ihr Verlobter nach dem Tod einmal zu ihr kam. Das wird ziemlich häufig berichtet. Immer wieder wurde ich gefragt, ob ich mit meinem Sohn seit seinem Tod »gesprochen« hätte. Dreimal hatte ich »Träume«, in denen Willie anwesend war. Ich sage »Träume«, aber wie so viele andere Menschen, die ihre Geschichten über Besuche während der Nacht mitgeteilt haben, bin ich fest überzeugt, dass der Geist meines Sohnes tatsächlich gegenwärtig war. Beim ersten Besuch umarmten wir uns einfach, während er mir erzählte, es gehe ihm gut. Ich konnte ihn spüren und hören. Ob ich ihn riechen konnte, weiß ich nicht genau, aber ich war imstande, sein Wesen in mich aufzunehmen.

Als er mich zum zweiten Mal besuchte, schaute ich beglückt zu, wie er und seine Geschwister unbekümmert auf einer Schaukel spielten. Ich erwachte mit der tiefen Sehnsucht, meinen Sohn nur für einen Tag wiederzuhaben. Diese Erfahrung war derart bedrückend, dass ich mir keinen weiteren Besuch wünschte.

Doch einige Monate später kam Willie erneut zurück. Gottes durchdringende Liebe erfüllte den Raum, während wir in der Dunkelheit des Universums unter einem Lichtmast zusammenstanden. Es ist schwer zu beschreiben, aber schließlich bat er mich, seinen Geist freiwillig loszulassen. Er deutete dorthin, wo er lebte, und sagte mit herzzerreißendem Mitgefühl: »Dort lebe ich jetzt.« Ich wusste, dass Willie an dem Ort war, wo er hingehörte, und dass wir beide Arbeit zu tun hatten, er im Himmel und ich auf Erden. Außerdem erkannte ich, dass das Leben hier nur einen Wimpernschlag währt, und war zuversichtlich, dass Willie mich als Erster empfangen würde, sobald meine Arbeit auf der Erde beendet ist.

Trotz dieser Einsicht war es für mich das Schwerste überhaupt, seinen Geist loszulassen. Ich nahm ihn in die Arme, bedeckte sein Gesicht mit Tränen und hob ihn dann in die himmlischen Sphären hoch. Er verschwand, und ich wusste, dass ich ihn in meinem physischen Leben nie mehr wiedersehen würde.

Ähnlich wie Gott Engel anweist, in unsere Welt überzuwechseln, scheinen auch die Menschen oder Geister, die während eines Besuchs im Traum zu uns kommen, mit einem bestimmten Zweck geschickt zu werden. Niemals besucht uns jemand, der noch am Leben ist. Die Wesen im Traum wirken immer gesund, entspannt und friedlich. Sie sind unversehrt, vollkommen – und stets liebevoll, ohne Wut oder Enttäuschung, ungeachtet ihrer früheren Beziehung zu der träumenden Person.

Geschichten von der – glimpflich ausgegangenen – Geiselnahme an der Grundschule in Cokeville, Wyoming, im Mai 1986 mögen ebenfalls zeigen, dass nicht nur Besuche von Engeln stattfinden, sondern dass uns auch geliebte Verstorbene in der Not Beistand leisten können. Jennie Sorensen, damals eine Erstklässlerin an der Schule, erzählt:

Der ganze Nachmittag war ein großes Wunder, umgeben von vielen kleineren Wundern, aber einige von ihnen, die ich selbst miterlebte, konnte ich im Lauf der Zeit kaum in der Öffentlichkeit mitteilen. Zwanzig Jahre lang redete ich darüber ausschließlich mit meinen engsten Angehörigen, und dann auch nur unter dem Siegel der Verschwiegenheit, um von anderen nicht verspottet zu werden. An jenem Tag geschah ein für mich sehr persönliches Wunder. Eine »Lehrerin«, die ich nicht kannte, half mir aus dem brennenden Klassenzimmer zu fliehen. Nie erwähnte ich das jemandem gegenüber, bis wir, als ich elf oder zwölf war, zusammen mit meiner Großmutter Familienalben durchschauten. Als ich ein bestimmtes Foto sah, fragte ich, welche Klasse die Frau darauf unterrichtet und warum sie nach dem Anschlag den Lehrberuf aufgegeben habe. Meine Großmutter betrachtete das Bild ihrer Tante, auf die ich mich bezog, und sagte, ihres Wissens sei sie nie Lehrerin gewesen, jedenfalls nicht in Cokeville.

Ich führte weiter aus, sie sei die Lehrerin gewesen, die mich nach der Explosion der Bombe in Sicherheit gebracht habe. Mit Tränen in den Augen erklärte mir meine Großmutter, ihre Tante habe keinesfalls vor Ort gewesen sein können, weil sie bereits in den frühen Achtzigerjahren verstorben sei. Außerdem betonte sie ihre innige Beziehung zu dieser Tante. Ich aber weiß, dass sie da war und mich rettete. Ich sah keine Engel in Weiß, sondern einen Menschen, den ich anhören musste.[8]

Bei einem Besuch im Traum, der immer logisch und sequenziell ist, gibt es keinerlei Ablenkungen, und die Botschaft – die gewöhnlich tröstet und beruhigt, selbst wenn sie eine Warnung enthält – wird klar und unmissverständlich übermittelt, ehe der Mensch oder Geist schnell wieder verschwindet. Normalerweise erwacht die Person dann mit einem tiefen Gefühl von Frieden und Liebe. Ähnlich wie bei Nahtoderfahrungen oder anderen außerkörperlichen Erlebnissen wird sie diesen Besuch im Traum niemals vergessen.

1997 war ich im achten Monat schwanger mit meinem ersten und einzigen Kind. Ich war achtunddreißig Jahre alt und ledig. Vierzehn Jahre vorher hatte ich meine Mutter und beste Freundin verloren. An einem Montag suchte ich meinen Gynäkologen auf, und alles schien gut und genau im Zeitplan, um das Kind vier Wochen später zur Welt zu bringen.

An jenem Abend ging ich zu Bett, wachte aber kurz nach Mitternacht auf. Ich hatte den unglaublichsten Traum gehabt! Ich träumte, dass meine Mutter und ich Hand in Hand am Strand entlangspazierten, genauso, wie wir es viele Male getan hatten, als ich aufwuchs. Sie wirkte engelhaft, friedlich und schön. In meinem Traum konnte ich mich nicht sattsehen an ihr.

Sie sagte zu mir: »Ginger, du wirst das Kind heute bekommen«, worauf ich erwiderte: »Nein, nicht heute. Der Arzt hat es mir gerade mitgeteilt – in vier Wochen.« Meine Mutter betrachtete mich und wiederholte: »Du wirst das Kind heute bekommen.« Ausgestreckt im Bett, musste ich ständig daran denken, wie real dieser Traum war. Nie hatte ich in den

Jahren seit ihrem Tod eine solche körperliche Nähe zu ihr empfunden.

Ich ging zur Toilette und dann wieder ins Bett. Aber ich konnte nicht einschlafen, weil der Traum mich derart gefangen nahm. Und in dem Moment platzte die Fruchtblase. Tatsächlich bekam ich das Kind am selben Tag.

Niemand auf der Welt kann mir sagen, das sei bloß ein Traum gewesen. Ich weiß: Es war ein Besuch meiner Mutter.

Ginger, Albuquerque, New Mexico

Ich muss zugeben, dass ich dieser Art von Phänomen gegenüber eher skeptisch gewesen wäre, hätte ich es nicht am eigenen Leib erfahren. So sehr ich es abzuschwächen versuche und so scheinbar mühelos ich rein geistige Vorgänge bejahe, liegt es doch in meiner Natur, ein hartnäckig zweifelnder, ungläubiger Thomas zu sein. Ich sympathisiere mit Menschen, die solche Besuche im Traum lediglich als Ausdruck der unbewussten Wünsche der Träumer ansehen. Bemerkenswerterweise aber entspricht der Inhalt dieser Besuche nur selten ihren Erwartungen oder Hoffnungen; außerdem zweifeln sie die Wirklichkeit der Besuche niemals an. Im Falle der Sterbenden lindern außerkörperliche Besucher und himmlische Botschaften ganz bestimmt ihre Ängste. Der Zweck ist ebenso einfach wie tiefgründig – nämlich Menschen in ihrem prekärsten Zustand zu versichern, dass sie vorbehaltlos und ewiglich von Gott geliebt werden.

Kein Schmerz im Sterben

Mir ist bewusst, dass ich wohl nie sämtliche Gründe für den Tod meines Sohnes erfahren werde. Dennoch habe ich die absolute Gewissheit, dass von seinem Leben wie auch von seinem Tod weiterhin eine unglaubliche Hoffnung und Schönheit ausgehen.

Viele werden verfolgt von der Vorstellung, der geliebte Mensch sei unter traumatischen Umständen gestorben und müsse schlimm gelitten haben. Basierend auf meiner eigenen Erfahrung mit dem Tod und tausend anderen Geschichten über Nahtoderlebnisse sollte es tröstlich sein zu wissen, dass im Moment des Sterbens keinerlei Schmerzen auftreten – auch wenn es uns hier in der physischen Welt anders erscheinen mag. Ich glaube, der Geist des Sterbenden wird von Gottes Boten zu Hause willkommen geheißen, bevor der Körper tatsächlich gestorben ist. Aufgrund eigener Erfahrung hat sich meine Definition des Todes entscheidend geändert: Er bezeichnet nicht mehr den Punkt, an dem der Körper unwiderruflich aufgehört hat, Lebenszeichen auszusenden, sondern jenen Punkt, da der Geist für immer seinen Körper verlässt.

Die zweite Lektion, die der Himmel offenbart

Den Tod muss man nicht fürchten, weil er nicht das Ende ist. Er bildet jene Schwelle, auf der wir unser physisches Selbst zurücklassen und unversehrt in die Ewigkeit eingehen.

Ich hatte keinerlei Angst oder Schmerz, als ich ertrank, als meine Beine brachen, als ich wiederbelebt und zur Behandlung abtransportiert wurde. Einen ähnlichen Mangel an Angst oder Schmerz haben mir zahlreiche andere Menschen bestätigt, die ebenfalls aus einem todesnahen Zustand zurückgekehrt sind. Obwohl ich keine Beschwerden verspürte, als ich wiederbelebt und abtransportiert wurde, machte ich Geräusche, hinter denen andere quälenden Schmerz vermuteten. Später erzählten die Gefährten, ich hätte »unirdische« Stöhnlaute von mir gegeben.

Möglicherweise litt ich emotionale Qualen, weil ich nicht in meinen Körper zurückkehren wollte, aber ich hatte gewiss keine physischen Qualen.

Selbst als Willies Körper zermalmt wurde, hat er bestimmt nicht gelitten, sondern wurde von Gottes sanftesten Boten begrüßt und damit beruhigt, dass seine geliebten Wesen auf der Erde wohlauf seien. Außerdem bin ich mir ziemlich sicher, dass er, vor die Wahl gestellt, nicht zur Erde zurückgekehrt wäre.

Auch wenn ein Tod nicht plötzlich oder gewaltsam eintritt, scheint alles Leiden vor dem physischen Ableben zu enden. Dieses Phänomen wird häufig beschrieben von Palliativschwestern und Familienmitgliedern, die bei Menschen am Ende ihres Lebens einen überwältigenden Ausdruck von Ruhe, Frieden und Staunen wahrnehmen.

Hindurchsehen auf die andere Seite

Damit komme ich, nach meiner Nahtoderfahrung, zu meinem größten persönlichen Erweckungserlebnis als praktizierende Ärztin.

Den Tod muss man nicht fürchten, weil er nicht das Ende ist.

Natürlich war ich während meiner Ausbildung zur Wirbelsäulenchirurgin und in all den Jahren meiner Berufsausübung immer wieder mit dem Tod konfrontiert, aber persönlich hatte ich nie wirklich meinen eigenen Tod in Erwägung gezogen. Abgesehen von meinem Glauben an Gott und der vagen Vorstellung, nach dem Tod gebe es wahrscheinlich noch »etwas«, hegte ich keinerlei Erwartungen oder Vorurteile im Hinblick darauf, wie der Tod sein würde.

Das änderte sich nachhaltig – und eben nicht bloß auf theoretischer Ebene – durch die Erfahrungen, von denen ich Ihnen in diesem Buch berichte. Die Erkenntnis, dass der Tod nicht das Ende ist, hat meine Auffassung, was Leben eigentlich bedeutet, in äußerst praxisbezogener Weise verändert. Das betrifft vor allem die Fragen, wie ich mich Gott gegenüber fühle, was ich erhoffe und erwarte, woran ich glaube. Und ich weiß, dass diese Wahrheit bei Ihnen die gleiche Wirkung hervorrufen kann.

4

An der Seite von Jesus

Gott liebt uns, weil Er so ist, nicht weil wir so sind.
Das ist Gnade.

Philip Yancey

Nach einer außerkörperlichen Erfahrung haben einige ihre Schwierigkeit beschrieben, in den Körper zurückzukehren – eine Widerständigkeit oder Verwirrung, die fast komisch sein kann. Mein Eintritt hingegen war leicht und sanft. Ich setzte mich einfach auf meinen Körper, streckte die Beine aus und legte mich rücklings in meine Hülle. Damit vereinigte ich mich wieder mit der physischen Welt.

Sodann öffnete ich die Augen und sah in die Gesichter meiner Freunde. Dort erblickte ich nicht nur Verblüffung und Überschwang, sondern auch Angst und Besorgnis. Gegen jede statistische Wahrscheinlichkeit hatten sie eine Frau wiederbelebt, die jetzt schwer verletzt war und auf dem Ufer eines unzugänglichen Flusses in der abgeschiedenen Gegend eines fernen Landes ruhte.

Was nun?

Um medizinische Hilfe zu bekommen, war die Gruppe mit enormen Hindernissen konfrontiert. Es begann schon damit, dass wir weder Mobiltelefone noch Funkgeräte oder sonst irgendwelche Kommunikationsmittel hatten. Vergessen Sie nicht: All das geschah, bevor solche Geräte zum Allgemeingut wurden. Und selbst wenn Kommunikationsmittel vorhanden gewesen wären – es gab keine Rettungsdienstleister, mit denen man hätte kommunizieren können. Obwohl seither vieles anders ist, fand unsere Kajaktour in einem abgelegenen und unerschlossenen Teil Chiles statt, weit entfernt von jeglichem Krankenhaus – und noch weiter von einem mit gut ausgestattetem Notdienst.

Außerdem war da mein Mann. Das Team hatte keine Ahnung, wo er sich aufhielt, und keine Möglichkeit, ihn zu kontaktieren.

Plötzlich änderte sich die Lage. Zwei Chilenen erschienen neben unserer Gruppe auf dem Ufer. Woher waren sie gekommen? Wieso wussten sie, dass wir in Schwierigkeiten steckten? Ohne Boot war dieser Flussabschnitt nicht zu erreichen, und die beiden Männer hatten weder ein Boot noch sonst ein Transportmittel. Aus dem Nirgendwo aufgetaucht, waren sie einfach zur Stelle!

Wortlos und ohne angesprochen zu werden, kamen sie näher und halfen, mich auf einen Kajak zu heben. Ihn als Bahre benutzend, schlugen sie zusammen mit meinen Freunden die kräftigen Bambusrohre zur Seite, um sich einen Weg zu bahnen und mich den Steilhang hochzutragen.

Nach einem scheinbar endlosen Kampf durchs Dickicht gelangte unsere Gruppe schließlich auf eine unbefestigte Straße. Dort stießen wir sofort auf einen Rettungswagen, der am Rand parkte. Als hätte er auf uns gewartet.

Wie die Männer nichts gesagt hatten, stellte auch der Fahrer, offenbar gar nicht überrascht, uns zu sehen, keine Fragen darüber, was vorgefallen war. Mit größter Ruhe und Selbstverständlichkeit trat er in Aktion.

Lassen Sie es mich wiederholen. Keine Kommunikationsmittel, kein Krankenhaus irgendwo in der Nähe – und dennoch erschienen »zufällig« zwei Männer auf dem Ufer, um uns bei der Suche nach einem Ausweg behilflich zu sein. Sie führten meine Bootsgefährten direkt zu einem Rettungswagen, der mit Fahrer »zufällig« zur richtigen Zeit am richtigen Ort wartete, als wir auf eine selten befahrene Straße in einem abgeschiedenen Teil Südamerikas gelangten.

Ebenso erstaunlich war die Anwesenheit meines Mannes Bill und eines weiteren Kanuten. Offenbar war dieser, ein Amerikaner, während meiner Wiederbelebung in Panik geraten und unabsichtlich, wie »zufällig«, zu der Stelle gelaufen, wo mein Mann sich zum Lesen niedergelassen hatte. Zusammen fuhren sie die Straße zum Fluss hinunter und erreichten jenen Punkt, wo wir *genau in diesem Augenblick* aus dem Dickicht hervorkamen. Wären sie dort ein paar Minuten früher oder später eingetroffen, hätten sie nichts gesehen und die Fahrt fortgesetzt.

Sowohl auf meiner Rückreise mit Bill in die Vereinigten Staaten wie in den Wochen danach spürte ich unerklärlicherweise keinen physischen Schmerz, trotz einer Vielzahl gebrochener Knochen und gerissener Bänder im Knie. Kein Schmerz, welcher Art auch immer. Nullkommanull auf einer Skala von eins bis zehn.

Irgendwann fragte ich mich, ob meine Erinnerungen ungenau waren, aber das traf nicht zu. Gründlich schaute ich all meine Krankenakten durch, und sie bestätigten, dass mir keinerlei Medikamente verabreicht worden waren, die jenes Gefühl von Schmerzlosigkeit oder Wohlbefinden hätten auslösen können. Ich bekam auch keine Psychopharmaka mit der Eigenschaft, meinen mentalen Zustand zu verändern oder gar Halluzinationen hervorzurufen.

Das ist wichtig im Hinblick darauf, was ich Ihnen als Nächstes mitteilen möchte.

Die Gnade hat ein Gesicht und einen Namen

Während meines Krankenhausaufenthalts in Jackson Hole habe ich zwei weitere außerkörperliche Erfahrungen gemacht. Beide Male bin ich zum Himmel zurückgekehrt.

Die erste Erfahrung war kurz, ermöglichte mir aber erneut, das überwältigende Gefühl zu empfinden, uneingeschränkt und vollkommen geliebt zu werden von einem ehrfurchtgebietenden und wahrhaft übernatürlichen Gott.

Die zweite dauerte länger und ging mehr ins Detail. Am Ende eines langgezogenen Feldes saß ich am Boden. Es war voller wilder Gräser, die in leichter Brise hin und her wogten. Die ganze Gegend war in die schöne goldene Glut einer Spätnachmittagssonne getaucht. Meine Arme ruhten entspannt auf den Knien. Der Boden unter mir fühlte sich fest an. Die Welt ringsum schimmerte vor … was? Heiterkeit! Ja, sie schien die Schöpfung zu beseelen.

Wie bei meinen früheren Erfahrungen fiel mir auf, dass alles überwirklich war. Farben waren intensiver als jene auf der Erde. Gerüche und Geräusche erfüllten mühelos mein Bewusstsein, und Gottes reine Liebe durchdrang jede Erscheinung. Ohne Anfang und Ende dehnten sich die Ränder des Feldes ins All aus. In der Ferne konnte ich Gestalten erkennen, die sich freudig im Kreis drehten und spielten, nicht aber, ob es Erwachsene oder Kinder waren.

Eine Person jedoch, die auf dem Felsen neben mir saß, war mir eindeutig bekannt.

Es war Jesus.

Ich bin gefragt worden, wie ich wusste, dass es sich um Jesus handelte, mit dem ich auf diesem sonnendurchfluteten Feld ein Gespräch führte. Einige Leute meinten, das hätte ich mir nur eingebildet, weil ich Jesus vor mir sehen *wollte*. Andere haben mich zu überzeugen versucht, dass derjenige, den ich für eine Person mit diesem Namen hielt, im Grunde bloß verdichtete Energie gewesen sei – die Quelle aller Liebe.

Aber ich hatte keinen Zweifel, dass es Jesus war, und brauchte ihn nicht nach Seinem Namen zu fragen. Das wäre etwa so, als träfe ich meinen Mann im Lebensmittelgeschäft und würde ihn, bevor wir ins Gespräch kommen, fragen: »Bist du Bill?« Absurd. Ich wusste um Seine Identität ebenso, wie ich alles Übrige während meiner Erfahrung mit einem reinen, tiefen und absoluten Verständnis wusste. Ich wünschte, hoffte oder dachte nicht nur, Jesus gegenüberzusitzen, ich *wusste* es.

Natürlich wurde ich auch oftmals gefragt, wie Jesus aussah. Meine Antwort ist einfach und zugleich vielschichtig. Er sah aus wie grenzenlose Liebenswürdigkeit und unendliches Mitgefühl. Punkt. Mir ist bewusst, dass *Liebenswürdigkeit* und *Mitgefühl* keine Begriffe sind, die wir zur Beschreibung optischer Eigenschaften benutzen, aber für mich sah er in jenen Momenten so aus. Andere Worte würden nicht vermitteln, was ich wahrnahm. Er schien sowohl den Schmerz als auch die Freude dieser Welt, ihre Schönheit und Hässlichkeit aufs Genaueste zu kennen. Er nahm das alles in sich auf und umhüllte es mit Seiner Liebe.

Was die Farben von Augen, Haut und Haar angeht, würde ich sagen, sie enthielten die Essenz aller Farben. Sicherlich ist das nicht hilfreich, wenn Sie die Fülle auf einen bestimmten Farbton reduzieren wollen. Doch wenn Sie sich einmal umschauen, ergibt meine Darstellung vielleicht Sinn für Sie. Würden zwanzig Personen in einen Raum gebracht und untersucht, hätten nicht zwei von ihnen die gleiche Augen-, Haut- oder Haarfarbe. Wir alle sind Widerspiegelungen Gottes. (In der Bibel sagt Jesus zu seinen Jüngern in Johannes 14,9: »Wer mich sieht, der sieht den Vater.«) Der Sache am nächsten komme ich, wenn ich auf jene Farbenvielfalt zurückgreife, die ich auf dem unmittelbar nach meinem Tod eingeschlagenen Weg erblickte und tief im Innern fühlte. Ebenso wenig wie ich jede Farbe entlang des Weges einzeln zu benennen vermag, kann ich ein einzelnes Merkmal von Jesus präzise definieren. Zumindest nach meiner Ansicht steht die menschliche Sprache hier vor einer Aufgabe, der sie nicht gewachsen ist.

Im Laufe unseres Gesprächs stellte ich Jesus eine ganze Reihe von Fragen, auch wenn ich mich nur noch an wenige erinnern kann. Mir war, als würde ich durch seine Antworten ein vollkommenes Verständnis der göttlichen Ordnung des Universums und unserer Verbundenheit untereinander erhalten. Alles erschien mir einleuchtend, verwoben und wunderbar.

Nie vergessen werde ich, dass Jesus stets unendlich geduldig, sanft und faszinierend war. Er wirkte geistig unbeschwert, hatte durchaus einen Sinn für Humor.

Ich konnte meine Aufmerksamkeit nicht von Ihm abwenden, und das wollte ich auch gar nicht. Ich wünschte, nie irgendwo anders zu sein als in Seiner Gegenwart.

Erschauern in Seiner Gegenwart

Bei der Niederschrift meines ersten Buches habe ich Seine Gegenwart zugegebenermaßen ziemlich vage umschrieben. Da nannte ich Ihn *Engel*, *Boten*, *Christus* oder *Lehrer*. Aber warum verschwieg ich die wahre Identität des Mannes neben mir? Ich wusste ja, wer Er war, ohne jeden Zweifel.

Seither habe ich darüber nachgedacht und bin zu der Überzeugung gelangt, dass ich diesen äußerst privaten Aspekt der Erfahrung irgendwie für mich behalten wollte. Es widerstrebte mir, alles preiszugeben – in der Befürchtung, dadurch würde etwas von seiner Eigentümlichkeit verloren gehen. Mittlerweile habe ich festgestellt, dass diese Sorge weitverbreitet ist unter Menschen, denen ein tief emotionales oder spirituelles Erlebnis zuteilwurde.

Aber das war nicht der einzige Grund. Ehrlich gesagt war ich deshalb nicht bereit einzugestehen, was ich als wahr erkannte, weil ich wusste, dass ich nichts geleistet hatte, um ein Gespräch mit Jesus zu verdienen.

Natürlich kann ich nie verdienen, mit Jesus zu sprechen, noch kann ich je »gut genug« sein, um mich in Seiner Liebe zu sonnen. Aber ach, wie sehr wünschte ich mir das! Ich wollte es verdienen.

Wenn Sie so sind wie ich, mag es Ihnen große Schwierigkeiten bereiten, etwas Wunderbares zu empfangen, von dem Sie *wissen*, dass Sie es nicht verdient haben. Gewiss läuft das unserer Kultur zuwider, die Risiken belohnt und Verbrechen bestraft. Wenn wir beruflich Erfolg haben, erwarten wir Anerkennung und hoffen auf eine Prämie. Das ist nur gerecht, oder? Wenn unsere Kinder gedeihen, sind wir ziemlich sicher, dass dies auf unsere gute Erziehung zurückgeht. Und wenn wir an das Richtige glauben und ein »gutes« Leben führen, werden unsere Gebete bestimmt in der Weise erhört, wie es uns vorschwebt.

In unseren Köpfen und Herzen lauert aber auch die umgekehrte, hinterhältige Logik. Wenn die Dinge ein schlechtes Ende nehmen, fühlen wir uns von Gott missachtet oder gar bestraft. Eine innere Stimme ruft: »Aber ich hab doch versucht, ein gutes Leben zu führen! Warum bloß ist alles so gekommen?«

Oder wir widersprechen heftig zugunsten von jemand anders: »Was hat mein liebenswürdiger Freund getan, dass er nun an Krebs leiden muss?«

Mit dieser Denkart stimmt etwas nicht. Gott bevorzugt niemanden, und keiner unter uns hat verdient, was ihm zuteilwird – weder die vermeintlichen Wohltaten noch die angeblichen Probleme. Es war der Weise Elihu im Buch Hiob – in der Bibel das Paradebeispiel für Leiden und ungerechte Behandlung –, der Gott als den bezeichnet, »der nicht ansieht die Person der Fürsten und achtet den Vornehmen nicht mehr als den Armen« und fortfährt: »Denn sie sind alle seiner Hände Werk.« (Hiob 34,19)

Dennoch lebt in jedem von uns eine Art Hauptbuchführer, der bei einigen ausschließlich das Gute festhält, bei anderen eine lange Liste mit schlechten Dingen, auf die sie dann immer wieder zurückkommen. In beiden Fällen beruht die Arithmetik auf einem Irrtum.

Glücklicherweise erschien Jesus, um uns einen anderen Weg zu zeigen. Sie und ich, wir brauchen uns keinen innigen Moment mit Gott zu »verdienen«. In jenem herrlichen Feld musste ich den Platz neben Jesus ebenso wenig »erwerben« wie Seine Gunst, um eine Ewigkeit im Genuss von Gottes Liebe zu verbringen.

Das weiß ich jetzt.

Freiheit in der Vergebung

Es ist wirklich eine gute Nachricht, dass wir uns den Weg in Gottes Familie oder in Seine liebevolle Umarmung nicht verdienen müssen. Wenn wir schlechte Entscheidungen treffen oder Gottes Führung missachten, verstößt Er uns weder noch vergisst Er uns, sondern liebt uns weiterhin und erwartet geduldig unsere Rückkehr. Ganz gleich, wer wir sind, in welcher Lage wir uns befinden oder wie viele Fehler wir begangen haben – Gott wird zu uns eilen, sobald wir uns Ihm zuwenden. (Lesen Sie die Geschichte, die Jesus über die Rückkehr des verlorenen Sohnes erzählt, in Lukas 15; darüber hinaus Johannes 12,32.) Wenn unsere Schwächen tiefgehen, so geht Gottes Liebe noch tiefer.

Er kennt unsere Geschichte. Er versteht unser Herz und weiß um unsere Verletzungen. Tatsächlich kannte Er uns schon, ehe wir im Schoß unserer Mutter waren (Jeremia 1,5). Er blickt hinter die äußere Erscheinung, nimmt die Schönheit unserer Seele wahr und verspricht, die Fehler in dem Maße zu beseitigen, »so fern der Morgen ist vom Abend« (Psalm 103,12). Nicht auf unsere Mängel konzentriert Er sich, sondern auf unsere Möglichkeiten. Vor diesem Hintergrund schrieb Oscar Wilde: »Jeder Heilige hat eine Vergangenheit, jeder Sünder eine Zukunft.«

Insoweit wir Gott unsere Geschichte anvertrauen, können wir unsere früheren Versäumnisse loslassen (Jesaja 43,18–19) – und daher auch Scham- und Schuldgefühle, Wut und Enttäuschung. Dank Seiner Vergebung besitzen wir die Fähigkeit, eine Zukunft zu erleben, die nicht von unserer Vergangenheit bestimmt wird.

Mit Gott ist jeder neue Tag eine weitere Leerseite in unserem Lebensbuch, die nur darauf wartet, beschrieben zu werden.

Die Einsicht in unsere Schwächen und der Empfang göttlicher Vergebung erleichtern uns, denen mit Wohlwollen zu begegnen, die unserer Meinung nach keine Vergebung »verdienen« – vielleicht weil sie nicht die angemessene Reue zeigten, nicht begreifen, welchen Schmerz sie verursachten, oder nicht schlimm genug gelitten haben. Unter Umständen fühlen wir uns sogar tugendhaft, wenn wir nicht verzeihen – wie jene Frau, über die ich kürzlich Folgendes las. Als sie während ihres Vortrags über Anne Frank nach einer versöhnlichen Haltung gefragt wurde, lautete ihre Antwort, sie laste den Deutschen nicht den Holocaust an, würde aber den Nazis niemals verzeihen, was sie taten. Als Jüdin würde sie ihr Volk keinesfalls derart im Stich lassen.

Viele Menschen empfanden einen gerechten Zorn, als Nelson Mandela nach seiner Entlassung aus siebenundzwanzigjähriger Gefangenschaft und Folter zur Versöhnung statt zur Rache aufrief.

Die Entscheidung, an Bitterkeit und Wut festzuhalten, mag vorbildlich erscheinen, hat jedoch eine zerstörerische Wirkung. Der weise amerikanische Theologe Lewis Smedes sagte: »Wenn wir unsere Gefühle an den Moment heften, in dem wir verletzt wurden, verleihen wir ihm Unsterblichkeit. Und wir lassen uns von ihm überfallen, sobald er uns in den Sinn kommt. Er reist mit uns, schläft mit uns, schwebt über uns, während wir Liebe machen, und brütet über uns, während wir sterben. Unser Hass hat nicht einmal den Anstand zu sterben, wenn jene, die wir hassen, sterben – denn er ist ein Parasit, der unser Blut saugt, nicht ihres. Dagegen gibt es nur ein Heilmittel: Versöhnung.«[1]

Eine bestimmte Übung veranschaulicht gerade diesen Aspekt. Füllen Sie ein Glas oder ein Gefäß mit Wasser. Halten Sie es mit ausgestrecktem Arm vor sich. Einfach, nicht wahr? Halten Sie es weiterhin in dieser Position. Ziemlich bald werden Sie merken, wie die Muskeln im Arm ermüden, der dann vor Erschöpfung zu zittern beginnt. Schließlich sinkt er durch das Gewicht des mit Wasser gefüllten Gegenstandes nach unten, der Ihnen zunächst so leicht vorkam.

Die Weigerung, Nachsicht zu üben, mag wie unbedeutender Ballast erscheinen, aber dessen emotionales Gewicht wird uns allmählich erdrücken, wenn wir es nicht schaffen, ihn abzuwerfen. Mit einem Wort: Er macht uns zu Gefangenen der eigenen Geschichte, überantwortet früheren Ereignissen die Macht, uns zu beherrschen, begrenzt oft unsere Wege und Handlungen wie auch den Raum, der für die Liebe zur Verfügung steht.

Wenn wir dagegen die Versöhnung wählen, nehmen wir die allen Menschen bestimmte Tiefe von Gottes Liebe und Gnade bereitwillig an und bestätigen, dass noch im schlechtesten Teil von uns etwas Gutes und im besten Teil etwas Schlechtes vorhanden ist. So sind wir imstande, im verschlungenen Muster von Gottes Lebensteppich den größeren Zusammenhang zu erkennen.

Die dritte Lektion, die der Himmel offenbart

Wenn wir uns für die Versöhnung entscheiden, streifen wir unsere Bürden ab und erhalten die Freiheit, vollständig und frohgemut in Gottes verschwenderischer Liebe zu leben.

Genau darin liegt das unerhörte Wunder. Gott badet Sie und mich in Seiner reinen Liebe, *weil Er Liebe ist*. Beglückt über uns, jubiliert Er (Zephanja 3,17). Ob wir es glauben oder nicht, ob wir es mögen oder nicht – Gottes Liebe ist eine unerschütterliche Realität. Er hüllt Sie und mich ganz in Seine Barmherzigkeit, denn Sein Name ist Gnade, und Sie und ich und jeder frühere Mensch auf Erden sind Seine geliebten Kinder. Gottes Versprechen lautet: Wenn Sie Seine Liebe vorbehaltlos bejahen, werden Sie ein reichhaltigeres Leben führen, als Sie es je für möglich hielten.

Schon allzu bald gab Jesus mir einen sanften Kuss auf den Kopf, unser Gespräch endete, und ich lag erneut unter der Decke meines Krankenhausbettes. Ich spürte, dass ich zurück war, um zu bleiben – dass der Schleier zwischen dieser Welt und der nächsten, eben noch so durchscheinend, allmählich dichter wurde und die andere Seite verbarg. Geist und Körper würden wohl bis zu meinem Tod vereint sein. Und für die folgenden Etappen auf meiner Reise wäre fester Grund unter meinen Füßen.

5

Das Leben geht über die Wissenschaft hinaus

Der Irrtum wird nicht zur Wahrheit, weil er sich ausbreitet und Anklang findet, noch wird die Wahrheit zum Irrtum, weil niemand sie sieht.

Mahatma Gandhi

In den Tagen und Wochen nach meinem Ertrinken hatte ich das Gefühl, weder hier noch dort zu sein. Ein Fuß auf der Erde und ein Fuß im Himmel. In gewisser Weise war ich tief enttäuscht über die Rückkehr – der Himmel war so eindringlich und vollkommen gewesen. Im Vergleich dazu erschien das Leben, in dem ich mich wiedergefunden hatte, wie eine verblasste Schwarz-Weiß-Kopie des brillant-farbigen Originals.

Außerdem gab es körperliche Nachwirkungen. Als ich daheim in den Staaten auf der Intensivstation lag, war ich aufgrund meines stark eingeschränkten Sehvermögens nicht imstande, mich mehr als ein oder zwei Sekunden auf etwas zu konzentrieren. Ich konnte weder fernsehen noch Bücher lesen oder auch nur ein Gespräch führen. Es war leichter, die Augen einfach geschlossen zu halten.

Nach einigen Tagen bat ich um eine Bibel, merkte aber schnell, dass ich sogar vertraute Abschnitte nicht aufnehmen konnte. Gerade als ich das Buch enttäuscht beiseite schieben wollte, sprangen mir von einer Seite drei Wörter entgegen: »Seid allezeit fröhlich …« (1. Thessalonicher 5,16). Kurz darauf nahmen im gleichen Kapitel die folgenden Verse deutliche Gestalt an: »… betet ohne Unterlass …« (5,17) und »… seid dankbar in allen

Dingen; denn das ist der Wille Gottes in Christus Jesus an euch« (5,18). Jeder andere Lesestoff blieb weiterhin verschwommen, tagelang. Seither habe ich mich gefragt, ob meine Konzentrationsschwäche nicht aus einer Gehirnverletzung resultierte, weil ich so lange ohne Sauerstoff hatte auskommen müssen. Doch das würde gewiss nicht erklären, warum meine Sicht *in manchen Momenten* klar war. Ohne logische oder physiologische Begründung, wie das geschehen konnte, nahm ich es als ein weiteres Wunder in einer ganzen Reihe von Wundern.

Wie nicht anders zu erwarten, verbrachte ich während meines Genesungsprozesses viel Zeit mit dem Versuch, einige wesentliche Vorgänge besser zu begreifen.

In Anbetracht meiner Kenntnisse über die kardiopulmonale Reanimation (CPR) fragte ich mich zunächst, wie ich überhaupt hatte überleben können. Nach allgemeiner Überzeugung, die sicherlich den Ergebnissen in beliebten Fernsehsendungen entspricht, gelingt sie in fünfundsiebzig Prozent aller Fälle. Obwohl sie seit ihrer Einführung im Jahr 1960 zu den üblichen Erste-Hilfe-Maßnahmen gehört, wusste ich, dass die Zahl im realen Leben erheblich geringer ausfällt: Es überleben nur etwa zwei Prozent der Personen, die auf der Straße zusammenbrechen und vor der Ankunft im Krankenhaus eine solche Behandlung bekommen.[1,2,3] Und diese Zahl bezieht nicht einmal jene Menschen mit ein, die vor Ort für tot erklärt und daher gar nicht mehr ins Krankenhaus transportiert wurden. Nach acht Minuten ohne oder zwölf Minuten mit CPR-Behandlung tendiert die statistische Überlebenswahrscheinlichkeit gegen null.

Ein Überleben nach dreißig Minuten – nach Aussage meiner Retter die Zeitspanne, in der ich vor Beginn der CPR ohne Sauerstoff war – ist völlig ausgeschlossen.

Wie ich Ihnen bereits schilderte, befanden wir uns in einer entlegenen Gegend, fern jeder fortschrittlichen medizinischen Einrichtung und sonst wie gearteten günstigen Umständen. Einige meinen, ich sei in einer Luftblase eingeschlossen gewesen, und darauf lief auch eine meiner ersten Annahmen hinaus, eben weil ich bezüglich spiritueller Begegnungen eine wissenschaftlich gesinnte Skeptikerin war. Ich zog sogar in Erwägung, dass mein Helm eine kleine Luftblase gebildet haben mochte, indem er den Kopf vom Vorderdeck des Bootes ein wenig fernhielt.

Doch bevor ich unter Wasser das Bewusstsein verlor, überprüfte ich immer wieder meinen Zustand und stellte mir genau jene Frage. Nach dem Ertrinken wurde mir gleichzeitig bewusst, was sowohl mit meinem geistigen wie auch mit meinem körperlichen Selbst geschah. Noch als Jesus mich hielt, war ein Teil meines Gehirns oder Bewusstseins imstande, die Ereignisse objektiv einzuschätzen. Dieser Teil, zwar erstaunt darüber, was sich ringsum abspielte, verlor niemals seine analytische Fähigkeit und hinterfragte ständig den Gang der Dinge. Regelmäßig untersuchte ich, wie ich mich fühlte, ob ich meine Umgebung weiterhin erkennen, das Boot und das Wasser spüren konnte, ob ich atmete oder irgendwelche anderen Bewegungen ausführte, ob ich etwas hören oder durch ein anderes Organ wahrnehmen konnte und ob ich Angst hatte. Zumal die Angst weckte meine Neugier, weil ich mir den Tod durch Ertrinken immer als besonders furchterregend vorgestellt hatte.

Sobald ich mir einen Moment nahm, um mich auf die Sinneseindrücke in Mund, Nase, Brust zu konzentrieren, verspürte ich keine Luftbewegung. Einmal fiel mir auf, wie meine Brust sich heftig aufblähte, bemerkte aber nur Wasser. Kurzzeitig stellte ich mir vor, ein Fisch oder ein Fötus zu sein, der lautlos Flüssigkeit in die Lungen hinein und aus ihnen heraus pumpt. Dann wieder fühlte ich mich wie ein Blütenblatt, zwischen die Seiten eines Sammelalbums gepresst, während das Gewicht des Wassers mein Gesicht gegen den harten Kunststoff des Bootes presste. Mein Helm, den mir die reißende Strömung vom Kopf gerissen hatte, bildete also gewiss keine Luftblase.

Aufgrund der Umstände und meiner Zeit unter Wasser war meine Überlebenschance gleich null; die Vorstellung, ohne schwerwiegende Gehirnverletzungen davonzukommen, wäre lächerlich gewesen.

Ich hatte so viele Fragen, wohlwissend, dass ich herausfinden musste, was tatsächlich mit mir geschah, und die erste lautete: War meine Erfahrung real – und wenn ja, was bedeutete das alles? Mir stand praktisch kein Bezugsrahmen zur Verfügung, um irgendetwas davon zu beschreiben oder gar zu verstehen, aber für die Wissenschaftlerin in mir war es unerträglich, nicht mit einer klaren, überzeugenden und medizinisch glaubwürdigen Erklärung aufzuwarten. Ich wollte genau erkennen, was während des Ertrinkens und danach im menschlichen Körper passiert – oder wie ich dreißig Minuten ohne Sauerstoff und spürbare Folgen überlebte, wo ich doch im Alltag den Atem kaum eine Minute anhalten kann. Mit anderen Worten: Ich musste meine außerkörperlichen Erfahrungen zu begreifen suchen.

Wie die meisten Menschen, die eine Nahtoderfahrung gemacht haben, wusste ich mit völliger, unerschütterlicher Gewissheit: Etwas Tiefgründiges, Außergewöhnliches und Wunderbares war geschehen. Darüber hinaus fühlte ich mich wie eine andere Person. Auch das vorherige Leben auf der Erde erschien mir anders.

Zugleich war mir bewusst, dass ich nicht ohne Weiteres imstande wäre, die Scherben zusammenzuklauben und in meinen Alltag zurückzukehren, solange ich nicht alles verstanden und erklärt hatte, zumindest mir selbst. Jedenfalls musste ich bei meiner Suche nach Antworten methodisch vorgehen. Aber konnte ich nach dem erlittenen Trauma darauf vertrauen, dass meine Wahrnehmungsfähigkeit mir helfen würde, zu verlässlichen Schlussfolgerungen zu gelangen?

Glücklicherweise wurden sowohl mein Seh- als auch mein Denkvermögen schnell und vollständig wiederhergestellt. Sobald ich genügend Durchhaltekraft besaß, machte ich mich auf die Suche – anfangs zögerlich, dann jedoch mit zunehmender Konzentration. Das vorliegende Kapitel ist die Geschichte dieser Suche – zum einen Überlebensgeschichte, zum anderen medizinische Detektivarbeit, und alles unglaublich wichtig, um ein Gespräch über Nahtoderfahrung zu beginnen, das auf Fakten gründet. Einigen mag der folgende, wissenschaftlich ausgerichtete Inhalt einen Schrecken einjagen oder gar unnötig vorkommen. Manche aber werden hier das entscheidende Kapitel des Buches entdecken.

Was ist gerade passiert?

Bei meiner Nahtoderfahrung fühlte ich mich allein. Mittlerweile weiß ich natürlich, dass viele Menschen solche Erfahrungen gemacht haben und dass diese jedes Mal wesentliche Gemeinsamkeiten aufweisen. Damals jedoch war mir das nicht geläufig. Ich wusste nicht einmal, was jener geheimnisvolle Ausdruck eigentlich bedeutet. Am Anfang meiner Suche war ich geneigt, der Bloggerin zuzustimmen, die im Mai 2013 zu Ben Breedloves online verbreiteter Mitteilung über seine Nahtoderfahrung schrieb: »Obwohl ich wirklich glaube, dass Breedlove diese glänzenden Lichter gesehen und dieses tiefe Gefühl von Frieden empfunden hat, bezweifle ich, dass seine Sinneseindrücke ›Beweise‹ für ein tatsächliches Jenseits darstellen. Eher handelte es sich dabei um Träume und Halluzinationen, die so oft durch Fehlfunktionen des Gehirns, starke Drogen und unsere reiche Vorstellungskraft inmitten lebensbedrohlicher Krankheit oder traumatischer Verletzung erzeugt werden.«[4]

Die Bloggerin untermauerte ihre Position durch die Beschreibung ihrer heftigen allergischen Reaktion auf Erdnüsse, bei der sie »ein äußerst intensives Gefühl von Frieden empfunden« und der eigenen Beisetzung von ihrem Platz unter einem Tisch zugeschaut habe. Sie fügte hinzu, keine Engel, glänzenden Lichter, Tunnel oder Treppen zum Himmel gesehen zu haben. Nach ihrer Überzeugung seien Nahtoderfahrungen »vollständig beeinflusst von unseren persönlichen Verhältnissen, Anschauungen, Charaktereigenschaften und Werten«. Abschließend erklärte sie: »Konfrontiert mit unserer Sterblichkeit, stellten Breedlove und ich uns vor, was nach dem Tod kommt. Er ist religiös; ich bin es nicht. Er sah ein Leben nach dem Tod, ich eine Beisetzung.«[5]

Ein weiterer Blogger beendete seine Ausführungen über Nahtoderfahrungen: »Daher, welche Ereignisse man auch im Sterben erwartet … Gratulation! Genau sie werden eintreten … Jede Religion hatte recht.«[6]

So interessant diese Ansichten sein mögen, halfen sie mir doch nicht, meine Erfahrung zu verstehen. Ich hegte wirklich keinerlei Erwartungen im Hinblick darauf, wie der Tod sein oder was danach geschehen würde. Wie hätte daher mein Unterbewusstsein den Rahmen oder die Details meiner Erfahrung entwerfen und ausgestalten können? Ich hatte noch nicht den Verlust eines geliebten Menschen erleiden müssen. Darüber hinaus hatte ich über mein eigenes Ableben nie gründlich nachgedacht, vertrat keine vorgefasste Meinung über den Tod und beschäftigte mich auch nicht weiter damit.

Außerdem schien mir immer – wie Familienmitglieder und Arbeitskollegen Ihnen bestätigen könnten – das Gen der Vorstellungskraft zu fehlen. Ein Freund, der mich seit zwanzig Jahren kennt, sagte zu einem anderen Freund: »Was sie in ihrem ersten Buch geschrieben hat, muss wahr sein«, denn er wisse, »dass sie über keinerlei Kreativität verfügt«. Das war keine Kritik, sondern lediglich eine Beobachtung, die ihn zwang, meinen Bericht zu lesen und daraufhin seine eigenen Auffassungen vom Tod noch einmal zu überdenken.

Statt die oft abschätzigen, zynischen und anekdotischen Schlussfolgerungen solcher Leute wie der erwähnten Blogger zu übernehmen, wollte ich systematisch so viele Daten wie möglich auswerten, um mir mein eigenes Urteil zu bilden. Die charakteristischen Kennzeichen meiner Erfahrung zu verstehen, war für mich von höchster Bedeutung, nicht nur aus klinischen Gründen. Es ging um mich, ich gebe es zu, aber nicht in der Weise, wie Sie vielleicht vermuten. Ich wollte nämlich unbedingt einen Grund finden, *nicht* an die Realität und die Details meiner Erfahrung zu glauben und daher auch *nicht* an jene Botschaften, die ich im Himmel erhalten hatte. Eine vernünftige Erklärung würde mir erlauben, in das normale Leben, wie ich es gekannt hatte, zurückzukehren und überdies zu vergessen, was mir über die Zukunft meines Sohnes prophezeit worden war. Ich hatte gewiss nicht die Absicht, mich den Herausforderungen zu stellen, die mir vorherbestimmt waren, und fand zugleich keinen Gefallen an der Vorstellung, meine Erfahrungen mit anderen zu teilen.

Jedenfalls setzte ich meine Suche fort. Zunächst weihte ich einen meiner medizinischen Partner ein, weil ich dachte, er würde mir mit Sachverstand und kritischem Gespür zuhören. Als ich zu reden begann, lauschte er und brach plötzlich in Tränen aus. Er weine vor Neid, meinte er. Das war nun gar nicht die Reaktion, die ich erhofft hatte. Daraufhin war ich weniger gewillt, mit jemand anders über meine Erfahrung zu sprechen. Selbst meinem Mann habe ich nie die ganze Geschichte erzählt. Er war bereits derart überlastet mit der heroischen Aufgabe, für mich, unsere kleinen Kinder und die gemeinsame Praxis zu sorgen, dass ich seine Mühsal nicht noch vergrößern wollte. Zudem litt er viele Monate, vielleicht Jahre, unter dem Schrecken, mich fast verloren zu haben, und dem Schuldgefühl, mich vor der Gefahr nicht beschützt zu haben.

Statt also weitere Einzelheiten zu berichten, zog ich den Kopf ein und besann mich auf meine Nachforschungen, die damit begannen, was am Fluss geschah.

Bin ich tatsächlich ertrunken?

Ich studierte meine Krankenakten, sprach mit Personen, die am Fluss gewesen waren, sowie jenen, die mich in der Notaufnahme betreut hatten, und versuchte, möglichst viele Tatsachen zu erhärten. Daneben las ich zahlreiche Texte über den Tod durch Ertrinken, die Physiologie eines sterbenden Gehirns und das Phänomen der Nahtoderfahrung.

Inzwischen wusste ich, dass es weder eine Luftblase noch mit Luft durchsetztes Wasser oder irgendeine andere Sauerstoffquelle gegeben hatte, um mein Überleben zu erklären. Folglich überlegte ich weiter, ob nicht der sogenannte Tauchreflex die Ursache gewesen war. Er wird ausgelöst, wenn lungenatmende Lebewesen mit sehr kaltem Wasser in Berührung kommen, wodurch der Herzschlag verlangsamt, der Blutkreislauf zentralisiert wird und mehr Blut in Gehirn und Herz gelangt. Die physiologische Reaktion verringert den Sauerstoffverbrauch und gewährleistet einen längeren Aufenthalt unter Wasser.

In meinem Fall scheint der Tauchreflex die naheliegendste Begründung dafür zu sein, dass ich trotz der langen Dauer nach dem Ertrinken überleben konnte.

Meine Vermutungen zielten in die gleiche Richtung – dieser Reflex mochte sowohl mein Überleben als auch die fehlende neurologische Störung erklären. Das Problem war nur, dass die medizinischen Tatsachen diesen Schluss nicht bestätigten.

Der allgemeine Glaube, die niedrige Wassertemperatur spiele eine entscheidende Rolle bei Ertrunkenen, ist eigentlich eine moderne Legende. Sie kam auf, als 1987 eine etwas oberflächliche Studie einen minimalen neurologischen Vorteil bei Kleinkindern mit geringem Körperfett nachwies, die bei Wassertemperaturen von weniger als fünf Grad Celsius extrem schnell auskühlten. Obwohl Geschichten über wiederbelebte Kleinkinder, die in einen eisigen See stürzten, scheinbar reichlich vorhanden sind, gibt es darüber kaum schriftliche Berichte. Immerhin zeigte jene Studie, dass selbst unter solch »idealen« Bedingungen fünfunddreißig Prozent der Kinder starben und dreiunddreißig Prozent unter schwerwiegenden neurologischen Nachwirkungen litten, wenn sie in einen eisigen See gefallen und fast sofort unterkühlt waren.[7]

Eine breiter angelegte, von Dr. Suominen und anderen im Jahr 2002 durchgeführte Studie in der Abteilung für Anästhesie und Intensivpflege am Universitätskrankenhaus für Kinder und Erwachsene in Helsinki bewertete den Einfluss von Alter, Untertauchzeit, Wasser- und Körpertemperatur in der Notaufnahme auf die Überlebensrate bei fast Ertrunkenen. Die Daten belegten: Der einzige wesentliche Indikator für Überleben beziehungsweise neurologische Schädigung ist die Untertauchzeit. Selbst wenn sie weniger als zehn Minuten beträgt, überleben nicht einmal zwei Prozent der Opfer einen Monat, unabhängig von ihrem Alter.[8] Das Ergebnis, wonach es allein auf die Untertauchzeit ankommt und die Wassertemperatur dem Ertrunkenen keinen entscheidenden Schutz bietet, wurde durch neuere Untersuchungen bestätigt, insbesondere durch eine umfassende, 2014 an der Universität von Washington angefertigte Studie.[9]

Auch wenn ich beschließen würde, die Daten und Ergebnisse dieser Wissenschaftler ebenso völlig zu ignorieren wie die Tatsache, dass ich zum Zeitpunkt des Ertrinkens weder jung war noch in eiskaltem Wasser untertauchte, ist die beim Tauchreflex wirksame Zentralisierung des Blutkreislaufs bedeutungslos, wenn das umverteilte Blut keinen Sauerstoff enthält. Der Tauchreflex verändert nicht den grundlegenden physiologischen Prozess, der mit dem Sauerstoffmangel einhergeht: Lungenatmende Lebewesen können nicht endlos lange unter Wasser bleiben. Das Fehlen von Sauerstoff in den lebenswichtigen Organen führt schließlich zum Tod. Demnach erwies sich sogar diese Erklärung, auf die ich anfangs zurückgegriffen hatte, als nicht plausibel. Außerdem brachte sie kein Licht in das Dunkel dessen, was danach geschah.

War es nur meine Vorstellungskraft?

Man könnte annehmen, meine nachfolgenden außerkörperlichen Erfahrungen seien schlicht auf die Wirkungen einiger »wirklich guter« Medikamente zurückzuführen, die mir im Krankenhaus verabreicht wurden. Doch die Krankenakten belegten, dass ich keinerlei Medikamente erhielt, geschweige denn solche, die Halluzinationen hervorrufen können. Die Studie des Kardiologen Dr. Pim van Lommel aus dem Jahr 2001 zeigte, dass dies ohnehin keinen Unterschied gemacht hätte, weil die Medikation die Überlebenswahrscheinlichkeit einer Person mit Nahtoderfahrung nicht im Geringsten beeinflusst.[10]

Dann fragte ich mich, ob meine Nahtoderfahrung unterbewusst durch einen Traum oder eine stressbezogene Halluzination ausgelöst worden war. Beide, Traum und Halluzination, sind realitätsfern, und so haben die meisten von uns wahrscheinlich schon jene fantastischen Kreaturen und unmöglichen Aktivitäten erlebt, die sich im Traum manifestieren – oder das Gefühl gehabt, wie ein Vogel zu fliegen, durch die Zeit zu reisen, sprechenden Tieren zuzuhören oder der plötzlichen Verwandlung von Menschen und Dingen beizuwohnen. Dr. Allan Hobson, ein bekannter Traumforscher, schreibt dazu: »Träume sind in Inhalt und Ausgestaltung widersprüchlich, die Einheit von Ort, Zeit und Person ist aufgehoben, Naturgesetze werden missachtet.« Im Weiteren führt er aus, »der Trauminhalt sei oft geheimnisvoll und verwirrend und folge selten einem logischen Ablauf der Ereignisse«.[11]

Das steht in deutlichem Gegensatz zur typischen Nahtoderfahrung. Dabei – und so war es auch in meinem Fall – vollziehen sich die Ereignisse in logischer und geordneter Weise, wiewohl

Zeit und Dimension verschoben sind. Der Inhalt einer solchen Erfahrung erscheint fast nie seltsam oder bizarr, auch wenn die meisten bestätigen, den Körper verlassen zu haben und wahrscheinlich tot gewesen zu sein. Im Unterschied zu Traum und Halluzination wird die Realität auch nicht verzerrt oder verleugnet, sondern einfach als andere Realität wahrgenommen, die die gewohnte gleichsam überlagert.

Hobson hebt hervor, dass Träume und Halluzinationen häufig intensive Gefühle von Sorge, Angst und Überraschung enthalten. Nahtoderfahrungen hingegen sind gewöhnlich von solchen Emotionen frei. Vielmehr sprechen die Betroffenen von tiefem Frieden, Ruhe und Liebe. Trotz der fantastischen und merkwürdigen Elemente in vielen unserer Träume können wir sie, wenn wir uns ihrer erinnern, in Worte fassen. Das wiederum gilt kaum für die jenseitigen Aspekte einer Nahtoderfahrung. Die Sprache versagt einfach. Ebendeshalb sind Beschreibungen des Nahtods und anderer spiritueller Erfahrungen voller Analogien, Vergleiche und Metaphern.

Ein weiteres Kennzeichen von Träumen, Halluzinationen und Delirien besteht darin, dass deren Details nur schlecht erinnert werden und immer mehr verblassen, je weiter man sich von dem jeweiligen Ereignis entfernt. Fünfundneunzig Prozent aller Träume sind beim Erwachen vollständig vergessen. Selbst wenn man Bruchstücke eines lebhaften Traums schriftlich festhält, bleiben sie im Laufe von Stunden, Tagen und Jahren kaum noch im Gedächtnis haften.

Ein für mich wirklich faszinierender Aspekt von Nahtoderfahrungen ist der, dass die genaue Erinnerung daran niemals schwindet oder sich verändert. So lautet ein nicht unübliches Zeugnis: »Das geschah vor dreißig Jahren, aber ich sehe heute alles noch genauso deutlich vor mir wie damals.«

War es ein Anfall?

Konnte meine Erfahrung das Ergebnis einer Art Kurzschluss im Gehirn gewesen sein, einer Kombination anormaler elektrischer Signale? Oder handelte es sich vielleicht gar um einen Krampfanfall?

Auf den ersten Blick schienen diese Fragen vielversprechender zu sein. Kinder zum Beispiel, die aufgrund von Sauerstoffmangel und kurzzeitigem Herzstillstand unter Krampfanfällen leiden, berichten gelegentlich von Lichtblitzen, Gerüchen, Geschmäcken, Tunneln, Empfindungen, sie würden schweben oder fliegen, Verzerrungen des Körperbildes, Gefühlen, den Körper zu verlassen, oder Erinnerungen an Ereignisse in der Vergangenheit. Im Besonderen aber sprechen sie nie über Lichtwesen, verstorbene Freunde oder Verwandte, Engel, Haustiere oder über irgendeine der wunderbaren und anregenden Szenen, die üblicherweise in Nahtoderfahrungen von Kindern vorkommen.[12, 13]

Es ist bekannt, dass ein anormaler elektrischer Reiz, ob natürlich oder chirurgisch ausgelöst, bei Menschen visuelle Halluzinationen hervorrufen kann, sodass sie Lichtexplosionen erleben oder den Eindruck haben, von ihrem Körper getrennt zu sein.[14] Berichten zufolge bewirkte die Stimulation eines Teils des rechten Schläfenlappens Visionen von Gott, die Empfindung, überirdische Musik zu hören und tote Freunde und Verwandte zu sehen.

Ich fragte mich, ob all diese Forschungsergebnisse etwa den Glauben von Christen erklären könnten, die Bibel sei von Gottes Atem erfüllt. Was, wenn der Evangelist Matthäus einfach nur unter Krämpfen litt, und deshalb einen Engel des Herrn, der Maria und Maria Magdalena erschien, mit einer blitzartigen Erscheinung verglich, sein Gewand so weiß wie Schnee (Matthäus 28,2–3)?

Derlei ist abwegig und ergibt wirklich keinen Sinn. Obwohl Halluzinationen, durch Anfälle verursacht, äußerst lebhaft sein können, sind doch die Erinnerungen daran immer bruchstückhaft und zusammenhanglos; nie schließen sie Elemente mit ein, die sich der Kenntnis des Betroffenen entziehen, noch haben sie je tiefgründige Lebensrückblicke oder persönliche Veränderungen bewirkt, die bei Nahtoderfahrungen regelmüßig beobachtet werden.[15]

War es Sauerstoffmangel?

Sind Sie bereit für einen kurzen, aber aufschlussreichen Kurs über die Wissenschaft des Ertrinkens? Auch wenn Sie keinerlei wissenschaftliche Neigungen haben, ermuntere ich Sie, mir weiterhin zu folgen, während ich Ihnen detailliert die Reaktion des Körpers schildere, sobald seine lebenspendende Sauerstoffzufuhr ebenso plötzlich wie vollständig blockiert wird. Willigen Sie ein, verspreche ich Ihnen, dass Sie über eine Nahtoderfahrung – so fremdartig dieser Begriff manchmal anmutet – nie wieder in der gleichen Weise denken werden wie vorher.

Da ich unter Wasser gefangen war und nicht mehr atmen konnte, hätte der gierige Verbrauch des verbleibenden Sauerstoffs in meinem Blut den Kohlendioxidspiegel steigen lassen müssen. Dessen ungeachtet fühlte ich zu keinem Moment die Panik oder das intensive Verlangen nach Luft, die dadurch normalerweise hervorgerufen werden.

Innerhalb einer Minute nach dem Ertrinken wäre die Sauerstoffmenge in meinem Blut auf fast null gesunken. Obwohl ich offenbar das Gefühl verspürte, keinen Sauerstoff mehr zu benötigen, war er doch notwendig, um die Gehirnfunktionen aufrechtzuerhalten. Ich hätte das Bewusstsein verlieren sollen, aber das war nicht der Fall. Ich erinnere mich nur, wach gewesen zu sein – und dann immer noch wacher.

Dem Gehirn Sauerstoff vorzuenthalten ist etwa so, als würde man in den Ofen einer Dampflok keine Kohlen mehr schaufeln –

das kann auf Dauer nicht gut gehen. Das menschliche Gehirn braucht einen ständigen Vorrat an Sauerstoff, um Glukose in Adenosintriphosphat (ATP) umzuwandeln, das die so wichtige Energieübertragung in den Zellen und damit den Stoffwechsel gewährleistet. Denken Sie dabei an die Kohle – sie liefert die Energie (Hitze), die Wasser in Dampf umwandelt, der wiederum genutzt wird, um die Räder des Zuges anzutreiben. Keine Kohle heißt: keine Hitze, also auch kein Dampf. Ohne Dampf ist selbst die mächtigste Dampflok nichts weiter als eine stille und starre Ansammlung von Metallteilen.

In vergleichbarer Weise erzeugt das ATP die nötige Kraft, um elektrisch geladene Ionen zwischen den Zellwänden hin und her zu transportieren. Diese Bewegung veranlasst das Gehirn, mehr als hundert bekannte Botenstoffe (Neurotransmitter) auszuschütten, die dem übrigen Körper mitteilen, was er tun soll. Doch ohne Sauerstoff und Glukose entsteht kein ATP. Ohne ATP gibt es keine Energiequelle. Ohne Energiequelle kommt es zu keiner Gehirntätigkeit. Die Lichter gehen aus.

Binnen zwei bis drei Minuten löst sich der Laryngospasmus (eine Verkrampfung der Stimmritze des Kehlkopfs, die das Einatmen von Flüssigkeiten verhindert), wodurch Wasser in die Lungen strömt. Als dann genau das tatsächlich geschah, fühlte ich mich unerklärlich frei. Ich stellte mir vor, ein Mantarochen zu sein, der anmutig und lautlos durch die Meerestiefen gleitet.

Das eingeatmete Wasser verursacht normalerweise eine Hämolyse (ein Platzen der roten Blutkörperchen) sowie einen Anstieg des Potassiumspiegels in den Blutbahnen. Das wiederum verändert die elektrische Aktivität im Herzmuskel und geht einher mit einer verstärkten Azidose (Störung im Säure-Basen-Haushalt) aufgrund der Zunahme von Milchsäure und Kohlendioxid. Da zugleich das Gehirn keine Signale mehr aussendet, hört das Herz auf zu schlagen. Ohne Pumpe aber kann das Blut weder durch die Adern noch im Gehirn zirkulieren.

Einige Widerlegungen des Phänomens Nahtoderfahrung beziehen sich oft vage auf eine vermeintliche Aktivität in der Hirnrinde, bieten jedoch keine Erklärung dafür, wie jene angeregt und gespeist werden soll. Das entbehrt der Logik und steht in diametralem Gegensatz zu den oben beschriebenen, gut dokumentierten physiologischen Prozessen.

Überlegen Sie sich bitte einmal die Konsequenzen einer solchen Auffassung. Wäre es nicht unsinnig zu glauben, ein Gehirn ohne Kraftzufuhr, ohne elektrische Aktivität und ohne Funktionstüchtigkeit könne unabhängig neue, klare und vielschichtige Erinnerungen hervorbringen, die ein Leben lang genau abrufbar sind?

Die folgende Beschreibung einer Nahtoderfahrung nach dem Ertrinken, die mir als ziemlich repräsentativ erschien, stammt aus Pim van Lommels Buch *Endloses Bewusstsein. Neue medizinische Fakten zur Nahtoderfahrung.*

> *Ich hatte eine Nahtoderfahrung, als ich im Alter von fünf Jahren »ertrank«. Jetzt bin ich fast zweiundachtzig. Plötzlich umgab mich ein unsagbar schönes Lichtspektrum. Es wurde von einer äußerst friedlichen, liebevollen Gegenwart eingehüllt und blieb für eine lange Zeit unverändert, ehe ich mit einem schrecklichen Schlag zur irdischen Wirklichkeit zurückkehrte, dort dann aufgeregte menschliche Stimmen hörte und heftige Stöße gegen meinen Körper verspürte. Heute ist dieses Erlebnis genauso deutlich und intensiv wie an dem Tag, als es sich zutrug. Aller Wahrscheinlichkeit nach überlebt das Bewusstsein den Tod. Ich bin Anästhesist.*[16]

Sobald kein Sauerstoff mehr vorhanden ist, tritt der Tod erwartungsgemäß schnell ein. Es ist richtig, den Tod sowohl als einen Prozess wie auch als ein Ereignis zu beschreiben. Um also die Antworten zu finden, nach denen wir suchen, möchte ich gleichsam in Zeitlupe schildern, was anschließend während meines Sterbeprozesses geschah.

Ohne Sauerstoffvorrat, ohne Energie, um die elektrische Ladung an den Zellmembranen zu gewährleisten, und ohne Blutzirkulation wäre keine Kraft vorhanden, um die Neuronen in meinem Gehirn weiterhin zu polarisieren. (Genauso wie es der Anstrengung bedarf, um zwei Magneten voneinander getrennt zu halten, ist Kraft nötig, um unterschiedlich geladene chemische Stoffe auf den benachbarten Seiten einer Zellmembran zu halten.) Ohne kontinuierliche Polarisierung der Zellmembran hätten die Neuronen ihre Neurotransmitter unkontrolliert in die synaptischen Spalten des Gehirns ausgeschüttet. Diese Spalten bilden zwischen den Neuronen die Lücken, durch welche die Kommunikation erfolgen muss.

Stellen Sie sich zwei Brüder (Neuronen) vor, die zu beiden Seiten eines Flusses (Spalt) stehen. Sie möchten miteinander in Verbindung treten, sind aber zu weit getrennt, um direkt zu kommunizieren. Also lösen sie das Problem dadurch, dass sie einen Freund (einen Neurotransmitter) bitten, die Botschaften hin und her zu tragen, indem er den Fluss durchquert.

Malen Sie sich jetzt Folgendes aus: Die Neuronen (Menschen) zu beiden Seiten des Flusses sind aus verschiedenen Ländern und sprechen nicht die gleiche Sprache. Diejenigen auf der einen Seite übergeben ihre Nachrichten einem vielsprachigen Schwimmer (dem Neurotransmitter), der diese für die Menschen auf der anderen Seite übersetzen kann. Wenn aber die Neurotransmitter aufgrund der depolarisierten Membranen in Spalten versinken, ist das etwa so, als würden alle Menschen gleichzeitig rufen und ihre Übersetzer in den Fluss stoßen. Das System wäre überlastet, völliges Chaos bräche aus und jede Kommunikation hätte ein Ende.

Dennoch vertreten viele die These, gerade während dieser chaotischen Phase könnten Gehirnzellen einer konzentrierten

Dosis von Neurotransmittern wie Dopamin und/oder N,N-Dimethyltryptamin (DMT) ausgesetzt sein und infolgedessen Nahtoderfahrungen hervorrufen.

Nicht nur gibt es dafür keinerlei Belege, auch die These selbst weist gravierende Schwachstellen auf. Zunächst setzt die Depolarisation der Neuronen, beginnend mit dem Zusammenbruch der Gehirntätigkeit, Neurotransmitter in toxischer Konzentration frei, die Gehirnzellen *vernichten.* Dieses plötzliche Absterben wird noch verstärkt durch das kalziuminduzierte Platzen der Gehirnzellen, was zu einer umso höheren Ausschüttung von gewebezerstörenden freien Radikalen führt.

Auf die Zerstörung des Hirngewebes wiederum reagieren jene Zellen besonders empfindlich, die im hufeisenförmigen Hippocampus angesiedelt sind – dort also, wo hauptsächlich neue Erinnerungen gebildet und Kurzzeiterinnerungen in Langzeiterinnerungen umgewandelt werden. Ohne Hippocampus können keine neuen Langzeiterinnerungen Gestalt annehmen. Im Hinblick auf das Ertrinken heißt das: Nach ungefähr fünf Minuten ohne Sauerstoff hätten die Zellen meines Hippocampus irreversible Schäden erleiden müssen.[17, 18, 19]

Sie sehen, worauf die Argumentation abzielt: Wenn der Hippocampus jene Region des Gehirns darstellt, die auf die Zerstörung der Zellen äußerst empfindlich reagiert, und wenn er in erster Linie verantwortlich ist für die Formung des Gedächtnisses und die Speicherung von Erinnerungen, dann widerspricht es jeder Logik, den jähen Absturz der Neurotransmitter als Ursache für solch intensive Erinnerungen zu betrachten, die Menschen mit Nahtoderfahrung ein Leben lang abrufen können.

Nichtsdestotrotz musste ich weitere Studien betreiben. Zwar hatte ich die Unlogik der zuvor erörterten These erkannt, bedurfte aber einer tieferen Einsicht in die bekannten Wirkungen des Dopamins und speziell des N,N-Dimethyltryptamins – jener Neurotransmitter, die in der Literatur am häufigsten Erwähnung finden, wenn die Gründe von Nahtoderfahrungen erforscht werden.

War es ein DMT-Trip?

Sind Sie noch immer an meiner Seite? Wenn Sie Wissenschaft nicht mögen, ist mir wohl bewusst, dass Sie hier mit anspruchsvollen Denkansätzen und schwierigen Fachbegriffen konfrontiert werden, aber es ist wichtig, den Ablauf der Ereignisse wie auch deren theoretische Grundlagen zu verstehen. Jedenfalls sollten Sie das Ergebnis meiner Nachforschungen nicht verpassen. Um Sie zur weiteren Lektüre anzustacheln, teile ich Ihnen mit, dass diese letzte Runde meines Marathons einige Überraschungen bieten wird, etwa träumende Nagetiere, ein sogenanntes »Teilchen Gottes«, fremdartige Wesen und jenen Mann namens Scott, der während einer offenbar sehr langweiligen Betriebsversammlung unversehens eine Begegnung mit dem Tod hatte.

Wer hätte gedacht, dass Wissenschaft so viel Spaß machen kann?

Bald entdeckte ich, dass hohe Konzentrationen von Dopamin im Gehirn Euphorie erzeugen und sowohl die Intensität als auch die Häufigkeit von Träumen steigern können – und eben auch bei Sauerstoffmangel freigesetzt werden. Andererseits hat sich herausgestellt, dass Dopamin schnell irreversible Gehirnschäden verursacht, weder auditive noch visuelle Halluzinationen hervorruft und noch nie mit den typischen Merkmalen einer Nahtoderfahrung in Verbindung gebracht wurde. Daher lenkte ich meine Aufmerksamkeit vom Dopamin auf das N,N-Dimethyltryptamin.[20,21]

Ich lernte, dass dieses DMT eine psychoaktive Wirkung ausübt, wenn es geraucht, injiziert oder eingenommen wird. Es ist weit verbreitet in der Pflanzenwelt und hat eine Affinität zu den

Andockstellen des Serotonins und des Dopamins, beides Neurotransmitter, die bei Stimmungen und Lustgefühlen eine wichtige Rolle spielen.

Allerdings gibt es hierbei einen Haken: DMT wurde bislang nie in Menschen gefunden. Da man jedoch geringe Spuren davon in der Zirbeldrüse von Nagetieren[22] aufgespürt hat, behaupteten einige Forscher, erhöhte Konzentrationen von DMT *könnten* auch im Menschen vorhanden sein und bei der Geburt, in Traumzuständen sowie zum Zeitpunkt des Todes von der Zirbeldrüse freigesetzt werden. Sie gingen sogar so weit, DMT als das »Teilchen Gottes« zu bezeichnen.

Ungeachtet der häufigen Nennung von DMT und der Tatsache, dass anekdotische Berichte über »DMT-Reisen« die Literatur füllen, hat bis jetzt niemand die bahnbrechende Arbeit des Psychiaters Rick Strassman aus den 1990er-Jahren wiederholen oder gar fortführen können.

Zwischen 1990 und 1995 verabreichte Dr. Strassman sechzig gesunden Versuchspersonen vierhundert Dosen DMT. Dabei beobachtete er bei vielen von ihnen eine höhere Sehschärfe und einen ausgeprägteren Farbsinn, das Gefühl, mit extremer Geschwindigkeit durch den Raum katapultiert zu werden, die Empfindung eines allumfassenden Glühens sowie ein Gespür für Einheit und gegenseitige Verbundenheit. Zahlreiche Versuchspersonen hatten eine Ahnung von Erleuchtung und Zeitlosigkeit – zudem den Eindruck, mit einer übermächtigen, weisen und liebevollen Gegenwart zu verschmelzen. In der Studie erklärten sie einhellig, das Bewusstsein existiere nach dem Tod des Körpers weiter.

In seinem daraus entstandenen Buch *DMT – Das Molekül des Bewusstseins: Zur Biologie von Nahtod-Erfahrungen und mystischen Erlebnissen* beschreibt Strassman dieses Forschungsexperiment und folgert: *Falls* das sich auflösende Gewebe der Zirbeldrüse DMT freisetzt und direkt in die Rückenmarksflüssigkeit abgibt, *könnte* es die sensorischen und emotionalen Zentren des Gehirns erreichen, das dort verbliebene Bewusstsein aktivieren und damit auch die Bildersprache erklären, die von Personen mit Nahtoderfahrung benutzt wird (Hervorhebungen von mir).[23]

Demgemäß vermutete er, dass die menschliche Zirbeldrüse unmittelbar vor dem Tod DMT absondern und so für das Phänomen Nahtoderfahrung verantwortlich sein könnte. Die Arbeit von Dr. Strassman wurde herangezogen, um diesem Neurotransmitter fast mythische Eigenschaften zuzuschreiben, weshalb sie die stichhaltigste Begründung darstellt, mit der die rein geistige Wirklichkeit von Nahtoderfahrungen auszuschließen ist. Doch seine Thesen waren durchweg spekulativ und wurden nie bewiesen. Ganz zu schweigen von der Tatsache, dass eine DMT-Erfahrung qualitativ völlig verschieden ist von einer Nahtoderfahrung.

Als überwältigend konstantes Kennzeichen einer Nahtoderfahrung gilt ja gerade die erfüllende, unbedingte Liebe von Wesen, die erkennbar sind und einnehmend. Das aber steht im Gegensatz zu den Feen, Elfen und anderen fremdartigen Figuren, denen Menschen unter Einfluss von DMT begegnen. Diese Gestalten sind ungewohnt, oft reptilisch, insektoid – oder ausgeklügelte roboterhafte Maschinen, möglicherweise feindlich gesinnt und ohne Interesse an der Person, die sie wahrnimmt.

Neben den Begegnungen mit Aliens beinhalten jene durch DMT hervorgerufenen visuellen Halluzinationen üblicherweise wiederkehrende Farben in geometrischen Mustern, beschrieben als »anwachsende Geometrie, die alles derart umhüllt, dass vom Zimmer absolut nichts mehr übrig bleibt.«[24] Eine weitere Versuchsperson gab zu Protokoll: »Rechts von meinem Gedankenraum befand sich eine blaue Masse. [Sie war] eine große, aus Schichten gebildete Einheit, mit vielen edelsteinartigen Kristallen geschmückt und entlang geometrischen Bruchlinien angeordnet, die sich falteten, verdrehten und die Form des Ganzen in mechanischer Weise veränderten.«[25]

Nach Auffassung von Terence McKenna wird mithilfe von DMT »die normale Welt fast unverzüglich ersetzt – nicht nur durch irgendeine Halluzination, sondern durch ebenjene, deren charakteristisches Merkmal in völliger Fremdheit besteht. Sobald man dem durch DMT beeinflussten Sensorium unterliegt, kann nichts einen vorbereiten auf die Eindrücke, die den Geist beherrschen«. Doch so seltsam viele dieser Darstellungen anmuten, behauptet der psychedelische Autor James Kent, eine Person unter der Wirkung von DMT könne tatsächlich jede gewünschte Vorstellung auf die fremdartigen Wesenheiten projizieren und sie sogar selbst kreieren.[26]

Die durchgängig bizarre DMT-Realität, gepaart mit der eigenen Fähigkeit, das Geschehen zu steuern, hebt sich deutlich ab von den völlig verständlichen Visionen, die Todgeweihte überlieferten.

Darüber hinaus haben jene mit DMT stimulierten Personen nie wahrheitsgetreue Informationen übermittelt, die sie während ihrer inneren Reise empfingen und die mit den wirklichen, bislang noch unbekannten Ereignissen übereinstimmen. Nicht zuletzt schwindet die Erinnerung an das Erlebte so rasch, dass Befürworter eines für Entspannungszwecke genutzten DMT dringend empfehlen, die Eindrücke sofort nach der »Rückkehr« schriftlich festzuhalten.

Vielleicht liegt darin einer der Gründe, warum Dr. Strassman bei seinen Probanden nur wenige positive Veränderungen beobachtete, die sie aus ihrem Experiment in das tägliche Leben übertragen haben. Mit anderen Worten: Die momentane Intensität der Halluzinationen konnte bei ihnen keine bleibenden Spuren hinterlassen. Daraus schloss er, dass selbst hohe Dosen von DMT nicht transformativ wirken.

Stellen wir alldem die Erfahrungen jener Menschen gegenüber, die dem Tod nah waren. Normalerweise lassen sie tiefgreifende und dauerhafte Veränderungen erkennen und werden zum Beispiel selbstloser, weniger materialistisch, liebevoller. Der Autor und Forscher Kevin Williams stellte fest, dass ein Individuum durchschnittlich sieben Jahre braucht, die umwälzenden Wirkungen seiner Nahtoderfahrung in den Alltag zu integrieren, und dass sich diese Umbrüche im Lauf der Zeit gewöhnlich noch verstärken.[27] Das bestätigte auch Pim van Lommels Studie über Herzpatienten, derzufolge er sie fünf Tage nach ihrer Wiederbelebung, dann zwei Jahre und schließlich acht Jahre später befragte. Dabei zeigte sich, dass ihre Erinnerungen durchweg einheitlich und die transformativen Veränderungen langanhaltend waren.

Kürzlich las ich den Bericht eines Mannes namens Scott, der im Dezember 1997 wegen einer akuten Bakterieninfektion mit dem Tod in Berührung kam. Während einer Betriebsversammlung fühlte er sich mit einem Mal erschöpft. Er informierte seinen Kollegen, der sofort anbot, ihn nach Hause zu fahren. Dann geschah Folgendes:

Unverzüglich brachen wir auf, aber dann erinnerte ich mich an gar nichts mehr, nur dass ich plötzlich in einen Krankenwagen geladen wurde. Im nächsten Bild saß ich neben einem liebevollen Gott oben in der Notaufnahme und blickte hinunter auf meinen Körper.

Ich sah meine Frau und meinen Sohn am Fußende des Bettes und dachte, wie sehr sie weiterhin trauerten und litten, nachdem mein Schwager nur einen Monat vorher beerdigt worden war. Gewiss wollte ich ihren Kummer nicht noch vergrößern. Als sie mich riefen, kehrte ich genauso schnell in meinen Körper zurück, wie ich ihn verlassen hatte.

Dieses Ereignis veränderte mein Leben grundlegend. Fünfzehn Jahre später bin ich immer noch »Feuer und Flamme« für den Herrn! Nach einunddreißig Jahren Ehe trennte sich meine erste Frau von mir, weil ich nicht mehr derselbe war wie früher. Statt die Karriereleiter hochzusteigen, bewegt es mich heute zutiefst, die Obdachlosen zu versorgen, in der Essensausgabe zu arbeiten, ein Krankenhaus, ein Pflegeheim und ein Hospiz zu leiten. Ich esse, arbeite, spiele, schlafe und träume von Jesus. Zweifellos bin ich nicht mehr der, der ich einmal war – ich bin besser!

Scott, Oklahoma City, Oklahoma

Obwohl der Mythos, ein Neurotransmitter wie DMT könne die Nahtoderfahrung erklären, inzwischen weit verbreitet ist, beruht er doch allein auf Spekulation. Offensichtlich geschieht etwas ganz anderes, das die Wissenschaft allerdings erst noch aufdecken muss.

Wenn eine Lebensgeschichte über die Wissenschaft hinausgeht

Je besser ich die Forschung verstand, desto weniger verstand ich mein eigenes Überleben.

Als mein Körper schließlich aus dem Fluss gezogen wurde, war meine Haut violett, kalt, wächsern, die Pupillen starr und geweitet. Ich atmete nicht mehr, und mein Herz hatte aufgehört zu schlagen. Meine Gefährten, professionelle Floß- und Kajaklehrer, zugleich ausgebildete und erfahrene Notfallsanitäter, hielten mich für tot. Bis zu diesem Tag behaupten sie, für mein Überleben lediglich die Hände zur Verfügung gestellt zu haben, durch die Gottes Wille erfüllt wurde.

Ich hatte meine Nachforschungen so weit getrieben, wie die Wissenschaft es erlaubt, aber mein Leben ging deutlich darüber hinaus. Meine Nahtoderfahrung war gewiss *nicht* das Ergebnis eines Traums oder meiner Vorstellungskraft. Sie ließ sich weder auf einen Anfall noch auf eine durch Neurotransmitter hervorgerufene Halluzination zurückführen und wurde auch nicht durch meine Umstände oder mein Gehirn verursacht, das – entsprechend dem Stand der gegenwärtigen Wissenschaft – in solcher Notlage naturgemäß abschaltet. Ich habe ein Universum jenseits des Sichtbaren erlebt, Naturgesetze jenseits der Erkenntnis, jenseits des Körpers – und das heißt: ein übernatürliches Ereignis.

6

Hinüberwechseln und zurückkehren

Das Leben ist ewig; und die Liebe unsterblich;
und der Tod nur ein Horizont; und ein Horizont
nichts als die Grenze unserer Sicht.

Rossiter Raymond

Für die antiken griechischen und römischen Seefahrer markierten die Säulen des Herkules am östlichen Ende des Mittelmeers die Grenze der bekannten Welt. Angeblich stand auf den Säulen der Spruch: *Non plus ultra* – nicht darüber hinaus. Die Botschaft war deutlich: Das Unbekannte ist gefährlich. Kehr um, ehe es zu spät ist.

Für Sie ist die Lektüre dieses Buch ebenfalls ein mutiger Akt, und wenn es um die großen Fragen geht, kehren Sie nicht um. Sie möchten jetzt hinter den Horizont des Lebens blicken und wissen, was Sie erwartet, sobald Sie oder ein geliebter Mensch von dieser Erde scheiden. Oder Sie möchten herausfinden, inwieweit meine diesbezügliche Erfahrung zusammenpasst mit Ihren Überzeugungen, ob diese auf der Bibel gründen oder nicht.

Betrachten Sie das vorliegende Buch als einen Reisebericht. Bei meiner Nahtoderfahrung reiste ich hinter den Horizont der irdischen Zeit, und hier erzähle ich Ihnen, was ich gehört, gesehen, gefühlt und gelernt habe. Aber Sie müssen sich darüber im Klaren sein, dass mein Bericht, obzwar er auf einer persönlichen Erfahrung beruht, keineswegs der einzige seiner Art ist.

In diesem Kapitel geht es hauptsächlich um die Berichte anderer »Reisender«, von früheren Zeiten bis ins Heute. Tatsache ist, dass die historischen Aufzeichnungen unzählige Beispiele für

Nahtoderfahrungen enthalten und dass sie allesamt auffällige Ähnlichkeiten mit denen moderner Berichte aufweisen.

Unser gegenwärtiges Verständnis solcher Begegnungen verdankt sich zum überwiegenden Teil den Arbeiten von Dr. Raymond Moody und Dr. Elisabeth Kübler-Ross, beide Psychiater und frühe Pioniere im Studium von Nahtoderfahrungen. Durch die Forschungen von Moody, Kübler-Ross, Peter Fenwick, Pim van Lommel und vielen Weiteren ist das klinische Phänomen der Nahtoderfahrung nun gut dokumentiert. Überraschenderweise tritt es relativ häufig auf – bei bis zu achtzehn Prozent der Personen, die vor der Wiederbelebung für klinisch tot erklärt wurden.[1]

Denken Sie darüber einmal nach! Das entspricht Millionen von Menschen, die standhaft behaupten, eine solche Erfahrung gemacht zu haben. Und in der hohen Zahl ist noch gar nicht berücksichtigt, dass die meisten, die mit dem Übernatürlichen in Berührung kamen, niemals etwas davon mitteilen.

Vielleicht spiegelt die Skepsis gegenüber Nahtoderfahrungen eine Angst wider, die vergleichbar ist mit jener der alten Griechen und Römer – vor dem nämlich, was im Jenseits liegt, jenseits der Säulen des Todes. Wie wir heute wissen, dass hinter den Säulen des Herkules Ozeane und Kontinente der Entdeckung harrten, ahnen wir, dass Gott hinter dem Horizont des physischen Todes eine unermessliche Güte für uns bereithält.

Definition der Nahtoderfahrung

Der Begriff »Nahtoderfahrung« wurde 1975 von Raymond Moody geprägt und beschreibt eine erkennbare Verbindung äußerst intensiver Wahrnehmungen, Einsichten und sensorischer Erfahrungen, die sich im Moment des Todes, nahen Todes oder in anderen verhängnisvollen Situationen ergeben. Der Unterschied zwischen einer Nahtoderfahrung und dem üblichen Ereignis des Sterbens besteht darin, dass die Person nicht physisch tot oder bewusstlos bleibt, sondern aus dem scheinbaren Tod in einen Zustand wachen Bewusstseins und oft auch voller körperlicher Funktionsfähigkeit zurückkehrt. Die Nahtoderfahrung deutet darauf hin, dass die Reise zwischen Leben und Tod nicht immer in einer Richtung verläuft.

Niemand – am allerwenigsten ich – würde behaupten, dass unser physischer Körper nicht irgendwann stirbt; schließlich ist die Sterblicheit ein wesentlicher Bestandteil menschlicher Existenz. Doch aus Gründen, die wir unbedingt zu verstehen suchen, sterben einige auch nur fast und erhalten dann eine »Rückfahrkarte«, mit der ihre Zeit auf Erden verlängert wird.

Ein universales menschliches Phänomen

Wenn die Nahtoderfahrung ein universales menschliches Phänomen darstellt, erwartet man, dass sie in allen Epochen und auf der ganzen Welt vorkommt. Das ist tatsächlich der Fall. Obwohl Details und Terminologie von Kultur zu Kultur leicht voneinander abweichen, gibt es weltweit Berichte über Nahtoderfahrungen, die bis ins Jahr 1760 v. Chr. zurückreichen und etwa in den Traditionen der Christen, Hindus, Buddhisten, Moslems, Juden und amerikanischen Ureinwohner ihren festen Platz haben.[2]

Platons Schrift *Der Staat*, verfasst um 420 v. Chr., enthält das erste Zeugnis einer Nahtoderfahrung in der westlichen Literatur. Dort ist die Rede von einem Soldaten namens Er, der in der Schlacht fiel, doch auf seinem Scheiterhaufen zu neuem Leben erwachte. Daraufhin berichtete er von seiner Reise in das Leben nach dem Tod, die zahlreiche Parallelen zu heutigen Beschreibungen aufweist.

> *Er sagte aber, nachdem seine Seele ausgefahren, sei sie mit vielen andern gewandelt, und sie wären an einen wunderbaren Ort gekommen, wo in der Erde zwei aneinander gren-*

zende Spalten gewesen und am Himmel gleichfalls zwei andere ihnen gegenüber ... Unterdessen schwebten aus der einen Spalte am Himmel reine Seelen herab und erzählten von schönen Anblicken und herrlichen Gefühlen ... Sodann erreichten sie eine Stelle, wo sie einen Lichtstrahl aus Regenbogenfarben sahen, heller als jeglicher, den sie bisher wahrgenommen hatten ... Anschließend wurde jeder Seele ein Schutzgeist zugeordnet, der ihr durchs Leben helfen sollte.[3]

Auch wenn den meisten von uns dergleichen nicht an der Sonntagsschule beigebracht wurde, ist es doch vernünftig, mehrere Berichte in der Bibel über Menschen, die ins Leben zurückkehrten, als Nahtoderfahrungen zu begreifen (zum Beispiel 1. Könige 17,17–22, Lukas 7,12–15, Johannes 11,1–44, Apostelgeschichte 9,36–41; 20,9–10).

Im 1. Jahrhundert n. Chr. verfasste der Apostel Paulus eine klassische Darstellung von einer Nahtoderfahrung. Er beschloss, über sein Erlebnis in der dritten Person zu schreiben, um so vielleicht die dabei üblichen Grenzen des Verstehens und des Ausdrucks zu beachten. »Ich kenne einen Menschen in Christus; vor vierzehn Jahren – ist er in dem Leibe gewesen, so weiß ich's nicht; oder ist er außer dem Leibe gewesen, so weiß ich's auch nicht; Gott weiß es ... der ward entrückt in das Paradies und hörte unaussprechliche Worte ...« (2. Korinther 12,2–4).

An späterer Stelle im gleichen Kapitel (12,7) bezeichnet er das, was er vernahm, als *hohe Offenbarungen*, die er nicht vollständig beschreiben durfte.

Zu weiteren christlichen Schriften über Nahtoderfahrungen gehören jene von Papst Gregor dem Großen im 6. Jahrhundert. In den *Dialogen* finden sich über vierzig davon. Zum Beispiel protokollierte er aus erster Hand den Bericht von Stephanus, einem bekannten Geschäftsmann, der auf seiner Reise nach

Konstantinopel starb. Deutliche Parallelen zeichnen sich ab zwischen meiner Darstellung im vorhergehenden Kapitel und der folgenden:

> *Vor drei Jahren starb, wie ihr wisst, derselbe Stephanus, während die schlimme Pest in dieser Stadt [Rom] wütete, wo man Pfeile vom Himmel regnen und der Reihe nach Menschen hinmetzeln sah. So erging es auch einem bestimmten Soldaten in unserer Stadt. Er wurde aus seinem Körper gezogen und lag leblos, kehrte jedoch bald zurück [ins Leben] und beschrieb, was ihm widerfahren war. Zu jener Zeit erlebten viele Leute solche Dinge.*
>
> *Er sagte, da sei eine Brücke gewesen, unter der sich ein schwarzer düsterer Fluss wand, der einen unerträglich nach Fäulnis stinkenden Dunst verströmte. Jenseits der Brücke aber lagen herrliche Wiesen, bedeckt mit grünem Gras und köstlich duftenden Blumen. Die Wiesen schienen Treffpunkte zu sein für weißgekleidete Menschen. Die Luft war von solch angenehmem Geruch erfüllt, dass allein er schon genügte, [die Bedürfnisse] der Bewohner zu stillen, die dort lustwandelten. An diesem Ort hatte jeder seine eigene Behausung, durchflutet mit wunderbarem Licht. Ein Haus von erstaunlichen Ausmaßen wurde dort errichtet, offenbar aus goldenen Backsteinen, doch konnte er nicht herausfinden, für wen es sein mochte. Auch entlang dem Ufer standen Bauten, von denen einige verunreinigt waren durch den faulen Dunst, der vom Fluss aufstieg, andere hingegen überhaupt nicht.*[4]

Obwohl Nahtoderfahrungen auf einzigartige Weise individuell sind und möglicherweise nur wenige identische Elemente enthalten, ist die übergreifende Verbindung dieser Elemente weltweit einheitlich. Selbst Kleinkinder, deren Erlebnisse wahrscheinlich nicht auf bereits bestehenden Überzeugungen oder Erwartungen beruhen, geben Beschreibungen, die mit denen von Erwachsenen völlig übereinstimmen.

Personen mit Nahtoderfahrung hegen keinerlei Zweifel, etwas Überwältigendes erlebt zu haben, wissen aber oft nicht, wie sie darüber denken oder dergleichen verarbeiten sollen. Ich habe den Nahtodgeschichten von mehreren Hunderten Menschen gelauscht und war häufig eine der Ersten, denen sie mitgeteilt wurden. Viele behalten ein solches Erlebnis jahrelang für sich. Warum? Manche sind besorgt, die Bedeutung und der Sinn für die Heiligkeit ihrer Erfahrung würden durch die Weitergabe geschmälert; andere fürchten sich vor der Erfahrung selbst; die meisten jedoch haben Angst vor der Ungläubigkeit der Leute. Sie möchten nicht für Verrückte, Betrogene oder religiöse Eiferer gehalten werden.

Wenn einem theologisch so versierten Zeugen wie dem Apostel Paulus die Worte fehlten, um seine Nahtoderfahrung zu beschreiben, sollte es uns nicht überraschen, dass wir anderen ebenfalls ins Stocken kommen. Tatsächlich berichten Menschen auf der ganzen Welt, dass sich ihre Nahtoderfahrungen der Darstellung entzögen und dass sogar Kunst und Metapher das eigentliche Geschehen nicht einmal im Ansatz erfassen könnten. Daher mag die individuelle Aussage unvollständig oder enttäuschend ungenau erscheinen. Aber lassen Sie sich deshalb nicht davon abbringen, die übergreifende Wahrheit zu erkennen: Die Berichte kennzeichnen sich durch eine überzeugende Konsistenz, die Forscher fasziniert und die auch Ihnen bestimmt einleuchtet.

Gemeinsame Elemente von Nahtoderfahrungen

Worin bestehen diese Gemeinsamkeiten? Die am häufigsten genannten seien im Folgenden aufgeführt.

1. Ein tiefes Gefühl von Wohlbefinden, durchdrungen von reiner Liebe

Gewiss ist das hervorstechendste Merkmal von Nahtoderfahrungen die universelle Erfahrung, sich ganz und unversehrt zu fühlen, vorbehaltlos geliebt und angenommen von der reinen Quelle aller Liebe, die auf die eine oder andere Weise meistens mit Gott identifiziert wird. Ich war im Gespräch mit einigen Personen aufgrund ihrer Nahtoderfahrung, bei der sie zunächst so etwas wie die Hölle erlebten – mitsamt der Angst, Sorge und Verzweiflung. Doch jede von ihnen erklärte, aus diesem elenden Zustand schließlich durch Gottes Liebe »herausgezogen« worden zu sein.

Dieses Gefühl, in Gott als vollkommener, ungetrübter Liebe versunken zu sein, ist fürwahr der tiefgründigste, denkwürdigste und bestimmende Aspekt meiner gesamten Nahtoderfahrung. Falls ich je zweifelte an der Lebendigkeit unseres Geistes als eigenständige Einheit unabhängig vom Fleisch, hat doch die Tiefgründigkeit der Liebe, die ich jenseits meiner körperlichen Grenzen empfand, mich völlig davon überzeugt. Glauben Sie mir, Worte reichen nicht aus, jene unermessliche Wirklichkeit auch nur anzudeuten, aber ich will mein Bestes tun.

Was mir an der Reinheit der Liebe, die mir zuteilwurde, mit als Erstes auffiel, war, dass sie jedes andere vorstellbare Gefühl verdrängte. Die Angst zum Beispiel. In Anbetracht meiner Lage wäre Angst sicherlich eine angemessene Reaktion gewesen. Nichtsdestotrotz wurde mir klar, dass ich sie selbst mit Mühe gar nicht hätte empfinden können.

Ich weiß nicht genau, warum mich das derart überrascht hat. Immerhin schien der Apostel Johannes zu verstehen, wie das

Erfülltsein von Gottes Liebe zusammenhängt mit der völligen Vertreibung der Angst, denn er schrieb: »Gott ist Liebe ... Furcht ist nicht in der Liebe.« (1. Johannes 4,16 ... 18) Ich muss allerdings zugeben, dass die Lektüre dieser Bibelverse und die unmittelbare Erfahrung der Wirksamkeit von Gottes Liebe für mich zwei verschiedene Dinge sind.

2. Trennung von Körper und Geist

Nahtoderfahrungen beginnen gewöhnlich mit dem Gefühl, sich unbeschwert durch den Raum zu bewegen, sei es in unendlicher Dunkelheit oder strahlendem Glanz, durch einen Tunnel oder entlang eines Weges. Dieser Raum verbindet oft die Vergangenheit mit Gegenwart und Zukunft, wobei jegliches Zeitgefühl verloren geht. Häufig ist die Rede von einem Dimensionswechsel, und das traf sicherlich auch in meinem Fall zu.

Menschen in dieser Situation fühlen sich von ihrem Körper getrennt, können ihn aber meistens sehen und sind sich der Ereignisse ringsum bewusst. Darüber hinaus besitzen sie nicht selten die Fähigkeit, die Details dessen, was während ihres »Totseins« gesagt oder getan wurde, genau zu beschreiben oder Informationen zu übermitteln, die ihnen vorher nicht bekannt waren. Ich jedenfalls konnte die Personen um mich auf dem Flussufer und ihre Aktivitäten deutlich wahrnehmen, zudem hören und verstehen, was sie besprachen. Ihre Worte veranlassten mich, momentweise zu ihnen zurückzukehren und einen Atemzug zu machen.

Manchmal hilft gerade jene Fähigkeit, das Geschehen in der Umgebung zu registrieren, den Betroffenen, obwohl sie bewusstlos oder scheintot sind, ihre Erfahrungen hinterher mit anderen zu teilen.

Kimberly Sharp war eine Sozialarbeiterin am Harborview Medical Center in King County, Washington, als eine Patientin namens Maria mit einem Herzinfarkt eingeliefert wurde. Kim erzählte mir – und schrieb es auch in ihrem Buch *After the Light: What I discovered on the Other Side of Life That Can Change the World* (Hinter dem Licht: Was ich auf der anderen Seite des Lebens entdeckte, das die Welt verändern kann) –, dass Maria bei ihrer Ankunft bewusstlos gewesen sei. Als Kimberly am nächsten Tag in deren Zimmer ging, sagte Maria, sie habe ihren Körper verlassen und schwebe über dem Krankenhaus. Um in aller Eindringlichkeit zu beweisen, dass sie tatsächlich außerhalb ihres Körpers und nicht verrückt war, erklärte Maria ihr gegenüber, auf einem Fenstersims am anderen Ende des Krankenhauses einen ausgetretenen dunkelblauen Tennisschuh zu sehen. Ungläubig, doch mit dem Wunsch, ihr zu helfen, suchte Kimberly mit den Augen die Fassade ab, indem sie ihr Gesicht gegen die Scheibe presste – und entdeckte einen Schuh, der mit Marias Beschreibung völlig übereinstimmte.[5]

Meine Freundin Robin schilderte die Geschichte ihrer Mutter, die sich während einer Knieoperation ereignete. Plötzlich habe diese sich schwebend über ihrem Körper befunden und beobachtet, wie die Ärzte auf ihr Nulllinien-EKG reagierten. Der Chirurg, ein langjähriger Freund von ihr, fluchte, als er ein Instrument fallen ließ. Schließlich sei sie zu ihrem Körper zurückgeschickt worden. Am darauffolgenden Tag beschrieb sie die Szene und sämtliche Vorkommnisse im Operationssaal mit großer Genauigkeit und beendete ihre Ausführungen damit, ihren Chirurgen noch nie fluchen gehört zu haben. Der wiederum bestätigte die von ihr genannten Details.[6]

3. Keine Angst vor dem Tod

Da die Angst durch Gottes Liebe vertrieben wird, kann es nicht überraschen, dass die meisten Menschen weder erschrecken über die Trennung von Körper und Seele noch über die Erfahrung und Anerkenntnis ihres eigenen Todes – selbst wenn dieser plötzlich oder auf traumatische Weise eintrat.

Genauso erging es mir. Obwohl ich eine gute Schwimmerin bin und Liebe im Wasser und ringsumher gegenwärtig war, hatte ich mich vor dem Tod durch Ertrinken immer gefürchtet. Unter Wasser dachte ich über diese Ironie nach und bemerkte, dass ich keine Luftnot oder Panik verspürte, die ich mir als so schrecklich vorgestellt hatte.

Im Gegensatz zu vielen Menschen, deren Angst vor dem Tod derart lähmend wirken kann, dass sie sich auf das Leben nicht wirklich einlassen, hegen nur wenige im Nahtod dieses Gefühl. Warum sollten wir? Der Tod hat keinen Stachel, und daher vollzieht sich bei den meisten von uns ein Perspektivwechsel im Hinblick auf unseren eigenen Tod und den der anderen. Aufgrund unserer Erfahrung des Lebens nach dem Tod betrachten wir den körperlichen Tod als bloßen Übergang und als Rückkehr zu unserem wahren Zuhause.

Am 18. März 2006 schrieb mir Stephanie, sie sei wegen ihrer Herzprobleme in der Notaufnahme unter Beobachtung gewesen und mit Glyceroltrinitrat behandelt worden, als ihr Blutdruck jäh abstürzte. Sie erinnert sich:

Dann war ich weg – und ging in einem riesigen, von Bäumen gesäumten Feld voll der prächtigsten Blumen einen herrlichen gepflasterten Weg entlang. Ich empfand eine unglaublich strahlende Wärme, wie ich sie auf Erden nie gekannt hatte. Das Atmen geschah ohne jede Anstrengung. Als ich dort wanderte, war in mir ein solches Gefühl von Liebe, Freude und Frieden, das ich kaum in Worte fassen kann. Während meiner himmlischen Erfahrung hatte ich absolut kein Zeitgefühl mehr.

Mit einem Mal befand ich mich wieder in der Notaufnahme, umgeben von etwa einem Dutzend Menschen, einschließlich meinem kreidebleichen Mann und unserer schluchzenden dreißigjährigen Tochter. Es enttäuschte mich zutiefst, wieder zurück zu sein. Meine Tochter sagte immer wieder: »Wir dachten, wir hätten dich verloren«, worauf ich nur erwidern konnte: »Ich wollte nicht zurückkommen. Ich will nicht hier sein.«

Ich war nicht übermäßig religiös, bin mir heute aber der Gegenwart Gottes deutlich bewusst und weiß es besonders zu schätzen, dass Er sich meiner bedient, um Sein Licht auf andere scheinen zu lassen. Dank der Erkenntnis, dass ich vielleicht der einzige »Christus« bin, den einige Leute je mit eigenen Augen sehen, gebe ich mir alle Mühe, mich selbst und andere so zu sehen, wie Gott uns sieht. Ich habe keine Angst vor dem Sterben und betrauere nicht wie früher den Tod anderer. Natürlich fällt es schwer, sie zu vermissen, doch ich hege keinerlei Zweifel, dass wir eines Tages wieder vereint sein werden.

Stephanie, Los Altos, Kalifornien

4. Lebensrückblick

Während ihrer Nahtoderfahrung blicken die meisten Menschen in unterschiedlicher Weise auf ihr Leben zurück. Für viele ist das eine Erfahrung, bei der nicht die begangenen Fehler, sondern die Tatsachen zum Vorschein kommen. Da die Geschehnisse im eigenen Leben aus dem Blickwinkel jeder beteiligten Wesenheit betrachtet und erlebt werden, gewinnt die sterbende Person gewöhnlich neue Einsichten und entwickelt ein größeres Mitgefühl. So bewirkt gerade dieser Aspekt der Nahtoderfahrung oft tiefgreifendste und nachhaltigste Veränderungen im Betroffenen. In ihrem Buch *Searching for Home* (Die Suche nach dem Zuhause) schrieb Laurelynn Martin:

Durch den Rückblick auf meine Vergangenheit wurde ich an bislang unbekannte Orte im Innern geführt, um neue

Entdeckungen zu machen. Viele Ereignisse spielten sich gleichzeitig ab. Ich erinnere mich an zwei Beispiele. Als ich fünf Jahre alt war, hänselte ich ein anderes fünfjähriges Mädchen so lange, bis es in Tränen ausbrach. Nun war ich in der einzigartigen Lage nachzufühlen, was sie damals fühlte. Ihre Enttäuschung, ihre Tränen, ihre Gefühle des Ausgeschlossenseins waren jetzt die meinen. Ich empfand ein enormes Maß an Mitgefühl für dieses Kind und spürte, wie sehr es der Liebe, Unterstützung und Versöhnung bedurfte. Mein Wesen übermittelte Liebe an uns beide – eine so tiefe und zarte Liebe wie die Liebe zwischen Mutter und Kind. Ich erkannte, dass ich durch die Verletzung eines anderen Menschen mich selbst verletzte. Daraufhin erfuhr ich wieder die tiefe Verbindung zwischen uns.

Der nächste Zwischenfall war ähnlich:

Ich hatte mich lustig gemacht über einen hageren, unterernährten Jungen, der an Asthma litt. Im Alter von siebzehn Jahren starb er infolge eines zerebralen Aneurysmas. Er schien sich in jenem Bereich der Existenz aufzuhalten, in dem auch ich nun war, wiewohl ich nicht genau wusste, wo ich mich eigentlich befand. Mit zwölf Jahren hatte er mir einen Liebesbrief geschrieben, den ich zurückwies. Ich spürte seinen Schmerz, der zu meinem Schmerz wurde. Zugleich empfand ich eine ungeheure Liebe zu diesem Jungen und zu mir selbst. Mein Kontakt mit ihm ging über das Physische hinaus, sodass ich seine Seele fühlen konnte. In seinem Innern brannte ein kräftiges, strahlendes Licht. Die Stärke und Lebendigkeit seines Geistes zu fühlen, war eine unfassbare Erfahrung, zumal ich wusste, wie sehr er zu Lebzeiten körperlich gelitten hatte.[7]

5. »Wirklicher als wirklich«

Während einer Nahtoderfahrung haben Menschen einen gesteigerten Sinn für Emotion, Bewusstsein, Wahrnehmung. Die Kommunikation ist stets kristallklar, selbst wenn sie auf telepathischem Wege erfolgt. In meinen Ohren hatte der Begriff *telepathisch* immer einen sonderbaren Klang, weshalb ich zögere, ihn zu benutzen. Doch mir fällt kein besseres Wort ein, um die entsprechenden Ereignisse zu erklären. Obwohl die himmlische Kommunikation anders als die irdische nicht mündlich stattfindet, wird sie vollkommen verstanden. Sie ähnelt einer Explosion reiner, in Liebe gehüllter Energie, die ein Wesen an das nächste weitergibt.

Wenn Leute ihre Nahtoderfahrung schildern, sagen sie das Gleiche wie ich, nämlich dass die Blicke, Geräusche, Empfindungen und Gefühle äußerst intensiv und »wirklicher als wirklich« sind. Fast jeder berichtet über eine unbeschreibliche Schönheit. Meine eigene Erfahrung beinhaltete mehr Farben, als der Regenbogen aufweist, mit einer Leuchtkraft, die alles übertraf, was ich hier auf Erden je zu Gesicht bekommen habe. Ich sah und fühlte und erlebte sie. Bemerkenswerterweise können Taube hören und Blinde sehen – sogar diejenigen, die seit ihrer Geburt taub oder blind waren. Die Fähigkeit, im Nahtod eine derartige Pracht wahrzunehmen, regt umso mehr zum Nachdenken an, wenn man in Erwägung zieht, dass Blindgeborene in ihren Nachtträumen keine optischen Eindrücke empfangen und keine visuellen Halluzinationen haben, wenn ihnen Drogen verabreicht werden.[8]

In ihrem Buch erzählen Ring und Cooper die Geschichte eines Blindgeborenen, der »dreiundvierzig Jahre lang kein Licht, keine Schatten, rein gar nichts« gesehen hatte. Ein Autounfall und die anschließende Nahtoderfahrung in der Notaufnahme änderten dies.

»Durch den Raum steigend«, berichtete er, »sah ich Lichter. Aus der Ferne vernahm ich die wunderbarsten Klänge, wie bei einem Windspiel. Sie enthielten jeden einzelnen Ton, den man sich vorstellen konnte, vom tiefsten bis zum höchsten, und alle waren miteinander verschmolzen.« Nach der Durchquerung eines dunklen Tunnels erreichte er eine wohlduftende Landschaft mit Bäumen, wo Tausende von Menschen sangen, lachten und redeten. Ringsumher blühten Blumen unterschiedlicher Sorten in verschiedenen Farben. »Sowohl die Blumen als auch die Vögel, die ich in den Bäumen beobachtete, schienen von Licht umgeben. Dann sah ich vier meiner vormals verstorbenen Freunde. Offenbar waren sie geheilt oder irgendwie ›verbessert‹ worden.«

Nach einer liebevollen Begegnung mit Christus wurde ihm mitgeteilt, dass die Zeit noch nicht reif sei, worauf er wieder in seine »blinde Welt im Krankenhaus einkehrte«.[9]

Darüber hinaus gibt es weitere Aspekte der Nahtoderfahrung, die viele Menschen in dieser Situation erfahren.

6. Außergewöhnliches Wissen und Vorausschau

Während ihrer Nahtoderfahrung erlangen die meisten Menschen – so war es auch bei mir – ein vollkommenes Verständnis des Weltalls und dessen göttlicher Ordnung. Daher kommen einige mit neuen Einsichten oder Fähigkeiten ins Leben zurück. In der jenseitigen Sphäre visualisierte Anita Moorjani die Ursache ihrer Krebserkrankung, was ihre wundersame Heilung nach der Rückkehr zur Erde erleichterte.[10] Tony Cicoria konnte hinterher Klavier spielen, und Olaf Swenson sagte, die bei seiner Nahtoderfahrung gewonnenen Einsichten in die Geheimnisse der Quantenphysik hätten ihm ermöglicht, über hundert patentierbare Ideen auf dem Gebiet der subatomaren Chemie zu entwickeln.[11] Selbst wenn das Verständnis komplexer Sachverhalte nicht mehr erinnert wird, kehrt fast jeder zurück mit einer tiefen Wertschätzung für die unauflösbare Verknüpfung aller Lebewesen und Dinge.

Manchmal erwerben diese Menschen sogar Kenntnisse in Vorgänge, die in der Zukunft stattfinden werden. Mir wurde der bevorstehende Tod meines Sohnes angekündigt, ebenso wie eine Reihe weiterer Herausforderungen, denen sich meine Familie und ich stellen müssten. Einigen werden ihre künftigen Kinder vor Augen geführt, anderen solche Begebenheiten, die ihren Wunsch, zur Erde zurückzukehren, deutlich beeinflussen.

Vor ein paar Jahren sprach ich mit einem Mann, dem eine beunruhigende, ja gefährliche Situation in der Zukunft offenbart worden war, die seine erwachsenen Kinder betraf. Als er sah, wie diese Notlage durch seine Anwesenheit verhindert werden konnte, fasste er widerwillig den Entschluss, ins Leben zurückzukehren. Fünf Jahre später geschah tatsächlich, was ihm prophezeit worden war, und er konnte seinen Kindern den nötigen Beistand leisten.

7. Wiedersehen mit Verwandten und Freunden

Auch wenn ich nicht darüber nachdachte, ob ich die Menschen kannte, die mir im Jenseits begegneten, war doch keiner meiner engen Verwandten oder Freunde vor der Nahtoderfahrung verstorben. Trotzdem empfand ich das untrügliche Gefühl, dass die Menschen, die mich begrüßten, mich mein Leben lang gekannt und geliebt hatten. Viele andere Personen aber berichten, mit zuvor fortgegangenen Verwandten, Freunden oder Leitfiguren, die sie mit strahlendem Glanz willkommen hießen, wieder vereint gewesen zu sein. Dabei kann es sich sowohl um jemanden handeln, von dessen Tod der Betroffene wusste, oder um einen Menschen, dessen Ableben ihm nicht bekannt gewesen war – oder auch um einen Verwandten, den er noch gar nicht kannte. Ungeachtet der Lebens- beziehungsweise Todesumstände des

Verstorbenen erscheint sein himmlischer Geist unversehrt, gesund, frohgemut und energiegeladen.

Gelegentlich trifft man im Nahtod eine Person, die ein Familiengeheimnis aufdeckt, wie es dem vierjährigen Colton Burpo widerfuhr, der einem durch Fehlgeburt verlorenen älteren Geschwister begegnete, von dem er nie etwas gewusst hatte.[12]

Während Dr. Eben Alexander eine durch das Koma hervorgerufene Nahtoderfahrung machte, wollte er unbedingt von seinem verstorbenen Vater begrüßt werden und war dann untröstlich, als dies nicht geschah. Stattdessen leitete ihn eine Schwester, von deren Existenz er keine Ahnung hatte, die er anschließend jedoch identifizierte. Später war Dr. Alexander dankbar für die Abwesenheit seines Vaters, weil dessen Gegenwart ihn womöglich dazu gebracht hätte, jene Nahtoderfahrung eher als bloßen Ausdruck seines tiefsten Wunsches aufzufassen denn als Hinweis, dass er sich tatsächlich außerhalb der irdischen Wirklichkeit befand.[13]

8. Ort ohne Wiederkehr

Ich habe Ihnen bereits das große, domartige Bauwerk geschildert, dem ich mich näherte und das für mich den »Ort ohne Wiederkehr« darstellte. Später erfuhr ich, dass dieses Bewusstsein von einer Art Schwelle ziemlich weit verbreitet ist. Viele Menschen gelangen an jene Grenze, hinter der es kein Zurück mehr vom Tod gibt. Dort wird der sterbenden Person mitgeteilt, dass ihre Zeit nicht gekommen oder dass sie noch nicht bereit sei. Dann kehrt sie zu ihrem Körper zurück, obwohl sie das nur selten möchte.

Steven aus New Jersey erzählte mir folgende Geschichte, die seine Begegnung mit dieser Grenze anschaulich wiedergibt.

Als ich jung war, litt ich an einer Nierenentzündung. Im Alter von sechzehn Jahren versagten meine Nieren völlig, weshalb ich nach einigen Leidenstagen zu Hause rasch ins

Krankenhaus eingeliefert wurde. Ich kam auf die Intensivstation und fröstelte. Zuerst hörte ich Musik, die nicht von dieser Erde war. Dann schwebte ich über dem Krankenhausbett und sah meine Mutter, die an meiner Seite betete.

Anschließend spürte ich eine Art dünnen Schleier um meinen Körper, der aber transparent war. Das verblüffte mich, denn ich konnte die Hand hindurchstrecken. Kurz darauf befand ich mich in einem herrlichen Garten und ging einen Weg entlang. An dessen Ende erblickte ich eine Mauer, über die ich nicht klettern konnte. Dahinter erhob sich eine Stadt aus Gold, in deren Mitte ein glänzender Dom stand. Dann hörte ich eine Stimme, die dreimal meinen Namen rief. Ich drehte mich um und sah Füße, ein weißes Gewand und eine goldfarbene Schärpe. Er sagte zu mir: »Steven, geh zurück und lebe ein langes, glückliches Leben. Aber vergiss mich niemals, niemals.« Im Nu war ich zurück, öffnete die Augen und erklärte meiner Mutter, dass ich sie liebe.

Steven, Patterson, New Jersey

9. Gewissheit darüber, was wesentlich ist

Die meisten Menschen, die eine solch zutiefst spirituelle Erfahrung gemacht haben, sind fest davon überzeugt, dass diese einen unschätzbaren Wert besitzt. In keinem Moment zweifeln sie daran, eine wichtige Lektion über den Sinn des Lebens gelernt zu haben. Sie ahnen, dass sie in eine geistige Sphäre vorgedrungen sind, sehen manchmal eine Stadt aus Licht und begegnen fast immer einer göttlichen Gegenwart, einem allliebenden höchsten Wesen.

10. Perfekte Wiedergabe

Nahtoderfahrungen unterscheiden sich von anderen wichtigen spirituellen Erfahrungen dadurch, dass das Individuum sich ihrer jederzeit genau erinnert und die Details unverändert bleiben – ganz gleich, wie viel Zeit seither vergangen ist. Statt lediglich eine Erinnerung zurückzurufen, hat man den Eindruck, das damalige Geschehen zu beschreiben und es in der Gegenwart zugleich noch einmal zu erleben.

Als ich nach meinem Kajakunfall im Krankenhaus war, schilderte ich meine Erfahrungen Debbie, der Frau und Mutter jener Freunde, die mich am Flussufer wiederbelebt hatten. Es war die Zeit vor der mühelosen elektronischen Kommunikation, und so hielt sie all meine Aussagen handschriftlich fest, um denen, die in Chile zurückblieben, nach meiner Abreise berichten zu können, was vorgefallen war. In einem der letzten Sommer, als ich im Haus ihrer Schwiegermutter nach den früheren Ereignissen befragt wurde, holte sie ihre längst vergessenen Notizen hervor und lauschte schweigsam meinen Ausführungen. Hinterher sagte sie mit weit geöffneten Augen und erhobener Stimme, die Details meiner Beschreibungen seien völlig identisch mit jenen, die ich ihr fast vierzehn Jahre vorher anvertraut hatte. Diese Entdeckung verblüffte sie, mich dagegen überhaupt nicht.

Gleiche Erfahrung, unterschiedliche Details

Bei meinen Forschungen über das Phänomen des Nahtods fand ich immer wieder deutliche Belege dafür, dass die Einzelheiten der Geschichten zwar voneinander abweichen können, aber nur selten deren Inhalte, die fast immer die gleichen Auswirkungen auf Gemüt und Geist haben. Skeptiker betonen oft jene Unterschiede zwischen individuellen Details, um die Gültigkeit der Nahtoderfahrung infrage zu stellen, und ich kann ihre vorsichtig angelegten, manchmal sogar abschätzigen wissenschaftlichen Maßstäbe, die der Reproduzierbarkeit von Ereignissen dienen, durchaus nachvollziehen. Mittlerweile jedoch erscheint mir diese Reaktion als irrig und bedauerlich.

Wie beschreiben oder erfahren wir überhaupt die überwältigende Schönheit des Himmels? Von ihr ist in praktisch allen Berichten über den Nahtod die Rede, wobei erwartungsgemäß die jeweiligen Ausdrucksformen variieren, wie es auch in irdischen Dingen der Fall ist. Stellen Sie sich das so vor: Einige von uns schätzen den informativen Realismus der Fotografie; andere bevorzugen die emotionalere und suggestivere Zwiesprache mit der romantischen Malerei. Manche werden durch Mozarts Arien zu Tränen gerührt, während wieder andere den eher rauen Ton von Countrysongs mögen.

Meiner Ansicht nach präsentiert Gott jedem von uns im Tod die Erfahrung, die uns am stärksten und direktesten anspricht, ob durch Musik, Tanz, Blumen, Tiere oder sonst einen tiefen Ausdruck von Schönheit. Warum also sollte der liebevolle Schöpfer uns nicht mit der Sprache unseres Herzens zu Hause willkommen heißen?

Ich finde, besonders die Unterschiede zwischen den Darstellungen zeigen umso deutlicher, dass Nahtoderfahrungen nicht das Ergebnis bloßer Physiologie sind. Wären sie lediglich eine chemische oder physiologische Reaktion, würde ich mir mehr Konsistenz erhoffen. In meiner medizinischen Praxis zum Beispiel habe ich zahlreiche Patienten mit einem gebrochenen Knochen behandelt. Die Schmerzreaktion ist größtenteils physiologisch bedingt, und deren Verlauf lässt sich ziemlich genau prognostizieren. Das aber trifft gerade nicht auf Nahtoderfahrungen zu.

Grundlegender Perspektivwechsel

Ein Aspekt von Nahtoderfahrungen ist allerdings durchgängig vorhanden, und er verweist auf eine höhere Dimension der Wirklichkeit. Wie bereits erwähnt, verlieren die meisten Betroffenen jede Angst vor dem Tod, gewinnen dafür aber den umfassenden

Glauben an ein Leben nach dem Tod. Selbst jene, die als Atheisten starben, *denken* nicht nur, dass es einen Gott gibt, sie *wissen* es.

Lebensstile und Grundauffassungen ändern sich. Materialisten werden zu Altruisten, Alkoholiker überwinden ihre Sucht, und das strenge religiöse Dogma weicht der Gnade. Fast alle von uns kehren zurück mit dem Entschluss, in der Welt etwas zu bewirken, sowie einer erhöhten Achtsamkeit und Wertschätzung gegenüber dem gegenwärtigen Augenblick.

Nach meiner Rückkehr bemerkte mein Mann, dass ich mich um nichts mehr zu kümmern schien. Aber dem war nicht so, vielmehr hatte sich das, worum ich mich kümmerte, dramatisch verändert und vertieft. Er übersah, dass ich, wenngleich mir die Sorgen und Werte dieser Welt völlig fremd geworden waren, äußerst bedacht war auf jene Dinge, die für mich eine ewige Bedeutung hatten.

Und das gilt für zahlreiche andere. Nach einer Nahtoderfahrung werden die meisten zu geistigeren Menschen, unabhängig von ihrem religiösen Hintergrund, und viele besitzen dann stärker ausgeprägte übersinnliche und intuitive Fähigkeiten. Manchmal bewirken Nahtoderfahrungen sogar dauerhafte physische Veränderungen wie etwa niedrigeren Blutdruck oder nachweislich modifizierte elektrische Felder.[14]

Das Unbekannte zu erkennen ist … kompliziert

Für die meisten ist die Rückkehr zur Erde und ins physische Leben zugleich eine ebenso vielschichtige wie verwirrende Angelegenheit. Beglückt zwar über ihre Begegnung mit unbedingter Liebe und Zustimmung, empfinden sie beim Wiedereintritt in ihr früheres Leben doch ein Gefühl von Isolation und Konfusion. Die Gewissensnot, resultierend aus ihrer mangelnden Bereitschaft zur Umkehr, wird begleitet von der Schwermut darüber, dass diese tatsächlich stattgefunden hat. Daher geben sie sich alle

Mühe, ihre Erfahrung zu verstehen und in den Alltag einzugliedern. Durch die Erkenntnis, dass ihre Seele unsterblich ist, besitzen sie oft ein feineres Gespür für den Zweck ihrer irdischen Reise und sind umso entschlossener, in der Welt etwas zu bewegen – aber einige wissen nicht genau, wie sie das bewerkstelligen sollen. Diese Gefühls- und Verhaltensänderungen werden von den geliebten Menschen ringsum nicht immer bejaht oder zumindest begriffen, weshalb dann Ehen und Freundschaften manchmal schwierigen Belastungsproben ausgesetzt sind.

Nach etlichen Monaten der Nachforschung, Diskussion und Überlegung kam ich zu dem Ergebnis, dass meine Erfahrung echt und glaubwürdig war. Doch indem ich es akzeptierte, nahm ich auch hin, was mir zu meiner Arbeit auf der Erde und meinen künftigen Herausforderungen mitgeteilt worden war. So sehr mich diese Erfahrung elektrisierte, stellte sie auch eine schwere Bürde dar. Ich hatte Angst und fühlte mich einsam. Niemand – nicht einmal die mir Nächsten – konnte wirklich nachvollziehen, was ich erlebt hatte. Ich wiederum konnte ihnen weder gestehen, dass ich lieber nicht zurückgekehrt wäre – eine Haltung, die außerhalb des Rahmens göttlicher Liebe abstrus erscheinen musste –, noch welchen Herausforderungen wir uns zu stellen hätten.

Nur in einer Sache war ich mir völlig sicher: Der Himmel ist ganz real, und ich war dort gewesen.

7

Eine Führung durch den Himmel

Die Freude ist das ernste Geschäft des Himmels.

C. S. Lewis

Wenn ich quer durchs Land über meine Erlebnisse spreche, stehen hinterher immer etliche Menschen Schlange, um mit mir in Dialog zu treten. Nicht weil ich eine faszinierende Rednerin bin. Was sie veranlasst, oft mehrere Stunden auszuharren, sind ihre eigenen Geschichten und Fragen. Einige möchten erfahren, ob sie ihre verstorbenen Lieben wiedersehen werden oder ob diese wissen, was jetzt auf der Erde geschieht. Andere haben mit ihrer Sterblichkeit zu kämpfen oder mit dem kürzlichen Tod eines Nächsten. Wieder andere wollen mir einfach in die Augen schauen und herausfinden, ob das alles wahr sei. Doch am meisten beschäftigt sie die Frage nach dem Himmel. Jeder sehnt sich danach zu begreifen, was hinter dem Schleier liegt.

Oft sage ich, dass meine Geschichte mitsamt der Wahrheit, die sie über das Wesen Gottes und Seinen Willen im Hinblick auf uns offenbart, für jeden zugänglich ist. Zugleich aber räume ich ein, dass sie von einer Christin stammt. Der Jesus, der mich im Ertrinken tröstete und in jenem herrlichen Feld zu mir sprach, war der Herr, den ich aus früheren Erfahrungen und aus der Bibel kannte. Was jemand einer anderen Religion oder gar ohne Glauben im Nahtod erlebt, kann ich nicht beurteilen. Zum Beispiel habe ich keine Ahnung, ob es verschiedene Himmel oder unterschiedliche Bereiche des Himmels gibt. Jedenfalls enthalten die Schriften aller Hauptreligionen eine bestimmte Darstellung des Himmels, der – wie auch in meinen Ausführungen – als außerordentlich schön, gartenähnlich aufgefasst wird und damit unsere ewige Heimat bezeichnet.

Eines weiß ich gewiss: Ich befand mich irgendwo außerhalb meines Körpers, und es war herrlich. Jesus war bei mir. Das ist meine Zeugenaussage.

Die meisten von uns sind mit biblischen Beschreibungen des Himmels vertraut, doch selbst diese haben ihre Grenzen. In der Offenbarung lesen wir, die heilige Stadt Jerusalem »hatte die Herrlichkeit Gottes. Und ihr Licht war gleich dem alleredelsten Stein, einem Jaspis, klar wie Kristall«. (Offenbarung 21,11). Achten Sie einmal darauf, wie wichtig das Wort »gleich« in fast jeder solchen Passage ist. Daher können wir einer genauen Schilderung nur dann näher kommen, wenn wir die Eigenschaften des Himmels mit dem vergleichen, was wir auf der Erde kennen. Der Ausdruck Paradies mag in unserer Sprache das Wesen des Himmels ziemlich treffend wiedergeben, aber auch er erfasst ihn nicht wirklich.

Sobald Leute mich bitten, möglichst genau mitzuteilen, was ich im Himmel erfahren habe, stellen sie meistens folgende Fragen, die ich dann entsprechend zu beantworten versuche.

»Werden wir im Himmel einander kennen? Werden wir unsere geliebten Menschen wiedersehen?«

Meine eigene Erfahrung, die Erlebnisse vieler anderer und die biblischen Texte beantworten diese Fragen eindeutig mit Ja. Gewiss werden wir im Himmel einander kennen und unsere geliebten Menschen wiedersehen. Fast unmittelbar nachdem ich meinen Körper verlassen hatte, wurde ich von einer Gruppe von Wesen begrüßt, die mir zugleich vertraut und fremd waren. Das mag seltsam klingen, vielleicht sogar verwirrend, aber ich kann Ihnen versichern, dass ich in deren Gemeinschaft nichts als

Frieden und Glück empfand. Ich wurde im Himmel herzlich willkommen geheißen und fühlte mich sofort zu Hause.

Grace, deren Aussage in Cherie Sutherlands Buch *Tröstliche Begegnungen mit verstorbenen Kindern* erschien[1], beschreibt jene Erfahrung, die der meinen ähnelt:

> *Da schienen Gestalten zu sein, gruppiert, fast wie eine Versammlung auf der Bühne. Zunächst waren sie einfach formlose, schattenhafte Figuren, wobei ich vom Rand her, aber äußerst bewusst, eine Gruppe rechts vor mir wahrnahm, die ich jedoch nicht wirklich beachtet hatte. Ich wusste, sie war da, wirkte aber in diesem Stadium noch nicht auf mein Bewussstsein ein – ich schaute allzu eifrig in die andere Richtung. Als ich schließlich den Blick darauf richtete, schien eine der Gestalten sich aufzulösen, und ich dachte: Ich kenne dieses Gesicht, und plötzlich dämmerte mir: O Gott, das ist meine Tante Hannah, die elf Jahre zuvor gestorben war. Dann sah ich meinen Onkel Abraham, der vor meiner Geburt gestorben war … Ich wusste, sie waren da, um mich zu sehen, und sie kannten mich, obwohl sie mir niemals begegnet waren.*

Hätte ich jene Individuen identifizieren können, die mich willkommen hießen? Wahrscheinlich schon, wäre ich dort länger geblieben oder während meines Aufenthalts aufmerksamer gewesen. Ich vergleiche diese Versammlung mit einer großen Zusammenkunft von Verwandten, bei der man sich nicht an den Namen jeder einzelnen Person erinnern kann, daran, mit wem sie verheiratet oder in welcher Weise sie mit einem verbunden ist, aber genau weiß, dass alle einer Familie angehören. Trotzdem war ich entzückt von ihrer Gegenwart und erkannte sofort, dass diese Menschen – aus Mangel an besseren Begriffen – Teil meines »Lebenskreises« oder meiner »Seelengruppe« waren und dass ein ewiges Band uns miteinander verknüpfte.

Die vierte Lektion,
die der Himmel offenbart

Der Himmel ist eine Wirklichkeit, in der unsere Unversehrtheit wiederhergestellt wird – ohne Schmerz, Trauer, Leiden – und Verständnis vorherrscht. Beziehungskonflikte werden geschlichtet, und wir leben für immer in der Gegenwart Gottes und unserer Lieben.

Ich habe den tiefen Schmerz erfahren, Menschen zu verlieren, die ich innig liebe, und so spendet mir eine Gewissheit großen Trost: Wenn ich das nächste Mal zum Himmel zurückkehre, werden mein Sohn und all die anderen geliebten Menschen, die vor mir gegangen sind, dort auf mich warten. Dieser Zeit blicke ich in freudiger Erwartung entgegen.

»Wie sehen die Menschen im Himmel aus?«

Diejenigen, die mich auf dem Weg begrüßten, schienen eine normale physische Gestalt zu haben, wirkten zugleich aber alterslos, weder jung noch alt, dick oder dünn, dunkel oder hell. Jedes Wesen, dem ich begegnete, war von strahlender Schönheit und höchster Lebendigkeit. Gerade ihre Leuchtkraft ließ Formen und Gesichter ein wenig verschwimmen, was mir klarmachte, warum Engel und Heilige oft mit einem Glorienschein abgebildet werden.

Ihr Glanz hätte mich blenden müssen, aber dem war nicht so. Ohne Schatten zu werfen, kam er offenbar von innen, nicht aus einer äußeren Quelle. Auch ich schien diesen Glanz in mich aufzunehmen und auszustrahlen. Sie trugen Gewänder, vermutlich aus Millionen schimmernder Fäden gewebt, die sowohl Farben wie Liebe aussandten. Die Gewänder und körperlichen Eigenschaften dieser Wesen zu beschreiben, ist etwa so, als wollte man das ätherische und ständig wechselnde Schauspiel der Polarlichter in Worte fassen. Irgendwie schienen sie materiell, denn ich konnte nicht durch sie hindurchsehen, zugleich aber perlmuttartig und transluzid.

Erwecken die Menschen im Himmel immer diesen Eindruck? Nahmen sie menschliche Gestalt an, damit ich sie wiedererkennen, um ihre Liebe wissen und keine Angst haben würde? Diese Fragen kann ich wirklich nicht beantworten, doch es bereitet mir Freude, sie zu stellen.

»Hatten Sie im Himmel einen Körper?«

Ich trug ein Gewand, ähnlich denen der Wesen ringsum. Bei jeder Bewegung wallte es, aber weder spürte ich seinen Stoff auf der Haut noch sein Gewicht. Eigentlich weiß ich gar nicht, ob ich eine Haut hatte. Wie die anderen besaß auch ich wohl eine physische Gestalt, doch es gab keine Spiegel, und ehrlich gesagt kam mir nie in den Sinn, darauf zu achten. Obwohl ich heute bedaure, nicht mehr Details im Gedächtnis behalten zu haben, erschienen sie damals unwichtig, zumal ich nicht die Absicht hegte, zur Erde zurückzukehren, geschweige denn dort über meine Geschichte zu sprechen.

Offenbar glich ich ziemlich genau der, die ich bin, jedoch ohne Schwächen und Einschränkungen. Nach wie vor war ich mir meines irdischen Lebens und Werdegangs bewusst, erfuhr mich selbst aber als jenes vollkommene »Ich«, das Gott sieht.

Wir alle standen da, tanzten manchmal jubilierend umher und setzten uns wieder hin, doch ohne Gefühl von Schwerkraft oder Schwerelosigkeit. Wir existierten einfach im Raum. Auch wenn wir uns freudig umarmten, kann ich mich nicht an die Beschaffenheit ihrer Gewänder erinnern – oder daran, wie diese sich unter meinen Fingerspitzen anfühlten. Ich erinnere mich nicht einmal an Atmen oder Schlucken und verspürte keinerlei Bedürfnis nach Nahrung. Deutlich nahm ich den intensiven Duft der Blumen wahr, die mich umgaben; andere Gerüche sind mir entfallen.

Da mein Mann sehr musikalisch ist, wird er im Himmel sicherlich Symphonien hören, ich hingegen empfing keine akustischen Eindrücke. Ich kann weder singen noch höhere von tieferen Tönen unterscheiden oder die Feinheiten anspruchsvoller Musik erkennen; daher hätten Engel, die auf Wolken schwebend eine Symphonie aufführen, mich vermutlich nicht dazu anregen können, länger zu verweilen. Hören konnte ich nur, was wie das Säuseln einer sanften Brise klang, außerdem eine Art harmonische Melodie, während ich jene gewölbte Schwelle erreichte – als würden die fröhlichen Töne, die von all den Seelen und Engeln ausgingen, zu einem vollkommenen Loblied verschmelzen.

Sobald ich wieder hinunterblickte auf die Szene am Flussufer, konnte ich auch die normalen Stimmen meiner Bootsgefährten hören, derweil sie Wiederbelebungsversuche an mir durchführten. Doch obwohl ich auch die Stimmen meiner geistigen Gefährten wahrnehmen und verstehen konnte, waren sie nicht voneinander zu trennen. Zum Beispiel wäre ich nicht imstande, sie als hoch oder tief, männlich oder weiblich zu beschreiben.

All meine Sinne schienen um ein Vielfaches erweitert. Ich konnte die Töne, die an mein Ohr drangen, nicht nur hören, die Düfte, die mir in die Nase stiegen, nicht nur riechen, sondern hatte das Gefühl, Farbe zu »hören« und Sonnenschein zu »riechen«.

»War jemand im Himmel krank oder verletzt?«

Nein. Die Wiederherstellung von Gesundheit und Ganzheit wird von all denjenigen beschrieben, die eine Nahtoderfahrung oder einen Besuch im Traum hatten. Durch Krankheit verstorbene

Menschen sind geheilt, und wer im Leben unter körperlichen Gebrechen litt, erlangt seine Unversehrtheit zurück. Ich kann Ihnen gar nicht sagen, wie wichtig diese Tatsache für mich persönlich ist. Der Körper meines Sohnes war zerschunden, nachdem ihn das Auto eines jungen Mannes erfasst hatte, der unaufmerksam hinterm Steuer saß. Doch als ich ihn während seines Besuchs im Traum sah – diesen werde ich an späterer Stelle schildern –, war er unversehrt, kräftig und voller Leben.

Außerdem hat mir Geoff Details seiner Nahtoderfahrung mitgeteilt. Zunächst sprach er von der traumatischen Geburt, die zu seiner zerebralen Lähmung führte. Seine Beine waren nie intakt, weshalb er nur mit Mühe gehen konnte. Einige Jahre vor dem Gespräch mit mir war er in einen Autounfall verwickelt, bei dem er schwere Verletzungen davontrug und fast gestorben wäre, denn sein Herz stand mehrmals still. Während dieser Phasen verließ er seinen Körper und schwebte zum Himmel. Plötzlich habe er sich umgeschaut und in einem goldenen Feld befunden. Am anderen Ende erblickte er seine geliebte Großmutter und stellte erschrocken fest, dass sich seine Beine perfekt bewegten, als er auf sie zulief. Genauso überraschte es ihn, seinen Großvater zu sehen, der ihm zuwinkte und überhaupt nicht mehr dem betagten, von Krebs gezeichneten Mann glich, der er zum Zeitpunkt seines Todes mehrere Monate vorher gewesen war.

Menschen, die im Diesseits verbittert und gemein waren, sind liebevoll und frohgemut im Himmel. Das mag keine willkommene Nachricht sein für diejenigen, die von Verwandten und Freunden verletzt wurden, und sich geschworen haben, ihnen keinesfalls zu verzeihen oder sie nie wiedersehen zu wollen. Ich hingegen stieß im Himmel auf tiefes Verständnis. Beziehungen, auf Erden kontrovers oder zerbrochen, werden dort erneuert und mit Liebe erfüllt.

»Glauben Sie, dass die geliebten Wesen im Himmel uns hier auf der Erde sehen können?«

Meines Erachtens lautet die Antwort Ja. Indem ich mir gleichzeitig der Geschehnisse im Himmel und jener unten auf der Erde bewusst war, konnte ich die Möglichkeit in Betracht ziehen, dass Geisteswesen tatsächlich in unsere Welt überwechseln.

Nachdem ich Hunderten von Geschichten über Nahtoderfahrungen und geistige Begegnungen gelauscht habe, bin ich außerdem zu der Überzeugung gelangt, dass sich die Geister unserer verstorbenen Lieben nicht völlig aus unserer irdischen Existenz entfernen. (Naturgemäß kann ich das nicht gänzlich erklären.) Ich glaube, sie sind sich unserer und der uns angehenden Ereignisse bewusst – als unsere größten Förderer, ausgestattet mit der Fähigkeit, gelegentlich auf die hiesige Ebene zurückzukommen. Ich habe einfach zu viele Erzählungen darüber vernommen, um diese Möglichkeit von vornherein auszuschließen.

Bei meinem Aufenthalt im Himmel vergaß ich nicht mein irdisches Leben, denn ich konnte alles verstehen, was auf dem Flussufer geschah. Ich dachte an meinen Mann und meine Kinder, meine Eltern und Geschwister – ohne später je herauszufinden, wie ich das beschreiben soll. Als ich sie mir der Reihe nach vergegenwärtigte, konnte ich auf empathische Weise ein Teil von jedem sein und ihnen das Gefühl übermitteln, alles sei »in Ordnung«. Als schwebte ein Bruchstück meines Geistes dorthin, wo sie gerade waren, und gäbe ihnen ein Gefühl von Zufriedenheit ein. Zwar empfand ich eine gewisse Enttäuschung darüber, nicht zu ihnen zurückzukehren und an ihrer Lebensreise nicht mitzuwirken, war aber zuversichtlich, dass es ihnen gut ginge. Ebenso war ich mir sicher, sie weiterhin zu lieben, Teil ihres Lebens und nach Vollendung ihres Werks auf Erden wieder mit ihnen vereint zu sein. Es ist interessant, wenn auch nicht überraschend, dass ich mich im Himmel vor allem mit meinen Beziehungen beschäftigte und mich daran erinnerte, jedoch überhaupt nicht an meine Arbeit oder andere irdische Angelegenheiten, die sonst ein hohes Maß unserer Zeit und Aufmerksamkeit beanspruchen.

Obwohl mir schleierhaft ist, wodurch die Fähigkeit, in unsere physische Welt überzuwechseln, erweckt wird, glaube ich nicht, dass die geliebten Wesen auf unseren Wunsch kommen. Dennoch frage ich mich, ob Gott sie nicht manchmal dazu veranlasst, um uns Trost und Hoffnung zu spenden.

»Gibt es im Himmel Tiere?«

Häufig wurde ich gefragt, ob ich im Himmel irgendwelchen Tieren begegnet sei, aber das war nicht der Fall. Immerhin sind Tiere eine der wunderbaren Schöpfungen Gottes hier auf der Erde, weshalb es durchaus Sinn machte, wenn sie zugleich in Seiner himmlischen Welt zu finden wären.

Tatsächlich weisen die Worte in Jesaja 65,25 darauf hin, dass es im Himmel auch Tiere gibt, was viele Menschen aufgrund ihrer Nahtoderfahrung bestätigten. P. M. H. Atwater hat beobachtet, dass »im Nahtod oft Tiere gesehen werden, entweder als Teil des Geschehens oder in Gestalt jenes Wesens, das zu Beginn den Gruß entrichtet oder als Leitfigur auftritt«.[2]

Bryce Bond[3] hatte eine Nahtoderfahrung, nachdem er infolge einer heftigen allergischen Reaktion eilends ins Krankenhaus eingeliefert worden war. Gemäß seiner Erinnerung durchquerte er einen langen Tunnel in Richtung eines strahlend hellen Lichts. Daraufhin ereignete sich Folgendes:

Ich legte meinen Hund auf den Boden und trat vor, um meinen Stiefvater zu umarmen, als eine sehr kräftige Stimme in meinem Bewusstsein sprach: »Noch nicht!« Ich schrie: »Warum nicht?« Diese innere Stimme erwiderte: »Was hast du gelernt, und wem hast du geholfen?« Ich war verblüfft.

> *Die Stimme schien zugleich von innen und von außen zu kommen. Für einen Moment stand alles still. Ich musste über die Frage nachdenken. Was ich gelernt hatte, wusste ich nicht, wohl aber, wem ich geholfen hatte.*
>
> *Während ich weiter überlegte, spürte ich die Gegenwart meines Hundes. Dann hörte ich ein Bellen, und andere Hunde tauchten auf, die ich früher einmal besessen hatte. Als ich scheinbar eine Ewigkeit so dastand, wollte ich umarmen, aufgesogen werden und verschmelzen. Ich wollte bleiben.*

Über ihre Nahtoderfahrung nach einem Herzinfarkt schreibt Jan Price in ihrem Buch *The Other Side of Death* (Die andere Seite des Todes):

> *Vermutlich stellen wir uns nie wirklich das eigene Sterben vor, aber offensichtlich war ich gestorben, weil ich mich nicht mehr in meinem Körper befand ... Ich trieb in einem blauen Ozean, als goldene Lichtstrahlen – wie Sternenstaub – durch mich strömten ... Während sie heller und feiner wurden, hatte ich das Gefühl, auf eine andere Bewusstseinsebene gehoben zu werden – und gelangte dann in eine Umgebung, die mir stofflicher erschien. Maggi war da. Meine schöne Hündin, mein geliebter Springer Spaniel kam zu mir. Weniger als einen Monat zuvor war sie gestorben, und John und ich litten immer noch unter ihrer Abwesenheit. Ich spürte ihre Gegenwart, ihre Liebe, und sie kam mir so vor wie in ihrer körperlichen Gestalt – nur jünger, lebhafter.*[4]

Meiner Auffassung nach konfrontiert Gott jeden von uns im Augenblick des Todes mit der Erfahrung, die wir nicht nur verstehen, sondern die uns auch das Gefühl gibt, geliebt zu werden, und uns die Angst nimmt. Ich stimme vorbehaltlos dem Prediger

Billy Graham zu, der sagte: »Gott wird alles vorbereiten für unser vollkommenes Glück im Himmel, und wenn es dazu meinen Hund braucht, wird er wahrscheinlich ebenfalls da sein.«

»Gibt es eine Hölle?«

Die Hölle war nicht Bestandteil meiner Erfahrung, aber andere, dem Tode nah, haben ihre erschreckenden, ja höllischen Erlebnisse zum Ausdruck gebracht. Doch in allen Fällen wurden sie – nach eigener Aussage – schließlich durch Gottes Liebe gerettet.

Obwohl ich persönlich diese Frage nach der Hölle nicht beantworten kann, bin ich fest überzeugt, dass Gott uns nicht nur fortwährend und ewiglich Seine Liebe schenkt, sondern stets auch die Freiheit lässt, sie zurückzuweisen. Einige argumentierten, das würde kein Mensch tun, der bei klarem Verstand gestorben sei und entdeckt habe, dass Gott (und Hölle) tatsächlich existieren. Ich hingegen habe gesehen, dass es passiert. Unerklärlicherweise werden die Herzen mancher Leute so hart und ihre Augen so blind, dass sie Gottes Wahrheit kategorisch ablehnen, selbst wenn sie ihnen im Übergang vom Leben zum Tod offenbart wird.

»Gibt es im Himmel Traurigkeit?«

Absolut keine – keine Schmerzenstränen, weder Angst noch Sorge, weder Wut noch Hass, und die Menschen werden wieder heil und ganz. Der Himmel ist ein Ort, wo Gott lebt und angebetet wird (Offenbarung 4,8–11; 5. Mose 26,15), und eine Stätte gleich einem unfassbaren Schatz (Matthäus 13,44–45). Dort wird jeder erfahren, dass Jesus Sein Sohn ist, derjenige, der die Kluft überbrückt und uns ermöglicht, in Seiner Gegenwart zu wohnen – aber es ist dennoch Gottes Haus. Seine Liebe zu uns ist derart überwältigend, ergreifend und wirklich, dass

Traurigkeit, Schmerz und Klage nicht den Hauch einer Chance haben.

Jener Bibelvers, an den ich hierbei denke, enthält ein atemberaubendes Versprechen für diejenigen, die bei Gott im Himmel sein möchten: »… und Gott wird abwischen alle Tränen von ihren Augen, und der Tod wird nicht mehr sein, noch Leid noch Geschrei noch Schmerz wird mehr sein; denn das Erste ist vergangen.« (Offenbarung 21,4)

»Was hat Sie am meisten überrascht?«

Verblüfft hat mich meine Furchtlosigkeit ebenso wie meine mangelnde Sehnsucht, zur Erde zurückzukehren. Doch am meisten erstaunte mich die Entdeckung, dass Gottes Versprechen tatsächlich, wunderbarerweise und uneingeschränkt wahr sind. Das hatte ich *gehofft* und *geglaubt*, aber sowohl die Hoffnung als auch der Glaube enthalten Elemente des Zweifels. Oft war ich mir nicht sicher, ob Spiritualität und Wissenschaft einträchtig nebeneinander bestehen können. Daher stellte ich überrascht fest, dass beide nie wirklich im Konflikt sind.

Trotzdem mögen Sie fragen: Na und? Welchen Unterschied bewirkt der Himmel bei mir hier und jetzt?

Der wichtigste Punkt, den ich Sie dringend zu beachten bitte, ist der, dass jene Einblicke in den Himmel die Art und Weise ändern sollen, wie Sie und ich heute leben. Als Jesus kurz vor dem Tod zu seinen Jüngern sagte: »In meines Vaters Hause sind viele Wohnungen« (Johannes 14,2), befriedigte er nicht nur ihre müßige Neugier, sondern vermittelte ihnen einen flüchtigen Eindruck vom Himmel – und zwar aus einem weltlichen und praktischen Grund. Er wusste nämlich, dass sie Angst hatten und Trost brauchten. Und offenbar verstand er, dass die Wahrheiten des Himmels und die Liebe des Vaters sie bestärken würden auf ihrer großen Mission, die frohe Botschaft zu verbreiten.

Deshalb behaupte ich, dass meine Reise zu den Toren des Himmels im Grunde nicht »meine« Geschichte darstellt, sondern von mir lediglich mitgeteilt wird. Und auf sehr reale Weise gilt das auch für Sie. Jetzt wissen Sie, dass der Tod nicht das Ende ist, dass die Liebe obsiegen wird und dass Ihr himmlischer Vater unermesslich viele Wohltaten für diejenigen vorbereitet hat, die sie empfangen möchten. Es gibt den Himmel, es gibt ein Leben nach dem Tod: Diese Wahrheit soll uns in der Gegenwart ein besseres Leben ermöglichen. Gottes Geschichte zu erzählen und jeden Tag ihr gemäß zu leben – das ist unsere entscheidende Aufgabe.

8

Wunder liegen immer in der Luft

Das Erstaunlichste an Wundern ist,
dass sie tatsächlich geschehen.

G. K. Chesterton

Ich erinnere mich an einen großen, distinguiert aussehenden Mann in Südkalifornien, der nach meinem Vortrag wartete, um mit mir zu sprechen. Während unserer Unterhaltung erfuhr ich, dass er – den ich hier George nenne – ein erfolgreicher Geschäftsmann ist, zudem ein Leben lang Christ, der sich aktiv in seiner Kirche engagiert. Dann neigte er sich mir in verschwörerischer Absicht zu, als wollte er uns vor allzu hellhörigen Ohren schützen, und fragte: »Was ist *wirklich* geschehen?«

Diese Frage habe ich viele Male gehört, meistens – und das mag Sie überraschen – von gläubigen Menschen.

Vielleicht mutet es etwas seltsam an, dass Leute wie George biblische Geschichten über Gottes Wunder ohne Weiteres akzeptieren, zugleich aber oft zögern, Berichte über *heutige* Wunder zu glauben. Unsere Religion gründet auf dem Glauben an das Übernatürliche, doch allzu viele unter uns sind fest entschlossen, diese höhere Wirklichkeit im eigenen Leben zu beschränken. Schlimmer noch, wir weisen Gottes transformative Kraft zurück. Zwar behaupten wir: »Mit Gott ist alles möglich«, doch das meinen wir häufig nur theoretisch, nicht in praktischer Hinsicht, bezogen auf unseren Alltag.

Warum? Es ist nicht so, dass Gott *einmal* verändernd eingriff, als Sie und ich auf der Erde erschienen! Seine Fähigkeit, in der Welt zu wirken, bleibt gleich – gestern, heute und morgen. Wenn

Er in der Bibel von sich spricht, dann fast immer im Präsens. Er sagt nicht: »Ich war« oder »Ich werde sein«, sondern »Ich bin.« Sehr gerne meditiere ich über das wunderbare Versprechen Jesu: »Ich bin bei euch alle Tage bis an der Welt Ende.« (Matthäus 28,20)

In diesem Kapitel möchte ich die Wirklichkeit von Wundern in unserem Leben untersuchen. Ein Wunder ist dadurch gekennzeichnet, dass etwas scheinbar Unmögliches geschieht. Erweitern wir diese Definition ein wenig, lautet sie folgendermaßen:

Ein Wunder ist ein Ereignis, das die Kräfte der Natur – einschließlich dem Menschen – nicht selbst hervorbringen können und das allein als göttlicher Akt zu erklären ist. Außerdem erscheint es uns ebenso verblüffend wie wünschenswert. Da aber Gott die Quelle schlechthin ist, ergibt das Wunder nur dann einen Sinn, wenn es Seinen Absichten in der Welt Vorschub leistet und damit unsere Ehrfurcht und Dankbarkeit hervorruft.

Ein wichtiger Zweck dieses Kapitels liegt darin, Ihnen zu zeigen, dass jeder von uns aus persönlicher Erfahrung über Wunder sprechen kann, denn kleine und große Wunder durchziehen das Gewebe unseres Lebens. Hier werde ich ausführlicher über meine Erfahrungen berichten und einige jener wundersamen und anregenden Geschichten wiedergeben, die andere mir mitgeteilt haben. Außerdem werden wir eng damit verknüpfte Phänomene betrachten: Zufälle (die ebenfalls Teil von Wundern sein können, aber nicht mit ihnen identisch sind), sogenannte »Fingerzeige« und göttliche Verabredungen.

In der Bibel sind mindestens einhundertfünfundzwanzig Wunder verzeichnet. Einige, etwa der Regenbogen, den Gott nach der Sintflut sandte zur Erinnerung an den Bund zwischen Ihm und dem Volk, waren ziemlich dramatisch (Genesis 9,13), andere subtiler.

Wunder spielen eine große Rolle! Und ich spreche nicht nur für diejenigen, die aufregende Lebensgeschichten zu erzählen haben. Wenn wir die Wirklichkeit von Wundern bedingungslos einlassen in Geist und Herz, verändern wir uns. Dann können wir allmählich ein Leben führen, das die Größe und Güte unseres Gottes deutlicher widerspiegelt, loskommen von Zweifel und Verwirrung und eintreten in das Reich der Freiheit, wo absolutes Vertrauen herrscht. Bei der Rückkehr aus dem Himmel erkannte ich den Wunsch meines liebevollen Gottes: Durch jeden Tag soll ich gehen in der unerschütterlichen Gewissheit, dass eine Macht – höher als meine Schwächen und Fehler, größer sogar als Materie, Zeit und Umstände – in meinem und Ihrem Leben wie auch in unserer heutigen Welt am Werk ist.

Für diejenigen, die Augen haben zu sehen

Meines Erachtens geschehen Wunder im Leben jedes Menschen. Sie zu erkennen, bedarf jedoch oft der Aufmerksamkeit für Details – der Einsicht in zeitliche Übereinstimmungen, der Anerkenntnis unwahrscheinlicher Fälle sowie des Glaubens an Gott. In *Einmal Himmel und zurück* erwähnte ich, dass Blumen meine Seele tief bewegen und zu mir »sprechen«, und erzählte die Geschichten der Bradford-Birnenblüten im Garten meiner Mutter und der Alpenrosen in meinem Zuhause. Das plötzliche Erscheinen jener Birnenblüten nach dem Tod meines Stiefvaters ließ mich darüber nachsinnen, ob sie nicht ein Geschenk von ihm und unseres übernatürlichen Gottes gewesen sein mochten – ein Wunder, um Gottes fortwährende Gegenwart während der Trauerphase kundzutun und uns zu signalisieren, dass alles in Ordnung und mein Stiefvater glücklich im Himmel sei.

Als Sträucher der gleichen Rosenart nicht nur in dem Feld blühten, wo mein Sohn starb, sondern auf unerklärliche Weise dann auch in meinem vorderen Garten, wurden die Zweifel, ob Gott mir gegenüber Blumen gewissermaßen als Kommunikationsmittel benutzt, endgültig beseitigt durch eine tiefe Dankbarkeit. Mein Sohn hatte die Geschichte über die Bradford-Birnenblüten gekannt und gewusst, wie bedeutsam und tröstlich ihr Erscheinen für mich gewesen war. Daher bin ich überzeugt, dass die Wahl jener speziellen Rosenblüten und ihr unerwartetes Zutagetreten eine Botschaft aus Gottes Welt an die unsere darstellen.

In den Jahren seit dem Tod meines ältesten Sohnes habe ich an jedem Ort, der mir wichtig war oder weiterhin ist, eine einzelne Alpenrose entdeckt. Das geschieht auf so vorhersehbare Weise, dass es mich gar nicht mehr überrascht. Ich empfange dadurch die Botschaft von Gottes Liebe, Trost und Bestätigung und bin erfüllt von Ehrfurcht vor Ihm, der die Sprache meines Lebens kennt. Viele Menschen haben mir über vergleichbare Erfahrungen berichtet. Nach dem Tod eines geliebten Wesens seien ihnen Schmetterlinge gefolgt – oder sie hätten Münzen, Federn, Marienkäfer oder andere Dinge gefunden, die der verstorbenen Person am Herzen lagen. Das sind natürlich keine aufsehenerregenden Wunder, doch offenbar werden sie auf göttlichem Wege übermittelt, um uns Hoffnung zu geben und an Seine Gegenwart zu erinnern.

Eine Frau aus Wisconsin namens Darla erzählte mir eine ähnliche Geschichte: »Nach dem Tod unseres Enkels erhielten wir vertrauliche Besuche eines prächtigen Rotkardinals. Dieser Vogel kommt regelmäßig und setzt sich fast täglich auf eines der drei Fenstersimse. Ich habe das Gefühl, Gott schenkt mir Frieden und lässt mich wissen, dass mein Enkel bei Ihm und wohlauf ist. Seither haben mir viele Leute solche Besuche von Vögeln geschildert. Ich glaube, Gott bedient sich Seiner Geschöpfe, um uns zu trösten.«

Stella wiederum schrieb mir, sie sehe Gott in einem Vogelschwarm. Ihre treffende Formulierung lautet: *Gott tritt auf die unscheinbarste Weise mit uns in Kontakt.* Aber lesen Sie selbst:

Meine Mutter liebte Vögel und füllte jeden Tag gewissenhaft die Futterhäuschen. Als sie gestorben war, wollte ich die Vögel an ihrer Stelle weiterfüttern, aber die Zeit verging, und ich vergaß es immer wieder. Eines Tages saß ich draußen im Garten und bemerkte, dass wegen meiner Nachlässigkeit keine Vögel mehr die Häuschen aufsuchten. Ich brach in Tränen aus und dachte daran, wie sehr mir meine Mutter fehlte. Dann betete ich und bat Gott, mir zu verzeihen, dass ich die Vögel nicht versorgt hatte.

Plötzlich fühlte ich, wie mich eine so liebevolle Gegenwart überkam, schaute auf und sah viele Vögel über mich hinwegfliegen. Sie wechselten vom einen Baum zum andern und dann zu den Futterhäuschen. Mehrere Wochen lang hatte ich im Garten keinen einzigen Vogel erblickt. Da wusste ich, Gott sprach zu mir und teilte mit, dass alles gut werde und Er mir helfe, den Kummer über den Verlust meiner Mutter zu überwinden. Gott tritt auf die unscheinbarste Weise mit uns in Kontakt, und wenn wir nicht darauf achten, versäumen wir möglicherweise Seine Wunder. Wie es in den Psalmen heißt: »Seid stille und erkennet, dass ich Gott bin!« (Psalm 46,11)

Stella, Asheville, North Carolina

Zufall oder Wunder?

Zeichen und Wunder scheinen oft jenseits der Grenzen der Naturgesetze zu geschehen, aber ich bin mehr und mehr davon überzeugt, dass sie nur unser Erkenntnisvermögen übersteigen. Wenn jemand ein Gewicht vom Boden hebt, wird das Naturgesetz der Schwerkraft nicht verletzt. Sie ist nicht abwesend, wenn das Gewicht hochgehoben wird – eine größere Kraft hat sie überwunden. So ereignen sich Wunder, wenn Gottes Wunsch und Macht geringere Kräfte überwinden.

Zufälle werden häufig mit Wundern verglichen, aber sie sind anders. Ein Zufall deutet darauf hin, dass zwei unvorhergesehene Ereignisse gleichzeitig geschehen, während ein Wunder statistisch unwahrscheinliche Konstellationen von Ereignissen oder Ergebnissen darstellt. Je unwahrscheinlicher die synchronen Ereignisse, desto wahrscheinlicher werden sie als Wunder aufgefasst.

Es wäre ein glücklicher Zufall, wenn ein Mann, der dringend 826,23 Dollar benötigt, die Straße hinunterginge und einen Briefumschlag fände, der neunhundert Dollar enthält. Stattdessen wäre es ein Wunder, wenn der Mann einen Umschlag mit genau 826,23 Dollar entdeckte. Aber ein sagenhaftes Wunder wäre es, wenn der gleiche Mann den Umschlag mit 826,23 Dollar nur deshalb fände, weil er auf dieser Straße ging, um eine längst verloren geglaubte Freundin wiederzusehen, deren Adresse ihm von einem Taxifahrer gegeben wurde, dem wiederum der Mann nur begegnete, weil sein bisher stets zuverlässiger Wecker an dem Morgen nicht funktionierte, weshalb er sein übliches Beförderungsmittel zur Arbeit verpasste und also ein Taxi nehmen musste, in dem er auf den Fahrer stieß, der diese Strecke noch nie zurückgelegt hatte, obendrein einen kranken Freund vertrat, aus dem gleichen Heimatort stammte und gerade in eine hiesige Wohnung gezogen war … die neben der jener lange verloren geglaubten Freundin des Mannes liegt.

Ich habe mir einen kleinen Spaß erlaubt, aber Sie verstehen, was gemeint ist.

Obwohl es stimmt, dass ein einzelnes unwahrscheinliches Ereignis öfter vorkommt und daher wohl einen Zufall darstellt, kann man doch vernünftigerweise annehmen, dass eine Vielzahl unwahrscheinlicher Ereignisse, die genau zur richtigen Zeit und in der richtigen Reihenfolge eintreten, nichts weniger sind als das Ergebnis von Gottes direktem Eingriff, das Werk Seiner Engel oder das des Heiligen Geistes.

Marie sandte mir eine Geschichte zu, in der ein scheinbarer Zufall deutlich mehr war als das – zumal angesichts der Tatsache, dass sie sich das Leben nehmen wollte.

Ich glaube, dass Fingerzeige und spontane Entscheidungen, die eigene Meinung zu ändern, vom Heiligen Geist oder von Engeln kommen können und weder Glück noch Zufall sind. Im Alter von siebzehn Jahren befand ich mich in einer sehr schwierigen Situation. Als bekannt wurde, dass mein Vater mich mehrere Jahre sexuell missbraucht hatte, war ich in eine Pflegefamilie gegeben worden. Derart verletzt und verloren, ging ich immer wieder joggen, um der Misere zu entfliehen. Meine Pflegefamilie wohnte direkt am Puget Sound, und so rannte ich dort an den Bahngleisen oder am Strand entlang.

Irgendwann hatte ich das Gefühl, nicht mehr auf dieser Erde bleiben zu können. Zu viel Schmerz und Einsamkeit. Also beschloss ich, auf dem Teilstück der Bahnstrecke zu laufen, das auf eine unübersichtliche Kurve zuführte, und einfach dortzubleiben – in der Hoffnung, ein Zug werde kommen und mich erfassen. Es war stürmisch an jenem Tag – Wolken, Regen und böiger Wind. Hohe Wellen schlugen gegen die Felsen und schleuderten Gischt auf die Gleise. Da ich noch einmal die Wellen an meiner Hand spüren wollte, entfernte ich mich kurz von den Gleisen und kniete nieder, um das salzige Wasser zu berühren.

Gerade als ich mich vorbeugte, fuhr ein Güterzug durch die Kurve und raste so dicht an mir vorbei, dass ich mich an der Klippe neben mir festhalten musste, um nicht das Gleichgewicht zu verlieren.

Da wurde mir klar, dass ich genau zur rechten Zeit von den Gleisen treten sollte, andernfalls hätte der Zug mich überrollt. Ich ahnte, dass Gott und Seine Engel meinen Weg wirklich in eine andere Richtung lenkten, um Seinen Plan für mich zu offenbaren. In diesem Augenblick empfand ich eine so tiefe Liebe und wusste, dass ich wichtig war und die Erde noch nicht verlassen durfte.

Marie, Seattle, Washington

Sicherlich gehen einige religiöse Menschen zu weit, wenn sie fast jedes unwahrscheinliche Ereignis als Wunder bezeichnen. Andererseits ist es genauso achtlos, jedes Wunder lediglich für einen Zufall zu halten. Einige meiner bevorzugten Geschichten über »persönliche Wunder« betreffen die Art und Weise, wie wir unserem Lebenspartner begegnen. Vielleicht können Sie selbst eine solche erzählen. Die folgende Schilderung, wie Bill und Hillary zueinander fanden, hat (fast) nichts zu tun mit dem früheren Präsidenten der Vereinigten Staaten und seiner First Lady.

»Zu viele Zufälle, um sie als bloße Willkür abzutun«, sagte Bill, der seit sechzehn Jahren mit Hillary verheiratet ist.

Bill und Hillary begegneten sich, weil seine Mutter und ihr Vater, an der Highschool befreundet, dann aber jahrelang ohne Kontakt, durch einen Zufall wieder miteinander in Verbindung traten.

Als die beiden im Gespräch feststellten, dass sie einen Sohn namens Bill hatte, er eine Tochter namens Hillary, wobei zu jener Zeit die Clintons das Weiße Haus bewohnten, erschien ihnen diese Konstellation unglaublich lustig. Als sie zusätzlich erfuhren, dass ihre zwei Kinder in New York City lebten, gab Bills Mutter ihrem Sohn Hillarys Telefonnummer und bestand darauf, dass er sie anrufe.

Obwohl Bill herausfand, dass er und Hillary in einer Stadt mit über sieben Millionen Menschen tatsächlich im gleichen Viertel wohnten, ja in der gleichen Straße und sogar im gleichen

Gebäude, beschloss er, sie nicht anzurufen ... bis er im Entree seines Hauses einer früheren Kollegin über den Weg lief.

»Ich fragte sie: ›Was machst du denn hier?‹«, erinnerte sich Bill. »Ah, eine wirklich gute Freundin von mir wohnt in deinem Haus«, erwiderte sie. Daraufhin wollte er wissen: »Wie heißt sie denn?« Und sie antwortete: »Hillary K. ...« Bill verschlug es fast die Sprache: »Mein Gott, ich hab ihre Telefonnummer in der Tasche!«[1]

Fingerzeige und Einflüsterungen bewusst wahrnehmen

Sobald wir merken, wie leicht wir in der Unruhe und Geschäftigkeit unseres Lebens mögliche Wunder übersehen, beginnen wir das wunderbare Abenteuer, dem Übernatürlichen rings um uns mehr Aufmerksamkeit zu schenken.

Aber wo ist unser Ausgangspunkt? Diese Frage wird so praktisch wie möglich im zweiten Teil behandelt, hier möchte ich zunächst auf Fingerzeige eingehen. Was viele als »Wink« bezeichnen, ist der behutsame Hinweis durch den Heiligen Geist oder einen Engel, auf etwas Bestimmtes zu achten oder eine Handlung auszuführen, die wir sonst vielleicht unterlassen hätten. Im Gegensatz zu Impulsen, die aus unseren Bedürfnissen oder Wünschen resultieren, ist der besagte Wink immer bezogen auf Gottes Willen und Werk. Ein solcher Wink ist lautlos, leicht zu übersehen oder zu überhören und oft im Innern angesiedelt. Doch die Geschichten darüber, was passiert, wenn wir das Wagnis eingehen, darauf zu reagieren, eben weil wir genauer zuhören und hinschauen, sind überall verbreitet. Lesen Sie dazu den Bericht, den Bart mir übermittelte:

Im Alter von zweiundzwanzig Jahren surfte ich in Huntington Beach, ohne zu merken, dass die Widersee mich aufs

Meer hinaustrieb. In starker Brandung war ich wohl schon mehr als anderthalb Kilometer vom Ufer entfernt. Die Strömung war zu heftig, um zurückzuschwimmen, also tauchte ich viermal unter. Während ich den Sand am Grund mit den Füßen berührte, betete ich: »Gott, bitte rette mich. Ich will nicht am Grund des Ozeans sterben.«

Sobald das Gebet beendet war, fand ich mich an der Oberfläche wieder, ohne eine einzige Bewegung gemacht zu haben. Dann schwamm ein junger Mann zu mir, um mich zu retten. Wir waren beide erschöpft, also hielten wir uns abwechselnd über Wasser, bis wir das Ufer erreichten. Ich dankte ihm überschwänglich und sagte: »Wie froh ich bin, dass Sie da waren, um mich zu retten!«

Er erwiderte: »Nun, eigentlich wollte ich heute gar nicht zum Strand gehen. Ich hatte genug davon. Aber als ich das beschlossen hatte, sprach eine Stimme in mir: ›Du musst heute an den Strand gehen. Du musst.‹ Also hab ich's getan.«

Ich glaube, an jenem Tag hat Gott mein Gebet in knapp acht Meter Tiefe beantwortet und mich gerettet.

Bart, Huntington Beach, Kalifornien

Haben auch Sie schon einen solchen Wink erhalten? Die meisten von uns werden diese Frage bejahen, ob wir uns der Eingebung bewusst waren oder nicht. Ich reagierte auf vielerlei Winke, indem ich mein erstes Buch schrieb, aber einer davon sticht besonders hervor.

Nach einer einwöchigen Kajaktour mit meiner Familie auf dem Colorado River in Arizona entschied ich mich zur Abreise, während die anderen noch etwas länger bleiben wollten. Ich hatte vor, langsam wieder Richtung Wyoming zu fahren und unterwegs Freunde zu besuchen. Am zweiten Tag verspürte ich jedoch den starken inneren Drang, so schnell wie möglich heimzukehren. Also fuhr ich durch, statt anzuhalten und zu übernachten, und traf einen ganzen Tag früher als geplant zu Hause ein.

Am nächsten Morgen läutete das Telefon. Ich war erschöpft von der Reise, und da niemand mich zu Hause glaubte, wäre es ein Leichtes gewesen, den Anruf nicht weiter zu beachten. Aber erneut durchbrach ein heftiger Impuls meine Schläfrigkeit, also hob ich ab. Es war eine Presseagentin, die ausnahmsweise früh an diesem Morgen ins Büro gegangen war und nicht umhinkonnte, ihren Grundsatz, niemals vor elf Uhr vormittags die E-Mails durchzusehen, diesmal aufzugeben. Sie rufe mich an, sagte sie, weil sie von der Redaktion einer Fernsehsendung ein »Spam« erhalten hatte mit der Anfrage, ob sie jemanden kenne, der schon einmal dem Tode nah war. Noch am gleichen Morgen musste die Antwort erfolgen. Trotz ihrer Annahme, ich sei weiterhin auf Reisen, beschloss sie, mich zu verständigen.

Sehen Sie, was da passiert ist? Sowohl diese Frau als auch ich selbst hatten auf Fingerzeige reagiert, die uns übermittelt worden waren. Ich trat dann in der Fernsehsendung auf. Dadurch ergab sich eine ganze Reihe zusätzlicher Gelegenheiten, meine Geschichte über Gottes Liebe und die Wahrheit Seiner Versprechen anderen Menschen nahezubringen.

Ich weiß aber auch, wie es ist, *nicht* auf einen Wink zu reagieren. Vor einigen Monaten ließ ich die Möglichkeit aus, einer Freundin Beistand zu leisten, Gottes Liebe mit ihr zu teilen und das Wunder ihres Lebens aus unmittelbarer Nähe zu erfahren. Jenni, die ich von der Highschool kannte, hatte meinen Lebensweg nachhaltig mitbestimmt. Sie war zuverlässig, auf Gott ausgerichtet, anständig und einfühlsam und berührte viele mit ihrem raschen Lächeln und ihrer großzügigen Gesinnung. Ihr Einfluss auf mein Leben stand jedoch in keinem Verhältnis zu der Beziehung, die wir unterhielten, und so verspürte ich kürzlich den Drang, ihr zu sagen, wie wichtig sie für meine geistige Entwicklung gewesen war. Über zwanzig Jahre hatte ich nicht mit ihr gesprochen, ohne zu wissen, wo sie wohnte, und versuchte nun eher lustlos, sie ausfindig zu machen.

Ehrlich gesagt wollte ich mir den inneren Aufruf nicht eingestehen, den Einflüsterungen in meinem Kopf nicht lauschen. Es kam mir ungeschickt und dumm vor, einer erwachsenen Frau, zu der die Verbindung abgerissen war, mitzuteilen, welch bedeutsame Rolle sie auf meiner Lebensreise gespielt hatte. Ich schob mein Vorhaben auf, bis die innere Mahnung nicht mehr zu überhören war. Schließlich entdeckte ich sie auf einem sozialen Netzwerk und schrieb ihr einen langen Brief. Als ich mich auf der Seite einloggte, um ihn abzuschicken, musste ich bestürzt feststellen, dass sie gerade auf einer Intensivstation an ein Beatmungsgerät angeschlossen war. Sie starb am Tag darauf, ohne zu erfahren, wie segensreich sie für mich gewesen war.

Aufeinander abgestimmte Ereignisse, immer wieder als bloße Zufälle abgetan, dienen oft dazu, die eingeschlagene Richtung zu ändern oder ein Wunder zu bewirken. Manchmal aber sind sie anscheinend nur eine Maßnahme Gottes, Seine Gegenwart in unserem Leben kundzutun. Häufig ermutigen und helfen sie uns, Vertrauen zu entwickeln. Wären Sie nicht umso mehr davon überzeugt, dass Gott an Sie denkt, wenn auch Sie die beiden nachfolgend geschilderten Erfahrungen gemacht hätten?

Vor etwa zehn Jahren steckte ich wegen einer verheerenden Scheidung im Abgrund einer schrecklichen Depression. Damals war ich Agnostiker, begann aber diese Auffassung infrage zu stellen. Eines Tages fuhr ich in völliger Verzweiflung auf dem Highway und sagte mit erhobener Stimme: »Gott, wenn Du tatsächlich existierst, gib mir ein Zeichen, ein wirklich deutliches Zeichen. Vielleicht werde ich dann glauben.«

Genau in diesem Moment fühlte ich, dass eine liebevolle Gegenwart bei mir war, und sah auf dem Feld eine Reihe von Bäumen, in deren Lücke eine Reklametafel aufgestellt war.

Auf dieser großen Reklametafel erschien ein einziges Wort: Jesus. Verblüfft fragte ich: »Bist du wirklich da?« Daraufhin überholte mich ein Sattelschlepper, der nun direkt vor mir fuhr. Auf seiner Rückwand stand der Satz: Zur rechten Zeit.

Justin, Amarillo, Texas

Als ich dreiunddreißig war, geriet mein Leben aus den Fugen. Ich hasste alles und jeden. Ich war einfach nicht zufrieden mit meinem Leben und nur allzu bereit, eine andere Richtung einzuschlagen. Nachdem ich die Babysitterin nach Hause gebracht hatte, ging ich zu einem örtlichen Park und setzte mich in der Dunkelheit auf eine Bank. Ich weinte mir die Augen aus, wandte mich im Gebet an den Herrn und bat Ihn, mein Leben zu ändern oder es zu beenden. Plötzlich kam mir der Gedanke, auf der Stelle unsere Kirche zu besuchen. Ich wusste zwar, dass deren Türen immer verschlossen waren, fühlte mich aber genötigt, trotzdem hinzugehen. Es überraschte mich, dass die Kirchentür offen war, als ich daran zog. Ich schritt zum Altar, kniete nieder und bat Gott um Vergebung sowie darum, diese schreckliche Bürde der Sorge, Schwermut und Verzweiflung von mir zu nehmen.

Der nächste Teil der Geschichte ist ein bisschen vage, weil ich nicht weiß, ob es eine physische Manifestation war oder in meinem Geist geschah, aber ich sah ein strahlendes Licht und empfand ein sehr warmes Gefühl in meinem Innern. Keine Ahnung, ob meine Augen offen oder geschlossen waren. Ich weiß nur, dass ich geblendet war von der Helligkeit und Wärme. Es war unglaublich. Dergleichen habe ich weder vorher noch nachher erlebt. Im Nu wurde mir ein Frieden zuteil, der jedes Verstehen übersteigt.

David, Los Angeles, Kalifornien

Natürlich stammt nicht jeder Fingerzeig, nicht jede Koinzidenz der Ereignisse von Gott. Doch wenn ein Gedanke beharrlich »anklopft«, empfehle ich, ihm Beachtung zu schenken. Meistens sind solche Winke – zumal wenn sie sich wiederholen – geistige Einladungen, Teil eines Wunders zu sein, das geschehen soll.

Skeptiker wird es immer geben

Wie ich zu Beginn des Kapitels schon erwähnte, besteht unsere erste Reaktion auf das Wunderbare – selbst bei tief gläubigen Menschen – fast ausschließlich darin, es zu bezweifeln. Betrachten Sie nur einmal die zuvor geschilderte Geschichte von David. Die meisten von uns werden sie sofort auseinandernehmen. Wir fragen: Könnte irgendwer die Ereignisse bestätigen? Sagt David wirklich die Wahrheit? Es scheint, als suchten wir nahezu reflexartig nach übersehenen Details, die alles erklären könnten.

Genau das tat David selbst. Da er vermutete, die Kirchentüren seien versehentlich offen gelassen worden, rief er am nächsten Tag bei der Kirche an, um sich zu erkundigen. Man versicherte ihm, Wachleute würden die Türen jeden Abend verschließen und überprüfen, so sei es auch am Vorabend gewesen. Daraus folgerte David, dass von Menschen angebrachte Schlösser Gottes Wünschen nicht Einhalt gebieten können. Die Erfahrung öffnete sein Glaubenssystem der Wirklichkeit eines nahen, persönlich liebenden und mächtigen Gottes.

Oder denken Sie an eine der berühmtesten Wundererzählungen aller Zeiten: Jesu Geburt. Nicht weiter beachtend, dass Marias Schwangerschaft eine seit Langem bestehende Prophezeiung erfüllte, behaupten einige Skeptiker, die jungfräuliche Geburt sei nur eine von Maria und ihrer Cousine ersonnene Lüge, um die sexuelle Beziehung zwischen ihr und Josef zu verschleiern. Wenn wir nicht glauben wollen, was eine Person gesagt oder erfahren hat, machen wir abfällige Bemerkungen über ihre Vertrauenswürdigkeit oder ihre Motive und suchen nach irgendeiner Erklärung, die mit der Möglichkeit eines übernatürlichen Ereignisses nichts zu tun hat.

Vielleicht haben Sie die Geschichte der neunjährigen Annabel Beam gelesen oder deren Verfilmung *Himmelskind* gesehen.

Annabel litt an zwei seltenen, schmerzhaften und lebensbedrohlichen Darmkrankheiten, bis sie versehentlich zehn Meter tief in eine ausgehöhlte Schwarzpappel fiel. Sie schlug sich den Kopf an und hatte eine Nahtoderfahrung, wurde aber fünf Stunden später gerettet. Als sie Jesus fragte, ob sie bei ihm bleiben könne, erwiderte er, es gebe Pläne für sie, die nicht im Himmel zu erfüllen seien, aber nichts wäre verkehrt daran, wenn sie zur Erde zurückgeschickt würde. Danach hatte sie keine Schmerzen mehr, wurde nicht ins Krankenhaus eingeliefert und nahm auch keine Medikamente. Allen Aussagen zufolge wurde sie von ihren Krankheiten geheilt.[2]

Statt Annabels Bericht anzuerkennen, wollten manche ihre Glaubwürdigkeit untergraben durch den Hinweis, sie habe schlicht eine Gehirnerschütterung und anschließend eine Halluzination gehabt, zudem wahrscheinlich am Münchhausen-Syndrom gelitten (eine psychische Störung, bei der Menschen Symptome vortäuschen, um medizinisch behandelt zu werden) und sei natürlich nur daran interessiert gewesen, aus der Verbreitung ihrer Lügen finanziellen Profit zu schlagen.

Diese Reaktion scheint übertrieben, aber sie unterscheidet sich nicht von skeptischen Kommentaren in biblischer Zeit. Als Jesus einem Blindgeborenen die Sehkraft wiedergab, behaupteten die Leute zunächst, es handle sich dabei nicht um ein und denselben Mann. Dann vermuteten sie, er sei gar nicht wirklich blind gewesen. Nachdem sie keine andere Erklärung für seine übernatürliche Heilung gefunden hatten, beleidigten und verschmähten sie ihn. Doch im Grunde betraf keiner ihrer Einwände den Mann oder sein Sehvermögen. Indem sie ihn ausstießen, versuchten sie verzweifelt, sich selbst vor der Möglichkeit zu schützen, dass im Hier und Jetzt tatsächlich Wunder geschehen können oder dass Jesus vielleicht doch die menschliche Verkörperung Gottes ist. (Die ganze Geschichte findet sich in Johannes 9.)

Es lohnt sich, die gleiche Frage an uns zu richten. Könnte unser Widerwille, an die Wirklichkeit heutiger Wunder zu glauben, ein Ausdruck unseres Bedürfnisses nach Selbstschutz sein? Würde dieser Glaube unseren Status quo nicht völlig aus dem Gleichgewicht bringen? Schließlich wären viele von uns wohl gezwungen, weitgehend anders zu leben als jetzt, sobald wir anerkennen, dass Gott unbestreitbar anwesend und liebevoll ist und rings um uns tatkräftig Seine Wunder wirkt.

Göttliche Verabredungen

Schließlich gibt es in der Kategorie der kleinen Wunder ein Phänomen, das manche als »göttliche Verabredungen« bezeichnen: das Gefühl, als wäre ein Treffen oder ein Gespräch im Himmel vereinbart worden. Ich sehne mich immer nach diesen von Gott arrangierten Begegnungen, zumal bei Verspätungen, stockendem Verkehr oder verpassten Flügen, und erfahre dann oft etwas Schönes.

Vor mehreren Jahren traf ich unter Termindruck mit einer Übersetzerin für das Interview bei einem mexikanischen Fernsehsender ein. Der vereinbarte Zeitpunkt rückte näher und verstrich. Das Warten nahm kein Ende, weshalb die Übersetzerin immer unruhiger wurde, weil sie dachte, wir kämen zu spät zu unserem nächsten Termin. Obwohl sie gehen wollte, spürte ich, dass wir bleiben sollten, also harrten wir weiter aus.

Unversehens betrat ein Mann, der mit dem Fernsehsender nichts zu tun hatte, die Eingangshalle. Ungeachtet meiner natürlichen Abneigung, mit Fremden zu plaudern, war mir einfach klar, dass ich mit ihm sprechen sollte. Er begann von seinem traurigen Leben zu erzählen und brach innerhalb weniger Minuten in Tränen aus. Kürzlich war seine Mutter gestorben, seine Frau lag schwerkrank in der Klinik, und er fühlte sich einsam. Er besuchte nicht mehr die Kirche, da ihm in seiner Traurigkeit Gott abhandengekommen war. Indem ich einige meiner Erfahrungen mit ihm teilte, konnte ich ihm nicht nur Trost spenden und die Gewissheit vermitteln, er werde seine Mutter wiedersehen, sondern auch helfen, das Gute wahrzunehmen, das sich bereits aus der Situation ergab. Die Ereignisse in seinem Leben hatten nämlich eine Versöhnung mit dem entfremdeten Vater herbeigeführt, wodurch sich nun auch dessen Beziehung zu den Enkelkindern günstig entwickelte.

Genau in dem Moment, als die Unterhaltung endete, tauchte ein Produzent auf und erklärte, wir könnten sofort auf Sendung gehen. Zwar werde ich vor meiner Rückkehr zum Himmel niemals wissen, welche langfristigen Auswirkungen das Gespräch mit dem Mann gehabt haben mochte, bin jedoch fest überzeugt, dass dies eine göttliche Verabredung war – und dass die vierzigminütige Verspätung den rechten Zeitrahmen bot, um ein kleines Wunder geschehen zu lassen.

Die fünfte Lektion, die der Himmel offenbart

Große Wunder ereignen sich manchmal, persönliche Wunder häufig. Gott lädt uns ein, Seine wundersame Gegenwart überall wahrzunehmen.

Wiederhergestelltes Sehvermögen

Ich bin sicher, dass solche Geschichten – vielleicht weniger aufregend, aber nicht weniger wirklich – auch in Ihrem Leben oder dem Ihrer Familienmitglieder und Freunde vorkommen. Dazu gehören geistige Fingerzeige, aufeinander abgestimmte Ereignisse, göttliche Verabredungen oder eben Wunder jedweder Form und Größe. Ob diese von Gott bewerkstelligten Vorgänge dramatisch oder subtil, passend oder unpassend, unbemerkt oder merkbar ablaufen – sie geschehen die ganze Zeit. Gewiss, viele von uns wurden durch kulturelle und religiöse Grundsätze dazu erzogen, ihnen keinerlei Beachtung zu schenken. Vielleicht muss unser Sehvermögen – ähnlich wie das des Blindgeborenen im Johannesevangelium – wiederhergestellt werden.

Im zweiten Teil des Buches untersuchen wir dann genauer, wie jeder Mensch eine Empfänglichkeit für das Wunderbare entwickelt. Ich verspreche Ihnen: Mit geschultem Blick und dem Beistand des Heiligen Geistes kann schon ein wenig Nachforschung die Wunder in Ihrem Leben zum Vorschein bringen – und damit die Gelegenheit bieten, Ihren Glauben zu festigen und auf Gottes Versprechen zu bauen.

Wunder geschehen. Von Albert Einstein stammt jene berühmte Formulierung: »Es gibt nur zwei Arten, sein Leben zu leben: entweder so, als wäre nichts ein Wunder, oder so, als wäre alles eines.« Ich hoffe, Sie werden sich meiner Auffassung anschließen, dass kleine und große Wunder für jeden verfügbar sind und sich weitaus öfter ereignen, als wir es zu begreifen vermögen. Wenn wir gewissenhaft unsere Zweifel durcharbeiten und unser Herz für Gottes Absichten öffnen, werden wir erkennen, dass die atemberaubende Wirklichkeit des Himmels für jeden von uns viel näher ist, als wir zu glauben wagten.

9

Engel wandeln mitten unter uns

Lobet den Herrn, ihr seine Engel,
ihr starken Helden,
die ihr seinen Befehl ausrichtet,
dass man höre auf die Stimme seines Wortes!

Psalm 103,20

Erinnern Sie sich an die beiden Chilenen, die wie aus dem Nichts auf dem Flussufer erschienen, gerade als ich wiederbelebt wurde? Ich bin überzeugt, es waren Engel, und im Folgenden erzähle ich Ihnen, warum.

Wir befanden uns an einer einsamen Stelle, doch sie erreichten das Ufer weder mit dem Boot noch hatten sie sich durch das Bambusdickicht geschlagen. Nach den Aussagen meiner Freunde, die verzweifelt versuchten, mich ins Leben zurückzuholen, tauchten die Männer einfach auf. Im einen Moment waren sie nicht da, im nächsten standen sie neben meinen Freunden. Sie trugen die typische Kleidung chilenischer Landarbeiter – handgestrickte Wollpullover mit groben Arbeitshosen. Abgesehen von ihrer plötzlichen Gegenwart waren sie weder ungewöhnlich noch auffällig.

Ohne zu sprechen oder angesprochen zu werden, begannen die beiden zusammen mit meinen Freunden, eine Schneise durch den dichten Bambushain zu schlagen und so einen Weg zu der Straße weiter oben zu bahnen. Schritt für Schritt bewegten sie sich vorwärts und kletterten den steilen Hang hinauf, meinen Körper auf einem Kajak tragend, der ihnen als Bahre diente. Nach langsamem Aufstieg, der dann über einen schmalen Tierpfad führte, gelangte unsere Gruppe schließlich auf die unbefestigte Straße.

Wie bereits erwähnt, parkte genau an dem Punkt, wo wir aus dem Dickicht kamen, ein Krankenwagen. Obwohl der Fahrer keinem bestimmten Plan zu folgen schien, trat er bei unserer Ankunft ebenso wortlos wie ruhig in Aktion, als hätte er allein auf uns gewartet. Er leistete mir keinerlei medizinischen Beistand, auch wenn ich immer wieder das Bewusstsein verlor und eindeutig in Not war, sondern lud mich lediglich in den hinteren Teil des Wagens, ging nach vorn, stieg ein und fuhr schnell los. Einer fragte den Fahrer, was er denn hier gemacht habe, und die Antwort lautete: »Weiß nicht, hab einfach gewartet.« Ansonsten blieb er die ganze Zeit schweigsam.

Der Fahrer in mittleren Jahren wirkte freundlich. In Chile tragen Krankenwagenfahrer normalerweise eine Uniform, aber dieser Mann war mit einer eleganten Hose und einer Art Laborkittel bekleidet. Meinen Gefährten kam das alles äußerst seltsam und unpassend vor.

Sobald ich in den Krankenwagen befördert worden war, schienen die Chilenen, die mich den Hang hinauf transportiert hatten, in der Landschaft zu verschwinden. Später am Tag kehrten meine Freunde zum Fluss zurück, um nach ihnen zu suchen, entdeckten aber keinerlei Hinweis auf sie. Auch keiner der Dorfbewohner wusste von ihnen.

Engel kommen und gehen.

Schließlich erreichte der Krankenwagen eine kleine Krankenstation, die erst kürzlich eingerichtet worden war. Sie öffnete ihre Türen nur einmal in sechs Wochen, doch genau das war der Fall, als ich eintraf. Es gab kein Röntgengerät, aber ein solches war nicht nötig, um zu erkennen, dass ich mir die Beine gebrochen hatte. Wie bei einer Stoffpuppe waren die Knochen und Bänder um beide Knie völlig instabil. Mein Mann fand nur wenige Sanitätsartikel, wohl aber etwas Gips, mit dem er meine Knie ruhigstellen konnte, um mich dann auf einen Pick-up zu laden und die Heimreise anzutreten. Nach meiner Einlieferung in die Klinik war der Chauffeur nicht ausgestiegen, sondern einfach wieder davongefahren. Ohne Fragen zu stellen oder zu beantworten.

Wie im vorhergehenden Kapitel geschildert, sollte ich immer wieder Auskunft geben, was meiner Meinung nach an dem Flussufer *wirklich* geschehen sei. Wer waren diese Chilenen? Was hatte der Krankenwagen dort zu suchen? Und woher wusste mein Mann Bill, an welcher Stelle wir aus dem Dickicht hervorkommen würden?

Meine Antwort ist stets die Gleiche: Gott griff ein. Nach eingehender Betrachtung der Umstände und Möglichkeiten bin ich überzeugt, dass jener Kajakfahrer, der durchs Bambusdickicht lief, auf göttliche Weise genau dorthin geführt wurde, wo Bill in einem Buch las, und dass ihre perfekt getimte Ankunft an der Stelle, wo wir die Straße erreichten, kein Zufall war. Außerdem glaube ich, dass die Chilenen, die mich vom Flussufer zum wartenden Krankenwagen transportierten, von Gott gesandt wurden, um Seinen Plan für mich zu erfüllen.

Daraus schließe ich, dass sie Engel waren – göttliche Boten im Auftrag Gottes.

Nie werde ich all die Gründe kennen, warum Gott an diesem Tag beschloss, zu meinen Gunsten zu intervenieren. Aber ich kenne das Ergebnis und bin zutiefst dankbar. Der Verfasser des Briefs an die Hebräer stellte eine bezeichnende Frage: »Sind sie nicht allzumal dienstbare Geister, ausgesandt zum Dienst um derer willen, die das Heil ererben sollen?« (Hebräer 1,14)

Meiner Erfahrung nach lautet die Antwort: Ja!

Im vorigen Kapitel wurde auch nach Beweisen für das Wunderbare in unserer Welt geforscht. Auf dieser Ebene sind die Offenbarungen des Himmels deutlich und ein Anlass zum Feiern: Gott ist auf übernatürliche Weise in unserer Welt gegenwärtig und wirksam – mit dem Wunsch, dass wir es bemerken!

Hier nun werden wir sehen, dass Gott das Wunderbare vollbringt, indem Er mächtige Boten, die wir als Engel begreifen, auffordert, in unsere physische Welt überzuwechseln.

Boten auf Mission

Wurde auch Ihr Leben schon einmal »von einem Engel berührt«? Ganz bestimmt. Die Bibel beschreibt eine Vielzahl von Engeln, die jederzeit darauf warten, Gottes Befehle unter uns auszuführen (man lese zum Beispiel 1. Mose 28,12; 2. Mose 23,20; Matthäus 26,53 oder Johannes 1,51). Im Folgenden werde ich eine Reihe von Geschichten wiedergeben, die andere mir mitgeteilt haben, und zwar aus einem wichtigen Grund: Die Empfänglichkeit für das Unsichtbare ringsum kann unsere Lebensweise im Alltag tiefgreifend verändern. Im Himmel habe ich erfahren, dass Sie und ich niemals allein oder unbeachtet bleiben, niemals fern sind den ebenso wunderbaren wie einflussreichen Geistern, die Gott dienen.

Geschichten von Engeln durchziehen die Seiten der Bibel und finden auch Erwähnung in den heiligen Texten der meisten anderen Hauptreligionen. Im Himmel loben und verehren diese Wesen Gott (Jesaja 6,1–3; Lukas 2,13–14; Offenbarung 4–5; 8; 5,11; 7,11). Auf der Erde führen sie als Boten, Beschützer und Tröster das Werk des Himmels aus. Ich liebe jenen Psalmvers, der sie anspricht mit den Worten: »… ihr starken Helden, die ihr seinen Befehl ausrichtet …« (Psalm 103,20)

Überall in der Bibel erscheinen Engel plötzlich und verschwinden genauso schnell wieder. Sie kamen in menschlicher, tierischer und sogar unbelebter Gestalt zu uns (1. Mose 18; 2. Mose 23; 4. Mose 22). Sie können aussehen wie Blitze, Feuer, poliertes Metall oder Edelsteine, wie Mann oder Frau, stehend, sitzend, essend, und haben Wind in den Flügeln.

Damals wie heute sind Menschen meist völlig überrascht,

wenn Engel auftauchen. Gerade wegen dieses Überraschungseffekts, hervorgerufen durch die unfassbare Erfahrung, einem Wesen mit solch großer Macht zu begegnen, hat die Kontaktaufnahme in der Bibel zunächst oft etwas Beruhigendes. Der himmlische Besucher sagt: »Hab keine Angst« oder »Fürchte dich nicht«. Doch sobald seine Botschaft empfangen wurde, herrscht nie Ungewissheit darüber, warum er gekommen ist. Offensichtlich können diese »Mächtigen« so zu uns sprechen, dass wir es verstehen, in welcher Form auch immer sie ihren Auftrag ausführen werden (1. Mose 18,1–22; Daniel 10,5–6).

Karen, die mir aus St. Louis, Missouri, schrieb, erzählte von ihrem verzweifelten Gebet zu einem Gott, den sie in weiter Ferne glaubte. Dann aber »sah« sie Engel näherkommen.

Nach der physischen und emotionalen Misshandlung durch meinen neuen Ehemann war ich körperlich, geistig und seelisch derart niedergeschmettert, dass ich mich neben das Bett kniete, das Gesicht in den Händen vergrub und bitterlich weinte. Dabei rief ich Gott an, der mir fern und unzugänglich erschien, um Ihn um Hilfe zu bitten.

Plötzlich hörte ich vor meinem seitlichen Fenster einen herrlichen Gesang, wohltönend wie fallendes Wasser; sanft strömten drei vollkommene männliche Stimmen herein, die Gottes Gnade priesen. Ich sprang auf, um die Männer zu sehen, und die Stimmen bewegten sich zum vorderen Fenster. Ich lief dorthin, konnte mit meinen menschlichen Augen aber niemanden erblicken, so sehr ich es mir wünschte. Doch ich hörte sie deutlich, genauer als jedes übrige Geräusch. Ich sah sie im Geist – man kann es nicht anders ausdrücken. Ihre Gegenwart war groß und tröstlich und verlockte mich, von Gottes Pracht und Frieden zu trinken.

Karen, St. Louis, Missouri

Es gibt viele Geschichten über den bemerkenswerten Schutz, den Engel gefährdeten Menschen zuteilwerden lassen – oft, aber nicht immer durch die Beantwortung eines Gebets.

Eine junge Frau musste auf dem Nachhauseweg von ihrer Arbeit in Brooklyn an einem Mann vorbei, der vor einem Haus herumlungerte. Sie kam dicht an ihn heran, und obwohl sie spürte, dass er sie beobachtete, bewegte er sich nicht.

Kurz nach ihrer Rückkehr hörte sie Sirenen und sah Blaulichter. Tags darauf erzählte ihr die Nachbarin, jemand sei vergewaltigt worden – an der gleichen Stelle, wo sie an dem jungen Mann vorbeigegangen war. Sie fragte sich, ob er der Vergewaltiger war, denn dann würde sie ihn identifizieren können. Also rief sie die Polzei an und erfuhr, dass ein Verdächtiger in Untersuchungshaft saß. Wenig später identifizierte sie ihn in einer Reihe mit anderen Männern und fragte den Polizisten: »Warum hat er mich nicht angegriffen? Ich war genauso gefährdet wie die Frau, die nach mir kam.«

Der Polizist, neugierig geworden, fragte den Verdächtigen nach der Zeugin und beschrieb sie. »Ich erinnere mich an sie«, erwiderte sein Gegenüber. »Aber warum hätte ich sie belästigen sollen? Sie ging mit zwei großen Typen die Straße hinunter, einer auf jeder Seite.«[1]

Als ich auf dem College war, fuhren mein Freund und ich auf einem Fahrstuhl (nicht darin, sondern darauf) und alberten herum. Damals hatten Fahrstühle ein schweres Gegengewicht (vielleicht ist das auch heute noch so), das sich in der umgekehrten Richtung bewegte.

Aus irgendeinem Grund fuhren wir gerade nach unten, und ich ließ einen Fuß oberhalb der Türöffnung baumeln, ohne besonders darauf zu achten. Plötzlich hörte ich eine Stimme rufen: »Zieh sofort deinen Fuß hoch!«

Das tat ich auch, und in dem Moment raste das Gegengewicht vorbei. Hätte es meinen Fuß erfasst, wäre er wahrscheinlich abgerissen oder zerschmettert worden.

Sicherlich wusste Gott, dass ich gerade im Laufen mit Ihm würde sprechen können, und das wollte Er mir nicht nehmen, bevor es überhaupt erst anfing. (Meine Laufkarriere begann etwa zehn Jahre später.)

Barry, Green Bay, Wisconsin

Eine der anschaulichsten Beschreibungen eines Engels ging mir von einer Frau namens Kelly über Facebook zu. Dessen Besuch ereignete sich zwar schon während ihrer Kindheit, aber Kellys Fähigkeit, sich an Details seiner Erscheinung und seines Auftretens zu erinnern, ist beeindruckend.

Seit fast fünfundzwanzig Jahren bin ich ausgebildete Krankenschwester, arbeitete in der Intensivpflege wie auch im Hospiz. Von früher Kindheit an wusste ich immer, dass Gott existiert. Im Alter von zehn Jahren litt ich unter der extremen physischen und verbalen Misshandlung meiner alkoholsüchtigen Stiefeltern.

Eines Nachmittags war ich allein in meinem Kinderzimmer, saß auf dem Bett und füllte ein Malbuch. Plötzlich schaute ich auf: Ein Engel stand im Türrahmen meines Zimmers. Er war sehr groß (über zwei Meter) und musste sich bücken, um mich zu betrachten. Er war so schön! Er hatte blondes, gelocktes Haar und intensive blaue Augen, trug ein weißes Gewand mit einem Goldseil als Gürtel und Sandalen. Er hatte keine Flügel, aber ich wusste, dass er ein Engel war. Er stand anderthalb Meter von mir entfernt und war genauso real wie irgendjemand sonst. Er wirkte robust, nicht transparent wie ein Geist. Von seiner Haut strahlte Licht aus, und seine Schönheit war atemberaubend. Mit überströmender Liebe sah er mir in die Augen und lächelte mich an.

Daran erinnere ich mich derart lebhaft, als wäre es gestern geschehen, und ich bin jetzt dreiundfünfzig.

Kelly, Newport, Rhode Island

Leider erliegen wir, was Engel betrifft, aber auch einigen Missverständnissen.

So verlockend die Vorstellung sein mag, gute Menschen würden nach dem Tod zu Engeln, entbehrt diese Hoffnung der biblischen Grundlage. Psalm 8 deutet darauf hin, dass Engel sich von Menschen unterscheiden. Zudem besteht kein Zweifel, dass sie für Gott tätig sind, nicht für uns (Offenbarung 19,10; Psalm 103,20). Schließlich unterstehen sie, wie die gesamte Schöpfung, der Autorität Gottes, und obwohl wir eine besondere Zuneigung zu ihnen empfinden, sollen wir sie nicht anbeten (Offenbarung 22,8–9).

Begleiter von diesem Leben zum nächsten

Viele aus dem Nahtod zurückgekehrte Menschen erzählen Geschichten über Engel, die ihnen erschienen sind. Manchmal warten diese im Jenseits, bis der Sterbende bereit ist, dann wieder kommen sie frühzeitig zur Erde, um ihn dorthin zu geleiten. Das mitanzusehen, kann für Familienmitglieder und Freunde verwirrend, ja beängstigend sein, aber meistens beschert die Gegenwart von Engeln Trost und ein tiefes Gefühl von Gottes liebevoller, auf die Person bezogene Fürsorge.

Bei meiner Mutter war ein Emphysem diagnostiziert worden, und ihre Ärzte glaubten, sie habe nur noch kurze Zeit zu leben. Dank ihres tiefen Glaubens erlebte sie einen sehr würdigen Tod. Sie hatte keine Angst zu sterben. Tatsächlich freute sie sich, mit Papa und anderen, die vor ihr gegangen waren, wieder verbunden zu sein.

Meine Freundin Sue spielte Mutter oft auf der Harfe vor, während wir alle uns um ihr Bett versammelten und Loblieder sangen. Einmal richtete sie sich ruckartig auf und sagte: »Bin ich schon tot? Dieses Sterben ist gar nicht schlecht!«

Eines Tages hielt Bischof Frank in seiner Diözese eine Versammlung ab und wollte Mutter vorher das heilige Abendmahl bringen. Als er in ihr Schlafzimmer trat, sagte sie zu mir: »Emmy, hast du diesen Engel gesehen, der über Franks Kopf flog, als er die Tür öffnete?« Mir war er entgangen, aber sie hatte ihn deutlich gesehen.

Frank spendete das Abendmahl und betete mit ihr. Wenige Stunden später rief sie mich zu sich und sagte: »Emmy, siehst du diese Engel in der Ecke meines Zimmers? Da ist auf beiden Seiten ein herrlicher Blumenpfad, und die Straße ist gesäumt mit vielen, vielen Engeln.« Das Bild war für sie so anschaulich. Als ich still an ihrem Bett saß, sagte sie: »Emmy, die Engel – siehst du sie jetzt? Sie wollen, dass ich mit ihnen gehe. Ich glaube, ich bin bereit aufzubrechen. Bitte halte meine Hand und hilf mir, ihnen Gesellschaft zu leisten … Warte! Liebling, ruf deinen Bruder, damit er bei uns ist.« Während wir zu beiden Seiten ihres Bettes standen, sagte sie: »Ich bin bereit, mich ihnen anzuschließen …« Dann ging sie lautlos mit den Engeln fort.

Für meine Mutter kam der Tod auf sanfte, wunderbare Weise, in Gegenwart der heiligen Engel.

Emmy, Jacksonville, Florida

Abgesandte zur Ermutigung

Engel trösten den Verletzten oder Sterbenden nicht nur, von ihnen geht auch ein großer Zuspruch aus. Der Apostel Paulus war dankbar für die ermutigende, von einem Engel überbrachte Nachricht, der ihm versicherte, dass alle, die mit ihm nach Rom segelten, sicher ankommen würden (Apostelgeschichte 27).

Ich selbst habe viele Erzählungen gehört von Leuten, die durch die Erscheinung eines Engels genau zur rechten Zeit Trost und Beistand empfingen, und das ist wohl die am weitesten verbreitete Art des Eingriffs. Wunderbarerweise bleiben diese Menschen immer zurück mit einem tiefen, langanhaltenden Gefühl von Gottes Liebe und Frieden.

Eher unwillentlich gründete ich im Alter von vierundzwanzig Jahren mit meiner Freundin eine kleine Familie. Daher musste ich kurz vor meinem Abschlussjahr das College verlassen. Ich arbeitete als Koch und fühlte mich elend wegen meiner zuvor getroffenen Entscheidungen. An einem besonders trostlosen Tag kochte ich zur Demonstration in einer Reihe mit anderen, damit die Gäste den Köchen bei der Arbeit zuschauen konnten, wandte aber den Leuten bewusst den Rücken zu. Ich dachte daran, wie missraten mein Leben war und wie sehr ich meine eigene Familie enttäuscht hatte. Ich war mir nicht sicher, ob ich wirklich noch so weitermachen konnte.

Plötzlich verspürte ich den unbändigen Drang, mich sofort umzudrehen. Also tat ich's. An der Theke saß ein alter Mann mit auffälligem roten Hut und trank Kaffee. Er sah wie ein typischer Gast aus, abgesehen von dem breiten Lächeln und der unbeschreiblichen Ausstrahlung. Ich begann mit ihm zu reden, und ehe ich mich versah, alberten wir herum. Mit einem Mal fühlte ich mich großartig! Ich wandte mich wie-

der dem Grill zu und kochte wie üblich im Stil eines Angebers, aber als ich mich erneut umdrehte, war der Mann verschwunden.

Das Café war nicht groß, er hätte sich nicht entfernen können, ohne dass es mir aufgefallen wäre. Verdutzt und ziemlich enttäuscht, weil er sich nicht verabschiedet hatte, fragte ich die Bedienung, die in meinem Bereich arbeitete, wohin der kaffeetrinkende Mann mit dem roten Hut gegangen sei. »Welcher Mann?«, erwiderte sie. »Ich bin heute seit Öffnung da, und den ganzen Morgen hat niemand hier gesessen.« Sie blickte mich seltsam an und sagte: »Schau doch, das Gedeck ist unberührt.«

Ausgeschlossen, dachte ich, er hat Kaffee getrunken! Er nippte daran, als ich mit ihm sprach. Doch als ich die Theke betrachtete, war die Kaffeetasse unbenutzt und umgedreht. Das Gedeck war unberührt.

Zunächst tat ich die Sache ab, doch sie wollte mir nicht aus dem Kopf. Dann dachte ich an den Hut des Mannes. Er hatte etwas mitzuteilen – eine wichtige Botschaft. Keine Ahnung, wie ich es sonst ausdrücken soll, aber die Worte schienen verkehrtherum und in entgegengesetzter Reihenfolge geschrieben zu sein. Endlich wurde mir klar, dass ich sie entziffern und nachempfinden konnte. Die Aussage lautete: Vertraue auf Gott.

Dave, Denver, Colorado

Kuriere zur Warnung und Unterweisung

Zusammen mit dem Heiligen Geist liefern Engel oft Informationen und gewähren Unterweisung – wie es bei ihren Botschaften an Maria, Sacharja, Paulus und viele andere der Fall war (Lukas 1,11–23; Apostelgeschichte 27,23). Bisweilen sagen uns Engel einfach, was wir tun sollen, und so geschah es, als sie für Isaak eine Frau fanden oder dem Apostel Philippus den Weg zeigten (1. Mose 24,7; Apostelgeschichte 8,26–29). Hin und wieder erscheinen Engel in leibhaftiger Gestalt oder im Nachttraum, vielleicht weil wir dann offener sind für die geistige Wirklichkeit. Normale Träume sind oft verwirrend, Besuche von Engeln dagegen unmissverständlich – sie lassen weder Zweifel an ihrer Eigenart noch an der Botschaft, die sie überbringen.

An jeder Weihnacht erinnern wir uns, dass Josef von Engeln gewarnt wurde, Bethlehem zu verlassen, nach Ägypten zu fliehen und so das Leben des Jesuskindes zu retten (Matthäus 2,13). Demnach kann es gar nicht überraschen, dass einige Engelsgeschichten die eine oder andere Warnung enthalten.

In ihrem Buch *A Rustle of Angels* (Ein Rascheln von Engeln) schreibt Marilyn Webber:

Eines Nachts kamen Engel zu mir im Traum. Sie waren zu viert, alle schwarz gekleidet. Sogar ihre Flügel waren schwarz, denn sie waren in Trauer. Obwohl es sich nicht um die herrlichen, hinreißend schönen Engel handelte, die ich sehen wollte, fragte ich den einen direkt vor mir: »Warum bist du so traurig?«

»Wir sind traurig, weil du stirbst«, erwiderte der Engel. »Wenn nicht etwas geschieht, wirst du sterben.«

Dann waren sie verschwunden. Sofort weckte ich meinen Mann und teilte ihm die Botschaft der Engel mit. »Was bedeutet sie deiner Meinung nach?«, fragte er. Ich überlegte. Ich war gesund und seit vier Jahren nicht mehr beim Arzt gewesen. Dennoch vereinbarte mein Mann einen Untersuchungstermin für mich. Der Arzt führte eine Biopsie sowie eine ganze Reihe weiterer Tests durch.

Als ich wieder hinging, um die Ergebnisse zu erfahren, sagte der Arzt: »Sie haben Krebs und müssen sofort operiert werden. Sie sollten dankbar sein für die Warnung der Engel. Der Krebs, den Sie haben, lässt einen keinerlei Symptome spüren, bis es dann zu spät ist.«

Meine Operation fand am 2. September 1993 statt, und ich bin nach wie vor krebsfrei.[2]

Eine Heerschar von Beschützern

Auf Gottes Anweisung können Engel zu unseren Gunsten eingreifen, manchmal mit dem Auftrag, über uns zu wachen (Psalm 91,11; Sacharja 1,12). Diese Beschützer nutzen offenbar verschiedene Mittel, um Gottes Werk zu vollbringen, mit einem höheren oder geringeren Grad an Sichtbarkeit, so auch im Fall von Elisas Diener, der Gottes auf Streitwagen heranrückende Heerschar nicht erkennen konnte (2. Könige 6). Ein Engel führte Petrus aus der Gefängniszelle und bewahrte ihn vor Gefahren, bevor er plötzlich verschwand (Apostelgeschichte 12,6–10). Gott sandte einen Engel, um Daniel vor hungrigen Löwen zu retten (Daniel 6,1–28). Die Berichte über Engel, die uns zuliebe tätig werden, reichen bis in die heutige Zeit.

Eine junge Frau namens Myra arbeitete in der Verwaltung von Teen Challenge in Philadelphia – eine Organisation, die vornehmlich Genesungsprogramme für Suchterkrankungen durchführt. Eine Bande aus der Nachbarschaft fand Gefallen daran, jeden einzuschüchtern, der das Gebäude von Teen Challenge betreten wollte, und so wurde auch Myra belästigt. Als sie eines Abends allein im Büro saß und hörte, wie die Bandenmitglieder gegen die Tür schlugen, sah sie sich genötigt, ihnen auch weiterhin die Hand zu reichen, und zwar mit Hilfe des Evangeliums.

Ein Gebet um Beistand flüsternd, öffnete sie die Tür. Sofort unterbrachen die Jungen ihr Geschrei, schauten sich an, machten kehrt und zogen still davon. Myra konnte sich ihr Verhalten nicht erklären.

Mit der Zeit gelang es einigen Kollegen, Beziehungen zu den Bandenmitgliedern aufzubauen, und so stellte ihnen der Teamleiter die Frage, warum sie an jenem Abend Myra nicht mehr bedroht oder sonstwie behelligt hatten. Ein junger Mann ergriff das Wort und sagte: »Wir trauten uns nicht, sie zu berühren, nachdem ihr Freund aufgekreuzt war. Der Kerl muss über zwei Meter groß gewesen sein.«

Der Leiter erwiderte: »Ich wusste gar nicht, dass Myra einen Freund hat. Auf jeden Fall war sie allein hier.«

Ein anderes Bandenmitglied ließ sich nicht beirren: »Nein, wir haben ihn gesehen. Er stand direkt hinter ihr, lebensgroß in seinem eleganten weißen Anzug.«[3]

Eines Tages ging Jesus zu Kindern in der Nähe und wandte sich dann an seine Jünger: »Sehet zu, dass ihr nicht jemand von diesen Kleinen verachtet. Denn ich sage euch: Ihre Engel im Himmel sehen allezeit das Angesicht meines Vaters im Himmel.« (Matthäus 18,10) Möglicherweise entstammt dieser Geschichte die Tradition der Schutzengel. Nach der an früherer Stelle bereits genannten Geiselnahme an der Grundschule in Cokeville, Wyoming, schilderten viele der jungen Überlebenden, über dem Kopf jedes Kindes einen Engel gesehen zu haben.[4]

Zahlreiche Menschen haben mir ihre Geschichten über Schutzengel mitgeteilt. Manchmal sind es nur kurze Episoden mit wenigen Details. Doch jedes Mal bin ich tief beeindruckt von der unumstößlichen Gewissheit darüber, was geschah.

Ich war dreizehn, als ich nach oben zu meinem Zimmer ging und mich mit meinem ganzen Gewicht am Geländer festhielt. Doch plötzlich entglitt es mir, und ich fiel kopfüber rückwärts. Mitten im schrecklichen Sturz spürte ich eine starke Hand am Rücken, die mich aufrichtete. Es war niemand da – nun, niemand im sichtbaren Bereich![5]

Als mein Mann und ich einmal auf Bermuda waren, versuchte ich auf einem eigenen Motorrad zu fahren, statt hinten auf seinem zu sitzen. Irgendwann verlor ich die Kontrolle über das Fahrzeug und raste mit vollem Tempo auf eine Steinmauer zu. Kurz vor dem Aufprall hatte ich das Gefühl, dass Arme mich vom Motorrad hoben, dann liebevoll und sanft im Gras absetzten. Das Motorrad war zerstört, ich aber trug keinen Kratzer davon.

Terri, Philadelphia, Pennsylvania

Vor einigen Jahren entwickelten mein Mann und ich eine enge Beziehung zu einem wohlerzogenen achtjährigen Mädchen. Dessen Familie saß jeden Sonntag neben uns in der Kirche, und während der Predigt malte die Kleine Bilder für uns. Eines Tages wurde sie an der Schule aggressiv, schlug um sich, schrie und bespuckte andere Kinder. Obwohl dieses Verhalten völlig untypisch für sie war, bat die Schulleitung ihre Eltern, sie mit nach Hause zu nehmen. Ein Kinderpsychologe diagnostizierte Schizophrenie und veranlasste ihre Einweisung in eine psychiatrische Kinderklinik.

Als Mitglied der Heilgebetgruppe meiner Kirche traf ich mich wöchentlich mit den anderen, um für Notleidende zu beten. Im Verlauf eines unserer Frühgebete hatte ich eine Vision über diese Kleine. Im Geist sah ich eine Figur und »wusste«, dass es sich dabei um den Erzengel Michael handelte. Er stand in der Tür ihres Krankenzimmers und wachte über sie. Von mächtiger Gestalt hielt er ein zweischneidiges Schwert schräg vor die Türöffnung, damit niemand eintreten konnte. Seine Augen versprühten einen feurigen Glanz. Wie ein römischer Soldat trug er eine kurze Tunika, an der Hüfte zusammengebunden mit einem Ledergürtel. Den »Rock« zierten Lederstreifen, die ihm bis zu den Knien reichten. Die kräftigen Waden waren mit den Schnüren der Sandalen umwickelt. Wir beteten weiter, und ich schilderte der Gruppe meine Vision.

Tags darauf rief eine Freundin an und sagte, die Kleine sei aus der Klinik entlassen worden. Sie war wohlauf und ging wieder zur Schule – als das süße Mädchen, das alle liebten. Als ich sie später in der Kirche sah, wandte sie sich mir zu und flüsterte: »Ich habe einen neuen Freund. Er heißt Michael und sorgt für mich.«

Jennifer, Boston, Massachusetts

Engel in Verkleidung

Bisweilen ist die Erscheinung eines Engels deutlich erkennbar. Meistens jedoch handelt er im Verborgenen, um die Aufmerksamkeit nicht auf sich zu lenken – vielleicht in Gestalt eines Fremden, der in aufreibender oder gefährlicher Situation wertvollen Rat erteilt oder Beistand leistet und alsbald wieder verschwindet.

Wahrscheinlich haben zahlreiche Menschen mit Engeln interagiert, ohne sich dessen bewusst zu sein, während andere von der Ahnung ergriffen wurden, dass eine übernatürliche Begegnung stattfand. So heißt es in Hebräer 13,2: »Gastfrei zu sein vergesset nicht; denn dadurch haben etliche ohne ihr Wissen Engel beherbergt.«

In den frühen Siebzigern trafen sich ein paar Freunde und ich in einer Stadt, etwa achtzig Kilometer von meinem Wohnort entfernt, um Kaffee zu trinken und Popmusik zu hören. Wir redeten allgemein über einige Unterschiede zwischen unseren Kirchen. Ein Mann kam herein, gekleidet in eine Art Mönchsgewand mit Seilgürtel. Er fragte, ob er sich zu uns an den Tisch gesellen könne, beteiligte sich dann an der Diskussion und erklärte, Jesus bitte uns nur um drei Dinge: Gott zu ehren, an Christus zu glauben und einander zu lieben. Alles andere ergebe sich von selbst.

Als wir hinausgingen, war es dunkel und regnerisch, und so bot ich an, ihn nach Hause zu fahren. Da ich mich in der Gegend nicht auskannte, sollte er mir den Weg zeigen. Nach wenigen Kurven wollte er aussteigen; ich drosselte das Tempo und hielt an. Seltsamerweise gab es ringsum zwar leere Parkplätze, aber keine Wohnhäuser oder sonstigen Gebäude. Obwohl die Wagentür sich nicht öffnete, war er plötzlich verschwunden – und nirgendwo in der Nähe zu sehen. Bis zum heutigen Tag frage ich mich, ob ich einem Engel begegnet bin. Keine andere Deutung ergibt Sinn.

Paul, Lexington, Kentucky

Sie wandeln mitten unter uns

Weder ich noch die Menschen, die mich wiederbelebten, zweifeln daran, dass Gott an jenem Tag auf dem Flussufer gegenwärtig war. Wir glauben, dass Er aus Gründen, die allein Ihm bekannt sind, die Entscheidung traf, den Vorhang zum Diesseits zu heben und einzugreifen. Nach wie vor erfüllt es mich mit tiefer Ehrfurcht und Demut, von Engeln umsorgt worden zu sein. Und ich weiß, dass ich unter unzähligen anderen bin, die das Erscheinen von Engeln beobachtet oder nichtsahnend deren Schutz erhalten haben.

Ich bin dankbar, dass Gott damals nah war, liebevoll und tatkräftig. Zugleich lebe ich heute anders in der Gewissheit, dass

Engel mitten unter uns gehen. Auch Sie können, hier und jetzt, Ihr Leben anders gestalten.

Gott ist da – und behütet uns. Seine mächtigen Sendboten sind ebenfalls da, jeden Augenblick bereit, das Werk der göttlichen Liebe an uns zu vollbringen.

10

Gott hat einen Plan

Hab nie Angst, eine unbekannte Zukunft
einem bekannten Gott anzuvertrauen.

Corrie ten Boom

Wenn man Sie auffordern würde, den beliebtesten Vers in der Bibel zu nennen, welcher käme Ihnen dann zuerst in den Sinn?

Nur zu. Unterziehen Sie sich dem Test.

Wenn Ihre Antwort lautet: Johannes 3,16, der Favorit an jeder Sonntagsschule, lägen Sie richtig … aber nur zur Hälfte. Jährliche Rückblicke auf Online-Suchen zeigen, dass ein anderer, weitaus weniger bekannter Vers genauso oft den ersten Platz einnimmt – Jeremia 29,11: »Denn ich weiß wohl, was ich für Gedanken über euch habe, spricht der Herr: Gedanken des Friedens und nicht des Leidens, dass ich euch gebe Zukunft und Hoffnung.«

Ich finde dieses Ergebnis aufschlussreich, es offenbart, was Menschen am meisten wissen und erinnern möchten hinsichtlich der Absichten Gottes. Im Johannesevangelium erfahre ich: »Gott liebt mich.« In Jeremia lautet die Botschaft: »Gott hat einen Plan für mich.« Beide Nachrichten sind außergewöhnlich gut.

Die Tatsache, dass Gott einen Plan hat für Sie und mich – einen Plan voller Hoffnung, Sinn und Schönheit –, ändert alles. Verstehen Sie, warum? Unser Wert wird neu festgesetzt, unser ängstlicher Geist besänftigt. So können wir fest daran glauben, dass wir dem, der uns geschaffen hat, unendlich wichtig sind – und dementsprechend handeln. Wir erhalten die Bestätigung, dass unsere Zukunft in guten Händen ist – ganz gleich, welchen Kummer wir heute durchleben mögen!

Besonders nach meinem Kajakunfall und der anschließenden geistigen Erfahrung gab mir der Vers des Propheten Jeremia großen Rückhalt. In den Monaten und Jahren danach bemühte ich mich intensiv, den Mut zu sammeln, der nötig war, um Gottes Plan im Zusammenhang mit meiner Nahtoderfahrung zu folgen. Ich wusste, dass dieses Ereignis mehr war als nur *meine* Geschichte – dass ich sie *mit anderen teilen* musste. Das erwies sich als meine schwierigste Aufgabe. Genau in der Situation kam dann jene Bibelstelle ins Spiel. Sie versicherte mir, dass Gottes Plan für mich persönlich galt, mein Wohlergehen bezweckte und voller Hoffnung war … und das machte den ganzen Unterschied aus.

Man versteht ohne Weiteres, warum Jeremias Botschaft weiterhin so stark in uns widerhallt. Wir alle versuchen, in einer chaotischen Welt des Krieges und der Entbehrung, der Ungerechtigkeit und des Leids unseren Weg zu finden. Die meisten von uns sind mit schmerzlichen Verlusten konfrontiert, die einfach sinnlos erscheinen. Oh, wie sehnt sich unser Herz nach Trost und Klarheit – nach der Bestätigung, dass Gott uns *wirklich* liebt und wie bisher die Aufsicht führt!

In den vorigen Kapiteln habe ich Ihnen geschildert, auf welche Weise meine Nahtoderfahrung mir Einblick gewährte in Gottes Plan, was Sterben und Tod, Engel und Wunder betrifft. Sämtliche Ausführungen, die Sie nun lesen werden, zielen darauf ab, folgende Frage zu beantworten: »Aber was nun?« Mit anderen Worten: Inwieweit könnte meine Geschichte über die Wirklichkeit des Übernatürlichen rings um uns auch in *Ihrem* Leben tatsächlich etwas ändern?

Im vorliegenden Kapitel betrachten wir zunächst eine Frage, die wir uns im Laufe unseres Lebens immer wieder stellen: »Wenn Gott in all diesem Durcheinander einen Plan für mich hat – wie sieht er aus und wie kann ich ihn erkennen?«

Gottes Versprechen eine persönliche Note geben

Den Bibelvers Jeremia 29,11 liebe ich deshalb besonders, weil er zeigt, dass Gott nicht nur ein Herz für die Menschheit hat, sondern eindeutig auch für mich als Individuum. Das sind Seine Pläne für *mich*, Seine Wünsche für *mein* Leben. Und natürlich gilt das ebenso für *Sie*. Gott ersehnt für jeden von uns ein Leben voller Hoffnung und Freude.

Ist das zu schön, um wahr zu sein? Anfangs ertappte ich mich bei der Frage, ob ich dies große Versprechen jemand anderem wegnehmen könnte. Denn so sehr jene Worte Gottes von Bibelgläubigen verehrt werden, warnen einige Theologen davor, sie auf das eigene Leben anzuwenden. Sie erklären, das Gespräch, das Gott mit dem Propheten Jeremia führte, handle ausschließlich vom verbannten Volk aus Juda und sei nur auf dieses bezogen. Andere wiederum bestreiten grundsätzlich, dass Gott einen persönlichen Plan für jeden von uns entworfen habe. Ich lade Sie ein, diesen Einwand mit mir zusammen sorgfältig zu prüfen. Dann werden Sie wie ich einsehen, warum er nicht zutrifft.

Die Bibel ist unsere zuverlässigste Quelle, um Gottes Wesen, Seine Wünsche und Erwartungen uns gegenüber zu verstehen. Auf der Suche nach Anleitung und Führung personalisieren wir üblicherweise die Worte und Taten, Geschichten und Gleichnisse in der Bibel. Warum? Wenn die biblischen Versprechen das Wesen Gottes widerspiegeln, sind sie nicht auf eine bestimmte Zeit, einen Ort oder eine Gruppe beschränkt. Und wenn wir Gottes geliebte Kinder sind, ist es nur sinnvoll, die biblischen Versprechen auf unser Leben zu übertragen. Offenbart Gott sich selbst und Sein Wesen einer Person, so tut Er dies in Ewigkeit gegenüber allen Menschen. Die Zeiten ändern sich, Gott aber nicht. Deshalb bin ich überzeugt, dass wir unsere Erfahrungen, Ängste und Hoffnungen in die Bibellektüre mit einbringen können – mit der Erwartung, dass auch wir Gott im Hier und Jetzt begegnen werden. Allein dadurch ist die Heilige Schrift für jede spätere Generation ein wichtiges Dokument geblieben, dessen Aussagekraft gerade darin liegt, dass man es auf die eigenen Belange anwenden kann.

Viele Beispiele kommen mir in den Sinn. Denken Sie nur einmal an Psalm 23, ein weiterer Text, der unter den zehn beliebtesten Bibelstellen rangiert. Wir alle würden zustimmen, dass David in dieser Passage tatsächlich über sich selbst spricht, eben weil er die Pronomen der ersten Person benutzt:

Der Herr ist mein Hirte, mir wird nichts mangeln.
Er weidet mich auf einer grünen Aue
und führet mich zum frischen Wasser.
Er erquicket meine Seele …
Gutes und Barmherzigkeit werden mir folgen
mein Leben lang, und ich werde bleiben
im Hause des Herrn immerdar.

Sollten die Wahrheiten, die Davids wunderbare Verse zum Ausdruck bringen, in der Vergangenheit eingeschlossen bleiben? Natürlich nicht. Er hat weder mich noch Sie oder irgendjemanden sonst erwähnt, doch in den fünfundzwanzig Jahrhunderten seit ihrer Niederschrift waren diese Wahrheiten immerzu verfügbar für all diejenigen, die Verfolgung und Verlassenheit, Krieg und Krankheit erleiden mussten. Sie spendeten Menschen weiterhin Trost – ob in einer schwierigen Beziehung, an einem schlechten Bürotag oder bei einem der unzähligen anderen Kämpfe. Generationen von Gläubigen vertraten die Auffassung, dass Davids Erklärungen weder auf eine Person noch auf einen Ort beschränkt sind, sondern das Wesen unseres unveränderlichen Gottes begreiflich machen. Mit tiefer Dankbarkeit kann ich seine Worte für mich und mein Leben beanspruchen, und jeder von Ihnen kann es mir nachtun.

Oder betrachten Sie jene Briefe im Neuen Testament, die an eine bestimmte Gruppe von Menschen geschrieben wurden – etwa die aufmunternde Botschaft des Paulus an eine Kirche in Griechenland: »Sorget nichts, sondern in allen Dingen lasset eure Bitten im Gebet und Flehen mit Danksagung vor Gott kund werden! Und der Friede Gottes, welcher höher ist als alle Vernunft, bewahre eure Herzen und Sinne in Christus Jesus!« (Philipper 4,6–7). Oder auch jene, die er an Gläubige in der heutigen Türkei richtete: »Denn aus Gnade seid ihr gerettet worden durch den Glauben, und das nicht aus euch: Gottes Gabe ist es.« (Epheser 2,8) Stellen Sie sich einmal vor, wie viel Licht und Hoffnung die lebensverändernden Wahrheiten dieser Verse in all den Jahrhunderten seit ihrer Entstehung zu Menschen auf der ganzen Welt brachten!

Ein weiterer, höchst beliebter Bibelvers findet sich in Josua 1,9: »Siehe, ich habe dir geboten, dass du getrost und unverzagt seist. Lass dir nicht grauen und entsetze dich nicht; denn der Herr, dein Gott, ist mit dir in allem, was du tun wirst.« Obwohl diese Worte nach dem Tod Moses direkt zu Josua gesprochen wurden, bleiben sie Silbe für Silbe wahr. Warum also sollten wir dieses Versprechen auf Gottes Gegenwart nicht auch für uns heute reklamieren?

Selbst die Mose verkündeten zehn Gebote beginnen mit dem Personalpronomen »Du«. In 5. Mose 5 legt der Prophet unmissverständlich dar, dass der Bund des Herrn nicht mit den Stammvätern Israels geschlossen worden sei, sondern mit den Menschen seiner Zeit, an die er sich an jenem Tag wandte.

Niemand von uns war damals zugegen, um Moses Worte zu vernehmen, und die meisten Christen können nicht behaupten, Philipper, Epheser oder gar Israeliten zu sein. Doch schon seit Jahrtausenden lädt der Heilige Geist uns in jedem Moment ein, die Bibel aufzuschlagen und ihr die Wahrheit für uns zu entnehmen. Die Geschichten, Gleichnisse, Lehren, insbesondere aber die

Liebe Gottes, die wir dort finden, sprechen zu uns allen. Sie sind nicht situationsbedingt, sondern allgemeingültig und zeitlos.

Daher kann ich mit Überzeugung sagen, dass Gottes Worte auf alle Seine Menschen in allen Epochen zutreffen, wenn Er erklärt: »Denn ich weiß wohl, was ich für Gedanken über euch habe … Gedanken des Friedens und nicht des Leidens, dass ich euch gebe Zukunft und Hoffnung.«

Wie man Gottes Plan erkennt

Wenn Gott einen großen Plan für uns hat – wie können wir dann erfahren, worin dieser besteht? Viele haben mir erzählt, ihnen sei einfach nicht klar, ob Gott sie rufe oder wohin Er sie führe. Schließlich erhalten wir ja keine vollständige, persönlich auf uns zugeschnittene Anleitung per Post oder E-Mail.

Glücklicherweise aber kann jeder von uns herausfinden, wie ein wahrheitsgetreues Leben mit Gott als Zentrum aussieht – nämlich durch die Lehren der Bibel und die Naturgesetze, die wir in der Schöpfung am Werk sehen. Jesus selbst und zahlreiche Heilige segnen uns mit inspirierenden Beispielen für jene Art von Leben, zu dem wir aufgefordert sind.

Dennoch, oft verwirrt es uns, wenn wir an einem Kreuzweg stehen und mit großen oder kleinen Entscheidungen konfrontiert werden. Besonders in solchen Momenten würden wir gern wissen, was Gott wirklich mit uns vorhat, und sehnen uns danach, dass Er uns an der Hand nimmt und in die richtige Richtung führt. Die christlichen Songwriter Regi Stone und Christy Sutherland verliehen diesem Gefühl vollkommenen Ausdruck, als sie das Lied *Be Everything* (Sei alles) schrieben:

I will follow you wherever you lead.
If I lose sight of the path,
be the road that takes me back.

Ich werde dir folgen, wohin du mich auch führst.
Wenn ich den Weg aus den Augen verliere,
dann sei du der Weg, der mich rettet.

Nun fragen Sie sich vielleicht, wie diese Art der Führung sich konkret im Alltag bemerkbar macht. Obwohl das sicherlich bei jedem ein wenig anders abläuft, möchte ich Sie durch den Prozess begleiten, so wie er bei mir am besten funktioniert.

Der erste Schritt zur Einsicht in Gottes Plan besteht für mich darin, stets mit offenem Herzen zu lauschen. Selbst wenn ich glaube, in der richtigen Richtung zu gehen und das zu tun, was Gott mir auftragen würde, versuche ich ständig zu erspüren, wohin der Heilige Geist mich leitet. Ich achte auf meine Intuition und das starke Gefühl, dass mir etwas eingegeben oder offenbart wird. Manchmal ist diese Eingebung ein leises Flüstern tief im Innern, dann wieder wird sie mir durch einen Traum oder eine Vision zuteil, wie es bei so vielen Menschen von einer Generation zur nächsten geschah. Ich betrachte dieses Stadium als ein aktives Warten. Es beginnt mit meiner Bitte um Gottes Führung, dann lausche ich Seiner Unterweisung und beurteile fortwährend meine jeweilige Lage. Wenn Türen sich schließen, halte ich Ausschau nach Fenstern, die sich öffnen, und vergegenwärtige mir, dass Eingebungen von Gott immer übereinstimmen mit biblischer Lehre und außerdem fast immer eine Dienstleistung erfordern.

Dauernd versuche ich, sich bietende Gelegenheiten wahrzunehmen, die unerwartet mein Interesse erregen, vielleicht sogar mehrmals und in verschiedenen Situationen. Sobald meine Aufmerksamkeit darauf gelenkt wird, frage ich mich, ob etwas bloß meine Neugier reizt oder tatsächlich einen Wink Gottes darstellt. Wenn es nur um Neugier geht, ist das, was sich bietet, gewöhnlich bald wieder vergessen. Beschäftigt es mich aber weiterhin, schenke ich ihm umso mehr Beachtung. Ich erkunde, ob die einzelnen Details sich wie von selbst ergeben und mir den Weg zu ebnen scheinen. Wie andere Menschen stelle ich dann fest: Wenn die Richtung stimmt, ist es Gott, der meine Schritte lenkt. Schlagen wir dagegen die Richtung ein, die unser Ego nehmen will, wird der Weg wahrscheinlich gewundener und weitaus mühseliger sein.

Außerdem frage ich mich, ob eine bestimmte Gelegenheit meinen gegenwärtigen Zustand auf die Probe stellt, da Gottes Pläne oft unsere Gefühle von Behagen und Zufriedenheit in Zweifel ziehen. Infolgedessen führt unsere Reise generell zu persönlichem Wachstum, größerer Liebe, vermehrtem Dienst am Nächsten – und zu einer Zukunft, die häufig besser ist, als wir es uns möglicherweise vorgestellt haben.

Ich überlege also, ob ich einen inneren Ruck oder Aufruf bemerke. Lesen Sie in diesem Zusammenhang noch einmal die betreffenden Abschnitte in Kapitel 8, wo erläutert wird, wie Gott solche geistigen Fingerzeige oder gar die kurze Begegnung mit einem Engel einsetzt, um uns etwas Wichtiges mitzuteilen. Vergessen Sie nicht: Gott verfügt über zahllose Mittel, die uns auf Seinen Weg bringen.

Die Ahnung, zu etwas aufgefordert zu werden, lässt in der Regel nach, doch wenn sie sich verstärkt, wird auch Gottes Plan deutlicher – nicht der ganze natürlich, sondern die Richtung, in die ich gehen sollte. Dann mache ich in gutem Glauben einen Schritt nach vorn, stets bedacht auf Zeichen der Bestätigung und darauf vertrauend, dass sie entlang des Weges sichtbar werden. Eines weiß ich: Wenn ich der von Gott vorgezeichneten Linie konsequent folge, stoße ich vermutlich auf Beweise, dass Er bei mir ist, Dinge geschehen lässt und mich auch weiterhin leitet.

Kürzlich erzählte mir ein Pastor, ihm sei eine Stelle in einer weit entfernten Stadt angeboten worden, wo er schon immer leben wollte. Er hatte das Gefühl, der Zeitpunkt sei richtig, und betrachtete diese Gelegenheit als einen Wink des Heiligen Geistes, suchte aber nach einer Bestätigung. Also hielt er inne und wartete auf ein Zeichen Gottes. Einige Tage später erwähnte seine Frau spontan, für einen Ortswechsel durchaus offen zu sein. Eigentlich sagte sie, ihrer Meinung nach spräche nichts dagegen, in die Stadt zu ziehen, wo ihm die Stelle angeboten worden war. In ihrer Bereitwilligkeit sah er das gesuchte Zeichen der Bestätigung. Probeweise stellten sie ihr Haus zum Verkauf und erhielten gleich am ersten Tag vom ersten Interessenten eine Offerte zum vollen Preis. Das war für ihn ein weiteres Zeichen der Bestätigung.

Wenn die Bestätigung ausbleibt, bedarf es vielleicht einer Richtungsänderung. Es ist wie beim Spiel Heiß-Kalt. Sobald jemand sein Geschenk versteckt hat, beginnt der Empfänger in eine bestimmte Richtung zu gehen. Daraufhin ruft der Schenkende: »Warm!«, »Wärmer!«, »Heiß!« oder »Kalt!«, »Kälter!«, »Eiskalt!«, je nachdem, ob der Weg zum versteckten Geschenk führt oder nicht.

Manchmal kann die Bestätigung aber auch erst nachträglich erfolgen. Als ich dieses Jahr in Chile Kajak fuhr, verspürte ich den Impuls, erneut auf dem Fuy River zu paddeln. Zunächst wollte ich ihn – wie in den vielen Jahren vorher – einfach ignorieren. Immerhin handelte es sich um jenen Fluss, in dem ich ertrunken war, und obwohl diese Erfahrung eines der größten Geschenke Gottes an mich darstellt, hatte ich eigentlich nicht die Absicht, sie zu wiederholen. Es erleichterte mich, dass wir unterhalb der damaligen Unfallstelle fahren würden, und dennoch war es der gleiche Fluss. Ich hatte nie dorthin zurückkehren wollen, stellte aber während meines Gebets überrascht fest, wie zunehmend ein Gefühl von Frieden und Zuversicht von mir Besitz ergriff. Es deutete darauf hin, dass die Zeit reif war, den Ort noch einmal aufzusuchen.

Schließlich war es so weit. Äußerst konzentriert und wachsam steuerte ich den Kajak durch die Stromschnellen. Ungeachtet meiner Überzeugung, das Richtige zu tun, war es ein emotional sehr intensives Erlebnis. Bei jedem Paddelschlag empfand ich eine überwältigende Dankbarkeit für all das, was mir zuteilgeworden war. Ich hörte sogar Chad, der in der Nähe fuhr, das Lied *Amazing Grace* summen. Am Ende der Strecke konnte ich die Tränen nicht mehr zurückhalten.

Nach meiner Rückkehr ins Haus berichtete ich einer guten Freundin über meine Erfahrung, und sie erzählte mir die ihre. Statt mit uns morgens zum Fluss zu gehen, hatte sie den Gottesdienst besucht. In Kenntnis meines Tagesplans beschloss sie, für mich zu beten, und vernahm dabei eine Stimme, die deutlich sagte: »Ich war damals bei ihr, und ich bin jetzt bei ihr.«

Sobald eine Gelegenheit, Anweisung, Aktion oder Empfindung meine Aufmerksamkeit auf sich lenkt, wäge ich ab, ob sie lediglich meinen Wünschen entspringt oder ein Wink des Heiligen Geistes sein könnte. Ich denke darüber nach, ob sie wirklich ein Hinweis Gottes auf mein Leben ist – oder nur etwas, das ich tun möchte. Ich trete einen Schritt zurück und frage mich, ob die Einflüsterung mir gilt – oder jemand anderem.

Machen Sie sich keine Sorgen, was einige hochgesinnte Leute dagegen einwenden mögen. Bewusste Überlegung ist nicht das Gleiche wie Mangel an Glauben oder Widerwille, Gottes Führung zu folgen, sondern einfach Umsicht. Sie leisten Ihren Teil und Gott leistet den Seinen.

Jesus ermutigte uns, Situationen und Pläne gewissenhaft einzuschätzen, als er sagte: »Sehet euch vor vor den falschen Propheten, die in Schafskleidern zu euch kommen, inwendig aber sind sie reißende Wölfe. An ihren Früchten sollt ihr sie erkennen. Kann man auch Trauben lesen von den Dornen oder Feigen von den Disteln? Also ein jeglicher guter Baum bringt gute Früchte; aber ein fauler Baum bringt arge Früchte … Darum: an ihren Früchten sollt ihr sie erkennen.« (Matthäus 7,15–20). Paulus wiederum riet den Gläubigen, die eigenen Gedanken genau zu prüfen, dadurch Gottes Willen zu erkennen und zu wissen, was gut und annehmbar ist (Römer 12,2).

Bevor ich einen neuen Weg beschreite, den einzuschlagen mir offenbar der Heilige Geist empfohlen hat, stelle ich mir auf einer Art Checkliste die nachstehenden Fragen:

- Führt er zu einer tieferen Besinnung auf Gott?
- Verherrlicht er Gott oder den Menschen?
- Inspiriert und begünstigt er andere? (Selbst Gottes persönlichster Plan schließt fast immer unsere Dienstfertigkeit mit ein – ebenso wie die Rücksicht auf Seine Liebe zu anderen.)
- Ruft diese Erfahrung ein höheres Maß an Liebe hervor?
- Fördert, hinterfragt und entwickelt sie mein geistiges Leben oder das der anderen?
- Bringt sie die Früchte des Geistes in mir oder in anderen zur Reife?

Übrigens hilft Ihnen diese Checkliste auch, die Worte, Beweggründe und Handlungen anderer Menschen zu beurteilen. Ich stelle immer die obigen Fragen, wenn ich zum Beispiel Geschichten über geistige Begegnungen oder Erfahrungen höre. Ich achte auf den Ertrag und sehe, ob er tatsächlich auf Gott zurückweist. Wenngleich die meisten Menschen ehrlich und offen sind, bin ich von Natur aus eine Skeptikerin und nicht so naiv, alles zu glauben, was jemand sagt oder schreibt.

Mit unserem »Ja« das Herz Gottes umfangen

Zum Glück brauchen wir uns nie den Kopf zu zerbrechen über das, was wir nicht wissen. Unsere göttliche Einladung besteht einfach darin, wach zu bleiben und uns nach dem zu richten, was wir wissen. Schließlich verlangt jede Einsicht eine Entscheidung: Werde ich aufgrund dessen handeln, was ich jetzt als wahr erkannt habe, oder nicht? Der Glaube, dass Gottes Plan gut für mich ist und voller Hoffnung, ändert nicht viel an meiner Lebensweise, wenn ich ihm nicht vorbehaltlos zustimme!

Die sechste Lektion, die der Himmel offenbart

Gott hat einen Plan für jeden von uns, erfüllt von Hoffnung, Sinn und Schönheit – und Er möchte, dass wir diesen entdecken.

Nach meiner Nahtoderfahrung fiel es mir leichter, Gottes Gegenwart, Seine Liebe und Seine Segnungen anzunehmen. Inzwischen verstehen Sie bestimmt, warum dem so war. Ich hatte für mich herausgefunden, dass ein auf Gott zentriertes Leben zum großen, freudetrunkenen Abenteuer werden kann. Ich konnte vollkommen im Augenblick leben, zugleich aber, was immer er mir bescheren mochte, darauf bauen, dass eine heitere Zukunft mich erwarten würde. Trotzdem brauchte es, wie schon erwähnt, einigen Mut, um gemäß dieser Zuversicht zur Tat zu schreiten. Gottes Plan zu vertrauen und »Ja« zu sagen, wohin er mich auch führt, bedeutete, dass ich auch »Ja« sagen musste zu den bevorstehenden Herausforderungen – einschließlich dem Tod meines wunderbaren Sohnes und der beängstigenden Aussicht, meine Erfahrungen mit anderen zu teilen.

Aber machen wir uns nichts vor über die menschliche Natur. Selbst wenn wir Gottes Führung vertrauen und Zeichen der Bestätigung wahrnehmen, leisten wir womöglich immer noch Widerstand. Die Wahrheit lautet: Die meisten von uns werden mit dem besonderen Talent geboren, zahlreiche Gründe dafür zu finden, dass die göttliche Führung nichts tauge. Sie wissen, was ich meine: Wir behaupten, keine Zeit zu haben. Wir sind sicher, nicht über genügend Erfahrung, Geschick oder Begabung zu verfügen. Wir können leicht auf einen besseren Kandidaten verweisen. Vielleicht haben wir auch einfach nicht die nötige Energie.

Gott indes ruft nicht unbedingt die Qualifizierten, sondern qualifiziert die Gerufenen. (Wenn Sie mir nicht glauben, dann vergegenwärtigen Sie sich, wie bedeutsame biblische Figuren – zum Beispiel Moses, Gideon, David, Jeremia und die meisten Jünger Jesu – erst einmal zauderten, als sie Gottes Ruf vernahmen.)

Ganz besonders schätze ich die praxisbezogene Weisheit in der Geschichte des niederländischen Missionars Anne van der Bijl, später bekannt als Bruder Andrew, dem mitgeteilt wurde, wie wichtig es für ihn sei, Autofahren zu lernen. Eines Tages nämlich besuchte ihn ein Mann namens Karl de Graaf, Mitglied einer Gebetsgruppe, in der die Menschen oft stundenlang im stillen Gebet verharrten. In seinem Buch *Der Schmuggler Gottes* gibt Bruder Andrew sein Gespräch mit ihm wieder.

Ich ging hinaus zur Vortreppe, und da stand Karl de Graaf.

»Hallo!«, rief ich überrascht.

Er fragte: »Können Sie fahren?«

»Fahren, was denn?«

»Ein Auto.«

Verblüfft erwiderte ich: »Nein, das kann ich nicht.«

Daraufhin sagte Herr de Graaf: »Gestern Abend haben wir in unseren Gebeten eine Botschaft des Herrn über Sie empfangen: Es ist wichtig, dass Sie ein Auto fahren können.«

»Aber wozu in aller Welt?«, fragte ich. »Ich werde nie ein Auto besitzen, so viel ist sicher.«

»Andrew«, sprach Herr de Graaf geduldig wie zu einem begriffsstutzigen Schüler. »Ich argumentiere nicht über die Logik des Falles. Ich überbringe nur die Botschaft.«[1]

Trotz seines anfänglichen Zögerns erkannte Bruder Andrew, dass es sich hierbei um einen Aufruf Gottes handelte, und daher lernte er Autofahren. Kurz nachdem er seinen Führerschein erhalten hatte, bot sich ihm eine neue Gelegenheit. Und so kam es schließlich, dass er während des Kalten Krieges mit dem Auto mehrfach Bibeln in den Ostblock schmuggelte, um dort Tausenden von Menschen das Evangelium zu vermitteln.

Unsere Herausforderung besteht immer darin, Gottes Weg zu vertrauen, selbst wenn wir nicht ums nächste Eck sehen können. Bruder Andrew schrieb: »Das ist das Aufregende am Gehorsam – im Nachhinein herauszufinden, was Gott im Sinn hatte.«

Was hindert uns daran, Ja zu sagen?

In den Jahren seit meinem Kajakunfall habe ich oft darüber nachgedacht, warum es den meisten schwerfällt, Gott zu bejahen – umso mehr, wenn das eigene Leben zufriedenstellend und behaglich ist. Ich bin zu der Überzeugung gelangt, dass unser Zögern größtenteils aus der Angst resultiert – Angst, die Kontrolle zu verlieren, Angst, Verantwortung zu übernehmen, und vor allem aus der Angst, Gott werde unser Leben ändern. Wir sorgen uns, Sein Plan könnte nicht unseren Wünschen entsprechen und uns dorthinführen, wo wir gar nicht sein möchten. Wir fürchten uns vor dem Versagen, davor, uns »aus dem Fenster zu lehnen«, davor, was die anderen vielleicht über uns denken. Die Liste ist endlos …

Manchmal versuchen wir einfach, den Kopf in den Sand zu stecken, und sagen uns: Wenn wir Gottes Ruf ignorieren, brauchen wir auch nicht darauf zu reagieren. Doch häufig liegt unsere beste Zukunft gerade in der Richtung, die wir – zumindest auf den ersten Blick – völlig ablehnen. Sie kennen die Geschichte von Jona: Als er sich klar wurde über den Plan, den Gott für ihn vorgesehen hatte, schlug er sofort die *entgegengesetzte* Richtung ein.

Vor dem Kajakunfall war mein Leben schlicht fantastisch. Ich hatte eine großartige Arbeit, einen wunderbaren Ehemann, vier gesunde Kinder und wohnte an einem herrlichen Ort. Ich war sehr glücklich mit allem und hatte keinerlei »Probleme«. Zur Zeit meiner Reise nach Chile hätte ich den Gedanken an einen Wechsel nicht besonders gut aufgenommen. Ich suchte definitiv nicht nach einer neuen Herausforderung – schon gar nicht nach einer Nahtoderfahrung, um dann darüber zu schreiben und mit dieser Geschichte schließlich an die Öffentlichkeit zu treten als eine aufrichtige Zeugin dessen, was ich gesehen und gelernt hatte.

Die meisten von uns möchten wissen, wie man selbst – oder das eigene Leben – durch Gottes Plan verändert wird, ohne ihm überhaupt zugestimmt zu haben. Wir wollen zunächst seinen Wert taxieren, statt uns Gottes Führung anzuvertrauen. Und es liegt einfach nicht in unserer Natur zu glauben, dass Gottes allerbester Plan für unser Leben *unbequem* sein könnte, dass er uns möglicherweise in Situationen versetzt, an denen wir zu scheitern drohen.

Kein Wunder also, dass viele immer länger warten – bis sie am absoluten Tiefpunkt ankommen und völlig niedergeschmettert sind. Dann »finden« sie Gott und heißen die Veränderung gut. Erst in solchen Phasen persönlicher Zerrissenheit empfinden sie deutlich ihr wahres Bedürfnis und entscheiden sich endlich für den Wandel. Ob am Tiefpunkt oder auf dem Gipfel – stets ist Mut vonnöten, um Gottes Führung zu folgen. Auch deshalb bin ich so dankbar für Sein Versprechen, uns auf unserem Weg beizustehen und zu bestärken (Jesaja 41,10).

Angst kann lähmend wirken und uns daran hindern, andere Tätigkeiten auszuprobieren, neue Beziehungen einzugehen und unser inneres Potenzial zu erkennen. Da wir alle dazu neigen, die eigenen Schwächen anstelle der Stärken zu betonen, sprechen wir uns vielleicht die Fähigkeit oder Geschicklichkeit ab, den Ansprüchen gerecht zu werden. Nur selten scheint Gott uns zu einer Handlung aufzufordern, die uns Wohlbehagen bereitet. Infolgedessen lassen wir oftmals zu, dass vergangene Misserfolge unsere Vision von der Zukunft definieren.

Oder wir vergessen, dass Gott Gefallen daran hat, mithilfe einfacher Menschen große Werke zu vollbringen. Josef war ein Sklave, als er seine Träume deutete und damit die Ägypter vor einer Hungersnot bewahrte. Esther war ebenfalls Sklavin, ehe sie ihr Volk vor dem Massaker rettete. Gideon wiederum war ein Bauer, Petrus ein Fischer.

Unsere Befürchtung, wir seien allzu normal, um von Gott als Mittler eingesetzt zu werden, geht häufig einher mit unserem Wunsch, zu Großem aufgerufen zu werden. Wir nehmen an, Gottes Plan für uns müsse spektakulär sein. Also wären wir gern so wie Nelson Mandela, Billy Graham, Mutter Teresa oder eine andere Leitfigur. Wenige wollen dazu angehalten werden, in der örtlichen Suppenküche das Geschirr abzuwaschen, eine Fahrgemeinschaft zu bilden oder im Obdachlosenheim den Müll zu beseitigen. Wir achten lieber auf das Endergebnis statt auf unsere Bemühungen, durch die Gott Sein Werk verrichten kann. Eher stellen wir uns die Freude vor, oben auf dem Gipfel zu stehen, als die Aufgabe seiner Ersteigung in Betracht zu ziehen. Uns ist entfallen, dass der chinesische Philosoph Laotse wohl im sechsten Jahrhundert vor unserer Zeitrechnung schrieb: »Auch eine Reise von tausend Meilen beginnt mit einem Schritt.«

Ich bezweifle, dass Billy Graham, der eines der größten christlichen Missionswerke gründete, über seinen Einfluss auf die Menschheit nachdachte, als er sich entschloss, an der Highschool eine Evangelisationsveranstaltung zu besuchen. Desweiteren glaube ich nicht, dass Mutter Teresa sich der verarmten Inder bewusst war, als sie in ihrer Heimat Albanien zur Schule ging. Von daher stelle ich auch infrage, dass Jorge Bergoglio davon träumte, das 266. Oberhaupt (Papst Franziskus) der römisch-katholischen Kirche zu werden, während er, noch ein junger Mann, in Buenos Aires als Türsteher für eine Bar arbeitete oder als Hausmeister die Böden wischte.

Vielmehr traf jede dieser Führungspersonen die Entscheidung, auf Gottes Ruf zu reagieren, indem sie einen Fuß vor den anderen setzte, derweil Gott sie von einer Gelegenheit zur nächsten leitete. So beschritten sie steile, beschwerliche Wege der Dienstfertigkeit in Richtung eines Gipfels. Zwar werden die meisten von uns nie zu solchen Großtaten aufgerufen und besteigen auch keinen Gipfel, doch sind wir alle ständig mit der Aufgabe konfrontiert, den ersten Schritt zu unternehmen. Ohne zu wissen, wohin er führt oder warum wir ihn eigentlich tun, sollen wir dem uns vorgezeichneten Weg folgen und die uns zuteilgewordenen Gaben vollständig nutzen.

Manchmal wünschen wir uns vielleicht andere Gaben oder möchten die unseren verbergen, aber jeder von uns hat etwas Einzigartiges zu bieten. So wie jeder der Milliarden Erdenbürger einen unverwechselbaren Fingerabdruck und genetischen Code besitzt, verfügen wir alle über eine spezielle Kombination von Gaben und Talenten, die zu Gottes Ehre eingesetzt werden können. Wir brauchen uns nicht zu fürchten vor denen, die unseren Körper verletzen können, nicht jedoch unsere Seele, und wir dürfen die kompromittierenden Lügen, die in unserer Umgebung erzählt werden, bedenkenlos überhören: »… denn der in euch ist, ist größer, als der in der Welt ist« (1. Johannes 4,4). Sobald wir beginnen, Gottes Spur nachzugehen, entdecken wir kostbare, in uns verborgene Talente und Fähigkeiten.

Und so schöpfen wir Mut, indem wir uns jener Worte des amerikanischen Schriftstellers und Theologen Henry van Dyke erinnern: »Benutze die Talente, die du besitzt: Die Wälder wären sehr still, wenn dort keine Vögel sängen außer denen, die am besten singen.«

Aufbruch im guten Glauben

Wenn durch das Lauschen mit offenem Herzen der weitere Verlauf meines Weges nicht deutlich hervortritt, breche ich auf im guten Glauben und mache mich an die Arbeit. Denn auf Gottes Wink zu warten, ist nicht das Gleiche wie passives Nichtstun. Der Volkskundler Douglas A. Boyd drückte es so aus: »Falls ich im Leben eines gelernt habe, dann dies, dass Gott mir die Schuhe nicht ohne mich binden wird.« Selten wird uns ein begehrter Job angeboten, wenn wir nicht eine Bewerbung losgeschickt und unser Interesse bekundet haben. Man kann einen wunderbaren Sonnenuntergang nicht sehen, ohne die Augen zu öffnen. Hätten meine Freunde nicht Hand angelegt, um mich wiederzubeleben, wäre ich nicht ins Leben zurückgekehrt.

Ich bin fest überzeugt, dass jeder von uns ein bejahender Mensch werden kann, der auf die Versprechen Gottes baut, gegenwärtig zu sein, einen hoffnungsvollen Plan für den Einzelnen zu haben und uns auf der gesamten Reise zu leiten und zu ermutigen.

Bemerkenswert ist, dass dieser göttliche Plan nicht immer auf Bewegung, Herausforderung oder Veränderung abzielt. Manchmal werden wir auch zu grünen Auen und frischem Wasser geführt, wo wir unsere Seele erquicken können (Psalm 23, 2–3). Dann wieder müssen wir uns voll und ganz mit unserer momentanen Situation beschäftigen. Dennoch werden wir in den ruhigeren Phasen wohl eine Möglichkeit finden, Gottes Licht zu empfangen und in die Welt zu spiegeln. Das Beispiel, das wir geben, kann Gott verherrlichen, selbst wenn wir uns bei der Arbeit langweilen, die häuslichen Pflichten erledigen, für Familienmitglieder und Freunde sorgen – auch wenn wir glauben, niemand nehme davon Notiz.

Vor einigen Jahren erhielt ich zahlreiche E-Mails von einem Mann, der verbittert war, weil seine Mutter einen langsamen Tod starb. Das habe sie nicht verdient, meinte er, denn sie sei eine so fromme Frau gewesen. Er schilderte mir ihre Qualen, die er tagtäglich mit seiner Sanftmut und Fürsorge zu lindern versuchte. Er fand diesen ganzen Prozess sinnlos – und war erleichtert, als sie schließlich nach Monaten des Leidens zu Gott zurückkehrte. Doch ohne dass er sich dessen bewusst war, hatte eine Mitarbeiterin des Hauspersonals seine hingebungsvolle Pflege beobachtet. Ihre Mutter lag ebenfalls im Sterben, aber die Frau fühlte sich verängstigt und allein, weil beide sich voneinander entfremdet hatten. Die Tatsache, dass sie dem Mann zuschaute, wie er seiner Mutter diente, hatte unmittelbar zur Folge, dass sie sich auf liebevolle Weise mit der eigenen Mutter aussöhnen und ihr in den letzten Tagen zärtlichen Beistand leisten konnte.

Gottes Führung zu suchen und Seinen Plan zu bejahen, beschert uns ein glänzendes Geschenk des Himmels – ein von Freude erfülltes Leben hier auf Erden. Das weiß ich aus eigener Erfahrung und kann Ihnen daher versprechen: Das gleiche seltene Geschenk wartet auch auf Sie. Die Zuversicht, die Sie empfinden, sobald Sie vollkommen darauf vertrauen, dass Gott Sie leitet und Ihnen den Weg ebnet, wird Ihr Gefühlsleben wie durch ein Wunder erneuern. Angst und Sorge werden weichen. Dadurch erlangen Sie die ungeahnte Freiheit, Ihre von Gott geschaffenen Talente und Leidenschaften zum Ausdruck zu bringen.

Genauso wie ich es vermochte, werden Sie den ewigen Wert der persönlichen Geschichte entdecken.

11

Die Schönheit erblüht aus allem

Der Tod … ist nicht mehr, als von einem Zimmer ins nächste zu gehen. Aber wissen Sie, für mich gibt es da einen Unterschied. Denn in jenem anderen Zimmer werde ich sehen können.

Helen Keller

An einem Halloween nahm ich meine Kinder mit zum Maislabyrinth eines Farmers in Idaho. Sicherlich wissen Sie, dass man in einem solchen Labyrinth Pfade entlanggeht, die durch das Feld geschlagen wurden. Dessen Muster kann ebenso verschlungen und kunstvoll sein wie bei einem Irrgarten. Man tritt ein, wandert umher und muss baldmöglichst am Ende wieder herausfinden. Natürlich steigert es den Nervenkitzel, sich darin zu verlieren.

Meine Familie, wie gewöhnlich übersprudelnd vor Wagemut und Zuversicht, konnte es gar nicht erwarten, die Aufgabe in Angriff zu nehmen. Wir marschierten ins Maisfeld mit der Gewissheit, in Rekordzeit auf der anderen Seite herauszukommen. Unser Plan war einfach – jedem Pfad folgen, bis er nicht mehr weiterführt, denselben Weg zurückgehen und aufgrund der gelernten Lektion einen neuen Versuch starten. So gerieten wir immer tiefer ins Labyrinth.

Zunächst war es lustig. Doch als wir nach einer Stunde unseren Ausweg immer noch nicht gefunden hatten, bemerkte ich einen Stimmungswechsel. Inzwischen waren wir ohne jeden Sinn für das Grundmuster und die Richtung. Hunger, Kälte und Angst schlichen sich ein. War das etwas ein fauler Trick zu Halloween, wollten meine Kinder wissen. Was, wenn es gar keinen Ausweg gab? Jedenfalls fügten sich die Dinge nicht so, wie wir es erhofft hatten.

Wie viele Wege wir auch ausprobierten, wir fanden keinen, der nicht in eine Sackgasse mündete. Wir irrten herum, bis ein Angestellter uns Hilfe anbot. Mitten im Feld kletterte er auf einen hohen Aussichtshügel, von wo er das gesamte Muster überblicken konnte. Nun rief er uns Anweisungen zu: »Geht weiter bis zur nächsten Biegung nach links! … Okay, jetzt ungefähr sechs Meter geradeaus, dann werdet ihr feststellen …«

Seiner Perspektive und Unterweisung vertrauend, fanden wir schließlich den Ausweg.

Auch Sie fühlen sich momentan vielleicht in einem Labyrinth verloren, das keineswegs einem vertrauten Familienabenteuer gleicht. Voller Hoffnung sind Sie aufgebrochen. Aber an Ihrem jetzigen Standort sehen Sie in jeder Richtung nur Verwirrung und Schmerz, Verlust und Enttäuschung. Zwar sind wir alle in unserem Leben mit Schwierigkeiten konfrontiert, hier jedoch spreche ich über jene Art von tiefem Kummer, der uns das Herz bricht. Als ich meinen wunderbaren Sohn Willie durch einen sinnlosen Autounfall verlor, war es, als sei das Licht aus der Welt entschwunden. Für eine sehr lange Zeit hatte ich das aufrichtige Gefühl, dass nicht einmal Jesus, dem ich im Himmel begegnet war, aus einer so unnützen Tragödie irgendetwas Gutes hervorbringen könnte.

Vielleicht werden Sie das nachempfinden. Wenn ja, wissen Sie, dass wir in solchen Phasen leicht in eine Glaubenskrise geraten. »Wo bist du, Gott?«, rufen wir. »Wie konntest du das geschehen lassen?«

In diesem Kapitel beschäftigen wir uns mit der erschreckendsten Frage, die sich jeder gläubige Mensch stellen muss: Warum erlaubt Gott das Böse in der Welt, wenn Er doch vollkommen gut, allwissend und allmächtig ist? Theologen haben sogar einen eleganten Begriff dafür: Theodizee. Doch die meisten von uns erfahren die Frage auf tief persönliche Weise.

Während meines Aufenthalts im Himmel erfuhr ich, dass in der Fülle von Gottes Plan die Schönheit wirklich aus allem erblüht. Auf den folgenden Seiten werden Sie lesen, was ich dabei gelernt habe und was die Perspektive des Himmels uns lehren kann über Leiden und Verlust – Lektionen, die wir, verstrickt in unsere täglichen Kämpfe, sonst vielleicht übersehen würden.

Das eigene Leben von oben betrachten

Die Entdeckung, dass Gott einen Plan für unser Leben hat (vgl. Kapitel 10) spendet einerseits enormen Trost, andererseits führt sie zu einigen sehr schwierigen Fragen:

- Spielt unser göttlicher Vater eine aktive Rolle, wenn es darum geht, die Herausforderungen in unserem Leben zuzulassen oder gar aufeinander abzustimmen? Oder macht Er, sobald sie sich ergeben, einfach das Beste aus ihnen – süße Limonade aus den sauersten Zitronen?
- Ändert Gott je Seine Pläne? Und können wir diese aufgrund unserer Entscheidungen durcheinanderbringen?
- Fallen unsere Wünsche oder Handlungen angesichts des übermächtigen göttlichen Willens überhaupt noch ins Gewicht?

Falls Ihnen solche Fragen akademisch erscheinen, wage ich die Vermutung zu äußern, dass Sie noch nie am Boden zerstört waren.

Als ich mich über jenen Fluss in Chile erhob, blickte ich auf meinen Körper hinab. Von oben beobachtete ich, wie die Freunde ihn eilends wieder ins Leben zurückzuholen versuchten. Aber mein Geist war im Aufbruch, um die Erde Richtung Himmel zu verlassen. Ich sah diese verzweifelte Szene bereits aus einer geistigen Perspektive – unten die panische Angst, der quälende Schmerz, rings um mich der vollkommene Friede.

Heute weiß ich, dass wir das Leiden nur durch einen vergleichbaren Perspektivwechsel begreifen können. Hier unten im Labyrinth unseres irdischen Lebens geschieht oft nicht das, was wir erwarten. Mancherlei schlimme Angelegenheit wird während unserer weltlichen Reise niemals einen Sinn ergeben. Und so müssen wir uns fragen: Welche Lektionen lehrt der Himmel?

Wenn wir das tun und Gott Zeit lassen, Sein Werk zu verrichten, offenbart sich die Logik des Himmels häufig von selbst.

Meiner Auffassung nach gestattet unser allmächtiger Gott Herausforderungen und setzt sie zugleich miteinander in Beziehung. Darüber hinaus nutzt Er sie, wenn sie sich von Natur aus stellen. Als Jesus über die Sünden eines Blindgeborenen befragt wurde, erwiderte er, der Mann habe keine Verfehlung begangen, sondern sei blind geboren worden, damit »die Werke Gottes offenbar werden an ihm« (Johannes 9,3).

Lynn starb auf einem Operationstisch und hatte eine Nahtoderfahrung. Sie sah ihre schluchzenden Eltern im Raum nebenan, aber sobald ihr klar war, dass sie sich fangen würden, betrat sie – gemäß ihrer heutigen Aussage – einen waagerechten Tunnel, der zu einem hellen Licht führte. Daraus kamen zwei ihrer geliebten, kürzlich gestorbenen Hunde hervor. Sie strahlten von innen Glanz aus, und Lynn empfand einfach nur tiefe Dankbarkeit, als beide zu ihr liefen und sie freudig mit Küssen bedeckten. Die Hunde begleiteten sie, die dem Licht entgegenging und es mit den Worten »warm, lebendig, farbenprächtig« beschrieb. Sie sah viele Menschen, auch ihre Großeltern und einen Onkel. Jeder glühte von innen heraus. Vor der Rückkehr zu ihrem Körper konnte sie Jesus fragen, ob es stimme, was ihr die Grundschullehrerin gesagt hatte – nämlich dass sie ihr Leben lang mit einem Herzleiden geschlagen sei und daher ein Kreuz tragen tragen müsse wie Er. Sie hörte, wie die Stimme Christi in ihr vibrierte, als Er erwiderte: »Nein, dieses Herzleiden ist eine Herausforderung, damit du dich weiterentwickelst und mitfühlend bleibst.«[1]

Andere unerwünschte Umstände und Ereignisse mögen aus unserer eigenen Sturheit, falschen Entscheidungen oder Fehlern resultieren. Im vorigen Kapitel habe ich meine Überlegungen zu Jeremia 29,11 mitgeteilt: »Denn ich weiß wohl, was ich für Gedanken über euch habe, spricht der Herr: Gedanken des Friedens und nicht des Leidens, dass ich euch gebe Zukunft und Hoffnung.« Wie kann Gott uns derlei versprechen, wenn jedes Leben voller Kampf, Schmerz und Enttäuschung ist?

Bei genauerer Betrachtung unterscheidet sich dieses Versprechen Gottes nicht von dem, was die meisten Eltern ihren Sprösslingen zu bieten versuchen. Auf der ganzen Welt stellen sie sich für die Kinder eine von Hoffnung, Liebe, Zufriedenheit und Glück erfüllte Zukunft vor. Wir möchten, dass sie gedeihen und Erfolg haben, zu friedfertigen, ehrlichen und anständigen Menschen heranwachsen. Und da wir den größeren Zusammenhang erkennen, setzen wir Regeln, um sie vor Schaden zu bewahren. Weder geben wir ihnen zu jeder Mahlzeit eine Süßigkeit noch erlauben wir ihnen, eine verkehrsreiche Straße ohne Begleitung zu überqueren. Wir raten von Entscheidungen ab, die, wie wir wissen, Kummer und Sorge zur Folge haben werden. Wir suchen nach Herausforderungen, durch die sie innerlich reifen, wertvolle Lektionen lernen, die Angst überwinden, ihre Fähigkeiten entwickeln, das Selbstbewusstsein stärken.

Doch jede Mutter und jeder Vater ist sich darüber im Klaren, dass die Kinder nicht immer solche Lebenspläne annehmen. Bisweilen machen sie einen Umweg nach dem anderen, fügen den Nächsten oder sich selbst Schmerz zu und verursachen Konflikte. Trotzdem hören wir nie auf, sie zu lieben, stimmt's?

Unermüdlich bemühen wir uns um Möglichkeiten, sie behutsam wieder auf gesündere Wege zu stupsen.

Ich denke, Gott erzieht uns auf die gleiche Weise. Obwohl der Himmel für uns Wohlergehen, Sicherheit und Hoffnung ersehnt, vollbringt Gott dieses Werk nicht ohne Rücksicht auf unsere Entscheidungen. Dies hat Er im Garten Eden beispielhaft vor Augen geführt. Ungeachtet Seiner Pläne lässt Er uns immer wieder Seine Partner sein – ob es um das Geschehen in der Welt oder in unserem persönlichen Bereich geht. Wir sind mit einem freien Willen gesegnet, auch wenn wir dadurch – genauso wie unsere Kinder – vielleicht vom Kurs abweichen.

Damit meine ich: Wir sind imstande, eigene Herausforderungen und Kämpfe außerhalb von Gottes Vision für unser Leben zu entwerfen. Doch Gott in Seiner tiefen Weisheit greift beständig ein, um auf jenen Weg zurück nach Hause zu deuten. Manchmal ist Seine Gegenwart so sanft wie eine vertraute Melodie, die in unseren Ohren widerhallt.

Unlängst erzählte mir Henry seine Geschichte. Er hatte Missbrauch getrieben mit Alkohol, Drogen und Menschen und einige Zeit im Gefängnis verbracht. Kurz nach der Entlassung bestieg er einen Bus in Richtung seiner Heimatstadt, da seine Mutter gestorben war. Sie war die letzte lebende Verwandte gewesen und, wie er glaubte, die einzige Person, die ihn je geliebt hatte. Im Bus hoffte er, dass niemand sich neben ihn setzen würde, denn er war völlig versunken in Gedanken an seine Mutter und die eigene Kindheit. Die fromme Frau hatte ihn jeden Abend mit einem Gebet und einer gesungenen Version von *Jesus liebt mich* ins Bett gebracht, wobei sie anstelle des Personalpronomens Henrys Namen einfügte.

Als dann doch ein Mann neben ihm Platz nahm, wandte er sich missmutig dem Fenster zu. Plötzlich begann der andere, leise eine Melodie zu summen, die ihn zu Tränen rührte – es war jene von *Jesus liebt mich*.

An dem Tag wurde Henrys Leben durch einen Fremden verändert, der ihm seiner Ansicht nach den Weg zurück zu Gott wies. Seit über zehn Jahren ist er frei von jeder Sucht – und hilft heute abhängigen Menschen, es ihm gleichzutun.

Sobald Sie Henrys Geschichte aus der himmlischen Perspektive betrachten, werden Ihnen wertvolle Einsichten zuteil. Erstens: Gottes Plan für Henry schlug *nicht* fehl. Die Hilfe kam, nachdem er aus irgendwelchen Gründen sein Problem nicht allein hatte bewältigen können. Zweitens: Selbst wenn wir von unseren »Missetaten« eingeholt werden, sind wir doch nie so verloren, dass Gottes Liebe uns nicht erreicht. Und gerade in diesem Moment wird sich höchstwahrscheinlich die wunderbare Macht der Erlösung offenbaren. Mit jedem Kampf, jedem Scheitern erhalten wir die äußerst kostbare Gelegenheit, nach Gott zu suchen, Seine Gegenwart zu erfahren, an Glauben, Nähe und Vertrauen dazuzugewinnen.

Falls Worte versagen, benutze ich mentale Bilder. Im Folgenden sind drei davon aufgeführt, um das Geheimnis und die Reichweite von Gottes liebevollem Plan für unser Leben zu erfassen, auch wenn guten Menschen schlechte Dinge widerfahren.

1. Gottes Plan ist wie ein Fluss

Da ich Flüsse liebe, vergleiche ich Gottes Plan gern damit, im Kajak einen langen und vielgestaltigen Fluss hinunterzufahren. Zwangsläufig werden Biegungen, Wellen, Hindernisse auftauchen. Manchmal werden wir von heftigen Strömungen in die Höhe, gar gegen Felsen oder über Wasserfälle geworfen. Doch gerade entlang dieser mühevollen Strecken werden unsere physischen und mentalen Fähigkeiten weiter ausgebildet, indem wir lernen, die Herausforderungen zu meistern.

Zu anderen Zeiten wiederum treiben wir durch ruhige Gewässer. Wir geraten in keinerlei Notlage, können einfach dahingleiten, die Wärme der Sonne ebenso genießen wie die Landschaft und Ausschau halten nach Vögeln, Fischen und sonstigen Tieren in freier Wildbahn.

In jedem Abschnitt werden unsere Entscheidungen einen unmittelbaren Einfluss darauf haben, ob die Reise uns Freude beschert. Die Art und Weise, wie wir einen schwierigen Teil bewältigen, kann Zufriedenheit und Vergnügen hervorrufen – oder Unheil und Kummer. Wir müssen eine Wahl treffen. Selbst wenn sie misslungen ist, zieht uns die Strömung zum Glück immer vorwärts und trägt uns zu unserem Bestimmungsort.

2. Gottes Plan ist wie ein gemeinsam geschriebenes Buch

Um Gottes Plan im eigenen Leben zu verstehen, kann man ihn auch mit einem aufregenden, aber noch unvollendeten Buch vergleichen. Es hat Anfang und Ende, einen Titel, eine Einleitung und viele Kapitelüberschriften, aber überall bleiben leere Seiten, die wir mit unserer Schrift ausfüllen sollen.

Jeder, der geboren wird, muss irgendwann sterben, so wie jedes Buch ein erstes und ein letztes Kapitel hat. Dennoch glaube ich nicht, dass sämtliche Einzelheiten unserer Lebensreise vorherbestimmt sind. Wenn dem so wäre, würde deren eigentlicher Zweck zunichte gemacht. Wir hätten weder die Verantwortung für unsere Entscheidungen und Handlungen noch die Möglichkeit, ein höheres Maß an Liebe, Freude, Frieden, Geduld, Freundlichkeit, Güte, Aufrichtigkeit, Sanftheit, Selbstbeherrschung, Mitgefühl und Demut zu entwickeln. Worin läge der Sinn unserer irdischen Reise, wenn wir nicht imstande wären, geistig zu reifen und anderen in diesem Prozess behilflich zu sein?

Paulus zufolge spielen wir eine wesentliche Rolle im Gefüge der Schicksale, die Gott für uns ausersehen hat: »Denn wir sind sein Werk, geschaffen in Christus Jesus zu guten Werken, welche Gott zuvor bereitet hat, dass wir darin wandeln sollen.« (Epheser 2,10) Beachten Sie bitte, dass er »sollen« schreibt statt »werden«, und übersehen Sie nicht jene »leeren Seiten«, auf die seine Darstellung abzielt! Es bleibt nach wie vor Ihnen und mir überlassen, das auszuleben, was Gott bereitet hat.

Während unsere Entscheidungen, Handlungen und Reaktionen auf Herausforderungen allmählich die Seiten unserer persönlichen Biografie füllen, nimmt ein Kapitel nach dem anderen konkrete Gestalt an. Erleiden wir Verluste, mögen unsere Worte zeitweilig traurig oder bitter sein. Schwelgen wir hingegen in Liebe, werden sie uns wohl voller Aufregung und Leidenschaft förmlich ins Auge springen.

Das Buch gehört Gott, aber von uns hängt ab, was am Ende der Seiten steht.

3. Gottes Plan ist wie ein handgewebter Teppich

Dass wir an Gottes Plan für unser Leben teilhaben sollen, ist eine Sache, aber was, wenn wir einen Fehler machen? Was passiert dann? Werden wir nie die Fülle von Seinem Plan A erfahren können? Sind wir für immer dazu verurteilt, Plan B (oder C oder D) auszuleben?

Damit kommen wir zum dritten Bild von Gottes persönlichem Plan für uns. Bei der traditionellen Herstellung eines persischen Teppichs werden zunächst Kettfäden senkrecht auf einen Rahmen gespannt. Dahinter sitzen kleine Jungen auf verschiedenen Ebenen und knüpfen die Knoten. Der Künstler steht davor, auf der schönen Seite, die später von allen gesehen und benutzt wird. Er ruft den Jungen seine Anweisungen zu, aber manchmal macht einer von ihnen einen Fehler. Eher selten verlangt der Künstler dann, das Garn mit der falschen Farbe zu entfernen. Wenn er über die nötige Meisterschaft verfügt, webt er den Fehler ins Muster mit ein, der es bereichert und zu einem wesentlichen Bestandteil des fertigen Teppichs wird.[2]

In meinen Augen versinnbildlicht die kleine Szene mit dem Künstler und den Jungen bei der Arbeit auf wunderbare Weise

Gottes Fähigkeit, Fehler und Missgeschicke in ein großes Kunstwerk umzuformen. Sie beschreibt, wie Er im Guten wie im Schlechten wirkt, und behandelt das Problem von Irrtümern, Versäumnissen und sogar Katastrophen – ob sie auf uns oder auf äußere Kräfte zurückzuführen sind.

Im Jahr nach dem Unfalltod meines Sohnes stürzte ich bei einer Skitour und brach mir den Knöchel. Infolgedessen musste ich unter starken Schmerzen einen mehrstündigen Abstieg zu unserem Auto bewältigen. Der Bruch erforderte eine chirurgische Stabilisierung und hielt mich von der Arbeit fern. Natürlich lockte Gott mich nicht ins Gebirge, damit ich mir den Knöchel breche; gewiss aber war Er imstande, meinen Fehler in ein herrliches Geschenk zu verwandeln. Denn aufgrund meiner erzwungenen Auszeit begegnete ich einem ruandischen Priester namens Vater Ubald. Dessen Gegenwart wiederum trug in unserem Zuhause dazu bei, jenes Gefühl tiefer Verzweiflung aufzulösen, das nach Willies Verlust von der Familie Besitz ergriffen hatte.

Der Schöpfergott ist in unserem Leben unaufhörlich tätig und verwebt die Fäden – erfreuliche oder tragische, sorgfältig vorbereitete oder unerwünschte Ereignisse – zu einem wundersamen Teppich, der am Ende in einer Schönheit erstrahlt, wie wir sie uns nie hätten vorstellen können.

Wenn »schlechte Dinge« zu »guten Dingen« werden

Die übergreifende Wahrheit lautet: Das Leben konfrontiert uns mit vielen beängstigenden Situationen, die sich später oft als verborgene Segnungen erweisen. Lassen Sie mich Ihnen diesbezüglich einige Geschichten mitteilen, die ich echt ermutigend finde.

Angie zum Beispiel ist dankbar, auf einen Schicksalsschlag vorbereitet worden zu sein, wenngleich sie das damals nicht zu schätzen wusste. Sie schrieb mir:

Als ich während eines Besuchs bei meinem Sohn in Neuseeland mit dem Schlauchboot durchs Wildwasser fuhr, wäre ich fast ertrunken. Mit gekreuzten Beinen auf dem Grund des Flusses sitzend und von den herabstürzenden Wasserfällen, die wir gerade passiert hatten, dort festgehalten, erlebte ich den unglaublichsten Zustand von Frieden. Ich hatte nicht einmal Angst. Kurz gesagt: Mein Sohn ertrank auf dem gleichen Fluss etwa eine Woche später. Obwohl ich zunächst förmlich überschwemmt wurde mit quälenden Gedanken, wie sehr er gelitten haben muss, spendete Gott mir sofort Trost, indem Er mich an den Frieden und die Beruhigung erinnerte, die ich während meiner Nahtoderfahrung empfunden hatte.

Das Leben meiner Freundin Jessica war bislang völlig harmonisch verlaufen: entzückende Kindheit, mühelose Schulzeit, etliche enge Freundschaften. Innerhalb von drei Jahren machte sie ihren Bachelorabschluss und erhielt die Zulassung zum Aufbaustudium. Dann jedoch schienen die Dinge aus dem Ruder zu laufen. Während eines Monats wurde bei ihrer geliebten Großmutter Krebs diagnostiziert und der Sommerjob, um den sie sich beworben hatte, unerwartet jemand anderem gegeben. Jessica, die ihre Zukunft immer sorgfältig geplant hatte, konnte nicht fassen, wie ihr Leben zunehmend außer Kontrolle geriet.

Aber das war noch nicht alles. Als der Sohn einer Freundin der Familie ihre Eltern besuchte, stürzte er und brach sich mehrfach das Bein. Da er einige Wochen nicht würde reisen können, bestand Jessicas Mutter darauf, sie solle nach Hause kommen und sich um den jungen Mann kümmern. Begreiflicherweise war Jessica bei der Ankunft zutiefst verstimmt in der Überzeugung, dass ihre Pläne dauernd vereitelt wurden.

Bald darauf wendete sich das Blatt erneut. Im Laufe der nächsten Wochen wurde ihr nämlich bewusst, dass sie und der junge

Mann vieles teilten im Hinblick auf beider Vergangenheit, Sinn für Humor und Wunschträume. So verliebten sie sich ineinander, heirateten – und haben inzwischen drei kleine Kinder. Sehr gern erzählt Jessica die Geschichte über all die »schlechten Dinge«, die sie nach Hause zurückführten und dort ins völlige Gegenteil umschlugen.

Der Apostel Paulus erklärte: »Wir wissen aber, dass denen, die Gott lieben, alle Dinge zum Besten dienen, denen, die nach seinem Vorsatz berufen sind.« (Römer 8,28) Das klingt gewiss wunderbar, aber oft sehen wir nicht, wie sich schlimme Situationen zu unseren Gunsten auswirken. Wir können uns nicht vorstellen, wie ein verhängnisvoller Autounfall, der Verlust des Arbeitsplatzes, eine tödliche Krankheit oder ein sinnloser Mord irgendein positives Ergebnis zeitigen soll. Doch was wäre, wenn unser Problem in der Perspektive begründet läge? Wir betrachten die Dinge von unserem Standpunkt, immerzu damit beschäftigt, einen Weg durchs Labyrinth des irdischen Lebens zu finden.

Noch vor dem Abschluss an der Highschool arbeitete Dennis als Maurer. Nun litt er mit dreiundsechzig Jahren an einer schweren Rückenverletzung, die ihn arbeitsunfähig machte. Ohne über eine richtige Ausbildung zu verfügen, war er tief bestürzt, ängstlich und niedergeschlagen. Er wusste nicht, wie er seine Familie ernähren sollte. Und so war es für ihn wie für andere geradezu ein Schock, als er während seiner Rehabilitation mit Wasserfarben zu malen begann und dabei die Freude an einer zuvor verborgenen, zugleich aber hochgeschätzten Begabung entdeckte. Schließlich wurde er ein bekannter regionaler Künstler und Besitzer einer Galerie, der mit seinen Landschaften viele Menschen beglückte.

Mit etwas Zeit und Abstand erkennen wir wahrscheinlich eher die Schönheit und Weisheit von Gottes Plänen, obwohl die meisten von uns lieber gleich als später nach dem *Warum* einer bestimmten Situation fragen. Salomo schrieb: »[Gott] hat alles schön gemacht zu seiner Zeit, auch hat er die Ewigkeit in ihr Herz gelegt; nur dass der Mensch nicht ergründen kann das Werk, das Gott tut, weder Anfang noch Ende.« (Prediger Salomo 3,11) Wir hingegen vertrauen nicht wirklich darauf, dass Gott immer weiß, was am besten ist. Manchmal aber bricht sich die Schönheit Bahn – wie im Falle von Angie, Jessica und Dennis. Trotzdem werden viele nicht völlig verstehen, wohin unsere Irrungen und Wirrungen führen könnten, wenn nicht zu Mühsal und Kummer. Denn unsere jetzige Perspektive ist begrenzt. Eines Tages jedoch werden wir des ganzen Werkes ansichtig.

Befreit durch Feuer

Hier ist ein weiteres Bild von Gottes überraschendem Plan, der dem Guten dient – diesmal in Gestalt eines verheerenden Waldbrandes. Seltsamerweise bewirken oftmals gerade Unglück und Unterdrückung die größten Veränderungen.

In der Natur können Waldbrände äußerst zerstörerisch sein, zugleich aber die Möglichkeit für neues Wachstum bieten. Majestätische Mammutbäume werden bis zu hundert Meter hoch und über dreitausend Jahre alt. Um sich fortzupflanzen, müssen sie sich immer wieder der Herausforderung des Feuers stellen. Die extreme Hitze eines Waldbrandes lässt die Schuppen ihrer Zapfen, die vielleicht mehr als zwanzig Jahre geruht haben, schrumpfen und setzt Samen frei, nicht größer als die Spitze eines Bleistifts. Das Feuer, das die Samen herauslöst, verbrennt auch die Laubstreu auf dem Waldboden und sorgt damit für eine reichhaltige, gut entwässerte Erde, bereit, die Samen aufzunehmen.

Sicherlich sehen Sie die Parallele. Katastrophale Ereignisse in unserem Leben können tatsächlich genau die richtigen Voraussetzungen für wichtige Reifungs- und Veränderungsprozesse schaffen. Aber glauben Sie mir, im Grunde mag ich dieses Bild von Gottes Plan überhaupt nicht. Wie den meisten Menschen widerstrebt mir der Wechsel, zumal wenn er durch ein Unglück hervorgerufen wird. Dennoch habe ich erkannt, dass die besten und heilsamsten Veränderungen in meinem Leben oft als Reaktion auf Kummer, Enttäuschung, Verlust oder Niederlage eingetreten sind.

Im Jahr 1963, als in Südafrika die Apartheid herrschte, wurde Nelson Mandela zu Unrecht angeklagt und zu einer lebenslangen Gefängnisstrafe auf Robben Island verurteilt. In eine kleine Zelle gesperrt, schlief er auf dem Boden, benutzte einen Eimer als Toilette und verbrachte seine Tage mit Zwangsarbeit im Steinbruch. Einmal im Jahr durfte er dreißig Minuten lang mit einem Besucher sprechen und alle sechs Monate einen Brief schreiben und empfangen. So hart und brutal diese Erfahrung war, bot sie ihm doch Gelegenheit, über die Probleme seines Landes gründlich nachzudenken – und dazu gehörte auch die Notwendigkeit der Vergebung.

Ohne das Leiden Mandelas und vieler anderer infolge der rassistischen Politik der damaligen Apartheidregierung Südafrikas im Geringsten zu billigen, können wir aus diesem Beispiel ersehen, wie Gott das Böse in etwas Gutes verwandelte. Die qualvolle Bedrückung festigte Mandelas Charakter und brachte seine Fähigkeiten derart zur Entfaltung, dass er schließlich zum Anführer wurde, der die Unterdrückung besiegte, für Gnade und Vergebung zwischen den Südafrikanern eintrat und entscheidend dazu beitrug, eine neue Ära der Freiheit und Gerechtigkeit für Millionen einzuleiten.

Zum Glück erfordern emotionales Wachstum und Veränderung nicht immer Leiden, aber es wäre schwierig, Mitgefühl zu entwickeln, ohne in irgendeiner Weise jemandes Schmerz zu erfahren. Ich liebe C. S. Lewis' Vision von Vogel und Ei: »Es mag für ein Ei schwer sein, zum Vogel zu werden, aber um einiges schwerer wäre, fliegen zu lernen, wenn es ein Ei bliebe. Wir müssen ausschlüpfen oder verderben.«[3]

Ja, um zu fliegen, müssen wir zuerst die Eischale durchstoßen.

Indem wir die Vorstellung akzeptieren, dass Gott einen Plan für uns hat, suchen wir sogar in den schlimmsten Situationen nach Seinen Fingerabdrücken. Das heißt, wir sind bereit, unsere Pläne zu ändern, damit sie übereinstimmen mit dem, was Er in unserem Leben bewirkt. Wir ziehen Seinen Willen dem unseren vor. Gott hat Ihnen einen Plan versprochen, der von Wohlbefinden zeugt, und echtes Wohlbefinden beruht auf der Kraft, Frieden, Hoffnung und Freude zu empfinden, selbst inmitten widriger Umstände.

Die Schönheit, die aus allem erwächst

Gott erwartet von uns, dass wir Seinen Versprechen, zur rechten Zeit alle Dinge in etwas Schönes zu verwandeln, Glauben schenken; aber es ist bestimmt nicht Sein Wunsch oder Wille, dass wir von den Ereignissen förmlich erdrückt werden.

Meines Erachtens möchte Gott nicht, dass wir in Trauer, Krankheit, Mühsal oder sonst einem Zustand verharren, der dem Himmel fremd ist. Oft fordert Er uns auf, die Fragen von gestern einfach auf sich beruhen zu lassen.

Dennoch sollte das Vertrauen auf Gott nie mit Passivität gleichgesetzt werden. Vielmehr sind wir angehalten, in jeder Lage Dankbarkeit und Frieden zu erstreben und zuversichtlich nach Maßgabe dessen zu handeln, was wir als wahr erkannt haben. Ganz gleich, womit wir heute konfrontiert sind, wie gebrochen wir uns auch fühlen – unser Auftrag ist stets derselbe: Zu allen Zeiten Gottes Liebe mit jedem zu teilen, dem wir in unserer zerrütteten Welt begegnen. Genau auf diese Weise kommt die Schönheit allmählich zum Vorschein.

Die siebte Lektion, die der Himmel offenbart

Gott verlässt uns niemals, nicht einmal in unseren Fehlern und Misserfolgen, Tragödien und Verlusten.
Seine Güte und Liebe umgeben uns.
Nach Seinem Rhythmus erblüht die Schönheit in allen Dingen.

Meine Nahtoderfahrung zeigte mir deutlich die Wahrheit von Gottes Versprechen – dass die Schönheit aus allem hervorgeht. Das Verständnis dieser Wahrheit ändert die Art und Weise, wie ich mit meinen Kindern oder meinen Patienten über Herausforderungen, Entscheidungen, Enttäuschungen und dergleichen spreche. Ich kann meine Kinder ermuntern, darauf zu achten, wo Gott sie hinführt – in der Gewissheit, dass der Plan für ihr Leben voller Hoffnung und Schönheit ist. Darüber hinaus kann ich meine Patienten unterstützen, vor allem in Phasen des Leidens und der Ohnmacht die Gelegenheit für inneres Wachstum und Veränderung wahrzunehmen.

Obwohl ich nicht vorauszusehen vermag, wie ich in fünfzehn Jahren sein werde, bin ich sicher, dass ich anders sein werde, als ich heute bin. Ich weiß aber, dass ich bis dahin weitere Herausforderungen bestehen muss, durch die ich mich fortentwickeln und verändern werde. Das ist einer der Gründe, warum ich fähig bin, aufrichtige Dankbarkeit und sogar Freude inmitten der Kümmernisse und Rückschläge zu empfinden.

Bei dieser Unternehmung sind Sie und ich niemals allein. Wie jener Mann, der vom Aussichtspunkt im Labyrinth des Maisfelds mir und meiner Familie Anweisungen gab, wie wir zum Ausgang gelangten, sieht Gott das größere Muster, wo wir nur Verwirrung und Konflikt bemerken. Er verspricht uns, dass wir, Seiner Richtung folgend und Seiner Führung vertrauend, den Weg nach Hause finden werden. »Verlass dich auf den Herrn von ganzem Herzen«, lesen wir in der Bibel, »und verlass dich nicht auf deinen Verstand, sondern gedenke an ihn in all deinen Wegen, so wird er dich recht führen.« (Sprüche 3,5–6)

Aus eigener Erfahrung weiß ich, dass uns der Trost und die Gnade des göttlichen Geistes noch in schweren Zeiten ermöglichen, dankbar zu sein dafür, wie wir durch Herausforderungen geformt und geprägt werden. Deshalb möchte ich Ihnen behutsam, zugleich aber mit absoluter Zuversicht sagen: Sie können dem Problem oder Leid, das Ihnen gerade zusetzt, mit Tapferkeit begegnen – wohlwissend, dass jedes Ereignis ein ungeöffnetes Geschenk von Ihrem liebevollen himmlischen Vater an Sie ist.

12

Inmitten des Verlusts keimt die Hoffnung

Und soll ich beten, Vater, dass Du Deinen Willen änderst,
Bis er mit dem meinen übereinstimmt?
Aber nein, Herr, nein, so soll es niemals sein,
Lieber bete ich, Du mögest meinen Willen mischen mit Deinem.

Amy Carmichael

Eines Abends, als Willie noch ein kleiner Junge war, plauderte ich mit ihm über die eine oder andere alberne Sache. Einer meiner Sätze begann mit den Worten: »Wenn du achtzehn bist …« Ich erinnere mich nicht mehr, worum es mir eigentlich ging, werde aber nie die Antwort meines Sohnes vergessen.

Er sagte nur: »Aber Mama, ich werde nie achtzehn sein …«

Ich dachte, er würde scherzen. Dann erklärte er mit völliger Aufrichtigkeit und Reinheit, der ein Hauch von Verwirrung anhaftete: »Du weißt, dass ich nie achtzehn sein werde. Das ist der Plan. Das weißt du.« Seine Worte durchbohrten mir das Herz, doch wenn ich jetzt zurückdenke, bereiteten sie mich auch ein wenig auf die Unterredung im Himmel vor, wo mir der bevorstehende Tod meines Sohnes angekündigt wurde.

Als ich dann öffentlich über den Verlust unseres Kindes sprach, erfuhr ich von trauernden Eltern, dass sie ebenfalls mit Kommentaren, Handlungen oder Vorahnungen konfrontiert waren, die ihnen oder ihren Kindern flüchtig zu verstehen gaben, was geschehen würde.

Die Geschichte, die Louise mir eines Nachmittags erzählte, spiegelt viele andere wider, die ich hörte:

Ich arbeite als staatlich geprüfte Krankenschwester im pädiatrischen Bereich. Auch ich hatte ein Kind, das mir in jungem Alter seinen frühen Tod mitteilte. Als die Kleine sechs war, brachte ich sie in die Therapie, denn von Berufs wegen wusste ich, dass da etwas nicht stimmte. Sie war nicht erschrocken über ihre Aussage, sondern drückte sich ganz sachlich aus.

Während ihrer Jugendjahre erzählte sie mir, ihr Tod käme durch einen Autounfall, der sich in einer Kurve ereigne, und sie hoffe, dass dabei ihr Gesicht nicht verunstaltet werde.

Letzten November ist dann genau das geschehen. Ihre beste Freundin saß am Steuer. Jillian war auf der Stelle tot, neunzehn Jahre alt. Zwei Tage vorher hatte sie für meinen Mann und mich auf der Kommode einige Notizen hinterlassen, in denen sie uns dafür dankte, dass wir gute Eltern waren und sie über Gott unterrichteten.

Louise, Harrisburg, Pennsylvania

Wie Sie sich vorstellen können, hallten die Worte, die ich im Himmel über Willie hörte, nach meiner Rückkehr aus Chile jahrelang in meinem Herzen nach. Trotz der wunderbaren, durch keinen Zweifel getrübten Einsicht, dass Gott wirklich und gegenwärtig ist, dass Er meinen Sohn zutiefst liebt und einen von Hoffnung erfüllten Plan für uns hat, lastete die Ahnung von seinem Tod schwer auf mir. Ich wollte nicht, dass sie sich bewahrheitete, und betete darum, Gott möge Seine Meinung ändern. Eine kühne Bitte, aber sogar Jesus hatte einst Gott gebeten, Seine Pläne zu überdenken (Lukas 22,42).

Doch wie kann meine persönliche Erfahrung *Ihnen* Trost spenden im Kummer oder helfen, mit dem eigenen Tod oder dem eines geliebten Menschen fertigzuwerden? Nie wird unser Vertrauen in Gottes liebevolle Absichten uns gegenüber mehr auf die Probe gestellt als dann, wenn Tragödie und Verlust unser Leben verwüsten. Können uns die Offenbarungen des Himmels praktischen Beistand leisten, selbst wenn wir außerstande sind, den Schmerz völlig zu beseitigen?

Das sind die Fragen, die ich in diesem Kapitel näher untersuchen möchte.

Hauptsächlich werde ich einfach meine Familiengeschichte wiedergeben. Gewiss bereitete mich meine Nahtoderfahrung auf außergewöhnliche Weise darauf vor, unseren Verlust zu bewältigen, aber auch Ihnen wird die Kraft meiner Geschichte verständlich, wenn Sie einen schrecklichen Verlust mitsamt dessen Folgen erlitten haben. In Zeiten größter Not brauchen wir kaum etwas so sehr wie den Rat derer, die schon ein Stückchen weiter sind und aufgrund eigener Erfahrung begreifen, was wir gerade durchmachen. Wir müssen das Gefühl haben, auf dem Weg tiefer Verletzlichkeit, des Leidens und der Verzweiflung – der tatsächlich durch jenes »finstere Tal« führt, von dem in Psalm 23 die Rede ist – nicht allein zu sein.

Daher möchte ich mit Ihnen die Erfahrungen innerhalb unserer Familie teilen – sowie einige der weisen Einsichten, zu denen wir gelangt sind und die in uns fortwirken. Denn wir haben gelernt, was auch Sie nun lernen können: Wenn die Last des Kummers unerträglich erscheint, vermag die in Gottes Versprechen entdeckte Hoffnung Sie aus der Dunkelheit zu heben und hellere Farben in Ihr Leben zurückzubringen.

Die geheime Bürde einer Mutter

Im Himmel erhielt ich einen flüchtigen Eindruck von der Zukunft, aber keinen Zeitplan, wann was geschähe. Morgen für Morgen erwachte ich mit der Sorge, dass mein Sohn an diesem Tag sterben könnte.

Häufig wurde ich gefragt, ob ich ihm oder wenigstens meinem Mann erzählt hätte, was ich wusste. Viele Jahre habe ich das nicht getan. Zwar vertraute ich fest darauf, dass alle Versprechen Gottes wahr sind, doch da mir die Last der Mitteilung für jemand anderen zu groß erschien, behielt ich sie lange Zeit für mich. Ständig bat ich darum, dass Gottes Wille geschehe – in der Überzeugung, dass nach Seinem Zeitmaß eine wunderbare Schönheit auch dann zum Vorschein kommen würde, wenn sich der Plan für das Leben meines Sohnes nicht änderte. Nichtsdestotrotz hegte mein Mutterherz die glühende Hoffnung, dass das schlimme Ereignis nicht einträte.

Selbst als ich täglich dafür betete, unsere Familie möge verschont bleiben, schätzte ich jeden Augenblick mit diesen so geliebten Menschen. Ich versuchte, stets wirklich anwesend zu sein, und prägte mir jede Erfahrung tief im Herzen und im Gedächtnis ein. Ich wollte sicherstellen, dass meine Kinder wissen, wie sehr sie geliebt werden, und verpflichtete mich, niemals etwas ungetan oder ungesagt zu lassen. Willies Aktivitäten sollten nicht beschnitten werden, aber unter keinen Umständen erlaubte ich ihm, leichtsinnig zu sein. Darüber hinaus bemühte ich mich, der Reue Einhalt zu gebieten, falls Gottes Plan für meinen Sohn keine neue Wendung nähme.

Die Wahrheit lautet: Uns ist nicht mehr als dieser eine Moment im Jetzt versprochen. Wir dürfen niemals davon ausgehen, es wäre »später« noch Zeit, etwas Unfertiges zu vollenden.

Den Blick in die Zukunft richten

Die Jahre vergingen. Als sich der achtzehnte Geburtstag meines Sohnes näherte, wurde mir allmählich bewusst, wie wichtig es war, meinen Mann über die mir zuteilgewordene Botschaft in Kenntnis zu setzen. Er verdiente es, zu sagen oder zu tun, was er wünschte, damit nach dem Tod unseres Sohnes keine ungelösten Probleme zurückblieben. Nach dem Gespräch mit Bill fühlte ich mich besser, war mir indes nicht sicher, ob es ihm genauso erging. Jedenfalls stimmten wir darin überein, dass die Last für einen jungen Mann zu schwer sei, also sagte ich meinem Sohn nichts bis zu seinem Geburtstag.

In den frühen Morgenstunden von Willies achtzehntem Geburtstag 2007 klopfte ich an seine Zimmertür. Da war er, schläfrig, aber lebendig! Ich war derart glücklich, dass ich ihn nur fest umarmen und weinen konnte. Zunächst verwirrte ihn mein Gefühlsüberschwang. Dann erzählte ich ihm alles, was mir widerfahren und während meiner Nahtoderfahrung mitgeteilt worden war.

Er hörte aufmerksam zu. Verstand er, was ich ihm berichtete? Willie war ein sensibler, mitfühlender, geistreicher junger Mann, und ich weiß nicht, ob er aus Interesse und Mitgefühl lauschte oder nur aus Neugier. Vielleicht dachte er, seine normalerweise besonnene Mutter würde gerade ihren Verstand verlieren.

Später an jenem Tag führte Willie eine kurze Unterhaltung mit seinem Vater, bei der er erwähnte, was ich ihm anvertraut hatte. Ich brachte das Thema nie wieder zur Sprache.

In den darauffolgenden Tagen und Wochen begann ich freier zu atmen und mich allmählich von dem Kummer zu lösen, den ich mir aus unserer Zukunft geborgt hatte. Ich war wirklich überzeugt, Gottes Pläne hätten sich geändert. Zum ersten Mal seit etlichen Jahren konnte ich mich entspannen und darauf konzentrieren, unser weiteres Leben zu genießen.

Gehorsam in der Trauer

Ich wusste, dass das Schreiben über meine Reise zum Himmel und zurück Teil des Auftrags war, den ich erhalten hatte, um meine Erfahrungen anderen Menschen nahezubringen, wehrte mich aber lange und heftig gegen diese Vorstellung. Schließlich, im Frühjahr 2009, zehn Jahre nach dem Unfall, erwachte ich eines Morgens früh mit dem Drang, meine Erlebnisse zu Papier zu bringen. Ich drehte mich im Bett auf die andere Seite und hoffte, das Gefühl würde verschwinden. Jedenfalls hatten sich die Gründe für meinen inneren Widerstand nicht geändert. Nach wie vor hatte ich weder die Zeit noch die Fähigkeit, den Ereignissen gerecht zu werden, und dachte erneut, Gott habe die »falsche Person« ausgewählt.

Nachdem ich heftig mit mir gerungen hatte, wurde mein Widerwille allmählich schwächer, und ich sagte Ja – zu dem Weg, auf den Er mich führte, und zu allem, was Er von mir erwartete.

Zwei Entscheidungen waren für mich wirklich ausschlaggebend. Die erste wurde getroffen, als ich unter Wasser eingeklemmt war und mein Leben Gott anvertraute. Außerdem versuchte ich nicht mehr, den Ausgang meines Ertrinkens zu beeinflussen. Dieses Ja war die zweite, noch schwierigere Entscheidung.

An jenem Morgen begann ich ein neues Abenteuer mit Gott. Während des Schreibens beglückte es mich, meine Erfahrungen noch einmal durchzumachen und mir zu gestatten, in die Gefühle, Einsichten und gesprochenen Worte völlig einzutauchen. Das hatte ich mir jahrelang untersagt. Einige Menschen genießen förmlich ihre Nahtoderfahrung und lehnen es ab, sich wieder auf das normale Leben einzulassen. Ich verstehe sie durchaus. Die Erde ist nur ein blasser Abglanz verglichen mit der Leuchtkraft des Himmels. Doch ich wusste, dass ich aus einem bestimmten Grund zurückgeschickt worden war, und stellte fest, dass ein zu langes Verweilen in der himmlischen Pracht mich daran hinderte, die Arbeit zu leisten, die Gott für mich vorbereitet hatte.

Am 21. Juni 2009 war das Manuskript von *Einmal Himmel und zurück* beendet. Als ich auf die Speichertaste drückte – zum letzten Mal, wie mir schien –, geriet ich in Hochstimmung. Nach zehn Jahren mit dem Gefühl, Gottes Auftrag nicht ausgeführt zu haben, wurde ich von dieser Last befreit. Ich war außer mir vor Begeisterung.

Mit dieser ungezügelten Freude und völligen Leichtigkeit fuhr ich an jenem Tag mit meinem jüngsten Sohn Peter in die Stadt. Unterwegs riefen wir meinen mittleren Sohn Eliot an, der zusammen mit Willie, meinem Ältesten, in Maine wohnte und dort ein Skitraining absolvierte.

Ihr Lehrer ging an Eliots Telefon und teilte uns Stück für Stück mit, Willie sei gerade von einem Auto angefahren worden und dabei ums Leben gekommen. Blitzartig wurde mir bewusst, dass der Plan für das Leben meines wunderbaren Sohnes verzögert worden war, aber nicht geändert.

Sie können sich vorstellen, unter welchem Schock ich stand.

»Wenn nur ...«

Viele Male wurde ich gefragt, wie ich den Tod meines Sohnes überlebt hätte und ob mir meine Erfahrungen im Himmel dabei Trost spendeten. Ich weiß nicht, ob »Trost« das richtige Wort ist. Wie jede andere Mutter war ich infolge seines Verlusts am Boden zerstört. Ich wollte *einen* zusätzlichen Tag mit ihm verbringen, sehnte mich danach, sein Lächeln zu sehen, seinem Lachen zu lauschen und ihn noch einmal mit Küssen zu bedecken. Ich war wirklich überzeugt gewesen, der Plan für sein Leben hätte sich geändert. Erneut las ich den Satz: »Wenn du mit allem liebst, was du hast, trauerst du mit allem, was du bist.« Ich liebte meinen ältesten Sohn zutiefst – wir hatten eine sehr enge Verbindung –, und so trauerte ich zutiefst.

Das Vertrauen in Gottes Versprechungen, das ich vom Himmel mit zurückgebracht hatte, übte gewiss einen Einfluss darauf aus, wie ich Willies Tod erlebte. Ich spürte eine unterschwellige Freude und die unerschütterliche Zuversicht, dass bestimmt wieder etwas Schönes kommen würde. Aber nichts davon schützte mich vor der Trauer, die wir im Verlust empfinden. Wie das Glücksgefühl wird die Trauer durch äußere Umstände ausgelöst. Ich weinte, schluchzte und gab mich jenem typischen Gedankenspiel hin, mit dem ich die Wirklichkeit umzuschreiben versuchte. Hätte ich ihn an dem Tag doch angerufen, dann wäre er einige Minuten oder auch nur ein paar Sekunden später an der Unfallstelle eingetroffen, und das Auto hätte ihn verfehlt. Hätte er doch beschlossen, mit seinem Bruder Ski zu fahren, statt zum Haus seiner Freundin zu gehen. Hätte ich ihn doch besucht …

Wenn nur … Wenn nur …

Jeder, der einen geliebten Menschen durch einen Unfall verloren hat, weiß genau, wovon ich spreche. Ich fühlte mich leer und einsam, war erfüllt von der Sehnsucht, ihn noch einmal im Arm zu halten. Meinem Mann erging es nicht anders. Er fühlte sich schuldig, weil wir nach Wyoming umgezogen waren. Hätte der Umzug nicht stattgefunden, wäre Willie kein so ausgezeichneter Skiläufer geworden, der in Maine am Training teilnahm.

Eines wurde mir klar: Auch wenn ein Tod erwartet wird, geht es in dieser ersten Trauerphase darum, Schmerz, Schock, Fassungslosigkeit und Verdrängung des Verlusts vorläufig zu bewältigen, indem man die Wirklichkeit umzuschreiben versucht.

Viele Tage wollte ich zusammengerollt im Bett liegen bleiben und hegte nur einen Wunsch: vom Schmerz, von der Existenz selbst befreit zu werden. Doch ich überlebte. Als ich nicht gehen konnte, trug mich Gott. Ich vertraute darauf, dass Willie im Himmel war, umgeben von Gottes allumfassender Liebe. Und noch an meinem traurigsten Tag verließ mich nie die Freude, die ich in Gottes Versprechen fand.

Tief im Innern fühlte ich, dass ich schließlich am Grund angelangt war – bei den wesentlichen Wahrheiten, die sich nie ändern würden, die mir aber helfen konnten, mein Leben wiederzugewinnen. Ich notierte mein »Tägliches Glaubensbekenntnis«, heftete das Blatt an den Kühlschrank und las die Zeilen jeweils viele Male. Sie lauteten folgendermaßen:

Ich glaube, dass Gottes Versprechen wahr sind.
Ich glaube, dass der Himmel Wirklichkeit ist.
Ich glaube, dass nichts mich von Gottes Liebe trennen kann.
Ich glaube, dass Gott Arbeit für mich vorgesehen hat.
Ich glaube, dass Gott mir beistehen und mich tragen wird, wenn ich nicht gehen kann.

Die anfängliche Trauerphase leitete schließlich den langen Prozess ein, uns mit dem Verlust zu konfrontieren, ihn zu ertragen und irgendwann davon zu genesen.

Ich vermisste die Gegenwart meines Sohnes in dieser physischen Welt außerordentlich und vergoss jahrelang zumindest einmal täglich Tränen. Noch heute breche ich leicht in Tränen aus. Ich konnte nicht mehr an Taufen, Begräbnissen oder Hochzeiten teilnehmen, weil solche Anlässe die Trauer in mir wachriefen. Ich vermied Lebensmitteleinkäufe, Essen außer Haus und öffentliche Veranstaltungen – aus Angst, Bekannte zu treffen und ihren Ausdruck von Mitleid wahrzunehmen. Obwohl die Leute sich Mühe geben, können sie ohne eigene Erfahrung auf diesem Gebiet nicht begreifen, wie es ist, ein Kind zu verlieren. Trauern bedeutet, den Verlust der Hoffnungen, Erwartungen und Träume hinsichtlich der Zukunft des Kindes zu beklagen. Auf sehr reale Weise hat dessen Tod den Tod der ganzen Familie zur Folge, denn ihre kollektive Identität ist für immer eine andere. Auch diesen Umstand betrauerte ich.

Bald drehte die Welt sich weiter, doch ich durchlebte jeden Tag meinen Verlust von Neuem.

Die Spuren aufnehmen

Willie war einnehmend, temperamentvoll, inspirierend, und unsere Familie teilte seine Leidenschaften. Durch seine Abwesenheit änderten sich die gewohnten Muster und Rhythmen unserer Familie. Wir, Bill und ich, hatten unser erstgeborenes Kind verloren, jenen Menschen, der unserer Familie den Ton mit vorgab. Eliot hatte seinen besten Freund und ständigen Begleiter verloren, Betsy ihren Beschützer und ihr Vorbild, Peter seinen Helden. Wir alle standen vor der Herausforderung, genau zu ergründen, wer wir jetzt waren und wie unsere künftige Identität ohne Willie aussähe. Außerdem mussten wir uns erneut darüber klar werden, wer wir innerhalb unserer Familie waren und was aus ihr würde. Wer schon einmal einen enormen Verlust erlitten hat, weiß, dass dieser Prozess nicht einfach ist und Zeit braucht, dass der Fortschritt in Wellen verläuft.

Die Einzelheiten von Willies Begräbnis und Gedenkfeier hatten wir gemeinsam geplant. Nun arbeiteten wir zusammen daran, einen Preis für besondere Leistungen im Skisport auszuschreiben, da mein Sohn eine große Leidenschaft sowohl für das Skifahren wie auch für die nordische Kombination hatte.

Darüber hinaus setzte er sich vehement für den Umweltschutz ein, weshalb unsere Familie es sich zur Aufgabe machte, seine Arbeit durch die Gründung des Willie Neal Environmental Awareness Fund fortzusetzen. Willie hatte die Kampagne *No Idling* (Gegen die Untätigkeit) initiiert, die zunächst einen Versuch darstellte, unnötige Fahrzeugemissionen zu verringern. Hinterher jedoch entdeckte mein jüngster Sohn deren eigentliche Botschaft. Demnach glaubte Willie an die Verantwortung jedes Menschen, bewusste Entscheidungen zu treffen, sich bei wichtigen Problemen zu engagieren, *aktiv zu werden* und damit die Welt zu einem besseren Ort zu machen. Besonders verinnerlichte er Mahatma Gandhis Spruch: »Sei du selbst die Veränderung, die du dir wünschst für diese Welt.« Peter half uns zu verstehen, dass Willies Kampagne weniger mit Fahrzeugen zu tun hatte als mit dem Leben selbst – damit also, wenn möglich nicht nur den Motor abzustellen, sondern insgesamt nicht untätig zu sein. Es ging darum, das kostbare Geschenk des Lebens zu empfangen und optimal zu nutzen.

Diese konkreten, um Willie kreisenden Aktivitäten der Familie halfen uns, einen Weg nach vorn zu finden. Ich empfehle sie jedem wärmstens, der mit einem Verlust zu kämpfen hat.

Der Mythos des Voranschreitens

Der erste Todestag verschaffte uns einige Erleichterung, indem wir zu schätzen wussten, dass wir dieses Jahr tatsächlich überlebt hatten. Ziemlich überrascht mussten wir dann jedoch feststellen, wie das zweite Jahr in vielerlei Hinsicht noch größere Kämpfe mit sich brachte.

Inzwischen war die »Neuheit« unseres Verlusts dahin, und das Leben nahm größtenteils wieder seinen Lauf. Dies wurde überdeutlich, als ein Lehrer an der Schule meines Sohnes auf dessen metaphorischen Hilferuf scharf entgegnete: »Steck es einfach weg! Das [Willies Tod] ist schon lang vorbei.« Uns hingegen erschien der Verlust weiterhin gegenwärtig, ja in gewisser Weise noch schmerzlicher, weil uns die Wirklichkeit der Situation immer tiefer ins Bewusstsein gedrungen war.

Wir alle waren der Traurigkeit überdrüssig, lernten aber, dass niemand über den Verlustschmerz so hinwegkommt, wie man eine Krankheit überwindet. Es ist möglich voranzuschreiten, doch unmöglich, einfach nur wie gewohnt weiterzumachen und den Kummer kurzerhand hinter sich zu lassen. Er vollzieht sich nach seinem Rhythmus. Wenn ein geliebter Mensch stirbt, ändert sich das Leben der Hinterbliebenen grundlegend. Ein Verlust solchen Ausmaßes wird Teil des eigenen Wesens. Obwohl irgendwann ein neues Leben und eine neue familiäre Dynamik zutage treten, möglicherweise genauso wunderbar wie früher, sind sie doch anders. Sie können nicht ersetzen, was verloren ging. Ich vergleiche diesen Zustand mit dem von jemandem, der durch einen schlimmen Unfall ein Bein verliert. Im Augenblick des Verlusts verändert sich sein Leben für immer. Er wird zwar lernen, wieder zu gehen, vielleicht sogar zu laufen, und wie ein befriedigendes, ja erfülltes Leben gestaltet werden kann; aber er wird das natürliche Bein niemals vergessen noch das Gefühl, es zu benutzen.

Außerdem erfuhr ich, dass jeder von uns den Kummer ausgesprochen *individuell* angeht, erträgt und verarbeitet, und dass dies sehr viel Sanftmut und Gnade nicht nur von Gott erfordert, sondern füreinander. Jeder reagiert unterschiedlich und nach einem bestimmten Zeitplan – die meisten Frauen anders als Männer, Kinder anders als Erwachsene. Manchmal werden Männer verzehrt von dem Schuldgefühl, ihre Familie nicht beschützt zu haben, und von der Angst, das Glück werde nie mehr zurückkehren. Im Allgemeinen neigen sie dazu, ihrem Kummer weniger Ausdruck zu verleihen als Frauen, und sind eher darauf bedacht, sich zurückzuziehen und im Stillen eine Lösung zu finden, statt sich dem Verlust zu stellen und ihn bewusst durchzustehen. Kinder wiederum erleiden ihren Verlust oft noch einmal in jeder weiteren Entwicklungsphase, da sie ihn jeweils anders auffassen. So wurde mir kürzlich klar, dass Willies Tod jeden meiner verbliebenen Söhne je tiefer bewegte, desto näher ihr neunzehnter Geburtstag rückte. Bis dahin hatten sie ihn stets als eine Art Leitstern betrachtet, an dem sie den eigenen Lebensverlauf ausrichten konnten. Doch weil er mit neunzehn Jahren starb, sahen sie nach diesem Alter keinen Weg in die Zukunft, was bei ihnen ein Gefühl von Haltlosigkeit hervorrief.

Da jeder von uns eine persönliche Beziehung zu Willie pflegte und er für den Einzelnen eine jeweils andere Rolle spielte, empfanden wir auch seinen Verlust unterschiedlich. Die Vielschichtigkeit des Kummers wird zu einer noch größeren Herausforderung, wenn eine ganze Familie trauert, eben weil genau jene Menschen, die man sonst um Unterstützung bitten würde, selbst in ihrem Kampf gefangen sind. Häufig haben sie einfach nichts zu geben.

Für uns hieß das: Wir konnten über Willie frei sprechen, waren aber nicht imstande, unseren Kummer miteinander zu teilen. Wenn ein Familienmitglied einen »guten« Tag hatte, wollte niemand anders ihn schmälern durch ein Gespräch über den eigenen »schlechten« Tag. Mit der Zeit wurde dieser Elefant im Raum immer größer. Ich begann zu verstehen, warum Menschen, die einen großen Verlust erlitten haben, in eine andere Stadt ziehen, den Arbeitsplatz wechseln oder sich scheiden lassen. Sie denken, der im Innern gefühlte Schmerz werde sich ändern, wenn sie in der Außenwelt etwas ändern. Oder sie suchen Zuflucht in Drogen oder Alkohol. Leider ist es nicht so einfach. Der Verlustschmerz macht sich immer wieder bemerkbar, bis man ihn wahrnimmt, akzeptiert, schätzt für die Liebe, die er zum Ausdruck bringt, und in die Gegenwart mit einbezieht. Das ist gewiss ein schwieriger, zugleich aber notwendiger Prozess, um einen Schritt nach vorn zu tun. (Nicht umsonst sprechen Therapeuten von »Trauerarbeit«.)

Darüber hinaus begriff ich allmählich, warum Ehen nach dem Verlust eines Kindes scheitern. Sicherlich können Schuld- und Schamgefühle, die einige Eltern anfangs empfinden, ihre Verbindung schnell aushöhlen, doch meines Erachtens lösen sich viele Ehen einfach langsam im Nichts auf. Allmählich verändert ein so tiefgreifender Verlust die Weltanschauung eines Menschen, seine Zukunft und seine Prioritäten. Aber statt über diese Umstellungen zu sprechen und gemeinsam in ähnliche Richtungen aufzubrechen, ist es weitaus leichter und weniger schmerzlich, sich in Schweigen zu hüllen.

Unmittelbar nach Willies Tod waren Bill und ich die Verpflichtung eingegangen, uns nicht in die übliche Statistik einzureihen. Weder wollten wir einander verlieren noch unseren verbliebenen Kindern einen weiteren schweren Verlust zufügen. Zwei Jahre später engagierten wir uns genauso wie zuvor für unsere Ehe, aber der emotionale Gehalt unserer Beziehung verkümmerte. Wir verspürten noch immer einen derart starken Schmerz, dass ein Gespräch über unsere Gefühle unmöglich erschien. Inzwischen war der Elefant im Raum so riesig geworden, dass er fast alles andere verdrängte.

Ich erwog eine Therapie, aber wenn man in einer Kleinstadt wohnt, ist es erwartungsgemäß oft schwierig, die richtige Person dafür zu finden. Also suchte ich dringend nach jemandem, der die vielfältigen, mit der Trauer verbundenen Probleme verstand und mit dem auch die Kinder zu reden bereit wären. Als wir es dann am meisten benötigten, bescherte Gott mir ein kleines Wunder. »Zufällig« traf ich einen Kollegen wieder, den ich eine ganze Weile nicht gesehen hatte. Er kannte einen Sportpsychologen auf der Durchreise, der nach dem Tod seines Kindes selbst eine tiefe Trauer durchlebte. Kurz darauf begegnete er meinen Kindern, Bill und mir. Das erwies sich als bemerkenswerte Erfahrung. Mein Mann und ich hatten Mühe, Auge in Auge über Willies Tod zu sprechen. Aber mit dem Psychologen im Zimmer brach unser »Konversationsdamm«. Das Wort an ihn zu richten, statt direkt miteinander zu kommunizieren, fühlte sich anders und zugleich sicher an, sodass wir schließlich offen über unseren Schmerz berichten konnten. Es fand nur eine Sitzung statt, aber die Beratung wirkte lange nach. In der Folgezeit habe ich etlichen leidenden Familien eine solche Trauerbegleitung empfohlen, auch wenn sie von kurzer Dauer ist. Schon eine Begegnung mit einem vertrauenswürdigen Pastor, Freund oder Therapeuten kann der Trauer eine neue Wendung geben.

Was wir lernen:
Ruhe in den Armen der Gnade

Ich habe festgestellt, dass Menschen nach dem Verlust eines geliebten Wesens aufgrund von Reue und Gewissensbissen häufig mit ihren Gefühlen nicht mehr klarkommen. Sie empfinden eine tiefe Enttäuschung und Trauer wegen der Dinge, die sie vor dessen Tod nicht gesagt und getan haben – oder machen sich Vorwürfe darüber, was sie gesagt und getan haben. Wir alle werden verfolgt von jenen unscheinbaren Worten: »Hätte ich doch nur …«

Oft sind wir insgeheim überzeugt, dass die Zeit nur für uns voranschreitet – dass es immer weitere Gelegenheiten geben wird, miteinander zu sprechen, den eigenen Standpunkt darzulegen und Wiedergutmachung zu leisten. Nach vielen Jahren sind wir dann bestürzt, dass die Möglichkeit, Fragen zu stellen, ein wichtiges Thema zu erörtern, einander besser kennenzulernen oder Probleme zu lösen, für immer ungenutzt bleiben wird. Einige sorgen sich, der Verstorbene habe gar nicht gewusst, wie tief sie ihn liebten. Andere wiederum bedauern, keine Vergebung üben oder erlangen zu können.

Die Zeilen, die Loretta mir zusandte, bezeugen eindringlich diese Art von Reue.

Ich verlor meinen Bruder vor fünf Jahren, und meine Trauer lässt nicht nach. Er hatte an Schizophrenie gelitten und nach dem Tod unserer Eltern siebzehn Jahre mit mir gelebt. Die Psychopharmaka ermöglichten ihm eine bestimmte Lebensqualität, schädigten ihn aber auch schwer, was ich nicht wusste. Ich bestand darauf, er solle eine Physiotherapie in einem Pflegeheim machen, wo er dann nach vierzehn Monaten einer Infektion erlag. Nie hätte ich mir vorstellen können, dass er nicht nach Hause zurückkehrt.

Jeden Tag, fast jede Minute verbringe ich damit, an ihn zu denken – und daran, dass ich bessere Entscheidungen für ihn hätte treffen sollen. Weiß mein Bruder, wie sehr ich ihn liebte und jetzt vermisse? Ich mache mich und meine dummen Entscheidungen verantwortlich für seinen Tod.

Wenn Sie von der schweren Last der Reue und der Gewissensqual niedergedrückt werden, verstehe ich das sehr wohl. Sobald ich mich in einem solchen Zustand befinde, kehre ich zu der erstaunlichen Gnade zurück, die ich während meines Lebensrückblicks in Jesu Gegenwart empfunden habe. Wieder und wieder vergegenwärtige ich mir das Versprechen, das Er mir mehrfach nahebrachte – dass Gottes Plan für jeden Einzelnen wie für die Welt im Ganzen erfüllt ist von Hoffnung. Gottes geistiges Angebot besteht in der Einladung, endlich loszulassen, was wir getan oder versäumt haben, die Arme zu öffnen und Seine verschwenderische Gnade und unfehlbare Liebe zu empfangen. Vergebung ist kein Gemeinplatz, und Gottes Gnade deckt alles ab. Ich habe erfahren – in meinem Leben wie von so vielen leidenden Menschen –, dass uns, wenn wir Gottes Herz umschließen, genau das zuteilwird, was wir brauchen, um mit unseren Bürden zurechtzukommen. Erst dann können wir zu der Stärke finden, die uns gegebene Zeit optimal zu nutzen.

Ja, es ist ein gefährdeter Ort, an dem wir leben, wo eigener Schmerz, göttlicher Trost und das flüchtige Geschenk der Zeit auf so wirksame Weise zusammentreffen. Dort habe ich viele Jahre verbracht, das Schlimmste befürchtend, das Beste erhoffend.

Falls damit auch Ihr heutiges Stadium beschrieben wird, ermuntere ich Sie, es mir nachzutun.

Ruhen Sie Tag für Tag in Gottes Herz. Was immer geschehen mag, seien Sie gewiss, dort willkommen zu sein. Sie werden von der Gnade völlig aufgenommen – und gehalten an dem Ort, wo die Heilung beginnt.

Was wir lernen: Freude, was immer auch passiert

Viele Aspekte meiner Trauer glichen denen jeder Mutter, die einen ihrer so kostbaren Lieblinge verloren hat. Zugleich aber unterschied sich meine Erfahrung deutlich von den meisten anderen. Nie empfand ich Schuldgefühle, Wut oder Verzweiflung nach Willies Tod, doch das heißt nicht, dass ich deshalb besonders oder außergewöhnlich wäre. Es bedeutet nur, dass der Aufenthalt im Himmel meine Sicht auf das Leben wie den Tod grundlegend änderte und mein Vertrauen in Gottes Versprechen nachdrücklich bestätigte. Das Gleiche, zumindest in bescheidenem Maße, wünsche ich Ihnen und allen Menschen, die irgendeine Art von Trauer durchleben.

Selbst an meinem trübsinnigsten Tag blieb ich voller Freude. Klingt das unmöglich? Gewiss war ich unfassbar traurig, doch Glück und Freude sind zwei sehr unterschiedliche Gefühle. Das Glück, Gegenteil der Trauer, resultiert aus bestimmten Umständen. Ändern sie sich, wechselt auch unsere Stimmung. Vielleicht bin ich glücklich, wenn die Sonne scheint. Ich habe Sport getrieben, meine Familie ist gesund, ich spreche mit einer engen Freundin oder mache mir keine finanziellen Sorgen. Und ich bin wohl unglücklich, wenn mir ein Problem am Arbeitsplatz Kopfzerbrechen bereitet, jemand meine Gefühle verletzt, der Computer abstürzt oder wenn ich einen Strafzettel für zu schnelles Fahren bekomme.

Die Freude hingegen ist ein Seinszustand, der weder durch Umstände noch durch Widrigkeiten erschüttert wird. Sie gründet auf dem Vertrauen, dass Gott meint, was Er sagt, und dass Seine Versprechen wahr sind. Für gläubige Menschen rührt die Freude aus der inneren Erfahrung einer äußeren, höheren Wirklichkeit, auf die wir gebannt den Blick richten. Daher konnten die frühen Christen, obwohl sie wegen ihres Glaubens verfolgt wurden, »lauter Freude« empfinden (Jakobus 1,2). Kürzlich sah ich ein Footballspiel der Major League, in dem ein Spieler den Ball tief in seiner eigenen Hälfte fing. Als er damit zur anderen Seite des Feldes lief, versuchten die gegnerischen Spieler, ihn anzugreifen. Er bewegte sich nach rechts, nach links, sprang hoch, wirbelte herum und unternahm vielerlei Manöver, um seinen Angreifern auszuweichen. Statt sich mit derlei Hindernissen zu beschäftigen, richtete er seine Aufmerksamkeit stets darauf, in die Endzone zu gelangen. Den Ball im Malfeld des Gegners niederzulegen, war sein oberstes Ziel – sein »größerer Rahmen« –, und die verschiedenen Aktionen stellten lediglich die Umstände dar, die immerzu wechselten.

Nichts von dem jedoch, was ich in meinem Alltag tue und was sich jeweils ereignet, verändert das unvergängliche Wesen Gottes oder Seine Versprechen für mich. Manchmal bescheren mir gewisse Umstände Glück, Vergnügen und Aufregung; dann wieder bewirken sie Wut, Trauer, Einsamkeit oder Verwirrung. Was ich während all der Tage, Wochen oder gar Jahre auch erlebe – mir ist deutlich bewusst, dass sie nicht unmittelbar Gottes ewigen Plan für mein Leben widerspiegeln. Allein dieser Plan erlaubt mir, meine momentanen Umstände zu übersteigen und ungeachtet ihrer jeweiligen Ausprägung Freude zu empfinden.

Meine Freude beruht auf der Gewissheit, dass es einen Gott gibt, der in der Welt tatsächlich gegenwärtig ist, jeden von uns persönlich kennt, jeden von uns zutiefst liebt und einen von Hoffnung erfüllten Plan für unser Leben hat. Sie wurzelt in dem Wissen, dass jede Situation und Erfahrung auf Erden vorübergehend ist – und uns in mancher Hinsicht auf die Zukunft vorbereitet. So schrieb der Apostel Paulus: »Denn unsre Trübsal, die zeitlich und leicht ist, schafft eine ewige und über alle Maßen wichtige Herrlichkeit uns, die wir nicht sehen auf das Sichtbare, sondern auf das Unsichtbare. Denn was sichtbar ist, das ist zeitlich; was aber unsichtbar ist, das ist ewig.« (2. Korinther 4,17–18)

Wie fühlt es sich heute an?

Ich weiß, dass ich Willie wiedersehen werde, wenn ich das nächste Mal zum Himmel zurückkehre. Dennoch vermisse ich schrecklich die physische Anwesenheit meines Sohnes. Ich erinnere mich an die Schönheit seiner Augen, sein albernes Lachen und wünsche mir, er könnte bei Familienreisen und neuen Abenteuern um uns sein. Diese Sehnsucht haben wir alle. An manchen Tagen sinnieren wir über die Zukunft, die er nicht hatte, fragen uns, was für ein Ehemann und Vater er gewesen wäre, und stellen uns vor, in welcher Weise er die Welt verändert hätte.

Obwohl die Zeit meinen Kummer nicht vertrieben hat, hat doch mein Vertrauen in Gottes Versprechen dessen Heftigkeit gemildert und mir erlaubt, Willies Tod – wie all die anderen Erfahrungen – in den Stoff des Lebens mit einzuweben. Ja, ich glaube, die fortwährende Ausrichtung auf Gottes Versprechen statt auf meine Traurigkeit half mir nicht nur, den Tod meines Sohnes zu »überleben«, sondern trieb mich auch tiefer hinein in Gottes Pläne für meine Zukunft.

Die britische Schriftstellerin Eva Ibbotson erklärte: »Du kannst nicht verhindern, dass die Vögel der Traurigkeit über deinen Kopf hinwegfliegen, wohl aber, dass sie in deinem Haar nisten.«[1] Ich wollte nie eine Zukunft ohne Willie, habe jedoch herausgefunden, dass der Glaube an Gottes Versprechen während meiner kummervollen Reise jene Vögel davon abgehalten hat, sich in meinem Leben niederzulassen.

Tatsache ist: Wir alle haben noch immer Arbeit zu tun. Gott ist mit keinem von uns fertig, und je mehr wir unser Augenmerk auf Seine Versprechen und nicht auf die eigene Person lenken, werden die Ängste, die uns zurückhielten, zwangsläufig allmählich verschwinden. So befreien wir uns nicht nur von der Verzweiflung, sondern öffnen unsere Herzen dem freudvollen Leben, das Gott für einen jeden vorsieht. In dieser Zeit des Verlusts wurde mir bewusst, dass ich besonders im Vertrauen auf die Lektion, dass Schönheit aus allen Dingen erblüht, großen Trost empfing.

An jedem Ostermorgen erinnern sich Christen auf der ganzen Welt frohgemut der Botschaft, dass der Tod besiegt wurde. »Christus ist auferstanden!«, rufen wir von ganzem Herzen und heben die Hände. Was für ein erstaunlicher Triumph! Welch eine Feier!

Aber wie können wir die wunderbaren Wahrheiten der Auferstehung, die Wirklichkeit des Himmels und die Gewissheit über Gottes unfehlbare Liebe wie Samen in die reichhaltige Erde unseres täglichen Lebens einpflanzen?

In zweiten Teil des Buches werde ich Ihnen zeigen, wie man genau das bewerkstelligt.

ZWEITER TEIL

13

Wie man mit absolutem Vertrauen lebt

Verlass dich auf den Herrn von ganzem Herzen,
und verlass dich nicht auf deinen Verstand,
sondern gedenke an ihn in allen deinen Wegen,
so wird er dich recht führen.

Sprüche 3,5–6

Wenn Sie Erzählungen über einen Besuch im Himmel oder auch eine ehrliche Geschichte über die Erfahrung mit dem Übernatürlichen aufmerksam lesen, werden Sie feststellen, dass aus jeder eine verborgene, sehr persönliche Erwartung spricht. Man könnte sie als »sofortiges Versprechen des Himmels« bezeichnen, das folgendermaßen lautet:

> *Wenn der Himmel und das Übernatürliche jetzt so nah sind*
> *Und wenn Gott jetzt so wirklich und so gütig und so liebevoll mir gegenüber ist,*
> *Dann kann ich jetzt gewiss ein erfüllteres und freudigeres Leben führen.*

Fasziniert Sie dieses sofortige Versprechen? Oder erscheint es Ihnen weithergeholt? Dem ist nicht so. Jedenfalls handelt es sich um ein Alles-oder-nichts-Angebot. Man muss mit Leib und Seele dabei sein. Aufgrund der Wirklichkeit des Himmels kann Ihr Leben und meines heute völlig anders aussehen.

Oder interessieren Sie diese Geschichten eher mäßig? Dann würde für Sie alles beim Alten bleiben – in der Überzeugung, dass jeder derartige Bericht, einschließlich dem meinen, unter die Kategorie jener herzerwärmenden, ja goldigen Geschichten fällt, denen Sie sich vielleicht einmal in der Zukunft widmen werden, die jedoch hier und heute weder Ihr Denken verändern noch Ihre Seele erneuern.

In diesem und den folgenden Kapiteln möchte ich Ihnen vor Augen führen, wie Ihr Leben anders werden kann dank der Entdeckungen, die Sie inzwischen gemacht haben. Das heißt, ich möchte Sie retten vor einer goldigen, letztlich aber überflüssigen Märchenstunde für Erwachsene.

Täuschen Sie sich nicht, es geht um eine äußerst ernste Angelegenheit. Mittlerweile weiß ich ohne jeden Zweifel, dass diese Welt nur durch einen äußerst dünnen Schleier von der nächsten getrennt ist und dass beide zu Gott gehören. Ich weiß, dass Sie und ich direkt bei oder sogar inmitten der Ewigkeit leben und dass jener Schleier ebenso wie die Zeit – mit all ihren Terminplänen und Uhren, geschichtlichen Epochen und Tragödien – eines Tages verschwinden wird. Dann wird alles Geschehen in der Zeit von Gott selbst in etwas Gutes, Richtiges und Schönes gewandelt.

Der Himmel macht im höchsten Maße deutlich: Gottes verschwenderische Liebe durchdringt alles und umfängt jeden, auch Sie und mich, und diese Liebe wird am Ende definitiv die Oberhand behalten!

In den bisherigen Kapiteln habe ich versucht, meine diesbezügliche Erfahrung so genau wie möglich wiederzugeben. Fortan möchte ich Ihnen zeigen, dass die verblüffenden, zugleich aber wahren Lektionen des Himmels darauf abzielen, unser Verständnis von der diesseitigen wie der jenseitigen Welt zu ändern – und damit unsere tägliche Beziehung zum Göttlichen. Sie lassen sich stichpunktartig zusammenfassen:

- Durch die Linse des Himmels sieht man die irdischen Verhältnisse mit anderen Augen.

- Der Tod ist nicht das Ende.
- Gott ist Liebe, und die Vergebung befreit uns.
- Der Himmel ist wirklich und die Gnade im Überfluss vorhanden.
- Gott möchte erkannt werden und bekundet Seine Gegenwart in unserer Welt durch Wunder.
- Gott hat einen Plan für uns, der von Hoffnung, Sinn und Schönheit zeugt.
- Nach Gottes Zeitmaß erblüht die Schönheit in allen Dingen.

Jede dieser sieben Lektionen, die im ersten Teil des Buches behandelt wurden, sind in Gottes Versprechen enthalten, dass der Himmel wirklich und der Tod nicht das Ende ist, dass Er uns kennt und liebt, in unserer Welt anwesend ist und einen allumfassenden, von Hoffnung erfüllten Plan für uns hat. Sie bezwecken, unsere Lebensweise grundlegend zu verändern.

Diese Transformation nenne ich: Leben mit absolutem Vertrauen. Sie und ich, wir sind nicht hier auf Erden, um einfach in der *Hoffnung* weiterzumachen oder zumindest dem richtigen Glauben anzuhängen, dass Gott wahr ist. Vielmehr sind wir eingeladen, uns voller Zuversicht – in *absolutem* Vertrauen – auf Gottes unfehlbare Versprechen zu stützen.

Indem wir die Grundlagen unseres Lebens ändern – angefangen bei der Hoffnung selbst und den diversen Überzeugungen bis zu dem unerschütterlichen Vertrauen in die Wahrheit von Gottes Versprechen –, erhält fast der gesamte Alltag ein neues Gesicht. Doch die meisten Menschen weichen dem aus, obwohl jeder Einzelne zu Veränderung fähig ist. Und zum Glück bedarf sie keiner traumatischen Erfahrung wie der meinen!

Die wunderbare Nachricht lautet: Die Versprechen des Himmels gelten für jeden von uns und sollen auf sehr praktische Weise ändern, wie wir heute leben, im Laufe des Tages auf Gott hören, Erfolge aufnehmen und Niederlagen überwinden, wie wir Entscheidungen treffen oder Herausforderungen – etwa dem Tod eines geliebten Wesens – begegnen, an unsere Arbeit herangehen, unsere Kinder großziehen, mit den Menschen ringsum interagieren, unsere Träume verfolgen und so vieles mehr.

Können Sie diese Änderungen auch ohne außerkörperliche Erfahrung herbeiführen? Ja, ganz gewiss. Sie brauchen sich nur der Wirklichkeit eines lebendigen und in Ihrem Leben tätigen Gottes bewusst zu werden und sofort zu beginnen.

Drei Ebenen der Freiheit

Der allgemeine Ausgangspunkt dieser Reise zur Wiederverbindung mit den Wahrheiten des Himmels liegt in jenem kleinen Funken freudiger Erwartung, die wir alle empfinden, wenn wir uns fragen, ob Gottes Versprechen wahr sein könnten. Diese Sehnsucht zeigt: Ihr Herz hat sich schon weit genug geöffnet, um die Möglichkeit in Betracht zu ziehen, dass Gott die Offenbarung des Himmels ist und dass Er sich Ihnen mit verschwenderischer, dauerhafter und unbedingter Liebe zuwendet.

Übrigens geht es hier nicht darum, sich eine Religion »zuzulegen« oder einer weiteren spirituellen Bewegung anzuschließen. Überlegen Sie nur einmal, wie viele Leute behaupten, an all die richtigen Ideen zu glauben, oder ihre Hoffnungen auf eine bestimmte geistige Methode, ein Bekenntnis oder Ritual richten, ohne dass sich ihr Leben dadurch entscheidend ändern würde. Zweifellos fehlt ihnen etwas. Warum kommen zahlreiche Menschen trotz ihrer löblichen Absichten einfach nicht weiter?

Für mich war es besonders hilfreich, noch einmal über jene drei bekannten Worte nachzudenken, die wir verwenden, um unsere Beziehung zu Gott zu beschreiben: *Hoffnung, Glaube* und *Vertrauen*. Sie sind in den heiligen Texten der meisten Religionen zu finden. Christen schätzen jeden dieser Begriffe, und das aus gutem Grund. Wir singen sie in der Kirche und hören sie während der Predigt. Aber was bedeuten sie eigentlich?

Vielleicht ist Ihnen aufgefallen, dass wir die Ausdrücke in gewisser Weise synonym benutzen. Und was die Verwirrung noch größer macht: Sie werden so unterschiedlich interpretiert, dass uns am Ende manchmal gar nicht mehr klar ist, was wir mit ihnen meinen – oder, auf den hiesigen Zusammenhang bezogen, weshalb wir in unserer spirituellen Erfahrung keinerlei Fortschritte zu erzielen scheinen.

Durch eine sorgfältige Kennzeichnung – oder Umdeutung – unserer Beziehung zu Gott möchte ich Ihnen helfen, Ihre gegenwärtige Erfahrung auf diesem Gebiet neu zu bewerten, und so einfach wie möglich darlegen, wie Sie Zugang finden zu dem Leben, das Sie sich immer gewünscht haben. Ich spreche von Hoffnung, Glaube und Vertrauen also nicht in theologischer Hinsicht, sondern betrachte sie gleichsam als *Ebenen persönlicher Überzeugung*.

Bleiben Sie an meiner Seite. Wenn wir zusammen die genannten Begriffe von innen beleuchten, zeige ich Ihnen ganz praktische Wege auf, wie Sie die Wirklichkeit und Macht des Himmels in Ihrem jetzigen Leben erschließen können.

Lassen Sie mich jede Ebene einzeln behandeln, auch wenn alle drei im Grunde eine fortlaufende Reihe bilden.

Wir beginnen mit der Hoffnung

Glücklicherweise hegen die meisten Menschen auf der Erde bestimmte Hoffnungen. Dieses Gefühl kann man in etwa so umschreiben: Setzen wir unseren Weg gezielt fort, wird uns in naher oder ferner Zukunft etwas Gutes zuteil. Die Hoffnung ist wie Sauerstoff – wir brauchen beide, um weitermachen zu können. Das kommt in solchen Sätzen zum Ausdruck wie: »Ich hoffe, wir haben am Wochenende gutes Wetter«, »Hoffentlich schneidest du bei der Prüfung gut ab« oder »Mit großen Hoffnungen blicke ich dem nächsten Jahr entgegen«. Damit bekunden wir, was wir erwarten – manchmal sehr viel.

Natürlich erhoffen wir deshalb etwas, weil wir nicht sicher sind, ob es eintreten wird. Wenn wir ein Nachtgebet flüstern, zur Kirche gehen, »denn das ist in unserer Familie so üblich«, oder durch das Leben wandern im Glauben, dass wir, falls es einen Himmel oder Gott gibt, wahrscheinlich fein heraus sind, insofern wir immer auf jemanden deuten können, der auf unserer Stufenleiter des sittlichen Verhaltens weiter unten steht … geben wir uns der Hoffnung hin. Diese ist auf keine einzelne Gruppe beschränkt, sie treibt den Skeptiker ebenso an wie den Gläubigen.

Letztlich läuft hier alles auf die Formel hinaus: »Vielleicht ja, vielleicht nein.«

Doch wenn die Hoffnung auch unsere Beziehung zu Gott oder unsere Reaktion auf Seine Versprechen prägt, verfehlt sie ihren Zweck, wird eher zum Wunschdenken als zu einer lebensverändernden Überzeugung. Vielleicht fühlen wir uns manchmal beruhigt – aber was ist in den Phasen, da die Hoffnung schwindet und wir aus dem Gleichgewicht geraten?

Verstehen Sie, was ich meine? Wenn wir die Frage nach Gott, nach der Wirklichkeit von Wundern und dem Versprechen des Himmels nur mit Hoffnung beantworten, wird sich unsere Denk- und Lebensweise wahrscheinlich nicht ändern, so sehr wir es auch möchten.

Daher betrachte ich die Hoffnung im Sinne einer geistigen Überzeugung als Ausgangspunkt, nicht als bleibenden Zustand. Positive Gefühle, ein Wunsch oder eine Sehnsucht sind zwar angenehm, aber selten zuverlässig genug, um eine innere Wandlung herbeizuführen. Meist zerstreuen sie sich, sobald die Stürme des Lebens zu wüten beginnen.

Wir gehen über zum Glauben

Nach meiner Erfahrung besteht der nächste Schritt zum völligen Vertrauen auf die Güte Gottes im Glauben. Um es noch einmal klarzustellen: Ich verwende diesen Begriff nicht gemäß der reichhaltigen theologischen Tradition, die der Christenheit besonders wichtig ist und auf die etwa Paulus anspielte: »Denn aus Gnade seid ihr gerettet worden durch den Glauben« (Epheser 2,8), oder auch der Autor des Briefes an die Hebräer: »Aber ohne Glauben ist's unmöglich, Gott zu gefallen« (Hebräer 11,6).

Vielmehr beziehe ich mich auf die Art und Weise, wie wir den Begriff im täglichen Leben oft aussprechen und meinen. Bisweilen ist der Glaube so leicht und luftig wie in Werbe- oder Politkampagnen, in denen mehr oder weniger deutlich erklärt wird: Ihr müsst uns einfach Glauben schenken. Wer zur Kirche geht, sonntags das apostolische Bekenntnis rezitiert oder bei einer Meinungsforschung Ja antwortet auf die Frage: Glauben Sie an Gott?, gilt als gläubiger Mensch, obwohl diese Charakterisierung weder einen Hinweis liefert auf die Stärke seiner Überzeugungen noch darauf, wie er sie in sein Leben integriert hat. Sehen Sie den springenden Punkt? So beliebt der Begriff *Glaube* bei Christen, Juden und Muslimen ist – was wir jeweils darunter verstehen, kann schnell Verwirrung auslösen.

Trifft das auch auf Sie zu? Vielleicht sprechen Sie in der Kirche die richtigen Worte, lesen die Bibel, beten, halten sich an eine Reihe religiöser Grundsätze, nehmen in kleiner Gruppe an theologischen Studien teil und glauben, dass irgendwo »da draußen« ein Gott existiert. Ungeachtet Ihrer Aufrichtigkeit hegen Sie allerdings weiterhin Zweifel und wollen auf Nummer sicher gehen. Oder Sie erkennen sich wieder in jener Formulierung, die ich von Leuten hörte, deren Glaube auf die Probe gestellt wurde: »Was hab ich zu verlieren? Wenn ich richtigliege, komm ich in den Himmel, und wenn nicht, hab ich nichts verloren.«

Die Konsequenzen dieser Art von Glauben stelle ich mir so vor, als würden wir uns vom Ufer abstoßen, doch wir gelangen nicht ganz ins Boot. Ein Bein ist drinnen, das andere draußen. Wir sind teilweise dort, wo wir sein möchten, werden zugleich aber auch ziemlich nass!

Ehrlich gesagt habe ich oft den Eindruck, dass die meisten »gläubigen Menschen« nur teilweise »im Boot sitzen«. Das wiederum hat Auswirkungen, die überall ringsum zu sehen sind. Leute mit aufrichtiger Überzeugung führen nicht wirklich jenes von Freude erfüllte Leben, das Gott ihnen zugedacht hat. Viele spiegeln weder Gottes Liebe wider noch sind sie liebevoll zu anderen. Trotz bester Vorsätze und Wünsche bleibt ihr Leben weitgehend unverändert.

Konfrontiert mit tiefem Leiden, haben sie im Grunde keinen Zugang zu den Segnungen von Gottes Wahrheit, Gegenwart und Liebe. Ihr Glaube ist erschüttert. Wie konnte das geschehen?

Meines Erachtens verwechseln diese Menschen echten Glauben mit der äußerst starken Überzeugung, dass Gottes Versprechen wahr sind. Dadurch setzen sie Glauben nicht mit Vertrauen gleich, wo doch gerade die bewusste Entscheidung dazu einen Menschen in das Reich alles übersteigender Freude treibt. Sich selbst als einen »gläubigen Menschen« zu betrachten, ist für viele schon das Höchste, was ihnen möglich erscheint. Vielleicht leiden sie unter einer tragisch irreführenden Information darüber, wer Gott ist und was Er von ihnen hält. Folglich können sie nicht den Schritt unternehmen, der eine nachhaltige Wende in ihrem Leben einleitet – und steigen damit nicht *vollständig* ins Boot.

Genau an dieser Stelle setzt das absolute Vertrauen ein.

Wir verändern uns mit absolutem Vertrauen

Hoffnung und Glaube werden zu absolutem Vertrauen, wenn wir den überzeugenden Beweis für Gottes Gegenwart in unserem Leben mit eigenen Augen sehen und dementsprechend tätig werden. Unser Gesinnungswandel kommt vielleicht durch eine persönliche Erfahrung oder durch die ergreifende Begegnung mit der Geschichte von jemand anderem – etwa der im vorliegenden Buch. Mit dem Beweis geht die Erkenntnis einher, dass ein Leben ohne völliges Vertrauen in Gottes Güte einfach keinen Sinn ergeben würde. Im Glauben an unser gewonnenes Wissen um die Wahrheit zu *handeln*, bewirkt eine Veränderung, die uns aus alten Empfindungs-, Denk- und Verhaltensmustern förmlich hinaustreibt.

Wir haben nun das Gebiet absoluten Vertrauens betreten. Dieses gründet nicht auf Stimmungen, momentanen Umständen, Zweckmäßigkeit oder religiösem Engagement, sondern auf der Einsicht, dass, was immer gerade geschehen mag, Gottes Versprechen dauerhaft und unveränderlich sind und für jeden von uns gelten. Diese Art von authentischem, lebensveränderndem Glauben – den ich »absolutes Vertrauen« nenne – beginnt mit der bewussten, zumeist durch persönliche Begegnung veranlassten Entscheidung, alles auf die grenzenlose Liebe und Güte Gottes zu setzen.

Wahrscheinlich erinnern Sie sich an biblische Helden, die genau diese Entdeckung machten und zuließen, dass hierdurch ihr Leben auf einschneidende Weise verändert wurde. Stellen Sie sich nur einmal vor, wie viel Vertrauen Noah gehabt haben muss, als er den Plan entwarf, eine Arche zu bauen. Vermutlich wurde er dafür verspottet, umso mehr, als er sie belud und schließlich an Bord ging. Auf der Arche harrte er dann der angekündigten Flut – wartete ab und wartete weiter. Ohne unerschütterliches Vertrauen in Gottes Wort hätte Noah das Projekt wohl schon lange vor dem Eintreffen der Flut aufgegeben.

Oder vergegenwärtigen Sie sich Daniels Vertrauen. Er war ein fröhlicher, aufrichtiger und hart arbeitender Mann. Aber seine Kollegen neideten ihm den Erfolg derart, dass sie ihn hintergingen und ihn in eine Löwengrube werfen ließen. Statt jedoch von

Wut und Angst verzehrt zu werden, stellte sich Daniel den Herausforderungen und meisterte sie mit felsenfestem Vertrauen.

Viele Menschen hoffen, dass Gottes Versprechen wahr sind, und viele weitere behaupten, gläubig zu sein. Aber wie viele von ihnen besitzen Noahs oder Daniels Vertrauen?

Erst wenn wir unser Herz dem absoluten Vertrauen öffnen, werden wir durch die wunderbaren, in Gottes Güte verborgenen Wahrheiten wirklich gewandelt. Dieses absolute Vertrauen ist jedem zugänglich – nicht nur den streng Gläubigen oder den alten Heiligen und gewiss nicht nur den verhältnismäßig Wenigen, die eine Nahtoderfahrung gemacht haben!

Echtes Vertrauen wird immer zu einer persönlichen Angelegenheit

Nennen Sie mich eine zupackende, bodenständige Pragmatikerin – jedenfalls habe ich festgestellt, dass zahlreiche große Wahrheiten über unser Leben mit Gott schnell zu bloßen Abstraktionen werden können. Dergleichen mag ebenso dem Glauben und dem Vertrauen widerfahren. Natürlich sind beide als Vorstellungen nicht weniger wichtig und sollen auch nicht weniger geschätzt werden. Doch am absoluten Vertrauen liebe ich besonders, dass es sich sofort, direkt und auf vorhersehbare Weise mit einem persönlichen Ergebnis verbindet. Nur selten existiert es als reine Idee. Wenn keine Tat erfolgt, die zu einem anderen Resultat führt, war dafür offenbar nicht das nötige Vertrauen vorhanden. So wie Gnade Liebe in Aktion ist, ist Vertrauen Glaube in Aktion.

Malen Sie sich aus, Sie wandern mit mir auf einem schmalen Pfad durch einen Tropenwald in Zentralamerika. Wir gelangen zu einer Schlucht, über die eine Seilbrücke gespannt ist – der einzige gangbare Weg zu unserem Ziel. Tief unten sehen und hören wir einen reißenden Fluss. Unruhig die Brücke von unserer Seite inspizierend, bemerken wir, wie sie in der Brise schwankt. Aufgrund der Bewegung und seltsamen Anordnung der Seile und Planken wirkt die Brücke, nun ja, nicht gerade sicher.

Ist sie es dennoch?

Ohne einen weiteren Schritt zu unternehmen, können Sie und ich gewiss *hoffen*, dass sie uns tragen wird.

Ohne uns auch nur ein wenig voranzutasten, können wir daran sogar *glauben* – in dem Maße, dass wir uns nicht ernsthaft Sorgen machen müssen über einen schlimmen Ausgang, sollten wir beschließen, den Abgrund zu überqueren. Trotzdem sind wir noch nicht losgezogen, und noch immer klafft die Schlucht unter unseren Augen.

Aber *Vertrauen*? Das ist etwas anderes. Eigentlich können wir nicht behaupten, es zu haben, solange wir nicht über die Brücke gehen. Das Vertrauen stellt sich ein, sobald wir eine Entscheidung treffen und ihr gemäß handeln. Es treibt uns an, einen Schritt zu tun, dann den nächsten und so fort – über diese durchhängende, schwankende Seilbrücke, die uns schließlich auf die andere Seite führt.

Deshalb sage ich, dass wahres Vertrauen stets zu einer persönlichen Angelegenheit wird. Es beginnt mit einer großen Verpflichtung – und sie drängt uns dann in eine Richtung, die wir ohne Vertrauen nie eingeschlagen hätten. Wir können aus tiefer Einsicht über Hoffnung und Glauben sprechen, Vertrauen aber müssen wir *leben*.

Kein Wunder also, dass absolutes Vertrauen in Gottes Versprechen unser Leben grundlegend verändert!

Dieses Vertrauen wirkt sich günstig auf meinen Gefühlszustand und mein Verhalten aus und beeinflusst weiterhin nachhaltig, wie ich den Alltag erfahre. Zum Beispiel merke ich jetzt, dass Gottes Versprechen, Er liebe mich innig, ebenso für jene Personen gilt, die ich nicht mag. Er liebt die Menschen, die anders aussehen als ich oder nicht mit mir übereinstimmen.

Natürlich möchte ich nicht in jedem Fall, dass Gott sie genauso sehr liebt, wie Er mich zu lieben scheint. Doch das macht nichts. Er liebt sie ohnehin – tief, vorbehaltlos, leidenschaftlich und für immer. Er liebt diejenigen, die meine Zuneigung nicht erwidern; die mich verletzt haben; die meines Erachtens skrupellos, unmoralisch oder einfach dämlich sind.

Tatsächlich liebt Gott sie nicht nur – sie sind (genauso wie Sie und ich) ein integraler Bestandteil Seines Plans für die Welt.

Durch das Vertrauen in Gottes Versprechen sind wir eingeladen, in der Freiheit zu leben, die wiederum daraus resultiert, dass wir uns vollkommen an den Gott halten, *wie Er sich selbst kundtut*, nicht an einen, den wir uns ausgedacht haben. So entfernen wir uns von angenehmen Gemeinplätzen und feierlichen Gesängen, die wir fälschlicherweise in einer wahren Beziehung mit dem Göttlichen wähnten. Wir sind fähig, momentane Umstände zu übersteigen und in höchstem Maße jenes Leben zu führen, das Jesus vorgab und das Gott jedem von uns wünscht.

Ich empfinde tiefe Achtung für die tradierten christlichen Glaubensvorstellungen sowie ihre Lehren über das Leben und habe auch deshalb Bibelstudien betrieben; doch ich schreibe nicht als ausgebildete Theologin, sondern eher als aufrichtige Zeugin, als Expertin in wenigen Bereichen, zu denen auch meine eigene Erfahrung gehört. Auf dieser Ebene fühle ich mich als Gesandte, demütig geworden durch das, was mir widerfahren ist, und voller Leidenschaft dafür, was ich diesbezüglich zu berichten habe.

Meine Erfahrung am südamerikanischen Fluss veränderte mich – nicht zur Vollkommenheit hin, das versichere ich Ihnen, sondern zugunsten einer Freiheit im Geist. Im Vertrauen, dass jeder wichtig ist und tief geliebt wird, fühle ich mich frei für das Wagnis, allen Menschen mit Anteilnahme zu begegnen. Entbunden von der Angst vor dem eigenen Tod oder dem meiner Liebsten hat sich meine Reaktion auf ihn radikal geändert. Wenn jemand aus meinem Umkreis stirbt, betrauere ich zweifellos den

Verlust, empfinde aber auch einen Anflug schmerzlichen Neids, weil ich weiß, dass dieser Mensch nun zu unserem wahren Zuhause zurückkehrt. Indem ich anerkenne, dass jeder sowohl eine Vorgeschichte als auch eine fortlaufende Geschichte hat, für die Gott tatkräftig Erlösung bietet, steht es mir frei, Gnade statt Urteil walten zu lassen. Wohlwissend, dass wir alle in Gottes liebevoller Umarmung aufgehoben sind, kann ich in jedem Gesicht nach der unbeschreiblichen Anmut suchen, die Jesus verkörperte.

Das heißt nicht, dass ich an jeder Person, die ich treffe, Gefallen finde – die Besinnung auf Gott macht uns nicht zu perfekten Menschen, aber zu solchen, die vergeben können. Jedenfalls verspüre ich den Drang, die innere Schönheit jedes Menschen wahrzunehmen. Wenn meine erste Reaktion kritisch ausfällt, gestehe ich mir insgeheim meine Dummheit ein, verzeihe sie und erweise mir selbst die gleiche Gnade, die Gott mir gewährt. Dann konzentriere ich mich auf Seine bezwingende und unleugbare Liebe zu diesem Geschöpf. Ich vertraue darauf, dass es Teil ist von Gottes herrlichem Plan für die Welt, halte Ausschau nach einem noch so unscheinbaren Detail, das ich an ihm mag, und besänftige ganz bewusst mein Herz, während sich mein Blick auf Gottes Herrlichkeit im Innern richtet. Dieser kleine Same der Verbindung beginnt fast immer zu gedeihen und schließlich in Liebe zu erblühen, ungeachtet dessen, wie ich mich zunächst fühlte.

Selbst wenn schreckliche Dinge geschehen – etwa der Tod eines geliebten Kindes –, weiß ich aus persönlicher Erfahrung, dass keine Dunkelheit das Licht lange verbergen kann. Das ist absolutes Vertrauen, so gut ich es begreife und so tief ich es erlebe. Die Belohnungen für mich wie für jeden anderen sind immens. »Wir werden sicher durch jeden Sturm steuern«, schrieb der Ordensgründer und Kirchenlehrer Franz von Sales zu Beginn des siebzehnten Jahrhunderts, »solange unser Herz aufrichtig ist, unsere Absicht inbrünstig, unser Mut standhaft und unser Vertrauen auf Gott gerichtet«.[1]

Vier Schritte von der Ungewissheit zur Unerschütterlichkeit

Ausdauernde Freude gründet auf dem Fundament der Versprechen Gottes. Sie spiegelt das Vertrauen in Seine Pläne und die Hoffnung für Sein Volk wider. Tatsächlich *möchten* die meisten Menschen Gott in dieser Weise vertrauen, auch wenn der Wunsch tief in ihrem Herzen verborgen ist. Trotzdem versäumen sie vielleicht lange Zeit die Freude, die ein geistiges Leben gewähren kann, weil sie auf eigene Faust ihr Glück suchen. Aber das muss nicht so sein.

Obwohl mehrere Wege zur Veränderung führen, werde ich einen systematischen Ansatz vorschlagen, der erwiesenermaßen auch ohne dramatische Ereignisse gut funktioniert. Wie Sie inzwischen wissen, betrachte ich mich als wissenschaftlich ausgebildete, konkret denkende Pragmatikerin. Daher wird es Sie nicht überraschen, dass die hier beschriebene Methode zur Entdeckung absoluten Vertrauens sorgfältig erarbeitet, in einzelnen, zusammenhängenden Schritten erläutert und immer wieder durch Beweise gestützt wird. Aufrichtig in die Tat umgesetzt, können sie Ihnen helfen, bestimmte Überzeugungen, die noch immer Schwankungen unterworfen sein mögen, in unerschütterliches Vertrauen umzuwandeln.

Die Schritte folgen einem einfachen Ablauf, den wir – mit besonderem Augenmerk auf den Praxisbezug – in den nächsten Kapiteln genauer untersuchen werden:

1. Blicken Sie über den eigenen Horizont hinaus. Öffnen Sie Ihr Herz für die Wahrheit von Gottes Versprechen und formulieren Sie eine nachprüfbare Hypothese.

2. Schauen Sie sich in der Welt um. Sammeln Sie Beweise aus der Natur und dem Leben anderer Menschen.

3. Sehen Sie nach innen. Entdecken Sie in Ihrer eigenen Geschichte die Zeichen für Gottes Gegenwart.

4. Ziehen Sie ein Fazit. Bewerten Sie Ihre Hypothese neu, treffen Sie eine Entscheidung und handeln Sie ihr gemäß.

Indem Sie diese Schritte befolgen, werden Sie Ihr Ergebnis mit persönlichen Erfahrungen und Daten absichern und durch Gottes Hilfe ein anderes Leben anfangen – erfüllt von Freude und Vertrauen in Seine unfehlbare Güte. Ich bin vollkommen sicher, dass jeder Mensch diesen inneren Wandel herbeiführen kann, der jedoch weder aus Wunschdenken noch aus bloßer Hoffnung resultiert. Die einzelnen Schritte müssen der Reihe nach unternommen werden – nur so gelangen Sie zum Erfolg.

Damit lade ich Sie nun ein, den ersten Schritt zu tun.

14

Schritt 1: Blicken Sie über den eigenen Horizont hinaus

Formulieren Sie mit offenem Herz eine Hypothese

Du hast mir kundgetan die Wege des Lebens
du wirst mich erfüllen
mit Freuden vor deinem Angesicht.

Apostelgeschichte 2,28

Wenn Sie aufrichtig bereit sind, sich der Gegenwart Gottes und des Sinns in Ihrem Leben bewusst zu werden, fordere ich Sie auf, den ersten Schritt in diese Richtung zu unternehmen, der Ihre Perspektive grundlegend ändern wird. Das Ganze steht unter der Überschrift: Blicken Sie über den eigenen Horizont hinaus.

Um die Bedeutung dieses Schrittes zu verstehen, stellen Sie sich Folgendes vor:

Sie befinden sich auf einem Feld und betrachten den Horizont, der Sie magisch anzieht. Er stellt die Zukunft dar, die Sie ersehnen – ein Leben also, gegründet auf absolutes Vertrauen in Gottes Versprechen. Das Feld hingegen veranschaulicht Ihr bisheriges Leben. Da Sie schon eine ganze Weile auf Erden sind, ist es ringsum übersät mit Verpflichtungen, alten Träumen, kürzlichen Erfolgen, Beziehungen, Ressentiments, Enttäuschungen, Überzeugungen, Erinnerungen – mit dem ganzen seelischen und gedanklichen »Gepäck«, das ein voll ausgelastetes Leben über die Jahre hervorbringt.

Wie blicken Sie über all das hinweg zum Horizont, wo Sie Ihr neues Leben entdecken und beanspruchen können? Es gibt so vieles, das Sie ablenkt, zurückhält und mit stichhaltigen Argumenten daran hindert, eine Änderung vorzunehmen. Ihre erste Herausforderung besteht darin zu begreifen, auf welche Weise Sie an den Punkt im Hier und Jetzt gekommen sind, und sich dann aufzumachen in Richtung der gewünschten Zukunft.

Machen wir uns zunutze, was jene kleine Szenerie andeutet, um die Reise zu einem Leben in absolutem Vertrauen anzutreten.

Ich schlage drei Aktionen vor, die Sie allmählich von Ihrer Vergangenheit und Gegenwart befreien und der gewünschten Zukunft näherbringen:

1. Beginnen Sie mit einer inneren Bestandsaufnahme, um herauszufinden, was Sie bisher zurückgehalten hat.
2. Setzen Sie die Parameter für Ihre Suche, indem Sie die Frage stellen: Wie viele Hinweise werde ich brauchen, um meine Überzeugungen zu ändern?
3. Formulieren Sie eine klare und nachprüfbare Hypothese, die Ihnen die einzuschlagende Richtung anzeigt.

Wie Sie vielleicht noch aus der Schulzeit wissen, ist eine Hypothese eine Aussage, die Anfangspunkt und Zielrichtung einer Suche markiert. Im Voraus – und auf der Grundlage Ihrer Kenntnisse – bringen Sie damit deutlich zum Ausdruck, was die vorhandenen Hinweise bestätigen könnte. Dann gehen Sie an die Arbeit und sammeln Belege, die dafür oder dagegen sprechen.

Stellen Sie sich vor, was passieren würde, wenn Ihre Suche derart überzeugende Beweise lieferte, dass Sie *vorbehaltlos* akzeptieren könnten: Gott ist Wirklichkeit, er ist anwesend und in Ihrem heutigen Leben tätig. Er kennt Sie persönlich und liebt Sie, als wären Sie Sein einziges Kind. Malen Sie sich die Befreiung von Sorge und Angst aus, die Sie erleben würden dank der uneingeschränkten Zustimmung, dass Gottes Versprechen und Pläne für Sie voller Schönheit und Hoffnung sind!

Selbst wenn Sie dieser Lernerfahrung mit einigem Zögern begegnen, bin ich äußerst zuversichtlich, was deren Ergebnisse betrifft. In biblischer Zeit hat Gott »die Ewigkeit in ihr Herz gelegt« (Prediger Salomo 3,11), und zweifellos tragen auch Sie heute die Ewigkeit im Herzen. (Die Tatsache, dass Sie weiterhin dieses Buch lesen, ist der beste Beweis dafür.)

Darüber hinaus sind Sie während Ihrer Suche nicht allein – Gott steht Ihnen dabei zur Seite. Er verspricht, Ihnen die Wege des Lebens kundzutun, zumal wenn Sie Ihn aus tiefem Herzen suchen (Apostelgeschichte 2,28; 5. Mose 4,29; Matthäus 7,7). Deshalb lege ich Ihnen eindringlich nahe, Ihr ganzes Wesen – Kopf, Herz und Seele – mit einzubringen. Bitten Sie Gott, Ihnen den Weg zu zeigen. Dann werden Sie durch Sein Wort, Seinen Geist, Seine Engel und Seine liebevolle Gegenwart zu Ihrem wahren Zuhause geleitet.

Fragen Sie: Was hält mich zurück?

Um über den eigenen Horizont hinauszublicken, müssen Sie zuerst eine innere Bestandsaufnahme machen. Ich empfehle, diese mit solchen Fragen zu beginnen: Wie offen bin ich dafür, einen übernatürlichen und liebevollen Gott in meinem Leben am Werk zu sehen? Welche Einstellungen und Vorurteile – das persönliche »Gepäck« – mögen mir den Weg verbauen oder das Ergebnis meiner Untersuchungen verzerren?

Eine wohlüberlegte Bilanz unseres gegenwärtigen Zustandes hilft uns herauszufinden, wie wir in ihn gelangt sind. Wir begutachten noch einmal unsere Vergangenheit, daneben unsere geistige Entwicklung bis zum jetzigen Zeitpunkt sowie jede frühere Annahme, die unser Verständnis von Gott und Seine verblüffenden Versprechen geprägt hat. Natürlich sind wir uns im täglichen

Ablauf all dessen meistens nicht bewusst, aber gerade in dem Moment, da wir Gott unbedingt vertrauen wollen, zögern wir. Das »Gepäck« blockiert unseren Weg, wir kommen nicht weiter.

Sie können eine eigene Liste anlegen, was Ihre geistige Landschaft begrenzt oder gar verunstaltet (am Ende des Kapitels werde ich Sie genau darum bitten). Bei vielen von uns ist diese Aufstellung ziemlich lang. Im Folgenden seien einige Hindernisse genannt, von denen andere Menschen mir berichtet haben – oft unter Tränen der Angst und des Kummers.

»Ich bin durch die Religion verletzt worden.«

Leider ist das eine altbekannte Geschichte. Viele sind von Kirche und Religion enttäuscht. Im Namen einer bestimmten Glaubenstradition mag mehr Unheil als Heil geschehen sein. Vielleicht hat ein arroganter oder heuchlerischer Kirchenführer einem oder mehreren Mitgliedern seiner Gemeinde großen seelischen Schaden zugefügt. Manche haben schrecklich gelitten unter repressiven Regeln, törichten Obsessionen, schlechter Wissenschaft oder unwissender, kleinlicher Politik, die uns allesamt auf Geheiß Gottes aufgedrängt wurden. Die Verursacher dieser Schäden waren im Allgemeinen keine bösen Menschen; selbst wohlmeinende Gläubige können die Botschaft Christi verzerren. Nichtsdestotrotz sind die negativen Auswirkungen deutlich erkennbar und nachhaltig.

»Ich habe angefangen, an der Bibel zu zweifeln.«

Möglicherweise wurde in Ihrer Vergangenheit die Bibel als Waffe benutzt, um Zwietracht zu säen – also Ausgrenzung, Ungerechtigkeit, Ignoranz, Vorurteil oder Angst heraufzubeschwören, statt die frohe Botschaft des neuen Lebens für alle zu übermitteln. Daher werden durch engstirnige Auslegungen von Bibelstellen Gottes Wesen und Seine Versprechen in einer Weise charakterisiert, die für Sie keinen Sinn mehr ergibt.

»Warum sollte ich dem ›Mann da oben‹ mein Leben anvertrauen?«

Viele von uns kommen ins Erwachsenenalter mit kindischen Auffassungen und Erwartungen in Bezug auf Gott. Was damals hilfreich oder zumindest harmlos gewesen sein mochte, belastet uns nun mit bizarren, schriftgläubigen und patriarchalischen Ansichten von Gott, die wir ablehnen. Im wirklichen Leben brauchen wir einen Gott für Erwachsene.

»Aber wenn ich Gott völlig vertraue, werde ich nie … werde ich immer …«

Derartige Vorbehalte werden zwar nur selten zur Sprache gebracht, lauern jedoch bei fast jedem in unterschiedlicher Verkleidung unter der Oberfläche. Wir vermuten, eine lange Liste von Regeln befolgen zu müssen, wenn wir Gott unser Herz ganz öffnen. Wir befürchten, unser Vergnügen würde eingeschränkt oder wir müssten Dinge tun, die uns widerstreben.

Wie würden Sie aus Ihrer eigenen Erfahrung den obigen Satz vervollständigen?

»Meinem Gefühl nach habe ich die Vergangenheit hinter mir gelassen.«

Manchmal können wir die Kultur einer religiösen Gemeinschaft in der Vergangenheit nicht trennen von unseren Gefühlen und Wünschen in der Gegenwart. Ab einem bestimmten Reifegrad identifizieren wir uns nicht mehr mit »dieser betenden Menge« und wollen gewiss nicht zu ihr zurückkehren. Selbst die unscheinbarste Erinnerung – der unangenehme Atemgeruch des Pastors, die bucklige alte Frau, die den Friedhof bei der Kirche pflegte, ein peinliches Gespräch an der Highschool oder am College über Glauben kann sich als unüberwindliches Hindernis erweisen.

»Ich könnte nie gut genug sein.«

Ich habe mit vielen gesprochen, die sich eine geistige Erfahrung wünschen, nicht aber den vielleicht daran anschließenden Veränderungsprozess. Andere möchten verändert werden, widersetzen sich jedoch den Verpflichtungen, die sich aus einer tiefen geistigen Erfahrung ergeben. So oder so bin ich davon überzeugt, dass wir zurückgehalten werden von der Angst, Gottes Erwartungen, wie wir sie auffassen, nicht gerecht werden zu können.

»Ich kann meine gedanklichen Vorbehalte nicht überwinden.«

Den verstandesmäßigen Zweifeln schenken die Medien viel Beachtung, und natürlich muss man sie ernst nehmen. Doch durch eine Art intellektuelle Arroganz werden einige Menschen daran gehindert, ein tiefes geistiges Leben zu bejahen. Wir lassen zu, dass unsere »wissenschaftlichen« Überzeugungen filtern, was wir zu erwägen oder gar zu glauben bereit sind. Wir behaupten, alles abzulehnen, was nicht gesehen, berührt oder wissenschaftlich bewiesen werden kann – und übergehen dabei, dass wir regelmäßig unsichtbare Tatsachen akzeptieren, auf die nur von ihren Wirkungen rückzuschließen ist (Schwerkraft, elektromagnetische Wellen, der Wind). Wir können die Existenz von Liebe, Freundlichkeit oder Mitgefühl nicht beweisen – aber wer würde ihre Wirklichkeit anzweifeln?

»Religion ist nur eine Krücke.«

Es ist die amerikanische Art, unsereins als stark, unabhängig, vernünftig zu betrachten, ohne auf Gott angewiesen zu sein. So oft wünschen wir uns Gottes Segen, aber nicht Seine Unterweisung. Wir glauben, unsere Leistungen selbst verdient zu haben und die Anerkennung nicht mit Gott teilen zu müssen, obwohl wir Ihn gern verantwortlich machen, wenn etwas schiefgeht. In unserer gegenwärtigen Kultur stufen wir Macht und Prestige höher ein als Demut und Dienstfertigkeit. Es würde unser Selbstwertgefühl herabsetzen, Immigranten die Füße zu waschen, wie Papst Franziskus es tat, oder, wie Jesus, auf dem Rücken eines Esels anzukommen.

»Ich bin spirituell, aber nicht religiös.«

Eine weitere, in unserer Zeit häufig geäußerte Ansicht. Sie setzt voraus, Spiritualität und Religion könnten voneinander getrennt werden – und Spiritualität, frei von den Begrenzungen einer organisierten Religion, sei irgendwie reiner. Ein Kajakgefährte sagte einmal zu mir, er sei sehr spirituell, habe jedoch mit »Gott und so« nichts zu tun. Im Verlauf unseres Gesprächs wurde klar, dass er wie so viele andere, die behaupten, spirituell, nicht religiös zu sein, seine Erfahrung einfach selbst gestalten wollte. Diese war nicht einer größeren Gemeinschaft oder höheren Offenbarung geschuldet und konnte nach Belieben fortgesetzt oder beendet werden. Daher mag der Anspruch, spirituell zu sein, nur eine andere Möglichkeit darstellen, weiterhin Kontrolle auszuüben, statt das Herz einer Macht zu öffnen, die uns unendlich übersteigt.

»Aber du weißt ja nicht, was ich angerichtet habe.«

Viele der Suchenden, denen ich begegnet bin, werden durch Schuldgefühl und Selbstverachtung tatsächlich davon abgehalten, ihr Herz Gott zu öffnen. Sie glauben, etwas Unverzeihliches getan zu haben, und verurteilen sich dafür in der Überzeugung, nicht liebenswert zu sein. Andere wiederum projizieren auf Gott jene schädliche Beziehung, die sie zu einem irdischen Vater unterhielten. Wenn Sie mit ähnlichen Schwierigkeiten konfrontiert sind, haben Sie wahrscheinlich mit dem tiefen Gefühl zu kämpfen, Gottes Liebe – oder auch nur eines glücklichen Umstands in Ihrem Leben – nicht würdig zu sein.

Würden Sie sagen, dass in der geistigen Landschaft Ihres heutigen Lebens solche »Gepäckstücke« herumstehen, wie ich sie gerade gekennzeichnet habe? Oder könnten Sie andere Hindernisse hinzufügen? Ich ermuntere Sie, nach besten Kräften zu beschreiben, was Ihnen wahr und richtig erscheint. Es geht nicht darum, eine schnelle Lösung zu finden; bei jedem von uns erfordern derartige Probleme eine lebenslange Arbeit.

Fürs Erste schlage ich Ihnen vor, das unerwünschte Gepäck in Gottes liebevoller Gegenwart auszubreiten. Übergeben Sie es in Seine Hände mit einem einfachen Gebet. Ich könnte das folgende empfehlen, das sich auf zwei Psalmen bezieht:

Du bist gut,
Und was du tust, ist gut.
Schaffe in mir ein reines Herz, oh Gott,
Und erneuere in mir einen unerschütterlichen Geist.

(nach Psalm 119; 51,12)

Oder Sie sagen ganz einfach:

Bitte, Gott, nimm meine Sorgen auf Deine Schultern
und schenke mir Ruhe.
Lass Deinen Heiligen Geist mich leiten und gewähre mir
Einsicht, damit ich Deine Liebe wahrnehmen kann.

Wie ich selbst und viele andere Menschen werden Sie sicherlich merken, dass in unserem Leben starke Kräfte freigesetzt werden, sobald wir die eigenen Hindernisse untersuchen, benennen und in einem Akt des Glaubens Gott anbefehlen. So verringern wir den Einfluss negativer Erfahrungen, die unsere Weiterentwicklung blockieren, und schaffen Raum, in dem Er die herbeigesehnte Erneuerung bewirken kann. Außerdem werden wir auf diese Weise vorbereitet, den nächsten Schritt auf unserem Weg zu einem neuen Leben in Gott zu unternehmen.

Fragen Sie: Wie viele Hinweise brauche ich?

Um konstruktiv über den eigenen Horizont hinauszublicken, müssen wir entscheiden, was nötig wäre, um uns tatsächlich in Bewegung zu setzen. Jeder hat dafür wahrscheinlich einen eigenen Ansatz. Als konkrete und lineare Denkerin erwarte ich, dass sowohl meine Gedanken und Worte wie auch mein Verhalten mitberücksichtigt werden. Ich ziehe Daten der Abstraktion vor, die Tat der Ambivalenz. Ziemlich intolerant bin ich gegenüber Heuchelei. Meines Erachtens sollte ein Mensch religiöse und spirituelle Wahrheiten nach besten Kräften intellektuell und methodisch beurteilen und dann eine Wahl treffen. Das Leben ist zu kurz, um immer wieder zu zaudern und zu diskutieren. Sobald die Wahl getroffen ist, sollten wir unsere erklärten Überzeugungen in die Praxis umsetzen.

Welches Vorgehen ziehen Sie vor? Welche Art von Hinweis erscheint Ihnen am wichtigsten?

Es übersteigt den Rahmen dieses Buches ebenso wie meinen Erfahrungsbereich, die wissenschaftliche Argumentation eines Francis S. Collins darzustellen, die philosophische Abhandlung eines C. S. Lewis oder die theologische Betrachtung eines Timothy Keller. So grundlegend eine derartige Lektüre sein mag, habe ich doch festgestellt, dass die Mehrheit der Suchenden ihren Weg zu Gott auf ganz unterschiedliche Weise findet, wobei jede Annäherung zweifellos den individuellen Bedürfnissen und wesentlichen inneren Eigenschaften entspricht. Vielleicht benötigen Sie Jahre sorgfältiger wissenschaftlicher Untersuchung. Jemand anders hingegen braucht ein Gebet, eine Begegnung mit einer engelhaften Gegenwart, einen Traum, eine heilige Schrift – oder einen Augenblick, in dem der Himmel sich zu öffnen scheint und er beim Namen gerufen wird.

Achten Sie jedenfalls darauf, Ihre Hypothese einer ehrlichen Prüfung zu unterziehen, statt – unter dem Deckmantel gewissenhafter Suche – eigentlich untätig und um Selbstschutz bemüht zu sein. Ohne Weiteres können wir uns ähnlich verhalten wie in einem Gerichtssaal. Wir akzeptieren keine überzeugenden Indizien, sondern bestehen auf unleugbaren Beweisen. Der Unterschied ist offensichtlich. Die eine Haltung ist eher defensiv, die andere kreativ und initiativ. Das trifft besonders dann zu, wenn wir uns eine lebensverändernde Wahrheit zu eigen machen möchten.

Jesus veranschaulichte diesen Aspekt mit Seiner Geschichte eines hungrigen, mit Schwären bedeckten Armen namens Lazarus, der starb und zum Himmel aufstieg, und einem reichen Mann, der ebenfalls starb und in die Hölle kam. Von dort blickt er, gepeinigt, in die Ferne und sieht Lazarus in Abrahams Schoß. Der Reiche bittet den Stammvater um Linderung seiner Qualen, doch der erklärt ihm sanftmütig, dass es dafür zu spät sei. Anschließend unternimmt der Reiche einen weiteren Versuch:

> *So bitte ich dich, Vater, dass du ihn [Lazarus] sendest in meines Vaters Haus; denn ich habe noch fünf Brüder, dass er sie warne, auf dass sie nicht auch kommen an diesen Ort der Qual.*
>
> *Abraham sprach: Sie haben Mose und die Propheten; lass sie dieselben hören.*
>
> *Er aber sprach: Nein, Vater Abraham, sondern wenn einer von den Toten zu ihnen ginge, so würden sie Buße tun.*
>
> *Er sprach zu ihm: Hören sie Mose und die Propheten nicht, so werden sie auch nicht glauben, wenn jemand von den Toten aufstünde.*
>
> (Lukas 16,27–31)

Eigentlich konfrontiert Jesus seine Zuhörer mit der Frage: Wie viele Hinweise braucht ihr? Der reiche Mann möchte, dass

Abraham seiner Familie einen Beweis liefert von der anderen Seite des göttlichen Plans, aber der Stammvater erinnert ihn daran, es gebe bereits genügend Hinweise auf Erden.

Verstehen Sie die Bitte des reichen Mannes? Ich kann sie durchaus nachvollziehen. Ein bisschen wie er habe ich mich oft gefragt, warum nicht allen Menschen eine dramatische geistige Erfahrung wie die meine zuteilwird, um sie von Gottes Existenz zu überzeugen. Aber wie viele Beweise wären nötig, um jemanden zu überzeugen, der nicht überzeugt werden will? In Anspielung auf seine eigene Auferstehung sagte Jesus: Nun, einen solchen Beweis gibt es nicht. Es überrascht mich nicht, dass etliche Leute tiefe geistige Erfahrungen machen, sich aber nur dann Gott zuwenden, wenn in ihrem Leben etwas Aufsehenerregendes passiert und die Illusion entlarvt, alles in der Hand zu haben. Vielleicht ziehen sie sich eine Krankheit zu, die auf keine Behandlung anspricht, müssen aufgrund einer schweren Verletzung auf die Intensivstation oder verlieren plötzlich ein geliebtes Wesen.

Es gibt weitverbreitete Gründe und Entschuldigungen, keine Hypothese zu formulieren oder ein geistiges Leben zu verfolgen. Dabei stellt der Glaube an Gott nicht selten ein gedankliches Problem dar. Einige wollen einfach nicht glauben. Sie wollen sich weder Gott fügen noch ihr Verhalten ändern. Ab und zu gläubig zu sein, fühlt sich gut an und bereitet keine Mühe. Statt uns zu einem Leben zu verpflichten, das Gott für uns vorsieht, bestimmen wir selbst über unser Handeln und vergessen leicht jene Situationen, in denen wir jemanden anschrien, über einen Freund lästerten, mit einer verheirateten Kollegin flirteten oder die ethischen Grundsätze eines Geschäftsabschlusses verwischten. Gott unsere Zukunft anzuvertrauen zwingt uns auch, die eigenen Erwartungen loszulassen. Aber die meisten von uns würden es vorziehen, Gottes Plan erst einmal zu begreifen, ehe sie ihm zustimmen.

Zum Glück können Sie und ich als spirituelle Geschöpfe mit einer physischen Erfahrung (siehe Kapitel 3) darauf bauen, dass der Geist der Weisheit und des Trostes uns bei unserer Suche begleitet. Ich verspreche Ihnen: Wie Millionen Menschen vorher werden Sie genügend Hinweise entdecken, um bei sich eine geistige Veränderung einzuleiten, wenn Ihr Herz empfänglich ist für Gottes Unterweisung und Sie bereit sind, aufrichtig nachzuforschen. Jedenfalls macht Gott in Jeremia 29,13 und Sprüche 8,17 deutlich, dass Er gefunden werden *möchte.*

Formulieren Sie jetzt eine nachprüfbare Hypothese

Auch wenn es Ihnen wie hohe Wissenschaft vorkommt, eine persönliche Hypothese aufzustellen, sollte dieser ungewohnte Begriff Sie nicht vom Weg abbringen. Eine Hypothese ist lediglich ein Organisationswerkzeug, das dazu beiträgt, Ihre Aufgabe zu bewältigen, der Lichtstrahl eines Leuchtturms, dank dem Sie über ein Meer von Daten navigieren können. Eine Hypothese niederzuschreiben und das Wagnis zu unternehmen, sie zu bestätigen oder zu widerlegen, ist, vonseiten des Wissenschaftlers, an sich schon ein Akt des Glaubens. Er schickt einen Versuchsballon hoch, um herauszufinden, was passieren wird. Es ist an der Zeit, die Fakten auf ihren Wahrheitsgehalt zu überprüfen.

Ich empfehle, den Satz ohne Umschweife in einfache Worte zu fassen. Für ein Leben, das absolutes Vertrauen gewährleisten soll, könnte Ihre Hypothese etwa so lauten: »Gott ist Wirklichkeit und gegenwärtig« oder »Gottes Versprechen sind wahr.«

Das genügt. Jetzt wissen Sie, was Sie auf die Probe stellen werden. Nun sind Sie bereit, unterwegs Daten zu sammeln für eine wirklich hohe Belohnung – eine radikal neue Art und Weise, Ihr Leben *mit Gott* zu sehen und zu erfahren.

Aktionen und Reflexionen, die Ihnen helfen, über den eigenen Horizont hinauszublicken

Bei jedem der folgenden Schritte schreiben Sie Ihre Antworten in ein Tage- oder Notizbuch. Dadurch sind Sie aufgefordert, gründlich zu sein, und können jederzeit zu diesen Aufzeichnungen zurückkehren, um noch einmal darüber nachzusinnen und ein Gebet zu sprechen.

1. Haben Sie Ihren Glauben auf ebenso überlegte wie offenherzige Weise je auf die Probe gestellt? Wenn ja, was kam dabei heraus? Welches Ergebnis des Bewertungsprozesses hinsichtlich Ihrer »Horizonterweiterung« würden Sie sich am meisten wünschen?

2. Welche seelischen, in Ihrer eigenen Geschichte begründeten Hindernisse haben Sie am meisten davon abgehalten, Gott aus ganzem Herzen, mit aller Stärke und Geisteskraft zu vertrauen?

3. Welche gedanklichen Hürden hatten den größten Einfluss darauf, dass Sie kein absolutes Vertrauen empfinden konnten?

4. Welchen Beweis werden Sie brauchen, um Ihr Leben vollständig Gott anzuvertrauen?

5. Wie lautet Ihre Arbeitshypothese, die Sie anhand der gesammelten Informationen überprüfen möchten? Schreiben Sie sie auf.

15

Schritt 2: Schauen Sie sich in der Welt um

Sammeln Sie Beweise aus der Natur und dem Leben anderer Menschen

Ich kann mir vorstellen, dass ein Mensch auf die Erde hinabblickt und behauptet, es gebe keinen Gott. Aber es will mir nicht in den Sinn, dass einer zum Himmel aufschaut und Gott leugnet.

Abraham Lincoln

Was heißt das eigentlich: Beweise sammeln für eine geistige Suche? Endlose Predigten aussitzen, gewichtige Folianten lesen, sich einen Monat lang zum Fasten und Beten in eine Einsiedelei zurückziehen? Möglicherweise schon. Aber damit würde ich nicht beginnen.

In diesem Kapitel betrachten wir sowohl die natürliche Welt ringsum wie auch unser Leben auf der Suche nach Zeichen, dass ein übernatürlicher, liebevoller Gott sich direkt vor unseren Augen verbirgt. Sollten wir, wenn Er überall gegenwärtig ist, nicht erwarten können, Hinweise auf Sein diamantenes Funkeln in allen Richtungen zu entdecken?

Was sehen Sie, wenn Sie sich umblicken? Nicht an einem besonderen Tag, sondern an einem gewöhnlichen. Erlauben Sie mir zunächst, diese Frage aus meiner eigenen Perspektive zu beantworten.

Im ländlichen Wyoming, wo ich wohne, werde ich die ganze Zeit daran erinnert, dass die Natur erfüllt ist von göttlichen Zeugnissen und vor Geheimnissen geradezu pulsiert. Vor meinem Schlafzimmerfenster sehe ich im fernen Feld die Silhouette eines einsamen Baumes. Oft hockt ein Adler oder Fischadler feierlich im Geäst; das Majestätische dieser Szene bewegt mich jedes Mal. Das ist auch die Richtung, in der das Grab meines Sohnes liegt, und so denke ich praktisch immer an ihn, wenn ich dorthinschaue.

Durch das Küchenfenster blicke ich auf Espen und Pappeln, Farmland und Berge. Vielleicht sehe ich die Hühner herumlaufen – und oft erspähe (und höre) ich Rothirsche, Elche, Füchse, Kojoten, gelegentlich Hermeline. Je nach Jahreszeit grasen Pferde und Kühe auf dem Feld hinter unserem Zaun.

Vor der Frontseite unseres Hauses sehe ich einen Teich, der Reiher, Enten und Gänse anlockt. Morgens wie abends steigen Forellen an die Wasseroberfläche, um sich von der letzten Insektenbrut zu ernähren.

Im Innern des Hauses wandert mein Blick häufig zu den zahlreichen Fotos meiner Familie und unserer gemeinsamen Abenteuer. Jedes Bild ist ein Zeugnis der Gnade, für das ich zutiefst dankbar bin.

In den milderen Sommermonaten fahre ich meistens mit dem Fahrrad zur Arbeit. Entlang des Weges entdecke ich alle Arten von nistenden Vögeln, vor allem aber Rotkehlchen, Tangare und Berghüttensänger. Ich sehe, wie ihre Jungen allmählich flügge werden. Dann bemerke ich das Blühen der Blumen und rieche ihre süßlichen Düfte. Ich koste das Geschenk des Atems aus und spüre beglückt die Wärme der Sonne. Ganz gleich, was der Tag bringt – die körperliche Ertüchtigung beschert mir immer ein Hochgefühl.

Im Herbst beobachte ich, wie die Espen ihre Farbe wechseln. Stets faszininiert mich der Gedanke, dass die Bäume in einem Hain genetisch identisch sind, weil sie einen riesigen Organismus bilden, der unterirdisch durch ein einziges, weit verzweigtes Wurzelsystem zusammengehalten wird. Deshalb nehmen in einem Espenhain sämtliche Blätter innerhalb weniger Stunden oder Tage eine gelbe Farbe an. Es erinnert mich unaufhörlich daran, wie tief wir alle miteinander verbunden sind.

Das sind einige der Dinge, die ich regelmäßig wahrnehme. An jedem beliebigen Tag kann ich beschließen, sie zu übersehen und im Hintergrund meines Lebens verschwinden zu lassen – oder aber in ihren Details Gottes Handarbeit zu erkennen.

Dieses Kapitel lädt Sie dazu ein, sich Gottes Gegenwart in Ihrem Tag bewusst zu werden. Nicht am besten, wunderbarsten oder »geistigsten« Tag, den Sie je hatten, sondern an Ihrem ganz normalen Tag. Was sehen Sie in der Welt ringsum, in der menschlichen Geschichte, die sich in der Zeit entfaltet, in den Erfahrungen Ihrer Freunde? Wo bemerken Sie Gottes Fingerabdrücke? An welchem Ort mögen die Beweise des Himmels Ihr Leben durchdringen?

Das alles versäumen wir so leicht!

Betrachten Sie die Natur

Wenn wir die Welt aufrichtig und vorurteilsfrei beobachten, ist es vernünftig anzunehmen, dass ein Gott existieren *muss*. Das Universum ist atemberaubend komplex. Noch erstaunlicher ist, dass sich diese Komplexität in einem Zustand vollkommenen Gleichgewichts befindet, nie außer Kontrolle gerät und ins Chaos abgleitet, was ich als sichtbaren Beweis für einen ebenso sorgfältigen wie hochentwickelten Plan erachte.

Falls Sie auf dem Dachboden eine alte Uhr entdecken, die noch immer die Zeit genau anzeigt, würden Sie dann vermuten, dass der Zufall sie zusammensetzte und ihr einen Zweck gab? Desgleichen wissen wir, dass sich die Steine in einer historischen Mauer nicht von selbst mit solcher Präzision angeordnet haben. Bei einem Maler sind Vision und Gestaltung auf jeder seiner Leinwände offenbar. Im Wald folgen wir bestimmten Hufspuren und zweifeln nicht daran, dass sie zum Rotwild führen. Der Psalmist war sich darüber im Klaren, als er schrieb: »Die Himmel erzählen die Ehre Gottes, und die Feste verkündigt seiner Hände Werk. Ein Tag sagt's dem andern, und eine Nacht tut's kund der andern …« (Psalm 19,2–3)

Sie können Gott auf genauso geradlinige Weise in Ihrem Umkreis erkennen, wie Sie eine mathematische Aufgabe lösen.

Die Analytik fiel Douglas Ell leicht, einem Mann mit Mathematik- und Physikdiplom am Massachusetts Institute of Technology, Magisterabschluss an der University of Maryland sowie rechtswissenschaftlichem Diplom an der University of Connecticut. Er erklärte sich selbst zum Atheisten und betrachtete Gott als einen Scherz – allein schon der theologische Begriff rief seine intellektuelle Verachtung hervor. Doch als er auf mathematischem Wege die Unwahrscheinlichkeit von Ereignissen in der Natur untersuchte, wich sein jahrelang vertretener Atheismus einem kühnen Glauben an einen Schöpfergott. So schrieb er:

> *An einem bestimmten Punkt kam der Mathe-Nerd in mir nicht umhin, während eines Fluges auf der Rückseite eines Briefumschlags die Unwahrscheinlichkeit zu berechnen, dass ein einziges funktionsfähiges Protein in der gesamten Geschichte des Universums jemals durch Zufall geschaffen würde. Ich war wie vom Blitz getroffen – ein Aha-Erlebnis. Ich erinnere mich, wie ich ungläubig auf die Berechnungen starrte. Konnten nicht auch andere sie durchführen und sehen, was offensichtlich schien? Es war ein einfach lösbares Problem. In diesem Moment wusste ich, warum die moderne Wissenschaft den Glauben an Gott befürwortet.*[1]

Üben Sie sich in Achtsamkeit, wenn Sie heute durch die Schöpfung gehen – selbst auf einem überfüllten Bürgersteig, einem geräuschvollen Flur in der Schule – oder gerade zur Arbeit fahren. Schauen Sie sich um, nehmen Sie den Regen wahr, den Wind in den Bäumen, die Wellen am Strand, den Marienkäfer auf einer Rose.

Betrachten Sie den menschlichen Körper

Ihr Körper, ob jung oder alt, besteht aus etwa vierzig Billionen Zellen; das sind fünfhundert Zellen für jeden hellen Stern in der Milchstraße. Dieser Körper wird als die fortgeschrittenste Struktur im bekannten Universum beschrieben.[2] Um an unsere tagtägliche Nähe zu Wundern zu erinnern, bieten also gerade die Wunder des eigenen physischen Daseins einen verlockenden Ausgangspunkt.

Wenn ich eine routinemäßige Operation durchführe, ertappe ich mich manchmal bei dem Gedanken an die Komplexität und Perfektion des menschlichen Körpers. Während meiner Tätigkeit als Wirbelsäulenchirurgin nehme ich am einen Tag vielleicht eine Spinalanästhesie vor, implantiere am nächsten eine Bandscheibenprothese und verbinde an einem weiteren Tag Knochen miteinander. Doch ob im Operationssaal oder in meiner Praxis – ich bin mir deutlich der Tatsache bewusst, dass *ich* ebenso wenig jemanden heile wie ein anderer Arzt. Vielmehr rufe ich die Heilung herbei, bereite die Möglichkeit vor, dass verletzte Knochen und Sehnen von allein den Genesungsprozess bewerkstelligen. Immer wieder bin ich verblüfft über die Fähigkeit des Körpers, sich selbst zu heilen und in einen funktionsfähigeren Zustand zurückzukehren.

Je mehr ich an der medizinischen Fakultät über die Feinheiten des menschlichen Körpers lernte, desto klarer sah ich darin die Muster einer göttlichen Ordnung widergespiegelt. Und mit diesem Verständnis bin ich nicht allein. Trotz der allgemein vertretenen Überzeugung, Wissenschaftler stünden der Religion feindlich gegenüber beziehungsweise Wissenschaft und Religion seien nicht vereinbar, zeigte kürzlich eine Studie, dass fast sechsunddreißig Prozent der Wissenschaftler keinen Zweifel an Gottes Existenz haben.[3]

Wie viele versierte Wissenschaftler sah auch Dr. Francis S. Collins keinen Grund, irgendwelche Wahrheiten außerhalb von Mathematik, Physik und Chemie anzunehmen, und fühlte sich wohl in seinem Atheismus – bis er die medizinische Fakultät besuchte und sich auf Genetik spezialisierte. Je mehr er darüber erfuhr, desto stärker veränderten sich seine Anschauungen. Mittlerweile ist der frühere Leiter des Humangenomprojekts und heutige Direktor des National Institutes of Health (NIH) überzeugt: »Die DNA ist Gottes Sprache, und die Komplexität unserer Körper wie der übrigen Natur eine Widerspiegelung von Gottes Plan. Der Gott der Bibel ist zugleich der Gott des Genoms. Er kann in der Kathedrale oder im Labor gefunden werden. Durch die Erforschung der majestätischen und ehrfurchtgebietenden Schöpfung Gottes kann die Wissenschaft tatsächlich eine Form von Anbetung sein.«[4]

Was erkennen Sie in der Unschuld und Schönheit eines Neugeborenen? Was im Wunder Ihrer eigenen beiden Hände? Es gibt so viele Möglichkeiten, sich des Übernatürlichen rings um uns bewusst zu werden.

Betrachten Sie entdeckte Schätze

Wahrscheinlich haben Sie irgendwo im Haus eine Bibel – oder gar mehrere. Doch erinnern Sie sich auch, sobald Sie das Buch aufschlagen, dass es sogar als historisches Dokument eines der größten Weltwunder ist?

Wir betrachten unsere physische Existenz in einem historischen Sinne, wenn wir biblische Orte, Menschen und Ereignisse zu bestätigen suchen, indem wir antike Texte lesen und

Aufzeichnungen über archäologische Entdeckungen studieren. Die bei Ausgrabungen zutage geförderten Überreste liefern geschichtliche Beweise für bestimmte biblische Details. So stieß zum Beispiel eine Expedition im Jahre 1906 auf Fundstücke, welche die Existenz der Hethiter nahelegten – ein Volk, bis dato unbekannt außerhalb der Einflusssphäre des Alten Testaments, weshalb seine Schriften als apokryph gelten. Die Archäologen entdeckten die Ruinen von Hattuša, der ehemaligen Hauptstadt der Hethiter – bei dem heutigen Dorf Boğazkale im anatolischen Hochland gelegen –, und darüber hinaus eine Vielzahl historischer Dokumente, die mit den biblischen Angaben übereinstimmen.

Es gibt geschichtliche Hinweise auf eine große Flut während der Zeit, als vermutlich Noah lebte. Mesopotamier, Ägypter und Griechen berichteten gleichermaßen über eine derartige Flut um 2000 v. Chr. Sogar die Liste sumerischer Könige ab 2100 v. Chr. ist aufgeteilt in jene, die vor der großen Flut regierten, und solche, die danach an der Macht waren. 2012 gelang Masterstudenten am Department of Physics and Astronomy an der University of Leicester der mathematische Nachweis, dass die im Buch Genesis an Noah übermittelten Instruktionen tatsächlich zum Bau eines Bootes ausreichten, das nicht nur seetüchtig war, sondern auch das Gewicht von noch mehr Tieren hätte tragen können, gemessen an denen, die zur Zeit Noahs auf der Erde lebten.[5]

Weitere Funde haben geografische Details biblischer Stätten bestätigt – etwa Jericho, Haran, Dan, Megiddo, Sechem, Samaria, Silo, Geser, Gibea, Beth Schemesch, Beth Schean, Beerseba oder Lachisch. Die geografische Genauigkeit, die das Alte Testament kennzeichnet, deutet darauf hin, dass die Bibel nicht als bloß metaphorisches oder allegorisches Werk aufzufassen ist.[6,7]

Betrachten Sie ein außergewöhnliches Leben

Wir verfügen über zahlreiche Hinweise, dass das Übernatürliche körperliche Gestalt annahm und in die menschliche Geschichte eintrat, als Jesus zur Erde kam. Wie immer Sie die Göttlichkeit des Rabbis aus Nazareth verstehen – die verblüffende Wirkung seiner Lehren mit dem Ziel, das persönliche Leben zu verändern und der Entwicklung von Nationen eine neue Richtung zu geben, wurde seitdem nie mehr erreicht.

Die Geschichte Jesu ist keine christliche Erfindung. Schriften des römischen Historikers Tacitus bestätigten die geschichtliche Existenz Jesu, als er über Kaiser Neros Entscheidung berichtete, die Christen für jenes Feuer verantwortlich zu machen, das 64 v. Chr. Rom zerstörte:

> *Nero schrieb die Schuld … einer Klasse zu, verhasst wegen ihrer verruchten Taten und vom Volk »Christen« genannt. Christus, von dem der Name abstammt, litt unter der drastischen Strafe während der Regierungszeit des Tiberius durch die Hand von … Pontius Pilatus. Ein äußerst schädlicher Aberglaube, so zunächst eingedämmt, griff erneut um sich, nicht nur in Judäa, der ersten Quelle des Bösen, sondern gar in Rom …«*[8]

Dieses Dokument gilt als Bestätigung der physischen Existenz sowohl von Jesus Christus wie auch von Pontius Pilatus. Die Gelehrten vermuten, jene Formulierung *ein äußerst schädlicher Aberglaube* verweise auf die christliche Überzeugung, Jesus sei von den Toten auferstanden.

Während des ersten Jahrhunderts nach Christi Tod war Plinius der Jüngere römischer Statthalter von Bithynien in Kleinasien. In einem seiner Briefe an Kaiser Trajan, datiert um das Jahr 112, bittet er um Rat, wie denjenigen, die als Christen angeklagt sind, auf angemessene Weise der Prozess gemacht werden kann. An einer Stelle teilt er mit, was ihm über diese Leute zu Ohren gekommen ist.

Sie hatten die Angewohnheit, an einem bestimmten Tag vor Morgengrauen zusammenzutreten, um dann im Wechselgesang ein Loblied auf Christus wie auf einen Gott anzustimmen und sich durch einen feierlichen Eid zu verbinden – nicht um böser Taten willen, sondern um niemals Betrug, Diebstahl oder Ehebruch zu begehen, ihr Wort niemals zu verfälschen noch einen Vertrauensbeweis abzulehnen, sollten sie aufgefordert werden, einen solchen zu erbringen. Daraufhin war es bei ihnen Sitte, auseinanderzugehen und sich erneut zu versammeln, um die Speisen gemeinsam einzunehmen – Speisen jedoch von gewöhnlicher, unschuldiger Art.[9]

Flavius Josephus, ein römisch-jüdischer Geschichtsschreiber des ersten Jahrhunderts, erwähnt Jesus ebenfalls – im Zusammenhang mit der Verurteilung eines gewissen Jakobus durch den jüdischen Sanhedrin oder Hohen Rat. Dieser Mann, schreibt Josephus, sei »der Bruder von Jesus, dem sogenannten Christus«[10] gewesen.

Sammeln Sie die Weisheiten anderer

Aber was ist mit den Hinweisen auf Gott mitten unter uns, hier und jetzt? Sie lesen dieses Buch, zumindest in Teilen, um darüber weitere Informationen zu erhalten. Zu dem gleichen Zweck ermuntere ich Sie, heutige Geschichten anderer Menschen zu sammeln, die von Himmel und Wundern handeln.

Um die Bedeutung solcher Hinweise besser zu verstehen, sollten Sie folgende, auf den Alltag gemünzte Frage in Erwägung ziehen: Was würden Sie von den Cheeseburgern im örtlichen

Restaurant halten, wenn zwei oder drei Freunde sagten, dort gebe es die wohlschmeckendsten Cheeseburger im ganzen Land? Deren Tipp hätte wahrscheinlich keinen besonderen Einfluss auf Sie. Wenn fünfzig Leute Ihnen das Gleiche mitteilen, überlegen Sie vielleicht, einen der Cheeseburger zu probieren. Wiederholen hundert Personen diese Überzeugung, kosten Sie sicherlich selbst einen. Schwärmen jedoch ein oder zwei Millionen Menschen von den Cheeseburgern in Ihrem örtlichen Restaurant, brauchen Sie nicht einmal einen davon zu versuchen – Sie sind überzeugt, dass die Behauptung zutrifft.

Eine im Jahr 2009 am Pew Research Center in Washington D. C. durchgeführte Studie zeigte: Mehr als dreißig Prozent aller Amerikaner verspürten *das Gefühl, mit einem Verstorbenen in Kontakt zu sein*, und fast die Hälfte von ihnen hat bereits eine religiöse oder mystische Erfahrung gemacht (definiert als *ein Moment plötzlichen religiösen Einblicks oder Erwachens*), einschließlich achtzehn Prozent selbsternannter Atheisten, Agnostiker und konfessionell Ungebundener. Darüber hinaus erklärten dreizehn Prozent, im Jahr davor die Gegenwart eines Engels gesehen oder empfunden zu haben, und mindestens fünf Prozent sind durch eine Nahtoderfahrung gegangen.[11]

Diese Daten führen zu einer Schätzung von über 100 *Millionen* Amerikanern, die eine tiefe spirituelle Erfahrung hinter sich haben, darunter fünfzehn Millionen mit einer Nahtoderfahrung. Bezogen auf das obige Beispiel: Man müsste nicht einmal selbst eine solche Erfahrung gemacht haben, um die Wahrheit jener geistigen Wirklichkeit anzuerkennen.

Fragen Sie Ihre Freunde über »Koinzidenzen« und »Synchronizitäten«, die sich in deren Leben ereignet haben, über erfüllte Gebete und spirituelle Erfahrungen jeder Art, die sie weiterhin hochschätzen. Finden Sie heraus, ob ihnen je ein Wunder geschehen oder ein Engel begegnet ist. Es wird Sie vielleicht überraschen, wie viele Ihrer vertrauenswürdigen Freunde auf ein tiefes geistiges Erlebnis zurückblicken, das sie für sich behalten – ebenso wie Justin und Cindy in den beiden nachstehenden Geschichten.

Als junger Mann arbeitete ich für eine Telefongesellschaft und bekam eines Tages oben auf einem Telefonmast einen Stromschlag. Zunächst erinnere ich mich daran, wie ich von irgendwo im Himmel hinunterschaute und einen meiner Kollegen sah, der mich wiederzubeleben versuchte. Ich fühlte mich so friedlich und umgeben von Gottes Liebe. Während ich mich über einen hell erleuchteten Pfad bewegte, erkannte ich meinen Großvater wieder. Er sagte mir, ich solle »zurückgehen« – und mit einem Mal befand ich mich im Krankenwagen. Ich wollte meiner Frau darüber berichten, aber sie meinte, das sei nur so gewesen, weil ich mir den Kopf angestoßen hätte. Bis heute habe ich nie jemandem davon erzählt, und die Geschichte liegt schon zweiunddreißig Jahre zurück.

Justin, Fort Worth, Texas

Mit drei Jahren fiel ich von einem Bootssteg, als niemand auf mich aufpasste. Da ich nicht schwimmen konnte, sank ich sofort auf den Grund des Sees. Dort hatte ich eine äußerst liebevolle Begegnung mit Jesus. Während des Gesprächs hielt Er meine Hand, sagte mir dann aber, ich könne nicht bleiben.

Plötzlich schoss ich an die Oberfläche, direkt am Ufer. Mein Bruder lachte und sagte, den Sturz ins Wasser und die Begegnung mit Jesus hätte ich mir bloß ausgedacht. Also behielt ich die Geschichte viele, viele Jahre für mich. Ich erinnere mich daran, als wäre sie gestern geschehen, und habe nie vergessen, welch tiefe Liebe ich in mir fühlte.

Cindy, Midland, Michigan

Lesen Sie weitere veröffentlichte Berichte über Nahtoderfahrungen, Wunder, Traumbesuche und Begegnungen mit Engeln. (Ich schlage *nicht* vor, ihnen vorbehaltlos zuzustimmen; einige Autoren übertreiben absichtlich die Wahrheit – oder lügen freiheraus für ihre eigenen Zwecke. Aber Sie können die Dokumente nun anhand der in Kapitel 10 genannten Checkliste besser beurteilen.) Für sich genommen, mögen die meisten dieser Geschichten schonungslos kritisiert werden. Und wenn man zwei nebeneinanderlegt, werden sie sich unterscheiden. Doch liest man zehn davon, treten die Gemeinsamkeiten offen zutage. Je mehr Berichte über geistige Präsenzen oder Interventionen – zumal aus zuverlässigen Quellen – Sie hören oder lesen, desto mehr können Sie sich auf die gesammelten Beweise verlassen. Deren Umfang wächst in dem Maße wie Ihre Fähigkeit, den eigenen Schlussfolgerungen zu vertrauen.

Wenn Sie die Welt aufmerksam betrachten und die zahlreichen Geschichten anderer Menschen in sich aufnehmen, werden Sie bestimmt nicht nur genügend Beweise dafür finden, dass Gott Wirklichkeit ist und Seine Versprechen wahr sind. Auch Ihr Bewusstsein von Gottes Wirken in der Welt wird sich grundlegend ändern. Statt bloß Noten auf einem Stück Papier zu sehen, werden sie allmählich die Musik des Himmels auf Erden hören.

Aktionen und Reflexionen, die Ihnen helfen, sich in der Welt umzuschauen

Bei jedem der folgenden Schritte schreiben Sie Ihre Antworten wieder in ein Tage- oder Notizbuch. Dadurch sind Sie aufgefordert, gründlich zu sein, und können jederzeit zu diesen Aufzeichnungen zurückkehren, um noch einmal darüber nachzusinnen und ein Gebet zu sprechen.

1. Schauen Sie aus dem Fenster Ihrer Wohnung oder Ihres Hauses. Blicken Sie sich so lange um, bis Sie einen Beweis für das Übernatürliche entdecken. Worin besteht er?

2. Was hilft Ihnen am meisten, sich der Gegenwart Gottes und des Übernatürlichen in Ihrem Alltag bewusst zu werden? Ist das ein einmaliges Ereignis oder machen Sie daraus eine Gewohnheit?

3. Wenn Sie die Wahrheit über Gott in einer Aufnahme der Milchstraße deutlich erkennen könnten, wie würde sie dann lauten?

4. Welche Beweise für einen vertrauenswürdigen Gott sehen Sie bei der Betrachtung des menschlichen Körpers?

5. Wenn Sie historische Aufzeichnungen einschließlich der Bibel studieren – welche Beweise für einen absolut verlässlichen Gott fallen Ihnen ins Auge?
   Welche Zeugnisse sprechen gegen dieses Gottesbild?

6. Welche Hinweise haben Sie von anderen Menschen sowie deren Geschichten über Himmel und Wunder übernommen (einschließlich Koinzidenzen, Synchronizitäten, Besuche im Traum, Begegnungen mit Engeln, Nahtoderfahrungen)?

16

Schritt 3: Sehen Sie nach innen

Entdecken Sie in Ihrer eigenen Geschichte die Zeichen für Gottes Gegenwart

Das Beste und Schönste in der Welt kann
weder gesehen noch berührt werden.
Man muss es mit dem Herzen fühlen.

Helen Keller

Ich habe festgestellt, dass bestimmte Zeiten und Orte meine Aufnahmebereitschaft für die Wirklichkeit des Himmels zu erhöhen scheinen. Ergeht es Ihnen auch so? In diesem Zusammenhang denke ich an Reisen, Abgeschiedenheit, Versenkung in die Natur oder einen Aufenthalt in einem spirituellen Zentrum. Solche Erfahrungen können uns von den Routinen befreien und damit empfänglicher machen für das Göttliche. Meines Erachtens gilt das auch für die Zeit der Trauer wie für die Zeit der Feier.

Das Datum 21. Juni 2014 bleibt mir im Gedächtnis, weil an jenem Tag etwas geschah, das mich daran erinnerte, dass ich nie allein bin und dass Gottes Gnade stets gegenwärtig und verfügbar ist.

Damals unternahmen mein Mann und ich eine Reise zu den Turks- und Caicosinseln in der Karibik. Als wir gegen Abend in unserem winzigen Hotelzimmer eintrafen, waren wir erschöpft – nicht nur von den körperlichen Aktivitäten während des Tages, sondern auch durch den tief gefühlten Schmerz über unseren Verlust. Es war der fünfte Todestag unseres ältesten Sohnes. Nachdem wir geduscht und uns zum Abendessen umgezogen hatten, schalteten wir auf der Suche nach ein wenig Zerstreuung das kleine Fernsehgerät ein. Der Bildschirm leuchtete auf, und wir hörten fassungslos, was über den Äther kam: Meine Stimme!

Genau in diesem Moment wurde ein Gespräch ausgestrahlt, das ich mit Randi Kaye für das Nachrichtenprogramm Anderson Cooper 360° geführt hatte. Das allein war schon eine verblüffende Synchronizität. In der Sendung erklärte ich gerade, wie Gott uns gelehrt hatte, selbst inmitten des Schmerzes Freude zu empfinden. Was für uns ein zunehmend schwieriger Tag hätte werden können, wurde nun zu einer Gelegenheit für noch größere Freude, während wir dies kleine Wunder empfingen und uns von Gottes Liebe innig umfangen fühlten.

In meinen Augen sind wir alle dazu erschaffen worden, unmittelbar mitzuerleben, wie der Himmel sich plötzlich einen Weg in unser Dasein bahnt. Doch es bedarf der Anstrengung, den statischen, lärmenden Alltag nach einem derartigen Signal zu durchsuchen. Bekanntlich erklärte Sokrates, das unerforschte Leben sei nicht lebenswert. Ich würde den Spruch umformulieren und sagen: Das *erforschte* Leben ist von unschätzbarem Wert, weil unsere Erfahrungen die Schätze offenbarter Weisheit bergen – wenn wir nur genau hinschauen. Das Verb »erforschen« ist aktiv, setzt Entschlossenheit und Absicht voraus. Wir müssen bewusst Zeit erübrigen, um zu meditieren, zu lauschen und zu beobachten.

Dieses Kapitel lädt Sie ein, den Hinweisen auf Gottes Mitwirkung und Handarbeit in Ihrer Lebensgeschichte besondere Beachtung zu schenken. Zunächst werde ich Sie bitten, eine entsprechende Kurzbiografie aufzuzeichnen, und Ihnen Anhaltspunkte bieten, darin göttliche Zeichen zu entdecken. Dann gebe ich Ihnen eine Liste mit Fingerzeigen, wo und wie Sie »nach innen sehen« können.

Schreiben Sie Ihre Lebensgeschichte auf

Verfassen Sie eine einfache Chronik Ihres Lebens mit der Betonung auf wichtigen Geschehnissen. Es geht nicht darum, ein literarisches Werk hervorzubringen, sondern eine nützliche private Bilanz aufzustellen. Wenn Ihre Zeit knapp ist, begnügen Sie sich mit einer Liste der Schlüsselerlebnisse – nur eine Seite, vielleicht auch zwei. Selbst wenn Sie ein ganzes Tagebuch vollschreiben, kommt es darauf an, dass Sie sich am Ende zurücklehnen und Ihre Geschichte vom Anfang bis zum heutigen Tag überblicken können.

Entscheidend ist, Ihr Gedächtnis zu aktivieren und all die größeren (und kleineren) Ereignisse festzuhalten, die die Geschichte Ihres Lebens erzählen. Ihr Ziel besteht darin, Informationen zu sammeln, dank derer Sie sich genauer bewusst werden, wie ein liebevoller, tätiger und gegenwärtiger Gott Ihr Leben in einer Weise berührte, die Sie damals eventuell nicht bemerkt haben. Doch zuerst müssen Sie die Fakten zusammentragen.

Die Möglichkeiten sind praktisch endlos, aber Ihre Aufzeichnung könnte zum Beispiel folgende Elemente beinhalten: frühe Erinnerungen; besuchte Schulen; prägende Freundschaften; Umzüge; unvergessliche Enttäuschungen; herausragende Erfolge; der erste große Kummer; Ehen, Scheidungen, Todesfälle in der Familie; die erste Arbeitsstelle und so weiter. Sie werden sich konzentrieren müssen, und es mag nicht einfach sein, alles der Reihe nach niederzuschreiben – doch die Mühe lohnt sich, weil das Endergebnis eine Art Verzeichnis Ihres Lebens darstellt, das Ihnen offenbart, worauf Sie die Aufmerksamkeit richten sollten.

Sobald Ihre Chronik vorliegt, wählen Sie eine Begebenheit oder Zeitspanne aus, die Ihnen wirklich bedeutsam erscheint, und graben tiefer. Weshalb war sie so wichtig? Durch welche Entscheidungen, Umstände oder Zufälle wurde sie herbeigeführt? Welche Gefühle haben Sie damals am stärksten empfunden? Welche Menschen waren in der Phase ausschlaggebend? Welche Hindernisse haben Sie angetroffen und überwunden? Welche davon bestehen nach wie vor? Seien Sie genau. Was erregte Ihre Aufmerksamkeit? Haben Sie den Weg von jemandem gekreuzt, der Ihnen unerwartet Beistand leistete oder Mut zusprach, als Sie es am dringendsten brauchten? Haben Sie Erfahrungen gemacht mit göttlichen Verabredungen, Fingerzeigen, kleinen Wundern? Gab es Perioden, in denen Sie voller Zuversicht loszogen und aufblühten oder überrascht feststellten, dass Ihnen der Weg geebnet worden war?

Es liegt eine große Kraft in der schriftlichen Aufzeichnung darüber, wie Gott sich in Ihrem Leben bemerkbar gemacht und bewiesen hat, dass Seine Versprechen wahr sind. Mit der Übertragung der Erinnerungen vom Kopf aufs Papier werden vergessene Ereignisse zutage gefördert, die sich dann in Ihrem Bewusstsein umso deutlicher herauskristallisieren.

Suchen Sie in Ihrer Lebensgeschichte nach Zeichen von Gott

Nachdem Sie die Fakten gesammelt haben, können Sie anfangen, auf Verbindungen, Bedeutungen und Spuren jener umfassenden Welt des Geistes zu achten, die sich in Ihrer Lebensgeschichte bemerkbar machte.

Ich habe festgestellt, dass Gott sich in kleinen (oder großen) Wundern zu erkennen gibt, in schwer erklärbaren zeitlichen Übereinstimmungen, in unmöglich erscheinenden Begegnungen mit Menschen, die mich sanft in Richtung meines höheren Zwecks schubsten. Für mich wird Gottes Gnade oft während meiner dunkelsten Tage besonders offenkundig, wenn ich mich am meisten im Stich gelassen fühle. Eine weitere Beruhigung hält die Bibel in jenem Bild bereit, wo Gott mit einem Adler verglichen wird, der über seinen Jungen schwebt, die Flügel breitet und sie (wie uns) nimmt und trägt (5. Mose 32,11). Vielleicht waren wir früher manchmal wegen unseres Kummers allzu zerstreut, aber gerade deshalb ist es so wichtig, hier und jetzt in die Vergangenheit zurückzublicken.

Verbringen Sie einige Zeit mit Ihrer Geschichte, sobald diese skizziert ist. Gehen Sie noch einmal jedes notierte Ereignis durch. Um darin Zeichen von Gott zu entdecken, übersteigen Sie die bloßen Tatsachen und sinnen nach, wie Sie sich fühlten und was Sie dadurch gelernt haben. Bitten Sie andere, die damals in der Nähe lebten, Ihnen bei der Erinnerungsarbeit behilflich zu sein, wie Gott in Ihrem Leben mehr oder weniger deutlich gegenwärtig war.

Beachten Sie dabei auch, was Psychologen und spirituelle Leitfiguren die »Übergangs- oder Schwellenphase« nennen, in der man sich zwischen zwei Lebensabschnitten oder zwei Identitäten befindet. In Zeiten des Verlusts, der Veränderung oder der Verzweiflung verspüren wir häufig die große Anspannung, die von solch einem Grenzzustand ausgeht – wir sitzen, wie der Franziskaner Richard Rohr sagt, innerlich *zwischen den Stühlen*. Durch all die Jahrhunderte waren gottesgläubige Menschen davon überzeugt, dass genau in derartigen Phasen die geistige Welt sehr nahe kommt – was auch der Psalmist zum Ausdruck brachte: »Der Herr ist nahe denen, die zerbrochenen Herzens sind …« (Psalm 34,19)

Nehmen Sie sich Zeit, um zu meditieren und zu beten, während Sie diesen Schritt verarbeiten, und bitten Sie Gott, Ihnen die Augen zu öffnen, damit Sie das Königreich des Himmels über Ihrem Leben schweben sehen.

Können Sie bestimmte Muster erkennen?

Können Sie sich vorstellen, warum sie Ihnen damals entgangen sind?

Können Sie heute Ergebnisse wahrnehmen, die erst später zum Vorschein kamen?

Je mehr Hinweise auf Gottes Fingerabdrücke in meiner Vergangenheit ich zutage fördere, desto leichter fällt es mir, solche Geschehnisse in der Gegenwart zu bemerken. Das erhöht meine Bereitschaft, darauf zu vertrauen, dass Gott in meinem Leben wichtige Veränderungen herbeiführt.

Wir werden zu der Aufgabe, die eigene Lebensgeschichte aufzuschreiben und zu untersuchen, an späterer Stelle zurückkehren. Lassen Sie mich zunächst an drei Beispielen verdeutlichen, wo und wie Gott oftmals in Erscheinung tritt.

Drei Beispiele

Gott in eigenen Enttäuschungen oder Misserfolgen erkennen

Die meisten von uns haben bereits eine Erfahrung gemacht, die eine große Enttäuschung – ja ein Unglück – zu sein schien, sich später aber als Segen erwies. Aus unserer begrenzten Perspektive sehen wir häufig nur, was nicht wie geplant lief, und gewinnen Klarheit erst dank der Gunst, die uns der zeitliche Abstand gewährt. Wir schauen zurück, Monate, Jahre oder sogar Jahrzehnte und sagen: »Das konnte ich damals nicht wissen, aber es war mit das Beste, das mir je geschehen ist.«

Was uns als Vergeudung von Zeit und Mühe vorkommt, kann später manchmal schöne Früchte tragen. Dann wieder zeigt uns der Misserfolg, dass wir in eine Sackgasse geraten und gezwungen sind, eine andere Richtung einzuschlagen.

Vielleicht erinnern Sie sich an die Geschichte von Charles Colson, der in den 1970er Jahren von den Höhen der Macht in die Abgründe der Schande stürzte. Zumindest deutete alles darauf hin. Der Gang ins Gefängnis erscheint wie das schlimmste Versagen, doch diese Erfahrung kann auch einen grundlegenden Wandel einleiten. Bei Colson jedenfalls war es so. Vormals Hauptberater von Präsident Richard Nixon, wurde er wegen Behinderung der Justiz in der Watergate-Affäre zu einer mehrjährigen Gefängnisstrafe verurteilt. Mit der Zeit fühlte er sich »zunehmend hingezogen zu der Vorstellung, dass Gott mich zu einem bestimmten Zweck ins Gefängnis gebracht hatte und dass ich etwas tun sollte für diejenigen, die ich einmal zurücklassen würde«. Nach seiner Freilassung gründete er Prison Fellowship, die weltweit größte gemeinnützige Organisation, die sich um das Wohl von Gefängnisinsassen, ehemaligen Gefängnisinsassen und deren Familien kümmert.[1]

Gott in zeitlichen Übereinstimmungen erkennen

Wussten Sie, dass es im Hebräischen kein Wort für Zufall gibt? Das einzige Äquivalent ist der Begriff mikreh, der in etwa bedeutet: »ein Geschehen von Gott«. Sobald Sie Vertrauen entwickeln in Gottes Versprechen auf Anwesenheit, werden Sie ebenso wie ich zu der Überzeugung gelangen, dass es keinen »bedeutsamen Zufall« gibt, wohl aber vielerlei Geschehnisse von Gott.

Haben Sie bei Ihrer Rückschau etwas gesehen oder empfunden in dem Moment, als ein geliebter Mensch starb? Fühlten Sie sich nach der Begegnung mit einem unerwarteten Besucher auf geheimnisvolle Weise erfrischt und innerlich erneuert? Können Sie eine Phase ausmachen, in der Sie, erfüllt von Glauben, aufbrachen, nur um dann überrascht festzustellen, dass Ihr Weg bereits geebnet war und Sie fortan große Fortschritte erzielten?

So wie Sie im vorhergehenden Kapitel andere Menschen über deren Erfahrungen mit Wundern und Engeln, Koinzidenzen und Synchronizitäten befragt haben, forschen Sie danach nun bei sich selbst. Wir alle erleben synchron verlaufende Ereignisse – Geschehnisse von Gott –, die sinnvoll miteinander verbunden scheinen.

Eines Tages musste ich immer wieder über meine Freundin Cindy nachdenken, mit der ich eine ganze Weile nicht mehr gesprochen hatte. Statt diesen hartnäckigen Gedanken einfach zu ignorieren, griff ich zum Telefon und wählte ihre Nummer. Wie hätte ich wissen können, dass sie gerade ins Krankenhaus eingeliefert worden war und genau in diesem Augenblick an mich dachte? Für sie wurde die Synchronizität meines Anrufs zu einer Quelle des Trostes und der Ermutigung. Für mich war es eine weitere Erinnerung an die unerschütterliche Gegenwart von Gottes Gnade. Wenn wir in kleinen Dingen gewissenhaft sind, dringt der Himmel in unser Leben und das der anderen ein. Wir sind gleichsam Türsteher.

Gott in geschlossenen Türen erkennen

Das Leben ist voller Geschichten, in denen wir die uns gesetzten Ziele komplett verfehlen – Gott sei Dank! So viele Projekte, die wir uns wünschen und auf die wir hinarbeiten, werden nie verwirklicht, was uns schon mancherlei Enttäuschung bereitet hat. Uns wurde sprichwörtlich die Tür vor der Nase zugeschlagen. Doch bald sahen wir, dass eine andere – und weitaus bessere – Tür sich öffnete. Und so ergaben sich wunderbare Möglichkeiten, innerlich zu wachsen und zu gedeihen. Nicht von ungefähr heißt es in der Bibel: »In eines Mannes Herzen sind viele Pläne; aber zustande kommt der Ratschluss des Herrn.« (Sprüche 19,21)

Willie Jolley, ein preisgekrönter Jazzsänger, war eines Abends ebenso verblüfft wie niedergeschlagen, als der Besitzer des Nachtklubs, in dem er auftrat, ihn durch eine Karaokemaschine ersetzte. Mit nur zweihundert Dollar in der Tasche nahm Jolley eine Stelle in einem Präventionsprogramm für drogengefährdete Jugendliche an. Eine seiner neuen Verpflichtungen bestand darin, ihnen anregende und motivierende Vorträge zu halten, wofür er sich jedoch nicht vorbereitet fühlte. Als ihm dann die starke Wirkung seiner Worte bewusst wurde, entdeckte er ein zuvor verborgenes Talent. In den letzten zwanzig Jahren ist Jolley zu einem äußerst erfolgreichen Motivationsredner und Autor geworden, am besten bekannt vielleicht durch seinen Spruch: A setback is a setup for a comeback« (Ein Rückschlag ist der Auslöser für einen Neuanfang).[2,3]

Beweise für das Unsichtbare

In diesem Kapitel wurden Sie gebeten, eine schriftliche Chronologie Ihres Lebens zu verfassen und darin nach Hinweisen auf himmlische Einflüsse zu suchen. Die folgenden Fragen werden Ihnen helfen, tiefer in Ihrer Geschichte zu graben.

Ziehen Sie in Betracht, immer wieder eine solche Rückschau zu halten. Wenn Sie die »Ausgrabungsarbeit« erst einmal beendet und in der eigenen Vergangenheit gewisse Anhaltspunkte für die stets gegenwärtige Hand Gottes in Ihrem Leben entdeckt haben, legen Sie die Aufzeichnungen ein paar Monate beiseite. Lassen Sie die gelernten Lektionen durch Ihr Bewusstsein sickern. Sobald Sie dann innerlich bereit sind, greifen Sie erneut zu Stift und Papier und graben noch etwas tiefer.

Während Sie mehr und mehr zu einer Art Gutachter Ihres Lebens werden, erkennen Sie klare Beweise dafür, wie Gott auf überraschende Weise in Erscheinung trat und sehr wohl bestätigte, dass Seine Versprechen wahr sind.

Aktionen und Reflexionen, die Ihnen helfen, nach innen zu sehen

Wie kamen Ihrer Ansicht nach die Gegenwart Gottes und Seine Versprechen in den nachfolgend beschriebenen Phasen zum Vorschein? Fügen Sie Ihre Antworten in die schriftliche Lebensgeschichte ein, die Sie mit dem vorliegenden Kapitel begonnen haben.

- Phasen der Enttäuschung oder des Scheiterns
- Phasen, in denen Sie zeitliche Übereinstimmungen bemerkten
- Phasen, da aufgrund einer geschlossenen Tür andere Türen aufgingen
- Phasen im Zeichen der Feier eines wichtigen Übergangs – zum Beispiel Taufe, Schulabschluss, Heirat, Geburt eines Kindes, Tod eines geliebten Wesens
- Phasen des Verlusts und der Trauer
- Phasen überschwänglicher Freude
- Phasen, in denen Sie mit der großen Not oder dem Leiden eines anderen Menschen konfrontiert waren

Wie würden Sie schließlich zusammenfassen, was die genaue Betrachtung der eigenen Lebensgeschichte Ihnen offenbart hat?

17

Schritt 4: Ziehen Sie ein Fazit

Bewerten Sie Ihre Hypothese neu, treffen Sie eine Entscheidung und handeln Sie ihr gemäß

Wir müssen jene Entscheidungen treffen,
die uns ermöglichen,
den tiefsten Fähigkeiten unseres wahren Selbst
gerecht zu werden.

Thomas Merton

Winston Churchill hat einmal gesagt: »Die Menschen stolpern manchmal über die Wahrheit, aber die meisten rappeln sich auf und laufen weg, als wäre nichts geschehen.« Wegzulaufen von der Aufgabe, uns hier auf der Erde des Himmels bewusster zu werden, wäre eine große Verschwendung. Selbst wenn die bisherigen Entdeckungen keiner Ihrer gewohnten Vorstellungen oder Überzeugungen entsprechen, selbst wenn Sie nicht genau wissen, was mit wichtigen Hinweisen aus der eigenen Vergangenheit geschehen soll – laufen Sie nicht weg. Sie stehen auf der Schwelle zu einer neuen Lebensweise mit Gott.

Der vierte Schritt in unserem Bemühen, dem Himmel tagtäglich mehr Wirklichkeit zu verleihen, lädt Sie ein, sich all Ihre früheren Lektionen zu vergegenwärtigen und sie im Leben anzuwenden. Nun ist es an der Zeit, die Befunde zu sammeln, ein Fazit zu ziehen und – mit einer klaren Auffassung davon, was Sie inzwischen als wahr erkannt haben – entschlossen zur Tat zu schreiten.

Da Ihre Nachforschung fürs Erste beendet ist, sollte es unkompliziert, ja einfach sein, zu einer Schlussfolgerung zu kommen und eine Entscheidung zu treffen. Die Bedingung aber lautet: Sie müssen Ihr ganzes Selbst mit einbringen.

Ich verstehe, dass der Übergang von der Beweissammlung zur Entscheidungsfindung beängstigend sein kann. An diesem Punkt ändert sich nämlich Ihre Haltung gegenüber der Suche. Zu Beginn waren Sie meist objektiv, auch als Sie tiefen Einblick in Ihr Leben nahmen, jetzt aber wird Ihre Vorgehensweise völlig subjektiv. Sie sind nicht mehr Gegenstand einer Art Fallstudie, sondern Sie selbst, lebendig in jedem Augenblick.

Wie werden Sie die Lernerfahrungen in Ihr Leben einfließen lassen, damit es eine neue Richtung nimmt?

Aus eigener Anschauung kann ich Ihnen sagen, dass es zu einer Verhaltensänderung aufgrund geistiger Einsichten mehr bedarf als einer bloßen Datensammlung. Vor allem Mut ist vonnöten, desgleichen Hingabe. Sie müssen der Heiligkeit Ihrer Geschichte in dem Maße vertrauen, wie Gott Ihnen Gnade gewährt, und den Sprung wagen. Setzen Sie beide Füße ins Boot.

Sammeln Sie Ihre Befunde

Die Wahrheit lautet: Jetzt haben Sie ein reichhaltiges Material zu bearbeiten. Ihre Reise begann mit der Entscheidung, meiner Geschichte zu folgen – von der ersten eindrücklichen Erkenntnis unter Wasser, dass ich in der Umarmung Jesu sicher war, bis zu der Rückkehr in mein Alltagsleben, dann durch eine sorgfältige Erforschung dessen, was der Himmel uns lehrt über Sterben, Wunder, Engel und Gottes liebevollen Plan für einen jeden.

Darüber hinaus haben Sie Ihr eigenes Leben genau betrachtet, das seelische und geistige Gepäck untersucht, das Sie daran hindern mag, Ihr Herz dem absoluten Vertrauen zu öffnen. Sie haben sich umgesehen – in der Natur, in der Geschichte – Erzählungen von Freunden über wundersame Geschehnisse vernommen und den Blick nach innen gerichtet, um die Fingerabdrücke des Himmels von Geburt an in Ihrem Leben zu entdecken.

Ich habe keinerlei Zweifel, dass jeder Mensch, der die beschriebenen Übungen zur Erforschung der inneren und äußeren Welt zu Ende führt, überzeugende Beweise für Gottes Gegenwart überall im Diesseits wie auch im persönlichen Leben finden wird. Der aus diesem Prozess hervorgegangene Glaube bildet einen verlässlichen Wegweiser, um den Erscheinungen, die wir ringsum beobachten, einen besonderen Sinn zu geben.

Welche Botschaft enthalten Ihre Befunde – nicht nur in Ihren Gedanken und Schlussfolgerungen, sondern in Ihrem ganzen und tiefsten Wesen? Ich hoffe, Sie sind sich des wirksamen Heiligen Geistes bewusst geworden, der beharrlichen und liebevollen Gegenwart Gottes in Ihrem Leben, der Wirklichkeit Seines Königreiches im Hier und Jetzt, betrachten die Welt mit anderen Augen und beginnen zu sehen, wie die englische Dichterin Elizabeth Barrett Browning schrieb, dass

die Erde angefüllt ist mit Himmel,
Und jeder gewöhnliche Busch entflammt von Gott …

Überdenken Sie noch einmal Ihre Hypothese

Um Ihre Suche in die richtigen Bahnen zu lenken, habe ich Ihnen zunächst vorgeschlagen, eine einfache, nachprüfbare Aussage über Gottes Wesen oder Seine Versprechen zu formulieren, die sich als wahr erweisen sollten. Diese Arbeitshypothese gab die Richtung vor, legte sowohl die Grenzen als auch den Endpunkt Ihrer Erkundung fest. Wissenschaftler bedienen sich ständig einer solchen Methode, für große und kleine Fragen. Doch ich kann mir keine Suche vorstellen, bei der eine Hypothese hilfreicher wäre als in unserem Fall, da wir versuchen, neue Einsichten in Themenbereiche zu gewinnen, die so ausgedehnt und schwer fassbar sind wie Gott, Himmel und absolutes Vertrauen.

Ich empfahl einfache Sätze wie: »Gott ist Wirklichkeit und gegenwärtig« oder »Gottes Versprechen sind wahr.« Welche Hypothese haben Sie gewählt, und wie gut hat sie sich während Ihrer Suche behauptet?

Wir können erst dann dazu übergehen, die gelernten Lektionen anzuwenden, wenn wir bewusst die Entscheidung treffen, unsere ursprüngliche Hypothese entweder zu bestätigen, abzuändern oder zu verwerfen. Eben dies hat der amerikanische Erweckungsprediger Josh McDowell getan, als er anfing, ein Buch zur Widerlegung des Christentums zu schreiben. In seinem klassischen Werk *Die Bibel im Test* heißt es: »Nachdem ich dieses Thema mehr als 700 Stunden lang untersucht und seine Grundlagen sorgfältig erforscht habe, bin ich zu dem Schluss gelangt, dass die Auferstehung Jesu Christi entweder eine der übelsten, bösartigsten, herzlosesten Täuschungen ist, die dem Geist des Menschen je aufoktroyiert wurde, oder aber die fantastischste Tatsache der Geschichte.«[1]

Wie werden Sie wohl Ihre Grundprämisse umformulieren oder erweitern – und warum?

Wie lautet diese in neuer Fassung?

Ziehen Sie ein Fazit

Erinnern Sie sich an die Begegnung, die ich mit Jesus Christus in jenem herrlichen Feld hatte? Ich gab mir alle Mühe, eine Vorstellung davon zu vermitteln, wie unmittelbar, konkret und überzeugend dieses Gespräch für mich war.

»Am Ende eines langgezogenen Feldes saß ich am Boden. Es war voller wilder Gräser, die in leichter Brise hin und her wogten. Die ganze Gegend war in die schöne goldene Glut einer Spätnachmittagssonne getaucht. Meine Arme ruhten entspannt auf den Knien. Der Boden unter mir fühlte sich fest an. Die Welt ringsum schimmerte vor … was? Heiterkeit! Ja, sie schien die Schöpfung zu beseelen.«

In dieser Umgebung traf ich Jesus zum zweiten Mal (das erste Mal war unter Wasser, als mein Leben davonglitt). Ich schrieb, dass er mir »eindeutig bekannt« war: »Ich hatte keinen Zweifel, dass es Jesus war, und brauchte ihn nicht nach Seinem Namen zu fragen. Das wäre etwa so, als träfe ich meinen Mann im Lebensmittelgeschäft und würde ihn, bevor wir ins Gespräch kommen, fragen: ›Bist du Bill?‹«

Eine solche Gewissheit verändert einen Menschen. Man ist sich einfach völlig sicher! Verstehen Sie, was ich meine? Es handelt sich durch und durch um eine tiefe, fast körperliche Überzeugung, auf die man sein Leben zu bauen hofft.

Wahrscheinlich wissen Sie mittlerweile, wohin Ihre Suche Sie geführt hat und ob Sie bereit sind oder nicht, zu einer Schlussfolgerung zu gelangen. Wo also befinden Sie sich auf der Skala der Überzeugung zwischen »eingefleischtem Skeptiker« und »wahrem Gläubigen«?

Jeder von uns nähert sich solch einer gründlichen Untersuchung anders. Deshalb habe ich Sie an früherer Stelle gefragt, wie viele Hin- oder Beweise welcher Art Sie Ihrer Meinung nach brauchen, um Gott bewusst zu vertrauen. Ich würde die Beweisführung dieses Buches als eine Kombination aus persönlicher Geschichte (zum größten Teil die meine) und Berichten aus zuverlässigen Quellen, seriösen Texten sowie wissenschaftlichen, insbesondere medizinischen Daten beschreiben.

Welcher Beweis besitzt für Sie das meiste Gewicht?

Materialisten erklären die gesamte Welt durch physikalische Ursachen, während Rationalisten glauben, Vorstellungen sollten auf Vernunft und Wissen beruhen, statt auf religiösen Überzeugungen oder emotionalen Reaktionen. Ein wissenschaftlicher Rationalist – der ich gewöhnlich war – geht davon aus, dass exaktes Studium und Gewissheit in der Erkenntnis den höchsten Rang einnehmen. Demzufolge kann mit genügend Zeit, Mühe und Mitteln praktisch alles durch rationales Denken erklärt werden, nicht aber durch Erfahrung. Wenn sich etwas nicht auf wissenschaftliche Gewissheit reduzieren lässt, ist es vermutlich unwahr und gilt als fragwürdig oder gar anrüchig.

Obwohl ich eine rigorose Erforschung geistiger Angelegenheiten unter Anwendung der wissenschaftlichen Methode uneingeschränkt befürworte, habe ich doch ihre Grenzen gesehen. Einige Wahrheiten werden immer außerhalb des Bereichs von Wissenschaft und rein rationalem Verständnis angesiedelt sein. Wir bestimmen vielleicht den speziellen Abschnitt des Gehirns, wo sich eine erhöhte Aktivität zeigt, wenn wir Liebe oder Mitgefühl empfinden, können aber nie beweisen, *warum* wir lieben sollten oder welchen Eindruck es auf uns macht, geliebt zu werden. Möglicherweise entdecken wir auch Neurotransmitter, die das Erlebnis von Spiritualität hervorrufen, werden von diesen Neuronen indes wohl nicht erfahren, weshalb sie überhaupt existieren.

Ich kenne gute Menschen, die darauf beharren, das Leben oder Gott müsse zunächst *jede* Frage beantworten, ehe sie ihr Herz öffnen. Das mag am Arbeitsplatz klug und redlich sein, aber nach meiner Auffassung ist es häufiger taktische Bequemlichkeit eines Individuums, das sich vor Veränderung fürchtet, dabei Gott gewissermaßen als Geisel hält und auf die Probe stellt. Es wird vielleicht nie beschließen, den Sprung zu wagen. Alle Forscher schreiten vom Bekannten fort zum Unbekannten, nach Maßgabe dessen, was sie jeweils wissen oder zu wissen meinen. Jede geistige Suche bedarf also des Glaubens, dank dem man den nächsten Schritt unternimmt.

Welche vernünftigen Rückschlüsse können Sie nun aufgrund der gesammelten Beweise sowie der Hypothese, die Sie untersucht und verfeinert haben, über Gott treffen? Dass Er Wirklichkeit und gegenwärtig ist – in Ihrem Leben wie auch in der Welt? Und dass Seine Versprechen wahr sind?

Wenn Ihnen diese Entdeckungsreise wirklich am Herzen liegt, sind Sie es sich schuldig, ebenso geduldig wie gründlich über Ihre Ergebnisse nachzusinnen. Davon hängt praktisch alles ab, was weitreichende Folgen hat. Nicht von ungefähr erklärte der beliebte amerikanische Pastor und Autor A. W. Tozer: »Was uns in den Sinn kommt, wenn wir an Gott denken, ist das Wichtigste an uns.«[2]

Gehen Sie eine Verpflichtung ein

Ich bin der festen Überzeugung, dass jeder Mensch, der die von mir beschriebene Übung zur Erforschung des Glaubens durchführt, überzeugende Beweise für die Gegenwart Gottes in seinem Leben finden wird. Damit verfügen Sie über eine geeignete Methode, Ihren Beobachtungen einen Sinn zu geben und Kraft zu schöpfen für Entscheidungen, die wesentliche Veränderungen in Gang setzen.

Ungeachtet der Details wählt *jeder* eine Reihe von Anschauungen aus, ob er sich zu ihnen bekennt oder nicht. Wem also wollen wir Glauben schenken, wessen Stimme werden wir lauschen? Wir können die Fehldeutungen der herrschenden Kultur übernehmen – oder unserer persönlichen Erfahrung mit Gott vertrauen.

Den nächsten und endgültigen Schritt müssen Sie selbst tun. Es liegt ganz bei Ihnen, inwieweit Sie sich verpflichten, fortan mit dem absoluten Vertrauen zu leben, dass Gott Sie liebt und dass Seine Versprechen wahr sind. Vielleicht schreiben Sie Ihre Entscheidung auf ein Blatt Papier, das Sie dann deutlich sichtbar zu Hause aufhängen. Oder Sie teilen diese mit engen Freunden und bitten sie um Unterstützung im Gebet. Außerdem können Sie selbst mit einem einfachen Gebet der Hingabe beginnen, für das im Folgenden ein Beispiel genannt ist.

Blicken Sie aus der Perspektive des Himmels auf Ihr Leben zurück und treffen Sie Ihre Wahl. Sie werden es niemals bereuen!

MEIN GEBET DER HINGABE

Allmächtiger, liebevoller und ewiger Gott,
danke, dass du meine Augen zum Himmel hin öffnest –
und zur Wahrheit, dass du immer gut bist.
Du öffnest mir die Augen für deine großen und kleinen Wunder.
Du zeigst mir, dass ich dir absolut vertrauen kann.
Du tröstest mich, dass der Tod nicht zu fürchten ist
und dass selbst aus Verlust und Kummer die Schönheit erblühen wird.
Lass mich nun stets hellwach sein, sodass ich überall
ringsum die Wirklichkeit des Himmels wahrnehme.
Erneuere mein inneres Wesen, damit ich mit Freude leben,
anderen dienen und deine Herrlichkeit auf Erden kundtun kann.
Führe mich auf den Weg, den du bereitet hast.
Dein Wille geschehe, heute und immerdar.
Amen.

18

Die süßeste Frucht auf Erden

Heute ist dein Tag, leichtfüßig mit dem Leben zu tanzen.
Singe wilde Gesänge des Abenteuers.
Lade Regenbögen und Schmetterlinge draußen zum Spiel ein.
Erhebe deinen Geist und entfalte deine Freude.

Jonathan Lockwood Huie

Uff! Was für eine Reise wir unternommen haben – von den Tiefen des Flusses zur Herrlichkeit des Himmels und zurück zur Wirklichkeit des täglichen Lebens auf Erden! Unterwegs haben Sie die Gründe erfahren, warum ich glaube, dass der Himmel und das Übernatürliche ununterbrochen in unser Leben eingreifen, auch jetzt, in diesem Augenblick. Wir sind nicht bloß körperliche Wesen, für die das »Geistige« lediglich ein Silberstreifen am Horizont ist, eine nette Geschichte oder eine wohltuende religiöse Empfindung. Wir sind gemacht für den Himmel, ab sofort. Mehr noch, von Geburt an sind wir dazu geschaffen, auf den Heiligen Geist zu reagieren, von Engeln berührt zu werden, uns tief nach dem ewigen Leben mit unserem liebevollen Gott zu sehnen – in Gesellschaft derer, die wir lieben.

Ich hoffe inständig, dass Sie in Ihrer eigenen Geschichte klare Beweise entdeckt haben, um jenes am Himmel orientierte Verständnis zu befürworten, und dass Sie aufgrund der gesammelten Fundstücke fest entschlossen sind, in unerschütterlichem Vertrauen zu leben. Falls Sie noch am Anfang des inneren Transformationsprozesses stehen, versichere ich Ihnen, dass Sie bereits ein größeres Wohlbefinden verspüren und immer wieder überrascht werden vom Gefühl der Freude.

Der Freude kann man nicht nachjagen und sie im Unterschied zum Glück nicht in der äußeren Welt finden. Der biblische David knüpfte die enge Verbindung zwischen Vertrauen und Freude, lesen Sie nur einmal folgende Verse: »Herr, du lässest mich fröhlich singen von deinen Werken, und ich rühme die Taten deiner Hände. Herr, wie sind deine Werke so groß! Deine Gedanken sind sehr tief.« (Psalm 92,5–6) Selbst Salomo stellte fest, dass das aus weltlichem Vergnügen gespeiste Glück letztlich hohl ist, die im Vertrauen auf Gott gewonnene Freude hingegen überreichlich (Prediger 2).

Die Freude hat nicht nur mit dem eigenen Glück zu tun, sondern mit etwas Größerem. Sie ist weder flüchtig noch von momentanen Umständen abhängig. Sie kommt aus dem inneren Selbst, nicht von der Außenwelt. Die Freude ist ein Daseinszustand, der auf diesem Vertrauen in Gottes Versprechen beruht. Sie ermöglicht uns, die Verhältnisse zu übersteigen und Schönheit noch in Leid und Mühsal zu entdecken.

Die Entscheidung für absolutes Vertrauen ebnet tatsächlich den Weg zu einem von Freude erfüllten Leben. Doch nach meiner Erfahrung bedarf selbst die Freude der Hege und Pflege. Ihr Fundament gerät ins Wanken, sobald wir die Wirklichkeit des Himmels und Gottes erstaunliche Versprechen aus den Augen verlieren. In diesem abschließenden Kapitel möchte ich Zuspruch aus meinem eigenen Leben beitragen, der Ihnen helfen soll, Sorge zu tragen für das, was in Ihrem Leben gerade aufzublühen beginnt.

Richten Sie den Blick immer wieder nach oben

Meine Familie hat sich dem nordischen Skisport verschrieben. Je nachdem, wo Sie wohnen, mag Ihnen diese Freizeitbeschäftigung exotisch erscheinen, aber wir haben unsere Kinder am Fuße der hoch aufragenden Gipfel des Grand Teton großgezogen. Skilangläufer überqueren Hügel, statt mit dem Lift hochzufahren und die Piste hinunterzuschießen, weshalb diese Sportart äußerst anstrengend ist und eine perfekte Technik erfordert. Klebriges Wachs an der Unterseite »klassischer« Skier hilft dem Langläufer, sich vorwärtszubewegen, während er sich abstößt. Je schwieriger und steiler das Terrain, desto wichtiger ist es, sein Gewicht über dem gewachsten Teil der Skier zu zentrieren.

Gegen Ende eines langen Laufs sinken erschöpfte Sportler oft in sich zusammen und schauen nach unten, aber das verheißt nichts Gutes. Ihre Schultern erschlaffen, das Gewicht verlagert sich, und die Skier verlieren die Bodenhaftung. Das daraus resultierende Leiden, gepaart mit Enttäuschung, kann durch eine einfache Handlung gelindert werden: Man hebt den Blick nach oben. Dadurch wird der Körper automatisch neu positioniert und bekommt den nötigen Elan, sich aufzurichten und weiter über den Hügel zu gleiten.

Sie sehen, worauf ich hinauswill. Neigen wir angesichts von Herausforderungen nicht dazu, den Blick zu senken, uns erdrückt zu fühlen durch das Gewicht der Sorge, Traurigkeit und Angst? Bei mir jedenfalls ist das so. Aber wenn wir nicht aufschauen, entgeht uns die Schönheit. Weder nehmen wir die ringsum geschehenden Wunder wahr noch bemerken wir in kritischen Momenten den Wink Gottes. Wir fragen uns, wo Er ist, fühlen nicht Seine Gegenwart, wiewohl Er uns zur Seite steht oder zu stützen beginnt.

Vielleicht vergessen wir: Wenn Gott für uns ist, wer mag dann schon gegen uns sein (Römer 8,31) – und dass Er sich gewöhnlicher Menschen bedient, um große Taten zu vollbringen. Oder wir verlieren den Glauben, beherzt aufzubrechen und jene nicht weiter zu beachten, die uns einreden wollen, wir seien nicht gut, talentiert oder klug genug, unsere Träume zu verwirklichen. Uns mag entfallen sein, dass Gott nicht die Qualifizierten ruft, sondern die von Ihm Gerufenen qualifiziert.

Ohne Aufblick ist uns nicht mehr bewusst, dass wir Gottes geliebte Kinder sind. Allzu leicht kaprizieren wir uns auf die eigenen Fehler und Schwächen, statt die einzigartige Kombination unserer Eigenschaften und Gaben zu feiern. Indem wir Gottes Wunder infrage stellen, fühlen wir uns entmutigt und hören auf, unsere Wissbegier und Sehnsucht nach erfahrungsbasiertem Lernen hochzuschätzen.

Wir vergessen, dass Gottes Liebe allen Menschen gilt – selbst denjenigen, die wir nicht mögen oder die uns verletzt haben. Wir übersehen, dass jeder eine schwere Last trägt und eher Mitgefühl braucht als eine Beurteilung – und dass wir dazu bestimmt sind, als Vermittler von Gottes Frieden, Liebe und Freude zu dienen.

Gewiss, wir werden Zeiten des Glücks ebenso erleben wie Zeiten des Kummers, aber ohne den Blick nach oben versäumen wir oftmals die Gelegenheit, in aller Deutlichkeit zu erkennen, dass jede Erfahrung dazu beiträgt, uns zu jenem ganzen Menschen zu formen, der wir sein sollen. Selbst inmitten chronischer Krankheit brauchen wir nicht den Mut zu verlieren, denn wie es in 2. Korinther 4,16 geschrieben steht, mag der äußerliche Mensch verfallen, doch der innerliche wird von Tag zu Tag erneuert. Wir können sicher sein, dass »unsere Trübsal, die zeitlich und leicht ist, eine ewige und über alle Maßen wichtige Herrlichkeit uns [schafft]« (2. Korinther 4,17). Entwickeln wir ein unerschütterliches Vertrauen in Seine Versprechen, so ebnet sich der Weg vor uns und wir erheben uns über die jeweiligen Verhältnisse.

Mit gesenkten Augen hingegen sehen wir nicht mehr, dass der Himmel allzeit *in uns* ist.

Das Gedächtnis schulen

Um die Wirklichkeit des Himmels und Gottes wundersame Versprechen stets im Sinn zu behalten, empfehle ich, den ganzen Tag über bestimmte Gedächtnisstützen zu entwerfen. Diese assoziiere ich mit jenen Steinen, die das Volk Israel aufstellte, um sich an Gottes Treue zu erinnern (Josua 4), und die in der Zeit des Propheten Samuel als »Eben-Ezer« (1. Samuel 7,12) bekannt waren. Diese Eben-Ezers, die wir in unseren Alltag einfügen, helfen uns, die innere Reise zum absoluten Vertrauen niemals zu vernachlässigen.

Natürlich hat jeder andere Gewohnheiten und wird auf unterschiedliche Arten von Gedächtnisstützen reagieren; dennoch möchte ich hier einige erwähnen, die bei mir besonders wirksam sind.

Das Gebet zum Beispiel scheint meine Aufmerksamkeit immer wieder auf die Glaubwürdigkeit Gottes und Seiner Versprechen zurückzulenken. Für mich ist es in erster Linie ein Akt der Lobpreisung, des Gehorsams und der Dankbarkeit – im Wissen, dass Gott uns zuteilwerden lässt, was wir brauchen, auch wenn es nicht unbedingt das ist, was wir wollen. Sind wir in Mühsal gefangen, mag es uns an Dankbarkeit fehlen. Doch selbst in solchen Phasen können wir uns dafür erkenntlich zeigen, wie die Anstrengung uns formt und eine Gelegenheit bietet, zu dem Menschen zu werden, der Gott gefallen würde. Obwohl wir vielleicht nur den nächsten Abschnitt vor uns sehen, kennt Er unseren gesamten Lebensweg. Indem wir jeden Tag eine Liste mit den Dingen anfertigen, für die wir dankbar sind, und sei sie noch so kurz, werden wir an Gottes Liebe erinnert – daran, den Blick regelmäßig nach oben zu richten.

Das Gebet hilft uns auch, das Urteilsvermögen zu schärfen und – was ebenso wichtig sein mag – mit der Ungewissheit zu leben. Während wir so unsere Kümmernisse und Freuden, Verwirrungen und Entscheidungen zur Sprache bringen, spendet Gott uns Trost, kann der Heilige Geist unsere Gefühle, Gedanken und Handlungen in die richtigen Bahnen leiten.

Welches Gebet zur Erinnerung entfaltet in Ihnen die stärkste Wirkung? Möglicherweise beten Sie dann gern, wenn Sie gerade trainieren oder pendeln. Oder Sie beginnen wie ich, die Augen noch geschlossen, den Tag mit einem Gebet. Stillschweigend rezitiere ich das Vaterunser und sage Ja zu Gott.

Vater unser, der du bist im Himmel,
geheiligt werde dein Name.
Dein Reich komme.
Dein Wille geschehe, wie im Himmel, so auf Erden.
Unser täglich Brot gib uns heute.
Und vergib uns unsere Schuld, wie auch wir vergeben
unsern Schuldigern.
Und führe uns nicht in Versuchung, sondern erlöse uns
von dem Bösen.
Denn dein ist das Reich und die Kraft und die Herrlichkeit
in Ewigkeit.

Eines weiß ich: Wenn ich Gott bejahe, dann bejahe ich auch die Kraft des Heiligen Geistes, mir Gottes Willen zu offenbaren, Weisheit und Urteilsvermögen, Glauben und Heilung zu gewähren.

Unscheinbar aber wirksam

Ich weiß nicht, wie groß jene Steine zur Erinnerung waren, die Josua und Samuel in biblischen Zeiten aufstellten, habe jedoch herausgefunden, dass unscheinbare Gedächtnisstützen ihren Zweck ebenso gut erfüllen. Hier ist meine Liste:

Neben meinem Bett liegt eine *Erbauungsschrift für jeden Tag*, in der ich dann lese, wenn ich mir morgens die Zähne putze und meinen Gedanken eine Richtung gebe.

Sobald ich nach draußen gehe, nehme ich *in der Höhenluft einen tiefen Atemzug* und empfinde Dankbarkeit, dass ich dazu fähig bin.

Auf meiner *morgendlichen Fahrt zum Arbeitsplatz* sehe ich gewöhnlich, wie über den Bergen auf der anderen Seite des Tals die Sonne aufgeht. Ein ums andere Mal bin ich davon überwältigt und zutiefst dankbar für meinen Wohnort. Ich nutze die Zeit des Pendelns, um über Gottes Gegenwart in meinem Leben nachzusinnen und Ihm dafür wie für Seine Gnade und Liebe zu danken. Immer bitte ich Gott, mir an diesem Tag die Einsicht zu gewähren, wohin Er mich führt und wie ich Seinem Königreich dienen kann.

Manchmal höre ich *zeitgenössische christliche Musik*.

Ich halte Ausschau nach *zeitlichen Übereinstimmungen* – nach Geschehnissen von Gott. Ich versuche, mir der Engel und Wunder ringsum gewahr zu werden und zugleich jeder Situation mit offenem Herz und Geist zu begegnen. Dabei überlege ich mir, ob ein Ereignis oder Zusammentreffen vielleicht bedeutsamer ist, als es äußerlich scheint.

Ich bemühe mich, *innere Aufforderungen* bewusst wahrzunehmen – jene bohrenden Gedanken und Empfindungen, die nicht weichen wollen, selbst wenn sie mir unbegreiflich sind. Sobald ich mich aufgerufen fühle, jemanden anzurufen, an einen bestimmten Ort zu gehen oder etwas auszusprechen, setze ich alles daran, das auch zu tun. Oft habe ich keine Ahnung, warum derlei geschehen soll, versuche aber trotzdem entsprechend zu reagieren.

Unter meinem Shirt trage ich ein *Kreuz an der Halskette*. Wann immer ich es auf meiner Haut spüre, werde ich daran erinnert, wer ich bin, wem ich angehöre und vertraue – wie auch daran, stets zum Himmel aufzublicken.

In meinem Büro hängt ein *dekoratives Kreuz*, das mir ins Gedächtnis ruft, wie ich andere Menschen behandeln soll. Daneben stehen auf einem Wandbehang die Worte aus Psalm 19,15: »Lass dir wohlgefallen die Rede meines Mundes und das Gespräch meines Herzens vor dir, Herr, mein Fels und Erlöser.«

Ich platziere *Wandbehänge und Klebezettel* mit meinen bevorzugten Sprüchen, Zitaten und Versen, die mich an Gottes Versprechen erinnern, an den Orten, wo ich sie sicher wahrnehme: neben dem Bett, über dem Waschbecken im Badezimmer, auf der Tür der Mikrowelle oder an der Wand hinter meinem Computer im Büro. In der jüdischen Tradition ist das die Funktion der *Mesusa* oder Schriftkapsel, die eine Botschaft aus der Thora enthält und an Türpfosten befestigt wird, um an Gottes Bund zu gemahnen.

Geben Sie Ihren Gedächtnisstützen eine persönliche Note, selbst wenn dies töricht erscheint. Warum nicht? Jedes Mal, wenn ich am Boden *eine Münze* finde, hebe ich sie auf und lese ihre Inschrift: *In God We Trust* (Auf Gott vertrauen wir). Ich nutze die Gelegenheit, um mir die Frage zu stellen: Habe ich in diesem Augenblick voll und ganz Vertrauen in Gottes Versprechen? Wenn ich sie bejahen kann, stecke ich die Münze ein und setze meine Tagesarbeit fort.

Betrachten Sie Ihr Tagebuch als *Erinnerungsbuch*, als Ihre persönliche Sammlung von Eben-Ezer-Steinen. So können Sie in Zukunft, falls Ihnen einmal Zweifel kommen, ob Gott wirklich nah und vertraut ist, im eigenen Erinnerungsbuch zurückblättern, um nachzulesen, wie sich Seine liebevolle Gegenwart kundgetan hat.

Und: Schließen Sie sich einer *Glaubensgemeinschaft* an, die Ihnen regelmäßig Gedächtnisstützen für die Wirklichkeiten des Himmels bietet wie auch geistige Schulung und inneres Wachstum. Pflegen Sie einen bewussten Umgang und Austausch mit anderen. Seien Sie ein Fenster, durch das Gottes Licht einfallen und deren Weg erhellen kann. Auch wenn Sie das Gefühl haben, Ihre Bemühungen seien nur ein Tropfen im Ozean dringender Bedürfnisse, so vergessen Sie nicht: Ohne Ihren Tropfen wäre der Ozean ein klein wenig geringer.

Die süßeste Frucht – ein von Freude erfülltes Leben

Unfehlbar, unerschütterlich – das tiefe Vertrauen beschert jeden Tag einen Geschmack von Himmel, während unsere Augen und Herzen offen sind für Gottes überreichliche Liebe und Gnade und wundersame Gegenwart in unserer Welt. Gewähren wir in all unserem Sinnen und Trachten Seinen Versprechen den Vorrang und entscheiden uns für das Vertrauen, nimmt das Leben eine neue Wendung. So werden uns allmählich die Früchte dieser wesentlichen Veränderung zuteil – ein höheres Maß an Liebe, Frieden, Geduld, Freundlichkeit, Güte, Treue, Demut und Selbstbeherrschung.

Jede derartige Gabe ist wertvoll und würdig, aber die süßeste Frucht eines Lebens mit absolutem Vertrauen ist die Freude –

Freude im Erfolg wie im Scheitern, Freude im unbändigen Glück wie inmitten niederschmetternder Trauer. Wo Freude aufflammt, ist Gott gegenwärtig. Die Freude des Himmels ist Gottes dauerhaftes Geschenk für jeden von uns, ungeachtet der jeweiligen Umstände. Ein von Freude erfülltes Leben ist die natürliche Folge einer Wahl – nämlich bei der Wahrheit von Gottes Versprechen zu bleiben. Es vermittelt uns eine Ahnung davon, was der liebevolle Gott *hier und jetzt* für unsere Zukunft vorsieht.

Möge die süßeste Frucht des Himmels heute und an jedem weiteren Lebenstag ganz die Ihre sein.

Dank

Die Niederschrift eines Buches erfordert immer die Unterstützung und Ermutigung vieler Menschen, und so bin ich all jenen dankbar, die Teil meines Lebens waren oder sind. Im Besonderen gilt mein Dank:

Bill Neal für deine unerschütterliche Liebe, deinen Humor und deine Standhaftigkeit. Ich könnte diesen Weg nicht ohne dich gehen.

Willie, Eliot, Betsy und Peter Neal – ohne euch wäre das Leben äußerst eintönig.

David Kopp für den Glauben, ich hätte etwas zu sagen, und deine Hilfe, es auf schöne Weise zu sagen.

Elizabeth Gerdts dafür, dass du stets eine Quelle des Sonnenscheins und Lachens bist.

Keith Wall für deinen Umgang mit Worten.

Betty Thum, weil du mir ständig zeigst, wie man vorbehaltlos liebt.

Ann Bayer, Julie Connors, Susan Farquhar, Kelly Kiburis, Becky Patrias und Linda Purdy für mehr als fünfzig Jahre unverbrüchlicher Freundschaft.

Merle Long für die Erinnerung daran, dass große Ideen nicht kompliziert sein müssen.

Tom, Debbie, Jean, Kenneth, Anne, Rachel, Kayla, Isabel, Chad, Krista, Kyler, Bryson, Jenna, Tren, Linzie, Merle, Olivia und Isaac Long für eure Liebe und weil ihr solch wunderbare Beispiele dafür seid, was es heißt, in seinem Glauben zu leben.

Mel Berger für die fortwährende Gabe heiterer Ermutigung.

Marta Lozano, Robin Steinmann, Heidi Anderson und Alisha Keyworth dafür, dass ihr die Kirche einfach im Dorf lasst.

David Pfeifer für die Beständigkeit in deinem Humor und deiner Freundschaft.

Vater Ubald Rugirangoga, Pastor Dr. Paul Hayden, Pastor Mike Atkins und Katsey Long für eure Freundschaft, Fürsorglichkeit und Vorbildlichkeit im Hinblick auf ein frohgemutes Leben.

Joe aus Kalifornien, und jeden wie ihn, dessen selbstgefertigte Schutzwälle aufbrechen müssen, ehe Gottes Licht eindringen kann.

Anleitung für Lesegruppen

Sicherlich drängt es Sie, weitere faszinierende und tiefgründige Botschaften zu erhalten, wie Dr. Mary Neal sie in diesem Buch mitgeteilt und ausgeführt hat, etwa zu den Fragen: Was geschieht, wenn wir sterben? Wie ist der Himmel? Befindet sich im Moment ein Engel in meiner Nähe? Ereignen sich Wunder tatsächlich? Und: Welchen Unterschied sollten die jeweiligen Antworten in unserem heutigen Leben bewirken? Glücklicherweise werden der Rahmen und die Bedeutung solcher Fragen noch übertroffen von ihrem Versprechen. Wie Mary erklärt, bezwecken die vom Himmel offenbarten Wahrheiten, unsere Lebensweise auf der Erde nachhaltig zum Besseren zu verändern. Sie schreibt: »In diesem Buch ist es mein Ziel, anderen zu dem absoluten Vertrauen zu verhelfen, dass Gott gut ist und seine Versprechen wahr sind. Dies gilt nicht nur für Menschen, die den Himmel besucht haben, sondern für alle, und verändert, was wir fühlen, denken und glauben.«

Wir haben die Anleitung für Lesegruppen verfasst, damit Sie aus *7 Botschaften des Himmels* den größten Nutzen ziehen. Wenn Sie mit anderen, die ähnliche Interessen haben, zur gemeinsamen Lektüre zusammenkommen, fördern Sie damit erheblich Ihre Fähigkeit, die Inhalte zu verarbeiten und in die Praxis umzusetzen. Betrachten Sie die Anleitung eher als einen Ausgangspunkt denn als eine Art Abschlussprüfung. Die besten Diskussionsgruppen beharren nicht auf Übereinstimmung, sondern evozieren und respektieren eine ganze Reihe von Gedanken und Reaktionen. Hören Sie aufmerksam zu, teilen Sie Ihre Anschauungen ehrlich mit und öffnen Sie Ihr Herz für neue Einsichten. Und vor allem: Haben Sie Freude daran!

Die Herausgeber

Einleitung: Das ändert alles

1. Dr. Neal schreibt, nach vielen Jahren medizinischer Ausbildung sei sie als Chirurgin gleichsam darauf programmiert gewesen, allen Einsichten und Erkenntnissen außerhalb des wissenschaftlichen Bereichs mit Skepsis zu begegnen: »Wenn etwas nicht zu messen, zu überprüfen, zu röntgen und zu reproduzieren war, konnte ich es rational nicht akzeptieren.« Wie würden Sie die Einstellung oder Grundvoraussetzung beschreiben, die Sie an die Lektüre des vorliegenden Buches herantragen?
2. Darüber hinaus gesteht sie ein, dass es schwierig ist, persönliche geistige Erfahrungen in Worte zu fassen. Können Sie aufgrund Ihrer eigenen Anschauungen dem zustimmen oder nicht? Glauben Sie, dass die geistige Erfahrung eines Menschen tatsächlich geschmälert wird, wenn man sie fein säuberlich in die anerkannte religiöse Sprache verpackt? Warum – oder warum nicht?
3. Haben Sie oder hat jemand in Ihrer unmittelbaren Umgebung bereits eine Nahtoderfahrung gemacht? Wenn Sie bereit sind, darüber zu sprechen – oder es wenigstens zu versuchen –, dann tun Sie das bitte. Andere werden dankbar dafür sein.
4. Wenn Sie ein persönliches Bedürfnis oder Problem nennen sollten, bei dem Ihnen dieses Buch *unbedingt* helfen sollte, welches wäre es? Schreiben Sie es auf oder sprechen Sie darüber.

Kapitel 1: Fluss des Todes, Fluss des Lebens

1. Dieses Kapitel beginnt mit der rasanten Schilderung des Unfalls, der zu Marys Ertrinken und den daran anschließenden Erfahrungen führte. Konnten Sie ihre Beschreibung des wahrhaft friedlichen Gefühls im Moment höchster Gefahr nachvollziehen? Zum Beispiel sagt sie: »Ich hatte keine Luftnot,

keine Panik, keine Angst.« Teilen Sie Ihre Reaktion auf Marys Bericht oder eine ähnliche Erfahrung aus Ihrem Leben den anderen mit.

2. Haben Sie je das intensive Gefühl empfunden, von Jesus oder Gott gehalten und getröstet zu werden? Wenn ja, beschreiben Sie es.
3. Welche Gedanken, Gefühle oder Fragen kamen in Ihnen auf, als Mary erzählte, was sie im Himmel gesehen hatte?
4. Im Himmel empfing Mary die erschütternde Nachricht über den bevorstehenden Tod ihres ältesten Sohnes. Hatten Sie je eine Vision oder Vorahnung, die sich später bewahrheitete? Wenn ja, wie war das für Sie? Wie beeinflusste es Ihre Auffassungen oder Handlungen?

Kapitel 2: Wie ich mein Leben von jenseits der Zeit sah

1. Der Bibel zufolge ist ein Tag mit Gott wie tausend Jahre, und tausend Jahre sind wie ein Tag (2. Petrus 3,8). Haben Sie auch den Eindruck, dass Gottes Uhr und die Ihre in völlig verschiedenen Geschwindigkeiten laufen? Wenn ja, erörtern Sie es bitte.
2. Wie verhalten Sie sich, sobald Ihnen das Zeitgefühl abhanden kommt?
3. Die meisten Menschen, selbst die langjährigen Gläubigen, beängstigt mehr oder weniger die Frage, wie Jesus ihr Leben beurteilen wird. Trifft das auch auf Sie zu? Wenn ja, würden Sie dann sagen, dass es vor allem davon abhängt, wie man die Bibel auslegt, oder davon, ob man sein eigener schlimmster Kritiker ist?
4. Mary schreibt, sie habe sich in der Kindheit von Gott betrogen und verlassen gefühlt, als ihre Gebete für eine Wiederversöhnung der Eltern unerhört blieben, und daraufhin ihre naiven Vorstellungen von einem liebevollen himmlischen Vater verworfen. Möchten Sie diese Aussage aufgrund eigener, ähnlich

gearteter Erfahrungen kommentieren? Betrachten Sie das Gebet manchmal als eine persönliche Wunschliste?

5. Erläutern Sie Ihren Standpunkt im Hinblick auf Marys sogenannte »Erste Lektion, die der Himmel offenbart: Verhältnisse ergeben Sinn, wenn sie durch die Linse des Himmels betrachtet werden. Die überaus reiche Gnade, die wir von Gott empfangen, ist die gleiche Gnade, die wir freigiebig anderen schenken können.« Können Sie verstehen, wie die Einsicht in die Lebensgeschichte eines Menschen den Blickwinkel ihm gegenüber verändert? Fällt Ihnen das leicht? Stimmt Ihre Auffassung von Gnade mit der von Mary überein? Erinnern Sie sich an eine Phase, in der Ihre Haltung zu einer Person sich änderte, nachdem Sie deren Geschichte begriffen hatten?

Kapitel 3: Wir sind sowohl physische als auch spirituelle Wesen

1. Mary schreibt: »Als ich aufhörte, ein ›körperliches Wesen‹ zu sein, wurde deutlich, dass meine Fähigkeit, alles um mich herum zu erleben – insbesondere die tiefe Liebe Gottes zu mir –, sich extrem erweiterte. Eigentlich habe ich mich nie lebendiger gefühlt als in dem Augenblick, da ich meinen Körper weit hinter mir ließ.« Welche Gedanken oder Gefühle hatten Sie bei der Lektüre dieser Zeilen?
2. Der französische Philosoph und Priester Teilhard de Chardin erklärte: »Wir sind nicht menschliche Wesen mit einer spirituellen Erfahrung. Wir sind spirituelle Wesen mit einer menschlichen Erfahrung.« Mary vertritt die gleiche Überzeugung, nämlich dass wir größtenteils Geist sind, eingeschlossen in eine »irdische Hülle«. Stimmen Sie dieser Auffassung zu? Wie mag eine solche Einsicht Ihre heutigen Empfindungen und Entscheidungen beeinflussen?
3. Mary schreibt, wenn Menschen aus dem Leben auf dieser Erde scheiden, sehen sie oft »die Schönheit des Himmels, eine

Mutter oder Mutterfigur, Geschwister oder Menschen, von deren Tod man bisher nichts wusste. Sie erklären, sich auf eine Reise vorzubereiten, fragen nach ihrem Gepäck oder Fahrausweis, beschreiben Engel oder erwähnen den Namen der Person, die sie abholen wird.« Gibt es in Ihrer Familie die Geschichte eines solchen Besuchs am Sterbebett? Berichten Sie darüber.

4. Wie war Ihre Reaktion auf Marys »Zweite Lektion, die der Himmel offenbart: Den Tod muss man nicht fürchten, weil er nicht das Ende ist. Er bildet jene Schwelle, auf der wir unser physisches Selbst zurücklassen und unversehrt in die Ewigkeit eingehen?«

Kapitel 4: An der Seite von Jesus

1. Obwohl weder Krankenhäuser noch Kommunikationsmittel in der Nähe waren, erschienen plötzlich zwei Männer am Flussufer, um Marys Rettungsteam zu helfen und einen Ausweg zu zeigen. Weitere »Zufälle« folgten. Hatten auch Sie schon Begegnungen, die göttlich inszeniert schienen? Schreiben Sie diese auf oder sprechen Sie mit jemandem darüber.
2. Glauben Sie Mary, wenn sie von demjenigen neben ihr auf dem Felsen sagt, er sei ihr »eindeutig bekannt« gewesen und es habe sich um Jesus gehandelt? Warum – oder warum nicht?
3. Mary gibt zu, dass sie zögerte, anderen zu erzählen, ihr Gefährte in jenem herrlichen Feld sei Jesus gewesen. Sie wollte sich das Recht zu einem Gespräch mit Jesus erst »verdienen«. Wie reagieren Sie auf diesen Wunsch?
4. Die vielleicht bekannteste Geschichte, die Jesus erzählte, ist die des verlorenen Sohnes (Lukas 15,11–32). Mit welchem der beiden Brüder identifizieren Sie sich am meisten – mit dem, der die väterliche Liebe »verdiente«, oder dem anderen, der ihrer unwürdig schien? Ändert Marys Erfahrung mit Jesus etwas für Sie?

5. Marys »Dritte Lektion, die der Himmel offenbart lautet: Wenn wir uns für die Versöhnung entscheiden, streifen wir unsere Bürden ab und erhalten die Freiheit, vollständig und frohgemut in Gottes verschwenderischer Liebe zu leben.« Glauben Sie, Gottes Liebe besitzt die Fähigkeit, die Kette Ihrer früheren Verletzungen und Enttäuschungen zu durchbrechen? Ist Ihnen klar, wie Sie dadurch befreit werden können, um das überreichliche Leben, das Gott für Sie beabsichtigt, zu genießen?

Kapitel 5: Das Leben geht über die Wissenschaft hinaus

Einige Leser mag der wissenschaftlich orientierte Inhalt dieses Kapitels abschrecken, oder sie finden dergleichen gar überflüssig. Andere wiederum werden gerade darin den wichtigsten Teil des Buches sehen. Hier beschreibt Mary ausführlich ihre Nachforschungen, um den physiologischen Ablauf dessen zu verstehen, was ihr widerfahren ist. Sie strukturiert ihre Suche mit Hilfe solcher Fragen wie: »War es nur meine Vorstellungskraft?« oder »War es ein Anfall?«

1. Haben Sie je eine Erfahrung gemacht, die Sie ratlos zurückließ und weder sich selbst noch anderen rational erklären konnten? Worum ging es? Wie sind Sie verfahren, um Antworten zu finden?
2. Mary schreibt: »Jedenfalls musste ich bei meiner Suche nach Antworten methodisch vorgehen. Aber konnte ich nach dem erlittenen Trauma darauf vertrauen, dass meine Wahrnehmungsfähigkeit mir helfen würde, zu verlässlichen Schlussfolgerungen zu gelangen?« Welche Schutzmaßnahmen kann jemand ergreifen, der Grund hat, an der Zuverlässigkeit seiner Antworten zu zweifeln?
3. Finden Sie den wissenschaftlichen Ansatz, den Mary verfolgt, überzeugend? Warum – oder warum nicht?
4. Vorausgesetzt, Sie sind Christ oder Anhänger einer anderen Glaubenstradition: Hat man Ihnen schon einmal nahegelegt,

Ihre spirituellen Erfahrungen und Überzeugungen seien vielleicht nur das Resultat einer allzu wilden Fantasie? Wenn ja, wie haben Sie darauf reagiert?

5. Meinen Sie, die Wissenschaft kann – oder wird schließlich – geistige Wirklichkeiten erklären, die gläubige Menschen als »Wunder« bezeichnen? Oder sind Sie der Ansicht, ihr seien bestimmte Grenzen gesetzt?

Kapitel 6: Hinüberwechseln und zurückkehren

1. Dieses Kapitel liefert Beweismaterial aus der Bibel, der Geschichte und heutigen Berichten für die Wirklichkeit von Nahtoderfahrungen. Deren zehn typische, hier genannte Phänomene treffen auch auf Marys Erfahrung zu. Dennoch betrachtet sie Ihre Lektüre dieses Buches als einen »mutigen Akt«. Pflichten Sie ihr bei oder nicht? Erklären Sie Ihre Position.
2. Definieren Sie mit Ihren eigenen Worten eine Nahtoderfahrung, wie Sie diese verstehen.
3. Zumindest zwei biblische Berichte scheinen Nahtoderfahrungen zu beschreiben: die Geschichte von Elia und dem Sohn der Witwe im Alten Testament (1. Könige 17,17–23) sowie die Reise des Paulus in den »dritten Himmel« (2. Korinther 12,2–4). Wie gut passen diese beiden Erfahrungen zu Ihren Antworten unter Punkt 2?
4. Mary schreibt: »Skeptiker betonen oft jene Unterschiede zwischen individuellen Details, um die Gültigkeit der Nahtoderfahrung infrage zu stellen …« Wie reagieren Sie auf die Abweichungen zwischen solchen Erfahrungen? Sehen Sie das als positiv oder als negativ?
5. Haben Sie je etwas erlebt, das derart ungewöhnlich oder tiefgreifend war, dass es Sie von anderen Menschen zu trennen schien, auch deshalb, weil Sie sich außerstande fühlten, unbeschwert darüber zu sprechen?

Kapitel 7: Eine Führung durch den Himmel

1. Hat sich durch die Lektüre dieses Kapitels eine Ihrer Annahmen über den Himmel geändert?
2. Beschreiben Sie, wie Sie sich den Himmel vorstellen. Inwieweit hat sich dieses Bild seit Ihrer Kindheit verändert? In welcher Weise sprechen Sie mit Ihren Kindern über den Himmel?
3. Wie ist es für Sie, das Thema »Himmel« mit Menschen zu behandeln, die Sie nicht dort haben möchten?
4. Lesen Sie die biblische Darstellung »eines neuen Himmels und einer neuen Erde« (Offenbarung 21,1–5). Was finden Sie daran besonders reizvoll? Ist Ihnen der Himmel heute wichtiger oder unwichtiger als vor zehn Jahren? Erklären Sie das bitte.
5. Teilen Sie mit jemandem Ihre persönliche Reaktion auf Marys »Vierte Lektion, die der Himmel offenbart: Der Himmel ist eine Wirklichkeit, in der unsere Unversehrtheit wiederhergestellt wird – ohne Schmerz, Trauer, Leiden – und Verständnis vorherrscht. Beziehungskonflikte werden geschlichtet, und wir leben für immer in der Gegenwart Gottes und unserer Lieben.«

Kapitel 8: Wunder liegen immer in der Luft

1. Was halten Sie von Wundern? Wählen Sie eine der folgenden Antworten und erläutern Sie diese:
   a) Ich glaube, sie geschahen früher einmal, aber dem ist nicht mehr so.
   b) Ich glaube, sie *können* geschehen, aber das ist nicht der Fall.
   c) Ich glaube, heute geschehen kleine Wunder, aber nicht solche wie in der Bibel.
   d) Ich glaube, Wunder jeder Größenordnung sind heute ebenso möglich und wirklich wie seit jeher.

2. Falls ein Wunder auf wesentliche und denkwürdige Weise Ihr Leben berührt hat, waren Sie dann bereit, darüber zu sprechen? Worin besteht Ihre typische Reaktion, wenn Sie einen Wink oder ein Flüstern wahrnehmen, offenbar von Gott veranlasst? Welche Ergebnisse hat Ihr entsprechendes Handeln gezeitigt?
3. Mary schreibt über den blühenden Bradford-Birnbaum und die Alpenrose. Betrachten Sie bestimmte unscheinbare Zeichen oder wiederkehrende Ereignisse als Fingerzeige des Himmels, dass Gott in Ihrem Leben anwesend und wirksam ist? Sprechen Sie darüber.
4. Haben Sie das Gefühl, dass einige Leute glückliche Fügungen im Alltag allzu eifrig dem Übernatürlichen zuschreiben? Was mag die Kehrseite einer solchen Anschauung sein?
5. Teilen Sie mit, welche zentrale Botschaft Sie Marys »Fünfter Lektion, die der Himmel offenbart« entnommen haben: »Große Wunder ereignen sich manchmal, persönliche Wunder häufig. Gott lädt uns ein, Seine wundersame Gegenwart überall wahrzunehmen.«

Kapitel 9: Engel wandeln mitten unter uns

1. Wurden Sie oder jemand in Ihrer Umgebung schon einmal »von einem Engel berührt«? Wenn ja, was ist geschehen?
2. Gefühl versus Stärke – bedenken Sie den Vers aus Psalm 103 zu Beginn des Kapitels, wo Engel als die »starken Helden, die ihr seinen Befehl ausrichtet«, gepriesen werden.
3. Wenn Engel von Gott kommen, um Sein Werk zu verrichten, warum jagen sie dann in der Bibel den Menschen, die ihnen begegnen, oft Furcht ein? Was meinen Sie?
4. Warum wird Ihrer Ansicht nach immer wieder berichtet, Engel seien bei denen, die gerade von diesem Leben ins nächste übergehen?
5. Sind Sie irgendwann einmal zu der Überzeugung gelangt, dass

jemand, der Ihnen Beistand leistete, tatsächlich ein Engel war? Inwieweit hat dies sowohl Ihre Gemütsverfassung wie auch Ihr geistiges Verständnis beeinflusst?

Kapitel 10: Gott hat einen Plan

1. Können Sie sich an eine Zeit in Ihrem Leben erinnern, als Sie dringender als sonst des Gefühls bedurften, dass ein liebevoller Gott die Leitung innehat? Was war an der damaligen Situation so beunruhigend? Wie wurden die Probleme gelöst?
2. Jesus lehrte, wir bräuchten nicht zu befürchten, dass Gott uns nicht kenne oder nicht behüte (Matthäus 10,29–31). Warum neigen wir dennoch häufig dazu, uns vom himmlischen Vater getrennt oder gar verlassen zu fühlen?
3. Mary schreibt, sie versuche ständig zu erspüren, wohin der Heilige Geist sie führt. Würden Sie sich als eine Person beschreiben, die ebenfalls immerzu nach einer solchen Unterweisung verlangt, selbst bei kleineren Entscheidungen? Oder bitten Sie meistens nur bei größeren Entscheidungen um Hilfe? Erklären Sie Ihr Verhalten. Sehen Sie ein Risiko darin, sich auf die eine oder andere Weise »anzulehnen«?
4. Können Sie nachvollziehen, was Mary meint, wenn sie über »Eingebungen« spricht? Teilen Sie Ihre Erfahrung mit.
5. Mary nennt auch eine Checkliste mit Fragen, die sie sich vor jeder Entscheidung stellt. Wie sieht Ihre Checkliste aus? Inwieweit erfüllt sie ihren Zweck?
6. In welchem Lebensbereich benötigen Sie momentan am meisten Klarheit oder haben Sie die größte Mühe, Gott zu bejahen? Welchen Rat würden Sie sich aus der Perspektive des Himmels geben?
7. Sprechen Sie über Ihre Reaktion auf Marys »Sechste Lektion, die der Himmel offenbart: Gott hat einen Plan für jeden von uns, erfüllt von Hoffnung, Sinn und Schönheit – und Er möchte, dass wir diesen entdecken.«

Kapitel 11: Die Schönheit erblüht aus allem

1. Die zentrale Frage dieses Kapitels stellt für uns alle eine große Herausforderung dar: »Warum erlaubt Gott das Böse in der Welt, wenn Er doch vollkommen gut, allwissend und allmächtig ist?« Würden Sie sagen, Ihre Antwort darauf habe Sie eher zu Gott hingezogen oder von Ihm entfernt? Warum? Hat sich Ihre Reaktion im Lauf der Zeit in irgendeiner Weise geändert?
2. In Anbetracht des Bösen scheint die Frage nach Gottes Güte manchmal unbeantwortbar zu sein. Deutet Marys Geschichte über das labyrinthische Maisfeld eine mögliche Lösung an?
3. Mary schlägt drei Bilder vor, wie wir uns Gottes Plan vorstellen können: als Fluss, Co-Autor oder handgewebten Teppich. Welches dieser Bilder entspricht Ihrer gegenwärtigen Erfahrung am meisten?
4. Wenn Sie je in einer unerwünschten, schmerzlichen Lage waren, hat bestimmt jemand Sie aufzumuntern versucht mit Sätzen wie: »Es wird alles gut – Gott löst die Probleme zu unserem Besten« oder »Eines Tages wirst du verstehen, warum das so war.« Weshalb können solche Reaktionen in dem Moment nicht hilfreich, ja verletzend sein?
5. Gibt es in Ihrer Vergangenheit eine Erfahrung, die sich damals völlig falsch, schrecklich oder gar grausam anfühlte, die Sie heute aber anders sehen? Sprechen Sie darüber. Inwieweit hat gerade jene Erfahrung Ihre Einstellung geprägt?
6. Teilen Sie mit anderen Ihre Reaktion auf Marys »Siebte Lektion, die der Himmel offenbart: Gott verlässt uns niemals, nicht einmal in unseren Fehlern und Misserfolgen, Tragödien und Verlusten. Seine Güte und Liebe umgeben uns. Nach Seinem Rhythmus erblüht die Schönheit in allen Dingen.«

Kapitel 12: Inmitten des Verlusts keimt die Hoffnung

1. Hatten Sie schon einmal eine Vorahnung, die sich später be-

wahrheitete? Glauben Sie, das war Zufall oder eine Botschaft des Himmels? Sprechen Sie darüber.

2. Wenn Sie an Ihre eigenen Verlusterfahrungen zurückdenken, welche Worte, Gesten oder Handlungen bescherten Ihnen am meisten Trost? Erklären Sie das bitte.
3. Wir alle möchten ohne Reue leben. Aber warum ist es eigentlich so schwer, diesen Zustand zu erlangen?
4. Über den Verlust ihres Sohnes schreibt Mary: »Viele Tage wollte ich zusammengerollt im Bett liegen bleiben und hegte nur einen Wunsch: vom Schmerz, von der Existenz selbst befreit zu werden. Doch ich überlebte … Und noch an meinem traurigsten Tag verließ mich nie die Freude, die ich in Gottes Versprechen fand.« Sind auch Sie der Überzeugung, dass Freude und Schmerz derart eng miteinander verbunden sein können? Wenn ja, trifft das auch bei Ihnen zu? Sprechen Sie darüber.
5. Wie hat der Kummer, den Sie durchlebten, Ihre persönlichen Beziehungen beeinflusst? Was haben Sie aus der Erfahrung gelernt?
6. Wie lautet – in Ihren eigenen Worten – das Versprechen des Himmels für uns, wenn wir zutiefst traurig sind?

Kapitel 13: Wie man mit absolutem Vertrauen lebt

1. Mary schreibt, wir seien eingeladen, uns voller Zuversicht – in »absolutem« Vertrauen – auf Gottes unfehlbare Versprechen zu stützen. Wenn Sie auf einer Skala von 1 (Minimum) bis 5 (Maximum) angeben sollten, wie wenig oder wie sehr Sie auf Gottes Güte vertrauen, welche Zahl würden Sie dann heute wählen?
2. »Die Hoffnung ist wie Sauerstoff«, erklärt Mary. Können Sie sich an eine Phase in Ihrem Leben erinnern, als Sie keine Hoffnung mehr hatten? Wenn ja, wie fühlte sich das an? Inwieweit beeinträchtigte dieser Zustand Ihr inneres Energie-

niveau? Ihre Fähigkeit, Entscheidungen zu treffen? Ihre Einstellung gegenüber der Zukunft?

3. Manch einer assoziiert Glauben hauptsächlich mit korrekten Glaubensgrundsätzen und religiösen Verhaltensregeln. Natürlich ist daran nichts verkehrt, aber warum mag eine solche Person – in Marys Terminologie – nur »mit einem Fuß ins Boot steigen«?
4. »Hoffnung und Glaube werden zu absolutem Vertrauen, wenn wir den überzeugenden Beweis für Gottes Gegenwart in unserem Leben mit eigenen Augen sehen und dementsprechend tätig werden.« Haben Sie aus diesem Grund kürzlich einmal in absolutem Vertrauen gehandelt? Wenn ja, teilen Sie Ihre Erfahrung mit.
5. Mary verwendet das Bild der Seilbrücke über einer Schlucht, um zu veranschaulichen, was es mit dem Vertrauen in Gott – oder dem Mangel daran – auf sich hat. Wo würden Sie sich heute situieren im Hinblick auf jene Brücke? Warum?

Kapitel 14: Schritt 1: Blicken Sie über den eigenen Horizont hinaus

1. Wieso könnte es wichtig sein, die Suche nach Beweisen für Gott in unserem Leben nicht nur verstandesmäßig zu betreiben?
2. Mary zählt eine Reihe von Gründen auf, warum unsere Vergangenheit die Fähigkeit blockieren kann, Gott zu verstehen und Ihm zu antworten. Diese Gründe bezeichnet sie als »Gepäck«. Wählen Sie ein oder zwei solcher »Gepäckstücke« oder Hindernisse aus, die in Ihrer Vergangenheit eine Rolle spielten. Würden Sie sagen, dass sie die Weiterentwicklung in Ihrem geistigen Leben (a) völlig, (b) teilweise, (c) kaum oder (d) überhaupt nicht beeinträchtigten? Erläutern Sie Ihre Aussage.
3. Können Sie Hindernisse erkennen, die Sie in Ihrem jetzigen

Leben als besonders einengend oder gar quälend empfinden? Was wäre nötig, um sie zu überwinden und den Weg unbeschwert fortzusetzen?

4. Wenn Sie jenseits Ihres eigenen Horizonts nach Beweisen für Gottes liebevolle Gegenwart suchen, was sehen Sie dann? Was für ein Beweis erscheint Ihnen am wichtigsten?
5. Zu welcher Arbeitshypothese haben Sie sich entschlossen, aufgrund derer Sie Beweise für Gottes liebevolle Gegenwart und Sinnhaftigkeit in Ihrem Leben sammeln? Teilen Sie sich mit, falls Sie dazu bereit sind.

Kapitel 15: Schritt 2: Schauen Sie sich in der Welt um

Schauen Sie sich auch die Vorschläge für Aktionen und Reflexionen in dem Kapitel selbst an.

1. Mary beschreibt, was sie sieht, wenn sie zu Hause aus dem Fenster blickt oder zur Arbeit fährt. Schauen auch Sie aus dem Fenster – entweder zu Hause oder auf dem Weg zur Arbeit. Nehmen Sie sich Zeit, Ihre Wahrnehmungen schriftlich festzuhalten. Schauen Sie so lange, bis Sie Hinweise auf das Übernatürliche entdecken. Worum handelt es sich? Irgendwelche Überraschungen oder neue Einsichten?
2. Wie würden Sie auf der Skala von »sehr bewusst« bis »kaum bewusst« Ihren Grad an Aufmerksamkeit beschreiben, wenn es darum geht, auf Zeichen von Gott oder des Übernatürlichen im Alltag zu achten? Was hilft Ihnen am meisten, um sich der Gegenwart des Jenseits im Diesseits gewahr zu werden?
3. Wenn Sie die Wahrheit über Gott in einer Aufnahme der Milchstraße erkennen könnten, wie würde sie dann lauten?
4. Welche Beweise für oder gegen einen vertrauenswürdigen Gott finden Sie bei der Betrachtung des menschlichen Körpers?
5. Welche Beweise für oder gegen einen vertrauenswürdigen Gott finden Sie beim Studium historischer Aufzeichnungen einschließlich der Bibel?

Kapitel 16: Schritt 3: Sehen Sie nach innen

Schauen Sie sich auch die Vorschläge für Aktionen und Reflexionen in dem Kapitel selbst an.

1. In welcher Weise haben sich Gottes Gegenwart und Seine Versprechen in den untenstehenden Phasen Ihres Lebens manifestiert? Wenn Sie möchten, wählen Sie ein oder zwei Beispiele aus, um darüber in der Gruppe zu sprechen:
   - Phasen der Enttäuschung oder des Scheiterns
   - Phasen, in denen Sie zeitliche Übereinstimmungen bemerkten
   - Phasen, da aufgrund einer geschlossenen Tür andere Türen aufgingen
   - Phasen im Zeichen der Feier eines wichtigen Übergangs – zum Beispiel Taufe, Schulabschluss, Heirat, Geburt eines Kindes, Tod eines geliebten Wesens
   - Phasen des Verlusts und der Trauer
   - Phasen überschwänglicher Freude
   - Phasen, in denen Sie mit der großen Not oder dem Leiden eines anderen Menschen konfrontiert waren
2. Teilen Sie aus Ihrer Lebensgeschichte mit, was Sie darin erachten als (a) Beweis für Gottes Wirken; (b) Beweis, dass die übernatürliche Welt (Engel, Fingerzeige und Eingebungen, Wunder, sogenannte »Besuche«) stets nah ist; (c) Beweis, dass Gott für Sie einen Plan und einen Zweck ersonnen hat.
3. Lässt die Bestandsaufnahme Ihres Lebens darauf schließen, dass Sie Gottes Gegenwart mit der Zeit bewusster wahrnehmen und empfänglicher darauf reagieren – oder nicht?

Kapitel 17: Schritt 4: Ziehen Sie ein Fazit

1. In diesem Kapitel führt Mary den Leser zu einem Endergebnis. Sie haben Ihre persönlichen Nachforschungen abgeschlossen. Jetzt ist es an der Zeit, Ihre Befunde zu sammeln, ein Fazit zu

ziehen und es – mit einer klaren Vorstellung davon, was Sie als wahr erkannt haben – in die Praxis umzusetzen. Was könnte sich, falls Sie diesen Schritt unternehmen, fast unmittelbar zum Besseren wenden?

2. Lesen Sie noch einmal das Zitat von Winston Churchill am Anfang des Kapitels. Warum laufen wir so schnell weg, »als wäre nichts geschehen«, wenn wir wichtige, womöglich lebensverändernde Einsichten über das gute Leben gewinnen?
3. Im Abschnitt »Sammeln Sie Ihre Befunde« bezeichnet Mary ihr Buch als Entdeckungsreise, die damit beginnt, was sie während ihrer Nahtoderfahrung sowie aus anderen Quellen gelernt hat, und nun fortgeführt wird mit dem, was auch wir lernen können. Inwieweit war die Lektüre von *7 Botschaften des Himmels* eine Entdeckungsreise für Sie? Teilen Sie Ihre Antwort mit und erläutern Sie diese.
4. Bis zu welchem Grad haben Lektüre und Nachdenken Ihre ursprüngliche Arbeitshypothese bestätigt? Möchten Sie diese vielleicht abändern oder erweitern – und warum?
5. Wo würden Sie sich jetzt aufgrund Ihrer Lektüre und der gesammelten Beweise auf der Skala der Überzeugung zwischen »eingefleischtem Skeptiker« (1) und »wahrem Gläubigen« (5) ansiedeln? Wie fühlen Sie sich angesichts Ihrer Selbsteinschätzung?
6. Welche vernünftigen Schlussfolgerungen über Gott können Sie nun in den wesentlichen Bereichen ziehen, die wir untersucht haben?
   - Etwa, dass Gott Wirklichkeit und gegenwärtig ist in Ihrem Leben und in der Welt?
   - Dass Seine Versprechen wahr sind?

Kapitel 18: Die süßeste Frucht auf Erden

1. Mary schreibt: »Wir sind gemacht für den Himmel, ab sofort. Mehr noch, von Geburt an sind wir dazu geschaffen, auf den

Heiligen Geist zu reagieren, von Engeln berührt zu werden, uns tief nach dem ewigen Leben mit unserem liebevollen Gott zu sehnen – in Gesellschaft derer, die wir lieben.« Inwieweit stimmen Sie der Autorin zu? Hat die Lektüre von *7 Botschaften des Himmels* Ihr Denken verändert? Wenn ja, auf welche Weise?

2. Der sogenannte »Eben-Ezer« ist eine materielle und bisweilen öffentliche Gedächtnisstütze für Gottes Treue. Haben Sie mehrere davon in Ihrem Leben? Wenn ja, worin bestehen sie? Wie oft benutzen Sie sie?
3. Welche der praktischen, von Mary aufgelisteten Gedächtnisstützen erscheint Ihnen ganz besonders verlockend oder hilfreich?
4. Würden Sie sagen, die Freude kennzeichne Ihr Leben (a) ein wenig, (b) ziemlich oft, (c) in hohem Maße? Was empfinden Sie angesichts Ihrer Antwort?
5. Mary beschließt ihr Buch mit zwei kühnen Behauptungen. Zuerst schreibt sie: »Ein von Freude erfülltes Leben ist die natürliche Folge einer Wahl – nämlich bei der Wahrheit von Gottes Versprechen zu bleiben«. Dann fügt sie hinzu, dieses von Freude erfüllte Leben vermittle uns »eine Ahnung davon, was der liebevolle Gott« hier und jetzt »für unsere Zukunft vorsieht«. Wie könnten diese Aussagen Ihnen helfen, wenn Sie nächste Woche vor Herausforderungen stehen und wichtige Entscheidungen treffen?

Anmerkungen

Die Bibelzitate wurden nach Luther übertragen, bis auf 1. Mose 35,18 und Jeremia 29,11. Hier wurde die Hebraica zum genauen Wortlaut herangezogen.

Sonstige Zitate wurden neu übersetzt.

3. Kapitel

[1] Pierre Teilhard de Chardin, *Der Mensch im Kosmos*, München: C. H. Beck 2005.

[2] Carla Wills-Brandon, *One Last Hug Before I Go. The Mystery and Meaning of Deathbed Visions,* Deerfield Beach, Florida: Health Communications Incorporation 2000.

[3] Mona Simpson, *A Sister's Eulogy for Steve Jobs*, New York Times, 30. Oktober 2011.

[4] Peter und Elizabeth Fenwick, *The Art of Dying,* London: Bloomsbury Academic 2008.

[5] P. Fenwick, H. Lovelace und S. Brayne, *Comfort for the Dying: Five Year Retrospective and One Year Prospective Studies of End of Life Experiences*, Archives of Gerontology and Geriatrics 51, Nr. 2 (2010), S. 173–179.

[6] S. Brayne u. a., *Deathbed Phenomena and Their Effect on a Palliative Care Team: A Pilot Study,* American Journal of Hospice and Palliative Care 23, Nr. 1 (2006): S. 17–24.

[7] William Barrett, *Deathbed Visions,* London: Methuen & Co. 1926.

[8] Cokeville Miracle Foundation, *Witness to Miracles, Remembering the Cokeville Elementary School Bombing,* Greybull, Wyoming: Pronghorn Press 2006.

4. Kapitel

[1] Lewis B. Smedes, *Vergeben und Vergessen. Über die heilende Kraft der Vergebung*, Marburg: Francke Buchhandlung 2001.

5. Kapitel

[1] Eisenberg, Mickey (Hrsg.), *Resuscitate! How Your Community Can Improve Survival from Sudden Cardiac Arrest*, Washington, District of Columbia: University of Washington Press 2009.

[2] Susan J. Diem, John D. Lantos und James A. Tulsky, *Cardiopulmonary Resuscitation on Television – Miracles and Misinformation*, New England Journal of Medicine 334, 13. Juni 1996, S. 1578–1582.

[3] Akihito Hagihara u. a., *Prehospital Epinephrine Use and Survival Among Patients with Out-of-Hospital Cardiac Arrest*, Journal of the American Medical Association 307, Nr. 11 (2012), S. 1161–1168.

[4] Wendy Russell, *A Nonbeliever's Near-Death Experience*, Blogspot, Mai 2013, http://www.wendythomasrussell.com/blog/a-nonbelievers-near-death-experience.

[5] a.a.O.

[6] Jessie Davis, *Mystery of Death Solved: DMT Is the Key*, Wondergressive, 1. Februar 2013, http://wondergressive.com/death-solved-by-vestigial-gland/.

[7] J. P. Orlowski, *Prognostic Factors in Pediatric Cases of Drowning and Near-Drowning*, Journal of the American College of Emergency Physicians 8, Nr. 5 (Mai 1979), S. 176–179.

[8] Suominen u. a., *Impact of Age, Submersion Time and Water Temperature on Outcome in Near-Drowning, Resuscitation* 52, Nr. 3 (2002), S. 247–254.

[9] L. Quan u. a., *Association of Water Temperature and Submersion Duration and Drowning Outcome*, Resuscitation 85, Nr. 6 (2014), S. 790–794.

[10] P. van Lommel u. a., *Near-Death Experience in Survivors of Cardiac Arrest: A Prospective Study in the Netherlands*, Lancet 358 (2001), S. 2039–2045.
[11] J. Allan Hobson, *The Dreaming Brain*, New York: Basic Books 1988.
[12] P. M. H. Atwater, *Children and the Near-Death Phenomenon: Another Viewpoint*, Journal of Near-Death Studies 15 (1996), S. 5–16.
[13] M. Morse, *Closer to the Light: Learning from the Near-Death Experiences of Children: Amazing Revelations of What It Feels Like to Die*, Brighton: Ivy Books, Neuausgabe 1991.
[14] Y. Miyashita, *Inferior Temporal Cortex: Where Visual Perception Meets Memory*, Annual Review Neuroscience 16 (1993), S. 245–263.
[15] I. Fried, *Auras and Experiential Responses Arising in the Temporal Lobe*, Journal of Neuropsychiatry and Clinical Neurosciences 9 (1997), S. 420–428.
[16] P. van Lommel, *Endloses Bewusstsein: Neue medizinische Fakten zur Nahtoderfahrung*, München: Knaur Mens Sana 2013.
[17] N. J. Cohen und H. Eichenbaum, *Memory, Amnesia, and the Hippocampal System*, Cambridge, Massachusetts: MIT Press, 1993.
[18] L. R. Squire, *Memory and the Hippocampus: A Synthesis from Findings with Rats, Monkeys, and Humans*, Psychological Review 99, Nr. 2 (1992), S. 195–231.
[19] N. J. Cohen und H. Eichenbaum, a.a.O.
[20] T. Y. Kao u. a., *Hypothalamic Dopamine Release and Local Cerebral Blood Flow During Onset of Heatstroke in Rats*, Stroke 25 (1994), S. 2483–2486.
[21] Lee A. Phebus u. a., *Brain Anoxia Releases Striatal Dopamine in Rats*, Life Sciences 38, Nr. 26 (1986), S.2447–2453.
[22] S. A. Barker u. a., *LC/MS/MS Analysis of the Endogenous Dimethyltryptamine Hallucinogens, Their Precursors, and Major*

Metabolites in Rat Pineal Gland Microdialysate, Biomedical Chromatography 27, Nr. 12 (2013), S. 1690–1700.

[23] Rick Strassman, *DMT – Das Molekül des Bewusstseins: Zur Biologie von Nahtod-Erfahrungen und mystischen Erlebnissen*, Aarau: AT 2004.

[24] *DMT, broken down and described*, 23. April 2012, https://tmblr.co/Zq_O-wKB3IrL.

[25] Pipp UK, *Amazing Airbulb Invention: An Experience with DMT (ID 62835)*, 24. Mai 2007, erowid.org.

[26] James L. Kent, *Psychedelic Information Theory: Shamanism in the Age of Reason*, Seattle, Washington: PIT Press 2010.

[27] Kevin Williams, *Nothing Better than Death*, Bloomington, Indiana: Xlibris Corporation 2002.

6. Kapitel

[1] G. Gallup und W. Proctor, *Adventures in Immortality: A Look Beyond the Threshold of Death*, New York: McGraw Hill 1982, S. 198–200.

[2] *Die vier Bücher der Dialoge von Gregor dem Großen*, Stuttgart: Belser 1981, Buch 4.

[3] Platon, *Der Staat*, Berlin: Akademie 1987.

[4] *Die vier Bücher der Dialoge von Gregor dem Großen*, a.a.O.

[5] Persönliche Mitteilung und: K. C. Sharp, *After the Light: What I Discovered on the Other Side of Life That Can Change Your World*, New York: William Morrow & Company 1995.

[6] Persönliche Mitteilung.

[7] Laurelynn Martin, *Searching for Home: A Personal Journey of Transformation and Healing After a Near-Death Experience*, St. Joseph, Michigan: Cosmic Concepts Press 1996.

[8] N. J. Cohen und H. Eichenbaum, a.a.O.

[9] Kenneth Ring und Sharon Cooper, *Wenn Blinde sehen – Mindsight. Nahtoderfahrungen von Blinden*, Goch: Santiago 2011.

[10] Anita Moorjani, *Heilung im Licht. Wie ich durch eine Nahtoderfahrung den Krebs besiegte und neu geboren wurde*, München: Goldmann 2015.

[11] Victor und Wendy Zammit, *A Lawyer Presents the Evidence for the Afterlife*, White Crow Books 2013.

[12] Todd Burpo, *Den Himmel gibt's echt. Die erstaunlichen Erlebnisse eines Jungen zwischen Leben und Tod*, Holzgerlingen: SCM Hänssler 2017.

[13] Kommentare bei einer Versammlung der International Association for Near Death Studies (IANDS) im August 2014.

[14] B. Greyson and I. Stevenson, *The Phenomenonology of Near-Death Experiences*, American Journal of Psychiatry 137, Nr. 10 (Oktober 1980), S. 1193–1196.

7. Kapitel

[1] Cherie Sutherland, *Tröstliche Begegnungen mit verstorbenen Kindern*, Frankfurt: Scherz 1998.

[2] P. M. H. Atwater, *Im Tod das Leben: Gottesbeweis in der Nahtoderfahrung*, Immenstadt: Mosquito 2015.

[3] P. M. H. Atwater, *Rückkehr vom Licht. Die Auswirkungen von Nahtoderfahrungen*, Goch: Santiago 2011.

[4] Jan Price, *The Other Side of Death*, New York: Ballantine Books 1996.

8. Kapitel

[1] Susan Spencer, *Just a Coincidence, or a Sign?*, CBS News, 12. Oktober 2014.

[2] Christy Beam, *Miracles from Heaven*, Boston, Massachusetts: Hachette Books 2015; Verfilmung auf Deutsch: *Himmelskind*, 2016, Regie Patricia Riggen.

9. Kapitel

[1] Betty Malz, *Ich sah ein Stück der Ewigkeit*, Lüdenscheid: Asaph 2001.

[2] Marilynn und William Webber, *A Rustle of Angels*, Grand Rapids, Michigan: Zondervan Press 1994.

[3] Joan Wester Anderson, *Wo Engel wirken*, München: Econ 1998.

[4] Elaine Jarvik, *Cokeville Recollects »Miracle« of 1986*, Deseret News, 15. Mai 2006.

[5] Sue Bohlin, *Angels, the Good, the Bad, and the Ugly — The Range of Angelic Activity*, Plano, Texas: Probe Ministries 1995.

10. Kapitel

[1] Bruder Andrew u. a., *Der Schmuggler Gottes*, Witten: SCM R. Brockhaus 2010.

11. Kapitel

[1] P. M. H. Atwater, *Children of the New Millennium*, New York: Three Rivers Press 1999.

[2] Leslie Weatherhead, *The Will of God*, Nashville, Tennessee: Abingdon Press 1987.

[3] C. S. Lewis, *Pardon, ich bin ein Christ*, Basel: Fontis 2016.

12. Kapitel

[1] Eva Ibbotson, *Der Libellensee oder Wie man einen Prinzen rettet*, Hamburg: Dressler 2010.

13. Kapitel

[1] http://www.integratedcatholiclife.org/2015/09/daily-catholic-quote-from-st-francis-de-sales-11/.

15. Kapitel

[1] Douglas Ell, Counting to God: A Personal Journey Through Science to Belief, Attitude Media 2014.

[2] El Bianconi u. a., *An estimation of the number of cells in the human body*, Annals of Human Biology, Nr. 6 (November/Dezember 2013), S. 471.

[3] Elaine Howard Ecklund, *Religious Understandings of Science*, Vortrag bei der Jahrestagung der American Association for the Advancement of Science, 16. Februar 2014.

[4] Francis Collins, *Gott und die Gene. Ein Naturwissenschaftler begründet seinen Glauben*, Gütersloh: Gütersloher Verlagshaus 2007.

[5] *Hurrah! The animals could have floated two by two according to physicists* (Hurra! Nach Auffassung der Physiker hätten die Tiere in Zweiergruppen dahintreiben können), postete das Pressebüro der University of Leicester am 3. April 2014. y-*Noah's Ark would have floated … even with 70,000 animals* (Sogar mit 70 000 Tieren wäre Noahs Arche seetüchtig gewesen), so Sarah Knapton, Wissenschaftskorrespondentin von The Telegraph, 3. April 2014.

[6] Christian Research Journal 27, Nr. 2 (2004); Israel Finkelstein und Neil Asher Silberman, *The Bible Unearthed: Archaeology's New Vision of Ancient Israel and the Origin of Its Sacred Texts*, New York: Free Press 2001.

[7] Kathleen M. Kenyon, *Digging Up Jericho*, London: Ernest Benn 1957; *Excavations at Jericho*, Bd. 3 (British School of Archaeology in Jerusalem 1981).

[8] Tacitus, *Annalen I–VI*, Ditzingen: Reclam 1986.

[9] Plinius, *Epistulae/Sämtliche Briefe: Lateinisch/Deutsch*, Ditzingen: Reclam 2010.

[10] lavius Josephus, *Jüdische Altertümer*, Wiesbaden: marix 2011.

[11] Pew Research Center, *Many Americans Mix Multiple Faiths*, 9. Dezember 2009.

16. Kapitel

[1] Charles W. Colson, *Watergate wie es noch keiner sah*, Holzgerlingen: SCM Hänssler 1977.
[2] Willie Jolley, *Alles wird besser. Rückschläge als Chance nutzen*, München: Mvg 2001.
[3] Liz Davis, Willie Jolley: *The Comeback King*, Success.com, 2. Januar 2010.

17. Kapitel

[1] Josh McDowell, *Die Bibel im Test*, Bielefeld: CLV 2002.
[2] A. W. Tozer, *Das Wesen Gottes. Eigenschaften Gottes und ihre Bedeutung für das Glaubensleben*, Berlin: EBTC 2015.

Inhalt

Vorwort 5

Heinrich und Waltraud Kaufmann
Gott ruft auf unterschiedliche Weise 7

Elfriede Struck
Im letzten Moment 20

Helmut und Margret Bentz
Niemand ist perfekt 33

Christine Höfer
Getragen und geborgen 44

Judith Feuerle-Munz
Eine schwierige Entscheidung 56

Otto und Brigitte Schaude
Vertraut Gott in allem 65

Romi Schweikardt
Was du gelobst, das halte 81

Dorothea Schieber
„Wunder gibt es immer wieder“ 88

Andreas und Regina Scholz
Jesus verändert 100

Manuel und Liesel Canal
Gott leitet dich mit seinen Augen 110

Steffen und Simone Leistner
Gott braucht manchmal lange Wege 123

Vorwort

Segensspuren des Himmels

In der 100-jährigen Geschichte des Schönblicks entdecken wir Segensspuren des Himmels. Dies erfüllt uns mit tiefer Freude und Dankbarkeit.

Gerne lassen wir Sie an den Segensgeschichten unserer Freunde und Mitarbeiter teilhaben.

Die persönlichen Geschichten in „Segensspuren des Himmels“ machen Mut zu einem Leben als Christ. Sie stärken unseren Glauben und das Vertrauen zu Jesus.

Lothar von Seltmann, ein langjähriger Freund des Schönblicks und Bestsellerautor, hat sich auf die Reise gemacht, bewegende Segensgeschichten zu entdecken und festzuhalten. Bereits 2006 hat er die Schönblick-Geschichte „Helene und das Wunder vom Schönblick“ als Romanbiografie geschrieben.

Seit 100 Jahren ist der Schönblick ein Ort der Begegnung, Ruhe und Inspiration. Als freies Werk innerhalb der Evangelischen Landeskirche ist der Schönblick mit christlichen Werten in der Gesellschaft präsent und unterstützt Menschen im Glauben an Jesus Christus. 1916 wurde das historische Gästehaus als Erholungsheim erbaut. Träger sind „die Apis“, Evangelischer Gemeinschaftsverband Württemberg.

Unzählige Besucher sind auf dem Schönblick durch Gottes Wort gesegnet und geistlich ermutigt worden. Wir haben Heilung, Glaubenswachstum und Bewahrung erlebt.

Freuen Sie sich auf Kurzportraits von Menschen, die mit dem Schönblick eng verbunden sind.

Christine und Martin Scheuermann
Leitung Schönblick. Christliches Gästezentrum Württemberg

Heinrich und Waltraud Kaufmann

Gott ruft auf unterschiedliche Weise

1. Durch menschliche Worte

Heinrich war ein junger und sehr eifriger Christ. Im Alter von vierzehn Jahren war er Jesus „begegnet" und hatte sich bekehrt. Seitdem war er Mitarbeiter zunächst in der Jungschar, dann auch in der Jugendarbeit seiner Gemeinde im hessischen Nidda. Dass er nach seinem Schulabschluss in der Volksschule den Beruf eines Elektromechanikers erlernte, entsprach seinem Interesse an technischen Dingen und seiner ausgesprochen praktischen Begabung. Die Abschlussprüfung zum Facharbeiter würde ihm wohl ein Leichtes sein – na ja, die praktische Prüfung würde wahrscheinlich besser ausfallen als die theoretische. Bis dahin brauchte es aber noch eine Weile und der Jugendliche war noch einmal mit Prüfungsvorbereitungen befasst.

Einmal nach einer Jungscharstunde schaute Heinrich kurz bei Siegfried, seinem Prediger, vorbei, der im Haus der Gemeinde wohnte, um irgendetwas mit ihm zu bereden. Als seine Frage geklärt war, meinte Siegfried: „Ich hab auch noch was für dich, Heinrich."

„Und das wäre?", fragte der Jugendliche interessiert zurück.

„Wundere dich nicht. Ich sag's dir frei heraus: Ich habe seit einiger Zeit den Eindruck, du solltest demnächst nach deinem Lehrabschluss auf eine Bibelschule gehen und eine theologische Ausbildung absolvieren."

Heinrich erschrak ein wenig bei diesem Ansinnen seines Predigers. „Siegfried!", reagierte er mit deutlicher Abwehr. „Ich doch nicht!", gab er sehr entschieden zurück. „Gott schenkt mir nicht so viel handwerkliches Geschick, damit er mich dann zum Prediger macht. Das passt für mich nicht zusammen." Dabei hatte Heinrich im Kopf, dass die Prediger wohl angehalten seien, für ihren eigenen Nachwuchs zu sorgen. Er sprach den Gedanken allerdings nicht aus, sondern sagte: „Für mich kannst du deinen Hinweis vergessen. Ich sehe mich als Mann der Praxis und sage: Grau ist alle Theorie. Mir reicht die Berufsschule. Außerdem habe ich keine weiterführende Schule besucht. So sehe ich das, Siegfried, und jetzt Tschüs!"

Heinrich sprach's und ließ seinen Prediger einfach stehen. Mochte der diese merkwürdige Ansicht gerne seinem Bruder Konrad sagen. Der hatte doch Interesse daran geäußert, einmal Prediger oder Missionar zu werden. Ihn, Heinrich, sollte er damit bloß in Ruhe lassen.

Einige Zeit später setzte sich Heinrich wieder einmal als Mitarbeiter im jährlichen Ferien-Jungscharlager ein. Dafür hatte er sogar in seiner Firma, die ihn damals nach seiner als Jahrgangsbester bestandenen Lehrabschlussprüfung als Facharbeiter übernommen hatte, eine Woche Sonderurlaub bekommen. Jungscharlager – das war's doch wieder: Den Jungen Geschichten aus dem Leben Jesu erzählen und ihnen den Heiland lieb machen, Geländespiele ausarbeiten und durchführen, Lagerfeuer vorbereiten und abbrennen, das war Heinrichs Welt. Es war auch für ihn eine herrliche Zeit!

Übrigens: In einem der Sommerlager lernte der junge Mann Waltraud kennen, seine spätere Frau.

An einem Nachmittag bat ihn Herbert, der Leiter, um ein persönliches Gespräch. „Heinrich", sprach der Mann ihn an, als die beiden sich etwas abseits auf einer provisorischen Bank niedergelassen hatten, „Junge, ich muss dir sagen, was mich immer wieder beschäftigt, wenn ich dich wahrnehme und beobachte."

„Na, da bin ich jetzt gespannt, was ich angestellt habe", schaute der Jüngere den Älteren interessiert an.

„Du kannst beruhigt sein, Heinrich, angestellt hast du nichts. Aber mich bedrängt schier der Eindruck, du solltest eine Bibelschule besuchen und Verkündiger werden."

Heinrich traf dieser Satz wie damals der ähnliche von Siegfried wie ein kleiner Keulenschlag. Sofort wurden seine Gedanken überflutet von einem Schwall von Argumenten, die er Herbert am liebsten auch sofort entgegengehalten hätte. Aber er musste sie erst sortieren, hatte er doch schon wieder den Verdacht im Kopf, der Leiter sei vielleicht von seiner Ausbildungsstätte angehalten, für Nachwuchs zu sorgen. Laut sagte er schließlich: „Ich muss dir widersprechen, Herbert. Ich bin Praktiker, und Prediger sind Theoretiker. Sie sitzen nur am Schreibtisch und sind mit Vorbereitungen beschäftigt. Ich kann doch auch ehrenamtlich weitermachen wie bisher und kann mit meinem Geld die Arbeit unterstützen."

„Das kannst du natürlich, Heinrich, dennoch …", blieb Herbert hartnäckig.

„Nichts dennoch!", gab der bestimmt zurück. „Gib dir keine weitere Mühe, mich zu so was zu bewegen. Da gibt es begabtere Leute als mich. Punkt!" Damit erhob sich Heinrich von seinem Stuhl – schon ein wenig verärgert – und ließ seinen Freizeitleiter einfach sitzen. Dessen Ansinnen nahm er freilich mit und wurde es auch so bald nicht los. Dass Herbert ihm noch nachgerufen hatte, er werde um die Sache beten, hatte Heinrich gerade noch mitbekommen. Dabei ging ihm noch einmal sein Nein durch den Kopf: Den Glauben an Jesus leben, das wollte er schon gerne, ihn aber predigen? Das sollten andere tun, die dazu richtig berufen waren.

In den folgenden Wochen kam Heinrich über Herberts Worte nicht zur Ruhe. Sie ließen sich einfach nicht wegschieben und schon gar nicht vergessen. Das Stichwort Bibelschule drängte sich immer wieder von Neuem auf, und Heinrich wälzte den Gedanken in seinem Kopf ständig hin und her. Zu einem Resultat seiner Überlegungen fand er jedoch nicht. Dann kam ihm irgendwann der Gedanke, er könne doch mit Gott so etwas wie einen Vertrag schließen, ähnlich dem, den Gideon nach Kapitel 6 des Richterbuches in uralten Zeiten mit Gott geschlossen hatte. Diesem Gideon war es darum gegangen, von Gott zu erfahren, ob er in seiner Sache erfolgreich wäre oder nicht. Gott hatte sich dann tatsächlich auf das irrwitzige Ansinnen dieses streitbaren Helden eingelassen und ihm das gewünschte Zeichen gegeben. Sollte so etwas heute nicht genauso möglich sein?

Heinrich setzte diesen Gedanken in die Tat um, indem er zu Gott betete: „Herr, wenn du mich wirklich im Verkündigungsdienst haben willst, dann muss dieser Hinweis schon von einem kommen, der nicht geistlich verdächtig ist. Prediger wollen selbst doch nur für Nachwuchs werben. Der Hinweis muss also von einem kommen, der selbst keine Beziehung zu dir pflegt. Wenn das geschieht, dann werde ich gehen. Amen!“

Nach diesem Gebet fand Heinrich seine Ruhe, und die Frage um eine mögliche Berufung trat erst einmal in den Hintergrund. Gott würde schon zu seiner Zeit und auf seine Weise antworten, wann und wie auch immer.

Ein paar Wochen waren ins Land gegangen, als Heinrich wieder einmal mit seinem Arbeitskollegen Rolf beim Mittagessen in der Kantine seiner Firma saß. Rolf war ein netter Kerl, mit dem man sich gut unterhalten konnte – über Gott und die Welt und auch über Glaubensfragen. Dabei hatte der Kollege mit Gott gar nichts am Hut. Er ging höchstens am Heiligen

Abend in die Kirche, weil die Christmette nun einmal zu Weihnachten gehörte. Ausgerechnet Rolf fragte plötzlich und völlig unvermittelt sein Gegenüber: „Sag mal, Heinrich, warum bist du eigentlich immer noch in der Firma und studierst nicht längst Theologie?"

Bei dieser Frage zuckte Heinrich zusammen. Was war das denn jetzt gewesen? Wie Schuppen fiel es ihm von den Augen: Gott hatte sein Gebet um klare Antwort gehört und in diesem Augenblick auch erhört, sprach hier am Tisch doch einer zu ihm, der nun wirklich religiös völlig unverdächtig war. Nun gab es für ihn, Heinrich, kein Zurück mehr, und die Sache war eindeutig und klar: Jesus wollte ihn in einem Dienst haben, den er selbst für seine Person sich nie hatte vorstellen können. Zu Rolf sagte er nur: „Danke für deine Frage. Sie ist für mich die entscheidende Antwort auf meine eigene. Ich erklär dir später, was es damit auf sich hat."

Noch am Abend desselben Tages forderte Heinrich die Bewerbungsunterlagen der Bibelschule seiner Wahl an – St. Chrischona in Bettingen bei Basel –, erhielt sie auch bald und schickte sie ausgefüllt wieder zurück. Der neue Weg war beschritten und Heinrich war bereit, ihn so zu gehen, wie Jesus ihn gestalten würde …

Eine Schwierigkeit musste allerdings noch beseitigt werden, die sich in der eigenen Familie auftat: Heinrich musste den Widerstand seines Vaters überwinden. Der konnte und wollte nicht verstehen, dass sein Sohn einen so guten Arbeitsplatz aufgab, um Prediger zu werden. Man müsse es als Christ doch nicht übertreiben, meinte er, und dieses Geschäft sei brotlose Kunst, nur etwas für Faulenzer, und außerdem tauge Heinrich nicht für einen solchen Beruf. Alle Gespräche um die Sache zwischen Vater und Sohn brachten keine Annäherung zwischen den beiden. Heinrichs Argument: „Wenn Gott einen

Menschen beruft, dann gibt er ihm auch die nötigen Gaben und ebnet ihm den Weg“ stieß beim Vater auf taube Ohren.

Da konnte also nur das intensive Gebet helfen, darum, dass Gott das Herz des Vaters zu dem Sohn wende. Für Heinrich war die Vorstellung schlimm, seinen Weg in die geistliche Ausbildung ohne die Zustimmung seines Vaters gehen zu müssen. Aber in dieser ernsten Angelegenheit galt nun einmal, dass man Gott mehr gehorchen müsse als den Menschen.

Zwei Jahre später feierte Heinrich die Verlobung mit seiner Waltraud, die er damals auf der Freizeit kennengelernt hatte. Am selben Abend hielt er noch die Predigt im Gottesdienst seiner Heimatgemeinde, um danach nach St. Chrischona zurückzufahren. Als er sich von seiner Familie verabschiedete, sagte sein Vater mit Tränen in den Augen: „Ich sehe, du machst ernst, mein Junge. Nun weiß ich, dass dein Weg richtig ist!“

Lange hatte Heinrich intensiv um diese Einsicht seines Vaters gebetet! Mit großer Dankbarkeit und mit einem sehr erleichterten Herzen konnte der junge Mann sich jetzt auf seine Reise begeben. Seine Gebete waren erhört; zwischen ihm und seinem Vater herrschte Frieden. Gott sei Dank!

Das sollten übrigens die letzten Worte sein, die der Vater seinem Sohn sagte, einem guten und wegweisenden Vermächtnis gleich. Drei Monate danach kam Heinrich zum ersten Mal aus der Nordschweiz wieder nach Hause, um am Grab des Vaters von ihm endgültigen Abschied zu nehmen.

2. Durch eine geheimnisvolle Schrift

Es war im Jahr 1981. Heinrich hatte inzwischen sein theologisches Examen bestanden und arbeitete als Verkündiger im Auftrag des Chrischona-Werks im Bezirk Wetter bei Marburg.

Seit vier Jahren war er mit seiner Waltraud verheiratet. Hier hatte Gott zwei junge Menschen zusammengestellt, die unterschiedlicher kaum sein konnten und die sich doch in bester Weise gegenseitig ergänzten. Dabei waren sie sich in geistlichen Fragen meist einig. Das war gut so.

Einig waren sie sich auch darin, Christus im Gebet entschieden zu bedrängen, warum er Waltraud – und damit ihnen beiden – nacheinander drei Fehlgeburten zumutete. Das konnte es doch wohl nicht sein! Warum ließ er Schwangerschaften denn überhaupt zu, wenn er sie doch wieder scheitern ließ? Gönnte er etwa den beiden keine Kinder? Oder was hatte er mit ihnen vor?

Nach der dritten Fehlgeburt gingen die beiden Eheleute heftig mit Gott ins Gericht und machten ihm Vorhaltungen, er vergesse doch wohl seine Liebe. „Du verhältst dich uns gegenüber wie ein Sadist“, drückte es Heinrich in seiner Anklage aus. „Du hältst uns das Bonbon Schwangerschaft hin und ziehst die Hand zurück, wenn wir uns daran freuen.“ Solches Reden des verhinderten Vaters mit seinem Gott war allemal verständlich, und erlaubt war es wohl auch.

Mit der dritten gescheiterten Schwangerschaft, die seine Frau erleiden musste, war für Heinrich klar, dass er den für den kommenden Sonntag angesetzten Vertretungsdienst in der Nachbargemeinde absagen würde. Über Philipper 4,4-7 zu predigen, war ihm einfach nicht möglich: „Freuet euch in dem Herrn allewege, und abermals sage ich: Freuet euch! … Der Herr ist nahe! … Sorgt euch um nichts … Und der Friede Gottes … bewahre eure Herzen und Sinne in Christus Jesus.“

In der Klinik hatten die Eheleute zusammen eine lange Strophe geweint über den erneuten Verlust eines Kindes, auf das sie sich so sehr gefreut hatten. Danach im Auto auf dem Heimweg zürnte und schimpfte und haderte Heinrich mächtig mit seinem Gott: Wo war er denn, der doch die Freude wollte? Wie nahe war er denn? Hatte er sich nicht irgendwie davongemacht? Wo gab er denn Grund zur Freude? Das „Sorgt euch um nichts" erschien Heinrich wie blanker Hohn. Und „Friede Gottes"? In seinem Herzen und in dem seiner Frau wohnte alles andere als Friede. Aufruhr herrschte da, wilder Aufruhr. – Nein und nochmals nein! Den Vertretungsdienst am Sonntag sollte ein anderer übernehmen! Er, Heinrich, trat in den Glaubens- und Predigt-Streik! Punkt und basta!

Dann passierte urplötzlich etwas sehr Merkwürdiges. Als er sich mit dem Auto seinem Dienst- und Wohnort näherte und das Ortsschild von Wetter bei Marburg bereits in Sicht kam, sah Heinrich plötzlich einen deutlichen Schriftzug vor sich auf der Windschutzscheibe. Wie von geheimnisvoller Hand geschrieben las der Mann den Text von Johannes 3,16, einem der bekanntesten Verse des Neuen Testaments: „Also hat Gott die Welt geliebt, dass er seinen eingeborenen Sohn gab, damit alle, die an ihn glauben, nicht verloren werden, sondern das ewige Leben haben." Heinrich wischte sich über die Augen. Sah er Dinge, die es gar nicht gab? Spielte seine Psyche verrückt?

Heinrich steuerte seinen Wagen an den Straßenrand. Ehe er weiterfuhr, musste er diese Erscheinung irgendwie begreifen und verstehen. Dabei war ihm bald klar, dass Gott ihm auf ungewöhnliche Weise in seiner momentanen inneren Rebellion eine Botschaft zukommen ließ. Aber was bedeutete die für ihn? Was wollte Gott ihm mitteilen? Was ließ er ihn hier erleben auf eine Weise, die sich dem Begreifen völlig entzog?

Beim intensiven und betenden Nachdenken ging dem Mann am Steuer mit der Schrift vor den Augen plötzlich auf, dass Gott ihn offenbar daran erinnerte, dass er seine Liebe zu ihm und zu seiner Frau doch auf Golgatha festgemacht hatte. Ihm fiel ein Text seiner Lieblingsautorin Sabine Nägeli ein, einer Schweizer Pfarrerin und Schriftstellerin: „Gottes Liebe ist nicht ablesbar an unserem Ergehen, sondern allein am Leiden Jesu Christi."

Mit dieser Erkenntnis lösten sich Heinrichs Enttäuschung und innere Rebellion. Friede begann ihn zu erfüllen, der Friede, von dem Paulus im Predigttext für den Sonntag sagte, dass er höher sei als alle Vernunft. In Heinrichs Bewusstsein setzte sich ganz neu fest: Gott war in Jesus doch auf seiner Seite. Er hatte seinen Liebesbeweis doch längst erbracht und in Raum und Zeit gesetzt. Auch wenn der Schmerz und die Enttäuschung über das traurige Ereignis in der Klinik noch im Herzen saßen, so war beides doch jetzt auf wunderbare Weise eingebettet in Gottes Frieden.

Dies Empfinden des tiefen Friedens blieb auch erhalten, als die Schrift so plötzlich von der Windschutzscheibe verschwand, wie sie vor ein paar Minuten dort aufgetaucht war. Der Friede fuhr auch mit nach Hause, bestimmte die nächsten Stunden und ermöglichte es dem Prediger, sich auf den Gottesdienst am nächsten Tag und seine Predigt über den Philippertext vorzubereiten.

Dieser Gottesfriede würde dann auch Waltraud erfüllen, sobald er ihr von dem besonderen Erlebnis am Ortseingang von Wetter berichtet hätte. Darin war sich Heinrich sicher. Leider konnte er ihr erst am nächsten Morgen von seinem Erleben erzählen.

In einem anderen war er sich auch sicher: Gott, der Schöpfer des Lebens, hatte das letzte Wort im Blick auf ihre Familienplanung noch nicht gesprochen …

Tatsächlich beschenkte Gott das Predigerehepaar in den kommenden Jahren mit insgesamt fünf Kindern.

3. Durch das Zeichen des Kreuzes

Sommerzeit! Ferienzeit – endlich Urlaub! Endlich Eintausch des Gewohnten gegen das Besondere! Für Heinrich hieß das: endlich auch mehr Zeit für Frau und Kinder als im üblichen Alltag. Freilich musste vor dem Aufbruch in den Süden gepackt und im Auto verstaut werden, was alles mitmusste, damit die Erholung für Körper und Geist erfolgreich sein konnte. Das eine, das Kofferpacken, war überwiegend Waltrauds Aufgabe, das andere, das Autopacken, hatte anschließend Heinrich zu erledigen.

Bei dieser Tätigkeit passierte es, dass er mit dem Kopf sehr unsanft gegen die offene Hecktüre des Fahrzeugs stieß. Für einen Moment sah der „Packesel“ Sternchen vor den Augen und er spürte einen heftigen Schmerz. Dann ordnete er sich selbst in eine Herde von Zootieren ein und schimpfte kräftig auf seine Dummheit und Ungeschicklichkeit. Schließlich rief er nach seiner Frau: „Bring mir bitte einen nassen Lappen.“

Waltraud fragte zurück, was er denn damit wolle. Ob er etwa die Scheiben noch putzen wolle.

„Ihn mir auf meinen Schädel legen. Ich hab mich gestoßen“, kam die Antwort etwas kläglich zurück.

Waltraud kam rasch mit dem angeforderten nassen Lappen, und ihr Mann presste ihn sich auf die Kopfhaut.

„Lass mich erst nachschauen, Heinrich“, bat Waltraud.

Ihr Mann senkte ihr sein Haupt entgegen. „Ist ja gar nichts zu sehen, nicht einmal eine Beule“, stellte sie fest, streichelte ihren Liebsten kurz über die Stoßstelle, sagte aber auch nichts, als er den Lappen wieder daraufpresste.

„Der Schmerz lässt schon nach“, bemerkte Heinrich Momente später, legte den Lappen zur Seite und verstaute dann auch schon das nächste Gepäckstück.

Während der Fahrt dem Urlaubsziel entgegen klagte er über beginnenden Kopfschmerz, sodass seine Frau das Steuer des Autos übernahm. Der Schmerz verging bald, um in den nächsten Tagen immer wieder einmal mehr oder wenig heftig aufzutauchen. Das sei aber wohl kein Grund zu besonderer Unruhe, stellten die Eheleute gemeinsam fest. An den Kopfstoß gegen die Heckklappe dachte niemand mehr.

Nach Urlaubsende verschlechterte sich Heinrichs Gesundheitszustand bereits auf der Rückfahrt beängstigend. Wo kam das auf einmal her? Die zu Hause sofort konsultierte Ärztin wusste keine Antwort und schickte Heinrich nach einem weiteren Praxisbesuch vier Tage später ins Krankenhaus, damit er dort gründlich untersucht würde. Aber alle Untersuchungen blieben im Grunde ohne Befund. Heinrich mochte sich einen bösen Virus eingefangen haben, vermuteten die Experten, wenngleich deren Unsicherheit in der Diagnose zu hören war. Zur weiteren Beobachtung behielten sie den Patienten zunächst einmal unter ihrer Obhut. Man konnte ja nicht wissen, was nun wirklich war, zumal sich Heinrichs Zustand auch über das Wochenende im Krankenhaus nicht besserte.

In diesen Stunden gingen dem Kranken merkwürdige Gedanken durch den Kopf. Wenn es nun Gottes Weg war, ihn aus dieser Welt abzurufen? Nein, sterben wollte Heinrich noch nicht! Dafür hing er doch zu sehr an seiner Frau und an seinen Kindern und auch am Leben allgemein. Oder hatte Gott keine Aufgaben mehr für ihn? Hatte er, der Prediger, seinen Auftrag in dieser Welt bereits erfüllt? „Wenn man selig stirbt, hat man lange genug gelebt“, hatte einmal jemand gesagt. Ein schwieriger Satz! Dennoch, selig sterben war wohl sein Ding, denn: „Wer an den Sohn glaubt, der hat das ewige Leben!“ So stand es in Johannes 3,36, und die Wahrheit dieser Worte Jesu nahm der Patient für sich in Anspruch. Und doch:

Über das Sterben nachzudenken oder auch darüber zu reden, war das eine, es selbst so unvermittelt vor sich zu sehen, war etwas ganz anderes.

Während Heinrich diesen Gedanken nachhing, fiel sein Blick auf die gegenüberliegende Wand seines Krankenzimmers. Dort hing ein kleines, schlichtes hölzernes Kreuz, das er bisher nicht bewusst registriert hatte. Dieses Kreuz begann sofort mit seinem Betrachter zu reden. Es redete über Sterben und Auferstehen und vermittelte eine sehr lebendige und zugleich tröstliche Botschaft: An einem solchen Kreuz hatte der Mann gehangen und war an ihm gestorben, der alles Leben und Sterben in seinen Händen hielt. Später war dieser Mann auferstanden und hatte damit dem „Tode die Macht genommen und das Leben und ein unvergängliches Wesen ans Licht gebracht ... durch das Evangelium", wie es in 2. Timotheus 1,10 nachzulesen war.

Heinrich wurde bei diesen Gedanken von einer großen inneren Ruhe erfasst, und in sein Herz kehrte wieder dieser Friede ein, der seine Angst in ihre Grenzen verwies, unerwartet und rational nicht nachvollziehbar. Ja, dieser Herr war da und kannte seine schwierige Situation. Der leidende Patient wusste: Wer mit diesem Jesus Christus lebte, konnte auch mit diesem Jesus Christus sterben. Der konnte auch sicher sein, dass dieser Jesus sich um alle und um alles kümmerte, was er zurückließ, wenn er denn gehen sollte. Mochten die bevorstehenden Untersuchungen ergeben, was sie wollten, er wusste sich, seine Frau und seine Kinder zutiefst bei diesem Jesus geborgen und gehalten ...

Dieses Wissen erfüllte Heinrich auch noch, als er später mit einem Spezialkrankentransport in eine besondere Klinik verlegt wurde. Man hatte inzwischen bei ihm eine Sickerblutung im Gehirn festgestellt, die jener Rempler gegen die Heckklappe des Autos ausgelöst hatte und die nun schnellstens behandelt werden musste. Eine sogenannte Entlastungsbohrung war dringend erforderlich, um hirnorganische Dauerschäden zu vermeiden.

Der Transport verlief gut und der sofort durchgeführte Eingriff gelang. Die Entlastungsbohrung hatte den gewünschten Erfolg. Das durch die Blutung eingeengte Gehirn konnte wieder den Raum einnehmen, den es brauchte, um richtig zu funktionieren. Gott sei Dank!

Die diesen Rückbildungs- und Ausdehnungsprozess des Gehirns begleitenden Sehstörungen und Lähmungserscheinungen traten nur sporadisch auf und verschwanden bald völlig. Heinrich durfte leben und wieder völlig gesund werden. Er blieb seiner Familie erhalten und konnte bald seine Aufgaben als Verkündiger des lebendigen und gegenwärtigen Christus wieder aufnehmen.

Das schlichte Kreuz, das in schwierigen Stunden von der Wand seines Krankenzimmers zu ihm gesprochen hatte, war ihm selbst ganz neu zur Gotteskraft geworden und zur Triebkraft für seinen weiteren Dienst. Es sollte ihm auch Kraft bleiben für künftige Aufgaben.

Elfriede Struck

Im letzten Moment

Nein, das war keine gute Nachricht gewesen, die die leitende Schwester des Kreiskrankenhauses Freudenstadt soeben im Anschluss an die Morgenandacht den Stuttgarter Diakonissen mitgeteilt hatte: Ihr Mutterhaus in der Landeshauptstadt habe den Kooperationsvertrag mit dem Kreiskrankenhaus gekündigt. Die Schwestern, die in dieser Schwarzwälder Einrichtung als Krankenschwestern seit mehreren Jahren einen treuen und aufopferungsvollen Dienst taten, müssten also bald mit dem Rückruf nach Stuttgart rechnen. Eine einleuchtende Begründung für die Vertragsauflösung könne sie leider nicht geben, und von möglichen Orten ihrer Weiterverwendung sei nicht die Rede gewesen. Sie bedauere es sehr, dass sie diese Mitteilung hier machen müsse, zumal sie keinen Weg sehe, die damit frei werdenden Stellen mit anderen Kräften kurzfristig wieder zu besetzen.

Mit belegter Stimme hatte die Schwester die traurige Nachricht verkündet und danach sofort den Raum verlassen. Sie wollte damit wohl Rückfragen entgehen, die sie natürlich erwarten musste. Dabei wusste sie sehr wohl, dass Diakonissen eigentlich Entscheidungen dieser Art hinnehmen mussten und nicht zu hinterfragen hatten. Diakonissen lebten Gehorsam, der sie annehmen ließ, was ihre Mutterhausleitung von ihnen erwartete.

Wohl auch deshalb verharrten die drei anwesenden Stuttgarter Schwestern für einige Momente schweigend auf ihren Plätzen und hingen ihren Gedanken nach, auch noch, nachdem alle anderen Teilnehmer der Mitarbeiter-Andacht den Raum schon verlassen hatten.

Sr. Elfriede Grupp – Jahrgang 1935, seit acht Jahren in diesem Haus und verantwortliche Krankenschwester in der Unfallambulanz – brach schließlich das Schweigen: „Weg! Alles ist weg!“, sagte sie traurig.

„Was ist weg?“, fragte eine der beiden Mitschwestern und auch ihre Stimme klang alles andere als frei und fröhlich.

„Was uns die Oberschwester eben aus dem Psalm 34 für den Tag mitgegeben hat, das ist weg. Wie von den schwarzen Raben geklaut und da drüben in den Wald geschleppt. Dabei ging es in Vers 11 doch um meinen Konfirmationsspruch“, gab Schwester Elfriede zurück, die sich inzwischen von ihrem Platz erhoben und ans Fenster gestellt hatte. „‚Die Gott fürchten, haben keinen Mangel.‘ Hatten wir bisher auch nicht. Aber jetzt werden wir aus heiterem Himmel gleich mit einem ganzen Kübel Mangel überschüttet.“

„Wie meinst du das, Schwester Elfriede?“, fragte eine der anderen beiden Diakonissen. Auch sie war inzwischen ans Fenster getreten und schaute dabei ebenfalls sehr bekümmert nach draußen.

„Das Mutterhaus nimmt uns alles, was uns in den letzten Jahren lieb geworden ist, und stellt uns so mir nichts dir nichts ins Ungewisse, kündigt den Kooperationsvertrag und setzt uns auf eine unbekannte Straße mit einem unbekannten Ziel“, antwortete Schwester Elfriede mit deutlicher Bitterkeit.

„Können die das mit uns machen?“, fragten die beiden anderen gleichzeitig.

„Sie können natürlich“, gab Schwester Elfriede zurück. „Wir sind Diakonissen mit Gehorsamsgelübde. Aber geht man in einer christlichen Einrichtung so mit den Leuten um? Man informiert uns nicht selbst, man lässt uns mitteilen und stellt uns ohne Vorwarnung vor vollendete Tatsachen? – Nein, so sollte das nicht gehen. Das lasse ich so nicht mit mir machen.“

„Und was hast du vor?“, kam wieder die gleichzeitige Frage der beiden Mitschwestern, die übrigens beide jünger waren als Schwester Elfriede.

Die besann sich einen Augenblick und sagte dann: „Ich habe ab Donnerstag, ab übermorgen, ein langes Wochenende. Da fahre ich nach Stuttgart und werde vorstellig. Dann bitte ich um Auskunft, warum, wieso, weshalb plötzlich diese Kündigung der Zusammenarbeit und wohin es für uns gehen soll.“

„Und du glaubst, dass der Herr Vorsteher und die Schwester Oberin dir eine Audienz gewähren …“

„… und dass die dir sogar deine Fragen beantworten?“

„Einen Versuch ist die Sache jedenfalls wert, ihr beiden“, gab sich Schwester Elfriede zuversichtlich. „Ich bin am Sonntag gegen Abend zurück. Dann treffen wir uns und dann sag ich euch, wie es mir ergangen ist und was bei meinem Besuch herausgekommen ist. – Und jetzt trotz allem mit Freude an die Arbeit, ihr beiden. Ich gebe zu, ich muss mich selbst wirklich ein wenig zwingen. Aber irgendetwas wird den entstandenen Mangel ausgleichen.“ Etwas leiser hängte sie an: „Notfalls wechsele ich die Haube.“ Mit diesen Worten, deren Bedeutung sie nicht näher erläuterte, rückte sie ihre Haube zurecht, was eigentlich gar nicht nötig gewesen wäre, weil die wie immer richtig saß, und verließ den Raum, um möglichst rasch ihren Arbeitsplatz zu erreichen. Da wartete sicher schon irgendein akuter Fall …

Am Abend des folgenden Sonntags traf die kleine Schar der Stuttgarter Diakonissen verabredungsgemäß zusammen – auch die, die bei jener Morgenandacht nicht dabei gewesen waren –, um zu hören, welche Nachrichten ihre Mitschwester aus Stuttgart mitgebracht hatte. Schwester Elfriede Grupp wirkte einerseits sehr bekümmert und andererseits doch auch entschlossen. Mit deutlicher innerer Bewegung teilte sie mit, dass der Bruder Vorsteher und die Schwester Oberin sie zwar vorgelassen und ihr Anliegen gehört hätten, dass sich beide aber regelrecht gewunden hätten, Klartext zu reden, und sie hätten keine befriedigenden Antworten gegeben. Die Begegnung sei sehr unerquicklich gewesen, auch deshalb, weil sie, die Diakonisse Elfriede Grupp, sich Vorhaltungen hatte anhören müssen, dass sie sich unterstehe nachzufragen. Sie wisse wohl nicht, wie eine Diakonisse mit Entscheidungen und Anweisungen der Mutterhausleitung umzugehen habe. Der neue Einsatzort werde den Schwestern schon rechtzeitig mitgeteilt. Schwester Elfriede holte einmal tief Luft, um ihre Rede dann zu beenden: „Gut, ich habe gesagt, wie es ist. Jeder von uns muss jetzt damit umgehen. Ich weiß für mich, wohin mein Weg künftig geht."

„Und wohin geht dein Weg, Schwester Elfriede?", fragte eine der Mitschwestern.

Die Angesprochene zögerte für ein paar Momente mit ihrer Antwort. Dann holte sie wieder ein paarmal tief Luft und antwortete mit fester Stimme: „Ich werde das Mutterhaus verlassen und künftig als freie Schwester arbeiten, wenn ich als eine solche in diesem Krankenhaus weiter arbeiten kann."

Diese Mitteilung löste nun eine lebhafte Diskussion unter den versammelten Diakonissen aus. Dabei ging es hin und her in den Meinungen und Ansichten über einen solchen Schritt und über seine möglichen Konsequenzen.

Am Schluss der Diskussion waren es mit Schwester Elfriede drei Frauen, die willens und bereit waren, Tracht und Haube zu wechseln und weiterhin in Freudenstadt zu arbeiten, wenn die Leitung des Kreiskrankenhauses in der Schwarzwald-Stadt dem nicht deutlich widersprechen würde.

Die Krankenhausleitung widersprach natürlich zunächst einmal – sie musste schließlich gegenüber dem bisherigen Vertragspartner ihr Gesicht wahren. Aber sie tat es spürbar halbherzig. Dass Freudenstadt die „treuen“ Stuttgarter Diakonissen abgeben musste, war nicht vermeidbar. Aber durch die Entscheidung der drei „Untreuen“, in den freien Schwesternstand zu wechseln, blieben doch wenigstens drei Arbeitsplätze mit bewährten Mitarbeiterinnen besetzt. Gut so!

Deshalb bekamen die drei Frauen auch die nötige Unterstützung ihres bisherigen Arbeitgebers in dem folgenden Verfahren des Austritts aus dem Mutterhaus und der Anbindung an eine freie Schwesternschaft. Am Ende gingen die Dinge dann auch in Ordnung und es trat Friede über der Sache ein. Auch der innere Friede in den Herzen der Frauen, die den schützenden und stützenden Raum der Diakonissenschaft nach vielen Jahren der Zugehörigkeit – bei Schwester Elfriede waren es zehn Jahre gewesen – freiwillig verlassen hatten, ohne damit den Raum ihres Christus-Glaubens verlassen zu haben. Diesen Glauben als freie und „ungeschützte“ Krankenschwester zu leben, würde freilich künftig schwieriger werden …

Schwester Elfriede Grupp blieb bis 1975 der Unfallambulanz des Kreiskrankenhauses Freudenstadt treu, um zu dem Zeitpunkt in ihre Heimatstadt Schwäbisch Gmünd zu wechseln. Denn es hatte sich eine Nachfolgerin auf ihren Posten gefunden. Sie arbeitete die neue, noch junge Frau noch eine gute Wegstrecke in ihre neue Tätigkeit ein, bevor sie also nach Schwäbisch Gmünd zurückging. In der Stadt an der Rems war Schwester Elfriede 1935 geboren; hier war sie zur Schule gegangen; hier hatte sie vor fünfundzwanzig Jahren ihre berufliche Tätigkeit als Silberfeinpoliererin begonnen. Von hier aus hatte sie sich nach Stuttgart und ins Fach der

Krankenpflege verändert, um sich 1962 in der Stuttgarter Stiftskirche als Diakonisse einsegnen zu lassen. Sie kam also nach vielen Jahren des Lebens an anderen Orten quasi wieder nach Hause.

In der Stauferstadt Schwäbisch Gmünd übernahm Schwester Elfriede zunächst für zwei Jahre einen Platz als OP-Schwester in der Unfallchirurgie des städtischen Spitals, ehe sie 1977 dem dringenden „Ruf“ des Evangelischen Vereins Schwäbisch Gmünd in die ambulante diakonische Gemeindearbeit folgte. Sie tat das nach gründlichem Abwägen der Vor- und Nachteile einer solchen mobilen Arbeit in den Häusern der Stadt und der umliegenden Ortschaften. Und sie tat es, nachdem sie intensiv danach gefragt hatte, ob diese Entscheidung dem Willen Gottes für sie entsprach. Dazu war sie eigens für ein paar Wochen nach Oberstdorf gefahren, um dort im schönen Allgäu in einem christlichen Gästehaus innere Ruhe zu gewinnen und im Gespräch mit Gott und mit anderen Gästen des Hauses die entscheidende Antwort auf ihre Frage zu bekommen.

Sie bekam die Antwort und wechselte noch einmal ihren Arbeitgeber – freilich auch mit einer Portion Wehmut, hatte sie sich doch mit ihrer leitenden OP-Schwester Rita Struck bestens verstanden. Die beiden versprachen sich, Kontakt zu halten und sich immer wieder einmal zum Gedankenaustausch zu treffen.

Schwester Elfriede Grupp war also fortan mit einem Dienstwagen unterwegs, um kranke Menschen in ihrem jeweiligen Zuhause zu pflegen und zu versorgen beziehungsweise deren Angehörige bei der Pflege und Versorgung zu unterstützen. Das war eine Arbeit, die Freude machte, auch deshalb, weil die neue Gemeindeschwester immer wieder die Gelegenheit fand und nutzte, auf den Heiland Jesus Christus hinzuweisen und auf Gott, den Vater, der gemäß 2. Mose 15,26 gesagt hat:

„Ich bin der Herr, dein Arzt“ oder auch: „Ich bin der Herr, der dich heilt“, wie es in der Elberfelder Übersetzung hieß. Dass diese Aussage keine Ablehnung ärztlicher Hilfe bedeutete, musste sie freilich hier und da erklären, ging es doch in dem Gotteswort um mehr als nur um physische oder psychische Krankheit und um Beschwerden des Alters, die ein medizinisches Eingreifen erforderlich machten.

Die Möglichkeiten, ihr christliches Glaubenszeugnis vor Patienten zu leben, hatte sie in dieser Weise an ihren bisherigen Arbeitsplätzen so nicht gehabt. Im Einsatz in der Unfallambulanz und im Operationssaal von Jesus zu reden, war kaum möglich gewesen. In den Häusern in und um Schwäbisch Gmünd war das ganz anders möglich. Für Patienten Zeit zu haben, verschaffte der neuen Arbeit einen besonderen Reiz. Wohin diese Veränderung Sr. Elfriede Grupp schließlich führen würde, konnte die fromme neue Mitarbeiterin des Evangelischen Vereins im überwiegend katholischen Schwäbisch Gmünd freilich zu diesem Zeitpunkt noch nicht wissen und nicht einmal ahnen.

Eine große Veränderung im Leben der ehemaligen Diakonisse bahnte sich an, als Schwester Elfriede eines Tages am Krankenbett ihrer Chefin aus dem Gmünder Klinikum saß. Oberschwester Rita Struck hatte ihre frühere Mitarbeiterin zu sich gebeten, um von ihr Zuspruch zu erfahren in ihrer schweren Krebskrankheit, mit der sie in einem schier aussichtslosen Kampf lag. Schwester Elfriede verstand es, der kranken Kollegin Trost zuzusprechen und Kraft aus dem Evangelium vom Weltheiland Jesus Christus zu vermitteln, sodass die auf die Frage der Besucherin, ob sie denn ein Gebet sprechen dürfe, gerne antwortete: „Wenn Sie nicht mit mir beten, wer soll es dann tun?“

Diesem ersten Besuch am Krankenbett von Frau Struck folgten eine ganze Reihe weitere, und immer endeten sie mit einem Gebet – und immer häufiger saß Siegfried Struck, der Ehemann der Kranken, dabei im Hintergrund und hörte Gespräch und Gebet mit. Die Bitte seiner Frau an die Besucherin bei einer der letzten Begegnungen der Krebskranken und ihrer Seelsorgerin hörte er dann allerdings nicht. Frau Struck fragte, und ihre Stimme war dabei schon sehr schwach: „Ich habe nicht mehr viel Zeit, Schwester Elfriede. Ich werde meinen Mann bald alleine zurücklassen. Können Sie sich ein wenig um ihn kümmern, wenn ich nicht mehr da bin? Unsere Kinder in Berlin und Belgrad sind einfach zu weit weg, und ich will auch nicht, dass sie ihre Ausbildungen dort abbrechen. Und – Siegfried wird Hilfe brauchen, wenn die Folgen seiner früheren Tbc, von der ich Ihnen erzählt habe, wieder aufbrechen sollte."

Elfriede Grupp brauchte ein paar Momente, um auf diese für sie schwierige Frage zu antworten. Sich kümmern um einen Witwer, der zudem ein latent kranker Mann war? Welch ein schwieriges Ansinnen der vom Tod gezeichneten Frau! Nach einem innerlichen Stoßgebet um die richtige Reaktion sagte sie dann: „Ich werde mich kümmern, Frau Struck, so gut ich das kann als ledige Frau. Ich habe keine Erfahrung im Umgang mit Männern. Aber mit Gottes Hilfe mag es gehen. Und die Tuberkulose muss ja nicht wieder ausbrechen."

Die Kranke griff auf diese Antwort hin nach der Hand ihrer Besucherin, drückte sie warm und fest und sagte mit deutlicher Erleichterung in der schwachen Stimme: „Danke, Schwester Elfriede, danke! Wenn Sie mir das so versprechen, dann kann ich getrost sterben."

Rita Struck starb im November 1980 und ließ ihren Mann zurück, der von dem Versprechen der zuletzt betreuenden Krankenschwester nichts wusste. Die hielt ihre Zusage ein und kümmerte sich, besuchte den Witwer immer einmal wieder und sah in seinem Haus in Lindach nach dem Rechten. Dabei konnte es gar nicht ausbleiben, dass sich die beiden Menschen im Laufe der Zeit näherkamen und der zweiundfünfzigjährige Mitarbeiter einer Firma in Welzheim schließlich vorsichtig um die Hand der inzwischen siebenundvierzigjährigen Schwester Elfriede anhielt. Dabei gestand er ein, dass er geistlich längst nicht so weit sei wie sie und wie es seine Frau zuletzt gewesen sei, sodass er mit der Umworbenen mithalten könnte. Sie möge Geduld mit ihm haben und ihm Zeit lassen zu verstehen, was es bedeutete, an den lebendigen Gott zu glauben und mit seinem Sohn Jesus Christus zu leben.

Elfriede Grupp nahm die Werbung an, akzeptierte die geistlichen Bedenken ihres Siegfried, gab ihm im August 1982 mit der ausdrücklichen Zustimmung seiner beiden Kinder, die sie natürlich inzwischen kennengelernt hatte, das Jawort. Sie löste ihre Gmünder Wohnung auf und zog – versehen mit einer ganz neuen „Haube" – als Elfriede Struck zu ihrem Ehemann nach Lindach. Als Trauspruch hatten sich die beiden Jesaja 26,4 gewählt: „Verlasst euch auf den Herrn immerdar; denn Gott der Herr ist ein Fels ewiglich." Ja, das wollten sie tun: sich auf Gott verlassen und auf dem Fundament des Glaubens an Gott, den Vater und den Sohn und den Heiligen Geist ihr weiteres Leben gestalten.

Und doch kam es zunächst anders. Eine gewisse Zeit lang funktionierte das tägliche gemeinsame Lesen und Bedenken der Herrnhuter Losungen und das zugehörige Beten, das freilich Elfriedes Aufgabe war und blieb. Doch mit der Einkehr des ehelichen Alltags fehlte es den berufstätigen Eheleuten bald an der Zeit fürs gemeinsame Bibellesen und Beten. Die Folge war, dass der Glaube der Frau verflachte und der des Mannes nicht wachsen konnte, wenn es ihn denn überhaupt schon gab. Nein, es gab ihn eigentlich noch nicht. Siegfried war und blieb allem Geistlichen gegenüber kritisch bis abweisend, ohne darin selbst einen Mangel zu empfinden.

Elfriede Struck allerdings empfand ihn mehr und mehr. Aber sie wusste kein Mittel, die Situation zu verändern. Da musste der allwissende und allmächtige Gott schon selbst in das Leben der beiden Menschen eingreifen, was er dann auch auf denkwürdige Weise tat.

Elfriede Struck hatte in den zurückliegenden Jahren das christliche Gästehaus „Schönblick" im nahen Wetzgau-Rehnenhof kennengelernt, als sie eine Zeit lang Frau Bentz, die betagte Mutter des Leiters dieser Einrichtung, zu pflegen hatte. Von daher wusste sie um das Programm, das dort auch für die Bewohner der Orte um den Schönblick herum angeboten wurde. So besuchte Frau Struck auch einmal eine evangelistische Veranstaltung mit dem bekannten Pfarrer Ulrich Parzany, bei der auch eine Schauspielerin mitwirkte. Als diese junge Frau in ihrem Stück in einem Anflug besonderer Arroganz eine Bibel nahm und schwungvoll in einen Papierkorb warf, damit der Prediger sie wieder heraushole, fiel es Elfriede Struck wie Schuppen von den Augen: Hatte sie nicht auch ihre Bibel im „Papierkorb" versenkt und deshalb lange nicht mehr gelesen? Da kam nur kein Prediger und holte das Buch wieder heraus. Das musste sie schon selbst tun, wenn sich in ihrem Leben etwas ändern und der einmal gelebte Glaube zurückkehren sollte.

Und sie tat es sofort, nachdem sie von dieser besonderen Veranstaltung wieder zu Hause war. Elfriede Struck zog ihre Bibel aus dem „Papierkorb", sprich aus dem Regal, befreite das Buch vom Staub der Vergessenheit und setzte sich mit ihrem Siegfried an den Tisch, um ab sofort wieder regelmäßig darin zu lesen. Zur Hilfe benutzte sie einen Textplan, der auf dem Schönblick empfohlen worden war. Dass sie das selbst wieder tat, erschien der Frau wie ein kleines Wunder. Dass ihr kritischer Mann – inzwischen seit einiger Zeit berentet wie sie selbst auch – ihrem Lesen still zuhörte, ohne negativ zu kommentieren, war ihr wie ein zweites Wunder.

Für Elfriede gewann ihr Trauspruch vom August 1982 über das Vertrauen auf Gott den Fels bald wieder seine Bedeutung zurück und er konnte seine Wahrheit neu entfalten. Bei ihrem Mann war diese Zeit eher so etwas wie eine „Aufwärmphase" für sein Inneres. Siegfried Struck begann, sich für Veranstaltungen auf dem Schönblick zu interessieren, und er begleitete fortan gelegentlich, dann immer häufiger und schließlich regelmäßig seine Frau in die Gottesdienste und auch in besondere Vortragsveranstaltungen, die drüben im sogenannten Betsaal des Gästehauses angeboten wurden. Was er dort hörte, erfuhr und erlebte, berührte ihn zutiefst und veränderte sein Wesen. Seine Frau registrierte das mit großer Dankbarkeit gegen Gott und gegen Jesus, der längst wieder ihr Heiland geworden war, den sie liebte, dem sie vertraute, mit dessen Hilfe sie rechnete auch im Blick auf die geistliche Entwicklung ihres Mannes. Wenn der doch nur bald auch zu diesem persönlichen Glauben finden könnte!

Elfriede Strucks Gebet um diese Sache wurde immer inniger und drängender, besonders nachdem Siegfried im Frühjahr 2003 heftig erkrankte. Die alten Tbc-Geschichten brachen wieder auf. Schwerste Atemnot machte ihm zu schaffen, und es deutete sich an, dass sich sein Leben wohl auf der Zielgeraden befand. Wenn dieses Ziel doch dann wenigstens der Himmel und das Heil in Jesus sein könnte!

Siegfried Struck wurde mit zunehmender Krankheit innerlich unruhiger, als ahne er etwas von den Dingen, die auf ihn zukamen, und als wisse er, dass er zum Leben nicht mehr fähig und zum Sterben noch nicht fertig war.

Dann kam Pfingsten 2003. Siegfried war an diesen Tagen in einem elenden Zustand. Das Atmen ging nur mit technischer Hilfe. Seine Frau wich kaum von seinem Bett. Innerlich fragte sie sich, ob sie ihren Mann nicht doch besser in die Klinik bringen sollte. Dann sagte er plötzlich und völlig unvermittelt in ihr Gebet hinein: „Weißt du jemanden, der mir das Abendmahl reicht?"

Elfriede traute ihren Ohren nicht. „Du warst noch nie mit mir zum Abendmahl", hörte sie sich antworten.

„Nein, war ich nicht", gab der Kranke zurück. „Ich konnte schon bei meiner Konfirmation nichts damit anfangen und hatte nie Verlangen danach."

„Und jetzt möchtest du …?", fragte seine Frau ein wenig ungläubig.

„Ich möchte, meine Liebe", gab Siegfried drängend zurück. „Ich möchte! Ich möchte mit dem Abendmahl sterben. Kümmere dich um jemanden, der es mir reicht. Bitte, Elfriede!"

„Aber in deinem Zustand können wir doch nicht in die Kirche …"

„Nein, da muss ein Pfarrer herkommen. Irgendeiner muss herkommen mit dem Wort und mit Brot und Wein."

Elfriede Struck tupfte ihrem Mann die feucht gewordene Stirn trocken. „Ich kümmere mich darum, noch heute. Ich werde gleich telefonieren."

Nichts Lieberes hätte sie nach diesen Momenten getan, als sich darum zu kümmern, dass ein Pfarrer ins Haus käme und ihrem Mann das Abendmahl reichte. Nur wurde die Frage zum Problem. Keiner der Pfarrer, die sie erreichte, hatte Zeit für eine häusliche Abendmahlsfeier. Wie enttäuschend! Schließlich kam trotz seines vollen Terminkalenders am Mittwochnachmittag Martin Scheuermann, Pastor der neuen Schönblick-Gemeinde – den hatte Elfriede Struck als Letzten angefragt – nach Lindach, um im Hause Struck mit dem sterbenden Mann und seiner Frau das heilige Abendmahl zu feiern. Es waren heilige Momente, in denen ein Mann vor den Toren zur Ewigkeit seine Lebensschuld bekannte und daraufhin Absolution erfuhr, die durch die Gabe von Brot und Wein bestätigt wurde. Halleluja!

Der folgende Zuspruch des Pastors aus 1. Johannes 3,1-2 wurde Siegfried Struck zur letzten bedeutsamen Wegzehrung: „Seht, welch eine Liebe hat uns der Vater erwiesen, dass wir Gottes Kinder heißen sollen – und wir sind es auch! ... Meine Lieben, wir sind schon Gottes Kinder; es ist aber noch nicht offenbar geworden, was wir sein werden. Wir wissen aber: wenn es offenbar wird, werden wir ihm gleich sein; denn wir werden ihn sehen, wie er ist."

In der übernächsten Nacht starb Siegfried Struck als ein Kind Gottes und durfte „ihn sehen, wie er ist". Seine Frau konnte ihn fürsorgend und betend bis zu seinem letzten schweren Atemzug begleiten. Sie selbst erfuhr danach einen starken Trost durch die Losung des anbrechenden Tages aus Jesaja 41,13: „Ich bin der Herr, dein Gott, der deine rechte Hand fasst und zu dir spricht: Fürchte dich nicht, ich helfe dir!"

Bis heute weiß Elfriede Struck sich von den Händen Gottes gehalten und von seiner Hilfe begleitet, und sie sehnt sich nach dem Wiedersehen mit ihrem Siegfried in der himmlischen Heimat, der herrlichen Ewigkeit und ewigen Herrlichkeit Gottes, wo auch sie ihren Herrn sehen wird, wie er ist ...

Helmut und Margret Bentz

Niemand ist perfekt

Liebe Margret Bentz, lieber Helmut Bentz, eure erste Begegnung mit Jesus liegt viele Jahrzehnte zurück. Könnt ihr euch trotzdem daran erinnern?

Helmut: Es war 1954 in einer CVJM-Freizeit auf der Hinterbuchholzer Hütte im kärntnerischen Arriach in den Gurktaler Alpen. Ich war damals neunzehn und bei den Bibelarbeiten unseres Freizeitleiters voll dabei. Er machte uns Jesus lieb und unter anderem deutlich, dass die Taufe, die die meisten von uns jungen Männern als Säuglinge erfahren hatten, keinesfalls die Eintrittskarte in den Himmel sei. Jeder müsse diesen Blankoscheck durch seine eigene, ganz persönliche Hinwendung zu Jesus Christus einlösen. Jeder müsse sich als Sünder erkennen und Jesu Erlösungstat am Kreuz für sich annehmen.

Das habe ich dann getan. Seitdem bin ich Christ – und als Christ erlebte ich die Erhörung des langjährigen Gebetes meines Vaters, das er am Ostermontag 1935, an meinem Tauftag, in die Familienbibel eingetragen hatte. Ich habe seinen Gebetswunsch allerdings erst nach seinem Tod am 6. November 1975 gelesen: „Der Herr, unser Gott, nehme auch dieses Kind unter seinen starken Schutz, dass es auch im Leben immerdar am inwendigen Menschen wachse und an seinem Platze im späteren Leben ein treuer Zeuge der Gnade Gottes und der Liebe Jesu werde.“ Mein Vater wird selbst immer wieder überprüft haben, dass sein Gebet nicht vergeblich gewesen ist.

Margret: Ich bin in einer Familie aufgewachsen, in der der Vater gefehlt hat. Er wurde 1940 einen Tag vor seiner Einberufung nach Russland von einem Blitz tödlich getroffen, als ich anderthalb Jahre alt und meine jüngste Schwester noch nicht geboren war. Wir waren dann zusammen fünf Geschwister, vier Mädchen und in der Mitte ein Junge. Unsere Mutter hat uns trotz ihres schweren Schicksals den Glauben an Jesus vorgelebt und lieb gemacht. Ich selbst habe dann bei meiner Konfirmation eine bewusste Hinwendung zu Jesus vollzogen und eine klare Entscheidung getroffen, mit Jesus durchs Leben zu gehen. Mein Konfirmationsspruch aus Psalm 65,10 „Gottes Brünnlein hat Wasser die Fülle“ hat sich in meinem Leben unendlich vielfach bestätigt.

Helmut, du hast dich 1954 für eine Ausbildung zum vollzeitlichen Dienst der Verkündigung des Wortes Gottes entschieden. Wie kamst du zu dieser Entscheidung?

Helmut: In jenem Sommer war ich als Zeltdiakon unterwegs mit der Deutschen Zeltmission in Siegen-Geisweid. Bei einem der Einsätze kam der Evangelist Ernst Krupka für mich völlig unerwartet mit den Worten auf mich zu: „Und du gehst im Herbst zur Ausbildung auf die Missionsschule Unterweissach.“ Aber ich hörte die Aufforderung wie einen Auftrag von oben. So begann ich im Oktober meine Ausbildung und wurde Bahnauer Bruder. Der Name der Bahnauer Bruderschaft rührt übrigens her von dem Ort Preußisch Bahnau, dem ursprünglichen Gründungsort der Missionsschule in Ostpreußen.

Margret, du hast dich 1961 entschieden, Helmut dein „Ja“ zu geben. Hing deine Entscheidung für diesen Mann aus dem ehemaligen deutschen Osten, den es ins Ruhrgebiet verschlagen hatte, mit deiner oder seiner Bindung an Jesus zusammen?

Margret: Ich war damals mit einem kleinen Bläserkreis zum Urlaub im Missionshaus Villach in Kärnten. Helmut arbeitete dort in Österreich als Camping-Missionar. Weil er als Freund des Hausvaters immer wieder im Haus war, begegneten wir uns zwangsläufig. Der junge Mann gefiel mir sofort. Wenn ich ihn schon von Weitem sah, schlug mein Herz höher und mir gingen Gedanken durch den Kopf, ob der wohl ... In dieser wichtigen Angelegenheit bat ich Gott, mir zu zeigen, ob ich hoffen dürfe, dass dieser Mann meiner werden könnte. Beim spontanen Lesen in meiner Bibel fiel mein Blick auf den Satz in Apostelgeschichte 8,37: „Wenn du von ganzem Herzen glaubst, so kann es geschehen." Das Wort machte mich sprachlos. Ich nahm es als Antwort auf meine Gebete und war sehr gespannt darauf, wie sich die Sache entwickeln würde.

Sie entwickelte sich dann tatsächlich ganz nach meinem Gebet. Gott selbst führte uns in einer erstaunlichen Weise zusammen, sodass wir bereits ein Vierteljahr später Verlobung feierten. Die Hochzeit folgte am 23. April 1962, und wir wählten uns Matthäus 6,33 als Trauspruch: „Trachtet am Ersten nach dem Reich Gottes, so wird euch alles andere zufallen." Ja, das wollten wir beide aus tiefstem Herzen und in der gemeinsamen Liebe zu Jesus tun und beibehalten: In allem auf *Ihn* vertrauen und alles von *Ihm* erwarten.

Ihr wart dann gemeinsam im Auftrag des Christlichen Missionsvereins Kärnten in dieser schönen Region Österreichs für Jesus unterwegs. Gab es in dieser Zeit ungewöhnliche Erfahrungen in eurem Glauben?

Margret: Auf dem Tauchenberg hatten wir einmal im Winter eine Hausbibelstunde zu halten. Wie aus heiterem Himmel gab es an diesem Abend Blitzeis. Aber wir mussten mit unserem VW-Käfer hinunter ins Tal, weil wir aus bestimmten Gründen nicht in der Höhe übernachten konnten und auch unten gebraucht wurden. Die Straße war schmal und sehr kurvenreich. Wie sollten wir da bloß hinunterkommen?

Ein paar Männer begleiteten uns. Einige gingen jeweils hangseits und hielten das Auto, andere sicherten die Fahrt mit Sand und mit Säcken. Ich folgte ihnen voller Angst. Dabei betete ich leise. Die anderen taten das genauso, und so kamen wir spät in der Nacht sicher bewahrt unten im Tal an – dankbar dafür, dass Gott seine Hände über uns gehalten hatte.

Helmut: Unsere Arbeit der Camping-Mission war auf Spenden angewiesen. Ich erinnere mich besonders daran, wie Gott den Aufbau der dortigen Camping-Mission für die Urlauber an den Kärntner Seen bestätigte, indem er sowohl dem Amt für Missionarische Dienste der Württembergischen Landeskirche in Stuttgart als auch Freunden in Deutschland die Herzen und die Geldbeutel öffnete. Wir konnten den erforderlichen VW-Bus mit einer mobilen Lautsprecheranlage kaufen und damit einen guten Dienst tun.

Andererseits erlebten wir, dass Gott auch Segen verweigert. Die Kärntner Glaubensgeschwister hatten an der Planung eines neuen Freizeitheims einen Wünschelrutengänger beteiligt, der Wasseradern suchen sollte. Meine Warnungen, sich auf so etwas nicht einzulassen, wurden leider nicht gehört. Das Freizeitheim wurde zwar gebaut, aber es musste später wegen Unwirtschaftlichkeit aufgegeben und verkauft werden. Es hatte auf lange Zeit einfach keine rechte Zustimmung gefunden.

Diese beiden Erfahrungen sind für mich Bestätigungen der Worte aus dem Lied von Johann Daniel Herrnschmidt: „Gott will's machen, dass die Sachen gehen, wie es heilsam ist."

Dann gab es einen großen Einschnitt in eurem Leben …

Helmut: Im selben Lied gibt es die Strophe: „Wann die Stunden sich gefunden, bricht die Hilf mit Macht herein." So war es, als die Rheinische Mission in Wuppertal-Barmen eine Anfrage an unsere Missionsschule richtete, doch bitte einen geeigneten Mann zu den Steinzeitmenschen und Kannibalen im Hochland von Westpapua zu schicken. Die Anfrage kam zu uns nach Kärnten mit der Bitte, wir möchten doch prüfen, ob wir uns vorstellen könnten, als Pionier-Missionare nach Irian Jaya zu gehen. So hieß das heutige Westpapua in Indonesien damals. Dort zu arbeiten, war eine riesige Herausforderung für unsere junge Ehe. Die Frage bedrängte uns, ob wir dem gewachsen sein würden.

Margret: Zwei Tage nach der Anfrage – es war der 13. Februar 1963 – lautete die Losung des Tages aus 1. Samuel 12,15: „Werdet ihr aber der Stimme des Herrn nicht gehorchen, sondern seinem Munde ungehorsam sein, so wird die Hand des Herrn gegen euch sein." Dieses Gotteswort wischte bei meinem Mann alle Bedenken vom Tisch und aus seinem Kopf.

Bei mir war das allerdings nicht der Fall. Ich war damals schwanger und fragte mich bange, was bei dieser Aufgabe auf mich zukommen würde. Das schlimme Wort Kannibalen hatte mich doch sehr erschreckt. Andererseits wollten wir Gott auf keinen Fall gegen uns haben.

Am 26. Februar überraschte uns dann die Losung aus Markus 16,15: „Gehet hin in alle Welt und predigt das Evangelium aller Kreatur." Wir wussten sofort: Das galt uns und wir mussten dem Ruf folgen. So begannen wir im Gehorsam die notwendigen Vorbereitungen und erlebten, wie sich die Wege zur Ausreise ebneten. Am Ostermontag wurden wir in der evangelischen Christuskirche Köln ausgesandt. Die Zusagen von Offenbarung 1,17: „... Fürchte dich nicht! Ich bin der Erste und der Letzte und der Lebendige ..." und aus Matthäus 28,7: „Sagt seinen Jüngern, dass Jesus auferstanden ist von den Toten. Und siehe, er wird vor euch hingehen nach Galiläa – nach Irian Jaya –, dort werdet ihr ihn sehen. Siehe, ich habe es euch gesagt!" waren uns starke Worte. Mit diesen Ermutigungen reisten wir noch im April 1963 aus.

Die volle Gewissheit, dass ich tatsächlich am richtigen Ort war, bekam ich erst 1965, als wir nach unserer Zeit in Wamena an unserem neuen Ort Apahapsili angekommen waren. Inzwischen hatten wir zwei Kinder. In Apahapsili kamen die Frauen der Gegend, die sich zunächst nur im Hintergrund gehalten hatten, zu unserer Hütte und hießen mich mit Süßkartoffeln und der Anrede „unsere Mutter" willkommen. Das war ein deutliches Zeichen für Annahme und Vertrauen.

Mehr als zwölf Jahre habt ihr im Hochland von Irian Jaya unter schwierigsten Bedingungen gearbeitet und als wachsende Familie gelebt. Du, Helmut, hast 1989 über diese Zeit die „Lebenszeichen aus der Steinzeit" geschrieben, ein spannendes und beeindruckendes Buch, neu erschienen 2012 im Wahine Verlag, Düsseldorf. Wie seid ihr dort dem lebendigen Christus begegnet?

Helmut: Am 11. Oktober 1967 war ich mit einer Gruppe junger Männer auf schwierigem Weg durch Jalimo durch dichten Urwald und über zerklüftete Berge, um in bisher unbekannten Dörfern kranken Menschen zu helfen und später eine Außenstation mit Flugplatz zu erreichen. Am Fluss Poteng legten wir eine Ruhepause ein, als plötzlich eine wilde Horde von etwa sechzig Männern den Hang herunter auf uns zustürmte und uns mit ihren Pfeilen unter heftigen Beschuss nahm. Eine solche Situation hatte ich zuvor nie erlebt. Was tun in diesen schwierigen Momenten, in denen wir den Angreifern wehrlos ausgeliefert waren? Gegenwehr leisten? Wie denn? Womit denn? Wir hatten keine Waffen. Uns blieb nur, zu Gott um Hilfe zu schreien! Was wir auch laut und kräftig taten. Wir schrien förmlich um Gottes Eingreifen. Dann war mir plötzlich, als hebe Jesus mir als Antwort selbst die Arme und Hände hoch zum Segen über die Mitarbeiter, die vielfach getroffen sterbend am Boden lagen, und auch über die grölend tobenden Angreifer, und ich hörte mich ihnen zweimal entgegenrufen: „Der Herr segne euch und behüte euch!"

Ich muss sagen, das kam nicht von mir. Das war wohl geschehen nach Lukas 12,12. Da steht geschrieben, dass die Jünger sich in bedrängter Situation nicht sorgen sollen, wie sie sich verantworten oder was sie sagen sollen. Der Heilige Geist würde die richtige Weisung geben. So war es wohl auch: Hier hatte Jesus selbst eingegriffen und dafür gesorgt, dass ich so handelte und dass der Pfeile-Hagel aufhörte und der feindliche Häuptling uns schließlich ziehen ließ. Leider mussten wir fünf junge Mitarbeiter tot auf dem Platz zurücklassen, die dann tatsächlich von den Kannibalen aufgegessen wurden. So war das damals noch. Mit allergrößter Mühe und nur mit der spürbaren Hilfe unseres Herrn erreichten wir vier Überlebenden, selbst durch Pfeile mehr oder weniger stark verletzt, später unser Ziel.

Margret: Eine ähnliche Begebenheit fällt mir ein, die sich in unserer Anfangszeit abgespielt hat. Helmut war mit einigen jungen Männern in verschiedenen Dörfern der weiteren Nachbarschaft zu Besuchen und zur Behandlung von Kranken unterwegs, als ein Häuptling unseres Dorfes mit Nahkampf-Speer in bedrohlicher Haltung zu unserer Hütte kam und davon sprach, dass die jungen Helfer, die Helmut mit sich genommen hatte, von Feinden umgebracht worden seien. Wenn sich diese Nachricht bis zum Abend bestätigen sollte, würden wir, meine Kinder und ich, im Gegenzug ebenfalls umgebracht.

Ich war natürlich tief, ja zu Tode erschrocken, war ich doch völlig schutzlos. Ich konnte nur beten und flehen, Gott möge Helmut und seine Begleiter rechtzeitig zurückbringen und dadurch nachweisen, dass die Nachricht falsch war.

Danach war mir dann, als legte sich Gott selbst schützend um unsere Hütte, zumindest sein Engel, so ganz nach Psalm 34,8: „Der Engel des Herrn lagert sich um die her, die ihn fürchten, und hilft ihnen heraus."

Die Gruppe kam dann auch rechtzeitig zurück und der Häuptling zog beschämt ab. Gott hatte nicht zugelassen, dass uns hier Leid zugefügt wurde.

Solches Eingreifen haben wir in den Jahren in Irian Jaya immer wieder erlebt.

Später ging es für euch zurück in die Heimat. Wie kamt ihr ins Gästehaus auf den Schönblick?

Margret: Nach zwölf Jahren Missionsarbeit kehrten wir 1975 nicht zuletzt wegen unserer Kinder und für ihr schulisches Fortkommen nach Deutschland zurück. Helmut arbeitete dann zunächst als CVJM-Landesjugendreferent mit Sitz in Walddorfhäslach bei Tübingen. Dort erreichte uns Ende 1979 die Anfrage des Landesbruderrats des Verbandes der APIs, der Altpietistischen Gemeinschaften in Württemberg, die Leitung der verbandseigenen Erholungshäuser in Schwäbisch Gmünd zu übernehmen. Die einstimmige Wahl der leitenden Brüder war uns ein Zeichen, dass Jesus uns an diesem Platz zum Dienst haben wollte …

Helmut: … auch wenn ich Bedenken hatte, der Schuh sei uns zu groß, den wir da anziehen sollten. Ich meinte damals so zwischen Spaß und Ernst, Gott möge den Möbelwagen unterwegs umstürzen lassen, wenn der Umzug auf den „Schönblick" doch der falsche Weg sein sollte. Aber unser Herr ließ den Möbelwagen heil ankommen, und er ließ uns eine gute Mitarbeiterschaft vorfinden, sodass wir getrost und gerne die neue Arbeit begannen. Wir haben den „Schönblick" dann mehr als achtzehn Jahre lang mit wechselnden Empfindungen, aber überwiegend mit Freude geleitet und – so hoffe ich – mit Glaubenszuversicht und Gottvertrauen vorwärtsgebracht.

Was war euch an Erfahrungen mit Jesus in diesen Jahren besonders eindrücklich?

Margret: Helmut bemühte sich von Beginn unserer Arbeit an darum, dem Schönblick die Gemeinnützigkeit zu erwirken. Das ging aber nur, wenn er über ein halbes Jahr jeden Gast nach seinen persönlichen finanziellen Verhältnissen befragte. Das war eine sehr heikle Geschichte, die viel Fingerspitzengefühl im Umgang mit den Gästen verlangte. Welcher Mensch spricht schon gerne über sein finanzielles Einkommen und Auskommen. Dennoch: Das gewünschte Ergebnis wurde uns geschenkt: Diese Arbeit wurde als gemeinnützig anerkannt …

Helmut: … und bekam dazu die Berechtigung, junge Menschen im Zivildienst zu beschäftigen, den es damals noch gab. Das war für den Schönblick mit seiner umfangreichen Gärtnerei, dem Jugendbibelhaus, dem Lindenfirst und den zunehmenden Renovierungsarbeiten eine sehr große Hilfe.

Margret: Es gab aber auch dramatische Momente. Eine besondere Hilfe erfuhren wir einmal, als wir quasi im letzten Moment einen weiblichen Gast vor dem Absprung aus einem Fenster im oberen Stock bewahren konnten. Ich hatte am besagten Nachmittag das dringende Gefühl, von unserem Wohnhaus hinüber zum Haupthaus laufen zu müssen. Noch vor unserer Haustüre sah ich drüben im zweiten Stock auf dem Dach oberhalb der Küche eine Frau vor dem Flurfenster. Mit beiden Füßen stand sie in der Dachrinne und hielt sich rücklings mit den Händen am Fensterbrett. Sie musste nach meinem Eindruck jeden Augenblick in die Tiefe stürzen. Ich klingelte hinter mir Sturm, sodass mein Mann sofort nach draußen gerannt kam. Auf dem Weg nach drüben alarmierten wir noch rasch unseren Hausmeister Horst Schäffer, der auf dem Gelände beschäftigt war. Zusammen stürmten wir in den zweiten Stock des Erholungsheims, innerlich zu Gott um Hilfe schreiend, er möge die Frau halten und vor dem Absprung oder dem Absturz bewahren.

Mit großer Mühe und beherztem Zugriff gelang es im letzten Moment, die Frau am Absprung zu hindern und so zu retten und zu bewahren. Wir konnten nur tief aufatmen und Gott für sein großes Eingreifen danken.

Die Frau war übrigens erst seit einem Tag auf dem Schönblick. Wie sich später im Gespräch mit den Angehörigen herausstellte, hatten die gehofft, ihre sehr depressive Tante sei in unserem christlichen Haus sicher und gut untergebracht, was sich dann aber als fataler Irrtum herausgestellt hatte. Die Frau war mit der Situation offenbar völlig überfordert gewesen.

Helmut: Das waren wirklich dramatische Momente, die aber einen guten Ausgang nahmen. Gott sei Dank! Dass wir bereits am nächsten Tag für die kranke Frau einen Klinikplatz in einer christlich geführten Einrichtung fanden, verdankten wir sicher ebenfalls der unmittelbaren Hilfe Gottes. Da hatte nämlich ein Patient seinen zugesagten Therapieplatz nicht eingenommen, sodass unsere Frau N. ihn haben konnte.

Nennt bitte einige allgemeine Lebens- und Glaubenserkenntnisse, die ihr weitergeben könnt.

Helmut: Ich antworte mit einigen Sätzen zu Einzelerfahrungen: Wenn Gott eine Aufgabe gibt, dann schenkt er auch die Kräfte, die zu ihrer Bewältigung nötig sind. Und: Leitung hat immer etwas mit Leiden zu tun, mit Leiden an Menschen und mit Leiden an Bedingungen und Umständen. „Nobody is perfect", sagt man und jeder weiß, dass es stimmt: Niemand und nichts ist perfekt. Es gibt auch im Dienst für Jesus immer wieder Schlechtwetter-Perioden.

Oder: Wenn eine Aufgabe zu groß erscheint, dann gilt das, was wir als Text auf einer Karte viele Jahre immer wieder vor Augen hatten: „Jesus ist immer noch größer!"

Und eine letzte gute Erfahrung: Der Blick auf Ostern baut immer auf! Der auferstandene und lebendige Christus ist allezeit und überall gegenwärtig!

Margret: Ich ergänze einen doppelten Ratschlag: Erkenne deine eigenen Schwachheiten; was andere besser können, überlass ihnen! Erkenne aber auch deine Stärken und bring dich ein mit dem, was du kannst – in geheiligtem Selbstbewusstsein gleich demütig, wie das einmal jemand beschrieben hat. Das hilft im Umgang mit Mitarbeitern und überhaupt im Umgang mit Menschen; es macht barmherzig.

Zum Schluss noch ein Blick nach vorne: Gibt es etwas, worauf ihr euch heute schon besonders freut?

Helmut: Meine größte Bitte ist Psalm 23, letzter Satz: Ich möchte bleiben im Hause des Herrn immerdar. Ich möchte bleiben in der Nachfolge und ich freue mich auf die Ewigkeit beim himmlischen Vater.

Margret: Ich danke meinem Herrn für die vielen Verheißungen in der Bibel, die mein Leben begleitet haben und begleiten. Ich danke für die Erfahrungen, die ich mit ihm mein ganzes Leben hindurch gemacht habe. Ich freue mich auf das himmlische Jerusalem. Gnade wird es sein, wenn ich dort Jesus von Angesicht zu Angesicht sehen darf.

Herzlichen Dank, Helmut und Margret Bentz, für das Gespräch und für eure Offenheit.

Christine Höfer

Getragen und geborgen

Christine Höfer ist eine hübsche, freundliche Frau Mitte zwanzig, die Älteste von vier Geschwistern, mit denen sie im Kreis einer christlichen Familie eine – wie sie selbst dankbar feststellt – schöne Kindheit erlebt hat. Was hat die Schönheit dieser Kindheit ausgemacht? Da waren vor allem die Eltern, die ihren Jesus-Glauben nicht unter der Decke hielten, sondern die ihn ganz praktisch miteinander und mit ihren Kindern lebten und gestalteten. Es war ihnen ein Anliegen, dass ihre vier früh von Gott hörten, vom Gottessohn Jesus Christus und von seinen Zusprüchen für das Leben, aber auch von seinem Anspruch an das Leben, zum Beispiel gemäß Johannes 3,35-36: „Der Vater hat den Sohn lieb und hat ihm alles in seine Hand gegeben. Wer an den Sohn glaubt, der hat das ewige Leben. Wer aber dem Sohn nicht gehorsam ist, der wird das Leben nicht sehen, sondern der Zorn Gottes bleibt über ihm."

Es war den Eltern auch ein Anliegen, den Kindern einen Fundus biblischer Geschichten ins Leben mitzugeben und sie das Beten zu lehren. Dazu gab es in der Familie Erzähl- und Vorlesezeiten wie gemeinsame Hausandachten und mit zunehmendem Alter der Kinder auch deren eigene stille Zeiten. Die Kinder bekamen nach ihren Wünschen dafür auch Bücher, CDs und Kassetten. Sonntags fuhren sie alle zusammen regelmäßig zum Gottesdienst auf den etwa zehn Kilometer entfernten Schönblick. Später kamen der Kindergottesdienst dazu, die Jungschar, der Teen- und der Jugendkreis, die die heranwachsenden jungen Leute regelmäßig besuchten.

Ein anderes Element, das die Schönheit der Höferschen Kindheit ausgemacht hat, war – wie Christine Höfer sich gerne erinnert – der Zusammenhalt der Familie auch in den „weltlichen“ Bereichen der Zeit, die geprägt waren von Naturverbundenheit und Schöpfungsstaunen, von gemeinsamen Freiluftaktionen und von Spielzeiten am Küchen- oder Wohnzimmertisch. Dass im Verlauf des Älterwerdens der Kinder jedes auch seinen Freiraum bekam, den es selbstverantwortlich füllen konnte, versteht sich. Das Haus Höfer verfügte über offene Türen für Freunde und Bekannte und gewährte ihren drei Mädchen und dem Jungen Freiheiten, Freunde und Bekannte an ihren Orten aufzusuchen. Die besten Freunde waren freilich die, denen von ihren Elternhäusern auch die Liebe Gottes und Jesu in die Herzen gepflanzt wurde und die sich immer wieder auf dem Schönblick zusammenfanden.

Im Januar 2002 wurde im Schwäbisch Gmünder Stadtteil Rehnenhof die Evangelische Gemeinde Schönblick als überörtliche Gemeinschaftsgemeinde innerhalb der Württembergischen Landeskirche gegründet. Christine Höfer gehörte zu ihrem ersten Konfirmandenjahrgang. Dieses Jahr hat das Mädchen nach ihrer eigenen Aussage in besonderer Weise geprägt. Christine wurde während des Unterrichts deutlich, dass es für ein gesegnetes Leben nicht genügte, in einem christlichen Elternhaus aufgewachsen zu sein. Nein, sie begriff, dass sie selbst eine bewusste Entscheidung für Jesus treffen musste, was die Vierzehnjährige dann bei ihrer Konfirmation auch tat. Sie tat es mit dem ernsten Vorsatz, mit ihrem ganzen Leben dem guten Hirten zur Verfügung zu stehen, zu dem sie sich mit ihrem Leitspruch aus Psalm 23,1 bekannte: „Der Herr ist mein Hirte, mir wird nichts mangeln.“ Von diesem David-Psalm her bekam für sie auch der Text von Johannes 10 eine besondere Bedeutung, in dem der Gottessohn Jesus sich selbst als der gute Hirte vorstellt, der sogar sein Leben für die Schafe gibt, auch für sie, für Christine Höfer. Ja, Jesus Christus sollte ihr Hirte sein, der seine Leute kannte und es seinen Jüngern an nichts fehlen lassen wollte. Er würde sie auch auf Wegen durch mögliche dunkle Täler führen. Und er hatte ihnen ein Zuhause für die Ewigkeit vorbereitet.

Christines Einstieg in die Kindergottesdienst-Mitarbeit der Schönblick-Gemeinde war eine logische Folge ihrer persönlichen Hingabe an Jesus.

Ein zweites biblisches Wort begegnete dem Teenager in dieser Zeit in besonderer Weise und setzte sich in ihrem Bewusstsein fest. Es war der Rat des Königs David in Psalm 37,5, den er weitergegeben hatte angesichts widriger Lebens- und Weltumstände, mit denen er sich konfrontiert sah: „Befiehl dem Herrn deine Wege und hoffe auf ihn, er wird's wohlmachen."

Dass dieses Wort im Leben der heranwachsenden Jugendlichen einmal besondere Bedeutung bekommen sollte, konnte Christine Höfer freilich zu diesem Zeitpunkt nicht ahnen.

Im Frühjahr des folgenden Jahres wurde ihre Mutter Beate krank. Sie fühlte sich seit den ersten Apriltagen zunehmend müde, schwach und antriebslos. Bald konnte sie sich kaum noch für längere Zeit auf den Beinen halten und musste sich immer wieder hinlegen. Die Hausarbeit mussten ihr Mann Matthäus und die Kinder übernehmen. Auf Christines Frage an ihrem Bett, was denn ihre Krankheit eigentlich sei, antwortete die Mutter, sie hätte wohl eine starke, hartnäckige Grippe. Es könne aber auch ganz etwas anderes sein, was ihr fehle. Es könne auch sein, dass mit ihrem Blut etwas nicht stimme. Wenn das so wäre, könne das sogar Leukämie sein.

War das eine dunkle Vorahnung?

Mit dem Begriff Leukämie konnte Christine damals nichts anfangen, darum ahnte sie auch nicht, wohin die Krankheit der Mutter führen könnte. Sie wusste nur, dass sie darum beten musste, dass Gott Besserung schenkte und die Mutter gesund machte.

In der letzten Aprilwoche 2004 wurde das Befinden von Beate Höfer aber so bedenklich, dass ihre Krankheit wohl doch nicht nur eine Grippe sein konnte. Da musste etwas anderes in ihrem Organismus aus den Fugen geraten sein. Der hinzugezogene Arzt ordnete eine sofortige umfangreiche Blutuntersuchung an, die dann auch im Krankenaus Mutlangen durchgeführt wurde. Das Ergebnis war niederschmetternd: AML = Akute myeloische Leukämie! Beate Höfer litt unter einer bösartigen Erkrankung des blutbildenden Systems. Diese Blutkrankheit führte in den weitaus meisten Fällen zum Tod. Selbst die intensivsten Chemotherapien konnten nur in den seltensten Fällen zur radikalen Beseitigung aller Krankheitssymptome helfen. Beate Höfer war todkrank, ihre Heilungschancen waren verschwindend gering. Eine Situation zum Gotterbarmen!

Christines Vater, Matthäus Höfer, brachte diese schlimme Diagnose ausgerechnet an Christines fünfzehnten Geburtstag mit nach Hause, um sie seinen Kindern einem nach dem anderen zu erklären und damit bei allen einen kaum beschreibbaren Schrecken auszulösen: Ihre Mutter war sehr, sehr, sehr krank an der bösesten Form der Leukämie! Ein schlimmeres Unglück konnte die Familie nicht treffen. Entsetzen machte sich breit unter den Kindern im Alter zwischen 15 und 10, auch wenn sie die Schwere dieser Diagnose freilich nicht sofort begriffen. Für sie war es zunächst sehr schlimm und angsterregend, dass ihre Mutter am nächsten Tag aus dem Krankenhaus in Mutlangen in eine Spezialklinik nach Ulm verlegt werden sollte, ohne dass sie sie noch einmal sehen konnten. Für das Geburtstagskind war es zusätzlich schlimm, dass die

Mutter ihr nicht mehr zu ihrem besonderen Tag gratulieren konnte.

Das konnte sie dann allerdings doch noch, denn der Vater erreichte es, dass er Christine für eine Umarmung mit ans Krankenbett nehmen konnte. Ein kleiner Lichtblick für das junge Mädchen an einem dunklen Tag ihres Lebens.

Ein anderer Lichtblick dieses Tages – zumindest für Beate und Matthäus Höfer – wurde der Besuch der Männer und Frauen des Leitungskreises der Gemeinde Schönblick am Krankenbett der Mutter. Sie kamen, um für sie nach Jakobus 5,13-15 zu beten: „Leidet jemand unter euch, der bete; ist jemand guten Mutes, der singe Psalmen. Ist jemand unter euch krank, der rufe zu sich die Ältesten der Gemeinde, dass sie über ihm beten und ihn salben mit Öl in dem Namen des Herrn. Und das Gebet des Glaubens wird dem Kranken helfen, und der Herr wird ihn aufrichten; und wenn er Sünden getan hat, wird ihm vergeben werden."

Die vier Kinder saßen derweil daheim um den Tisch und beteten nach ihren Möglichkeiten für die Mutter und dafür, dass Gott sich um jeden Einzelnen in der Familie kümmere und dass er alles gut mache und vor allem die Mutter wieder gesund mache. „Befiehl dem Herrn deine Wege ...!"

Die schwere Erkrankung von Beate Höfer sprach sich im Ort und besonders in der Schönblick-Gemeinde herum wie ein Lauffeuer. Eine Welle von Anteilnahme kam der betroffenen Familie entgegen. Auf dem Schönblick bildete sich spontan ein Gebetskreis, der sich regelmäßig traf, um vor Gott für die kranke Frau, für ihren Mann und für die Kinder einzutreten – eine praktische Umsetzung dessen, was Paulus den Galatern geschrieben hatte: „Lasst uns aber Gutes tun und nicht müde werden; denn zu seiner Zeit werden wir auch ernten, wenn wir nicht nachlassen. Darum, solange wir noch Zeit haben, lasst uns Gutes tun an jedermann, allermeist aber an des Glaubens Genossen“ (Galater 6,9-10).

Die Anteilnahme der Gemeinde tat Christines Mutter in der Ulmer Klinik gut. Es tat aber auch ihrer Familie gut, diese geistliche Begleitung zu erfahren. Schwer war es freilich, wenn manche Menschen alles Mögliche zur Krankheit der Mutter wissen wollten, was vor allem die Kinder nicht beantworten konnten. Da war es schon besser, jemand fragte nicht viel, sondern zeigte sein Mitleiden in einem guten Zuspruch im persönlichen Wort oder mit einem Kartentext, in einer Umarmung, in der Zusage der persönlichen Fürbitte oder auch im Angebot der praktischen Hilfe im Höferschen Haushalt.

Christine Höfer lernte damals viel über die Menschen und über ihren Umgang mit dem Leid und der Not anderer. Sie lernte es zum Beispiel, ehrliche Anteilnahme von der Pflichtübung zu unterscheiden. Sie spürte den Unterschied zwischen herzlichem Mitempfinden anderer und trennte es von oberflächlichem Momentan-Interesse, das mit dem Ende der Begegnung auch schon wieder verflogen war. Die Jugendliche lernte aber auch, sich selbst mit allem, was sie persönlich in dieser besonderen Lebenssituation belastete, immer wieder bei Jesus abzugeben. Dieser Herr war da und trug mit und ließ sie nicht allein in der Sorge um die Mutter und um die eigene Zukunft, die sie womöglich ohne die Mutter leben musste. Denn es zeichnete sich mit fortschreitender Zeit mehr und mehr ab, dass die häufigen starken Chemotherapien und die Stammzellentransplantationen am Ende ohne Erfolg sein würden. „Befiehl dem Herrn deine Wege …“, und dieser Herr war doch der gute Hirte!

Das junge Mädchen hatte mit seiner Familie ein Jahr zu bestehen voller Hoffen und Bangen, mit festem Glauben und vollem Vertrauen an einem Tag und drängenden Fragen und Zweifeln am anderen; Zeiten zwischen hoffnungsvoller Zuversicht und tiefer Verzweiflung. So wie den Höfers ging es zugleich vielen, die sich das Schicksal dieser Familie auf ihre Herzen geladen hatten.

Am Ende aber wollte Gott es anders, als es die Hoffnung aller Beter war.

Das Palmsonntags-Wochenende 19./20. März 2005 wurde zu einem bescheidenen und doch wunderbaren letzten Höhepunkt im Leben von Beate Höfer. Die Schwerstkranke hatte an diesem Sonntag Geburtstag, und man hatte ihren Wunsch erfüllt, diesen Tag noch einmal zu Hause zu verbringen. Sehr gerne wäre sie noch einmal mit ihrer Familie hinüber auf den Schönblick gefahren, um dort mit der Gemeinde, die vor Jahren ihre geistliche Heimat geworden war, Gottesdienst zu feiern. Aber ihr schwacher Gesundheitszustand und die Gefahr, sich mit ihren sehr geringen Abwehrkräften irgendwelche Infektionen einzufangen, erlaubten das aber nicht.

Dafür kam am Nachmittag eine große Zahl von Freunden zu ihr ins Haus, um Beate Höfer zum Geburtstag zu gratulieren und ihr ein paar Lieder zu singen – leider wegen der Vermeidung des direkten Kontaktes nur aus den Nachbarzimmern. Es waren so viele liebe Menschen, dass Wohn- und Esszimmer sie gar nicht alle fassen konnten. Es war ein bewegendes Zeichen der Verbundenheit und der Anteilnahme, das Beate Höfer, aber auch ihrem Mann und den Kindern wohltat – so recht nach Galater 6,2: „Einer trage des anderen Last …“ Hilfreich aber auch gemäß dem anderen Hinweis des Apostels Paulus in Römer 12,15: „Freut euch mit den Fröhlichen und weint mit den Weinenden.“ Die Freude über diese Begegnung, aber auch der Schmerz darüber, dass es wahrscheinlich die letzte gewesen war, die sich in dieser Weise ereignete, schnürte manchem Besucher den Hals zu, ließ ihn schlucken und trieb ihm die Tränen in die Augen.

Als sich das Haus später wieder geleert hatte, war es den Höfers, als hingen Text und Melodie des Liedes zum 23. Psalm noch tröstlich und stärkend in den Räumen der Wohnung:

„Der Herr, mein Hirte, führet mich. / Fürwahr, nichts mangelt mir. / Er lagert mich auf grünen Aun / bei frischem Wasser hier.

Erquickung schenkt er meiner Seel / und führet gnädiglich / um seines hohen Namens Ehr / auf rechter Straße mich.

Geh ich durchs dunkle Todestal, / ich fürcht kein Unglück dort. / Denn du bist da! Dein Stecken und Stab / sind Tröstung mir und Hort.

Den Tisch bereitest du vor mir / selbst vor der Feinde Schar. / Mein Haupt salbst du mit deinem Öl. / Mein Kelch fließt über gar.

Ja, deine Güte folget mir / mein ganzes Leben lang, / und immerdar im Haus des Herrn ertönt mein Lobgesang."

Wieder zurück in der Ulmer Klinik stellte sich bald heraus, dass es für Beate Höfer aus medizinischer Sicht definitiv keine Hoffnung auf Besserung geschweige denn auf Heilung gab. Wenn Gott kein Wunder tat, dann befand sich die gerade 46 Jahre alt gewordene Kranke auf der Zielgerade ihres Lebens. Sterben wollte sie freilich nicht in der Ulmer Klinik, allerdings auch nicht zu Hause. Sie wollte es ihren Kindern ersparen, ihren Tod unmittelbar miterleben zu müssen. Ihr Wunsch, aber doch wenigstens in der Nähe zu sein, konnte ihr erfüllt werden: Beate Höfer bekam einen Pflegeplatz im „Lindenfirst“, dem Pflegeheim des Schönblick. So war sie rund um die Uhr bestens betreut, übrigens an ihrem früheren Arbeitsplatz, und konnte jederzeit von ihren Lieben oder auch von anderen Menschen besucht werden.

Ein für Christine sehr bewegendes und nachhaltig beeindruckendes Erlebnis war das Abendmahl, um das die Mutter wenige Tage vor ihrem Tod gebeten hatte. Es waren heilige Momente am Krankenbett für die Mutter selbst, für ihren Mann und ihre beiden ältesten Kinder – die beiden anderen konnten leider nicht dabei sein. Martin Scheuermann reichte ihnen Brot und Wein als Zeichen des Heils in Jesus Christus, als letzte Wegzehrung für die Frau, die sich anschickte, die ewige Seligkeit oder auch die selige Ewigkeit zu erreichen, und als Stärkung für die, die sie zurücklassen musste. Eine große Kraft ging aus von der geistlichen Gemeinschaft dieser Stunde, von dem verkündigten Wort Gottes, aber auch von dem wohl zum letzten Mal in einem solchen Miteinander gesungenen Lieblingslied von Beate Höfer:

> *„Herr, weil mich festhält deine starke Hand, / vertrau ich still. / Weil du voll Liebe dich zu mir gewandt, / vertrau ich still. / Du machst mich stark, du gibst mir frohen Mut,/ ich preise dich; dein Wille, Herr, ist gut.*
>
> *Herr, weil ich weiß, dass du mein Retter bist, / vertrau ich still. / Weil du für mich das Lamm geworden bist, / vertrau ich still. / Weil ich durch*

dich dem Tod entrissen ward, / präg tief in mich, Herr, deine Lammesart.

Herr, weil du jetzt für mich beim Vater flehst, / vertrau ich still. / Weil du zu meiner Rechten helfend stehst, / vertrau ich still. / Droht mir der Feind, so schau ich hin auf dich; / ein Bergungsort bist du, o Herr, für mich.

Ist auch die Zukunft meinem Blick verhüllt, / vertrau ich still. / Seitdem ich weiß, dass sich dein Plan erfüllt, / vertrau ich still. / Seh ich nicht mehr als nur den nächsten Schritt, / mir ist's genug! Mein Herr geht selber mit.“

(Sr. Helga Winkel)

Gegen Abend des darauffolgenden Sonntags machte Christine Höfer ihren letzten Besuch im Krankenzimmer, das offenkundig endgültig zum Sterbezimmer geworden war. Diese letzte Begegnung mit dem geliebten Menschen hat sich unauslöschlich in das Bewusstsein der damals noch nicht ganz sechzehnjährigen Tochter eingebrannt. Die letzten Worte der Mutter hat sie noch immer im Ohr: „Schön, dass du noch gekommen bist.“ Danach war die Mutter zu schwach, noch etwas zu sagen. Ihren anderen Kindern hatte sie am Nachmittag mit mehr Kraft noch ein paar ermutigende Sätze gesagt, die die drei wohl auch nicht mehr vergessen werden.

In der folgenden Nacht durfte Beate Höfer friedlich einschlafen und selig heimgehen, wie Christen das Sterben nennen. Gott war dabei sehr gnädig gewesen und hatte den befürchteten Erstickungstod nicht zugelassen.

Noch in derselben Nacht – so gegen 4.00 Uhr morgens – überbrachte der Vater die traurige Nachricht seinen Kindern. Der Schmerz für sie alle war groß. Christine setzte sich später ans Klavier und spielte Lieder für Jesus, um dadurch Trost zu finden. Heute sagt sie, dass sie dabei Gottes Nähe besonders deutlich gespürt habe. Auch der endgültige Abschied bei der Aussegnung im Pflegeheim mit dem gemeinsamen Gebet der Familie am Bett der toten Mutter prägte sich in dem Mädchen tief ein, war er doch begleitet von einem beinahe greifbaren inneren und äußeren Frieden.

Zum Schluss soll Christine Höfer selbst zu Wort kommen aus einem Lebens-Rückblick, den sie verfasst hat: „Nach dem Tod meiner Mutter änderte sich sehr viel. Unsere Familie war ein Stück weit zerrissen und musste sich neu finden, was ziemlich lange dauerte und einen nicht immer einfachen Prozess darstellte. Doch weil wir als Familie durch eine solche Tiefe gehen mussten, entstanden untereinander tiefere Beziehungen denn je. Wir durften Gottes Treue spüren. Er stellte uns so viele nette Leute an die Seite, die uns mit Rat und Tat begleiteten und für uns beteten. Einige Menschen begleiten uns bis heute, und es ist eine tiefe Verbundenheit zu spüren.

Ich habe auch immer gespürt, dass Jesus da ist, auch wenn die Situation zum Verzweifeln war. Jesus schenkte mir inneren Frieden und die Gewissheit, dass Er es gut mit uns meint und dass seine Wege gut für uns bzw. bestens geplant sind. Eines der größten Geschenke war, dass wir gemeinsam als Familie Gott weiterhin vertrauen durften. Jesus schenkte jedem Einzelnen aus unserer Familie weiterhin Glauben an Ihn. Ich weiß auch für meine eigene Zukunft: Jesus, der Herr, ist mein guter Hirte. Ich gehöre ihm, er versorgt mich mit dem, was gut für mich ist. Er schenkt mir inneren Frieden und leitet mich nach seinem Willen."

Für Christine Höfer soll in allem, was kommt, und für alles, was kommt, auch in Zukunft gelten: „Befiehl dem Herrn deine Wege und hoffe auf ihn, er wird's wohlmachen."

Judith Feuerle-Munz

Eine schwierige Entscheidung

Judith Feuerle machte als Jugendliche ihrem Namen alle Ehre: ein gewisser Feuerkopf, na ja, vielleicht doch nur ein Feuerköpfle. Fröhlich, lebenslustig, ab und an über die Stränge schlagend war sie mit ihresgleichen unterwegs und genoss den jeweiligen Augenblick. Sie liebte die Welt und das Leben, zu dem Kino und Disco gehörten, Party und Fete. Damit verbunden waren der Genuss von Nikotin und Alkohol und hier und da auch einmal ein Zug an einem Joint. Das allerdings doch eher mit bewusster Zurückhaltung. Nein, so clever war die Jugendliche dann doch, dass sie sich nicht in die Gefahr einer möglichen Abhängigkeit bringen wollte.

In einer Beziehung war die Jugendliche allerdings sehr gewissenhaft: Als Arzthelferin in Ausbildung und später in fester Anstellung wusste sie den Ernst des Lebens und das Vergnügen der arbeitsfreien Zeit sehr wohl zu unterscheiden. Am Arbeitsplatz folgte Judith Feuerle ihrem Hang zum Perfektionismus, den sie mit dem Verlassen der Praxis ihres Arbeitgebers aber gerne dort zurückließ. Berufliches sollte das Private nicht beeinträchtigen.

Zu Letzterem gehörte dann auch die Freundschaft mit Markus. Der junge Mann ihres Herzens passte in die Clique, hatte ein ähnliches Verständnis von „leben und leben lassen“ und von Gott und der Welt. Dabei war auch für ihn Gott nicht viel mehr als eine Floskel. Wer Gott wirklich war, wusste Markus genauso wenig wie Judith, wenngleich beide von ihm gehört und seine Gebote gelernt hatten. Waren die nicht Grundlage allen menschlichen Zusammenlebens, zumindest die Gebote der zweiten Tafel: Du sollst nicht töten, nicht ehebrechen, nicht stehlen, nicht lügen und so weiter? Die Gebote der ersten Tafel, die das Verhältnis zwischen Gott und den Menschen ordnete, waren den jungen Leuten nicht wirklich im Bewusstsein. Die hatten weder im Werktag noch im Sonntag einen Platz.

Bald gründeten die beiden jungen Leute einen vereinigten Hausstand – sie waren inzwischen volljährig – und zogen in eine gemeinsame Wohnung. Einen Trauschein brauchten sie dazu nicht. Sie waren davon überzeugt, auch ohne dieses Papier glücklich sein und ihr Leben leben zu können.

Fünf Jahre, nachdem sie sich kennengelernt hatten, wurde das erste Kind geboren, für die jungen Eltern ein Grund, ihr gemeinsames Leben zu dritt nun doch auch rechtlich zu ordnen. Am 25. September 1998 gingen Judith Feuerle und Markus Munz deshalb zum Standesamt. Fortan hieß das „Feuerle" Feuerle-Munz, was nicht bedeutete, dass das „Feuerle" mit dem Einzug in den Doppelnamen ausgebrannt wäre. Es brannte schon noch eine Weile weiter, bis es dann freilich tief herunterbrannte. Schließlich erschien seine Flamme lediglich noch als winziges Flämmchen: Judith hatte durch die Ankunft des Säuglings in das Familienleben neuerdings Dinge zu tun, die sie je länger je mehr an ihre Leistungsgrenze brachten. Sie fühlte sich bald an einen Kampfplatz gestellt, dem sie nicht gewachsen war.

Als sich dann die zweite Schwangerschaft bemerkbar machte, die ihr viel Mühe bereitete, verschärfte sich die Situation. Das tägliche Arbeitspensum war schier nicht mehr zu bewältigen. Da half das Mittun ihres Mannes im Haushalt und bei der Versorgung des Kindes wenig. Der Einsatz der Großeltern und von Freunden war für Judith zwar eine große Hilfe, ihre veränderten Tage und Nächte zu bestehen. Dennoch war die Frau und Mutter von nunmehr zwei Kindern – das zweite

Kind war auch ein Junge – ihrem persönlichen „Daseinskampf“ mit Mann, einem Kleinkind und einem Baby immer weniger gewachsen. Sie empfand sich dadurch zunehmend als Versagerin und wertloser Mensch. Darüber wurde sie krank nach innen und außen, und es ging ihr immer schlechter. Ein Zustand schier zum Verzweifeln …

Im Jahr 2000 kam der Erstgeborene von Judith und Markus in den Kindergarten. Hier kreuzte Claudia Grau Judiths Weg, eine junge Frau und Mutter, die so ganz anders war als die Frauen und Mütter, mit denen Judith Feuerle-Munz bisher zu tun gehabt hatte. Claudia strahlte eine bemerkenswerte Ruhe aus und so etwas wie eine permanente stille Heiterkeit, als sei ihr Lebensalltag völlig frei von irgendwelchen Belastungen. Für Judith war das sehr zum Staunen. Weil die beiden Frauen sich beinahe täglich trafen, wenn sie ihre Kinder im Kindergarten abgaben oder sie dort abholten, fasste sich Judith eines Tages ein Herz und sprach Claudia auf ihr so ganz anderes Wesen an.

„Vielleicht bin ich deshalb so ausgeglichen, wie du das nennst, weil ich meinen Tag mit Jesus lebe“, antwortete Claudia wie selbstverständlich. „Ich nehme jeden Tag aus Gottes Hand und lege jeden Tag in Gottes Hand.“

„Und das funktioniert?“, fragte Judith erstaunt nach.

„Das funktioniert“, antwortete Claudia, „zumindest meistens. Wenn es nicht funktioniert, dann liegt das an mir oder auch an den Umständen, die mich gerade betreffen. Jedenfalls weiß ich mich in jedem Fall von Jesus geliebt und gehalten, ganz unabhängig von dem, was ich leiste oder was mir auch schiefgeht.“

Mit dieser Antwort konnte die gequälte Mutter allerdings zunächst nichts anfangen, fragte aber auch nicht weiter nach. Sie nahm die Worte der neuen Freundin nur sehr nachdenklich mit nach Hause. Sie nahm sich vor, später genauer nachzufragen, was da funktionierte oder auch nicht und was es mit der Liebe dieses Jesus auf sich hatte.

In der folgenden Zeit kamen die beiden Frauen dann tatsächlich immer wieder ins Gespräch über Claudias Glauben und wie sie ihn in ihren Alltag umsetzte, sodass sich in Judith eine Sehnsucht entwickelte, auch so glauben zu können. Später lud Claudia Grau Judith Feuerle-Munz ein, mit ihr gemeinsam eine Veranstaltung zu besuchen, die „ProChrist" hieß und im Universitätspark von Schwäbisch Gmünd stattfand. Der Prediger dieses Abends, ein Pfarrer Ulrich Parzany, sprach über die Liebe Gottes, die in Jesus Christus, seinem Sohn, menschliche Gestalt bekommen habe. Dieser Jesus stünde für jeden Menschen zur Verfügung und sei bereit, die Lasten des Lebens, jedes persönliche Versagen und damit verbundene Minderwertigkeitsgefühle auf sich zu nehmen und jedwede Schuld zu tilgen, die jemandem Mühe mache. Man müsse sich ihm nur ehrlich und offen anvertrauen und ausliefern, vielleicht mit dem Bekenntnis jenes verzweifelten Vaters, von dem das Neue Testament in Markus 9,24 berichtet: „Ich glaube; hilf meinem Unglauben!"

Judith Feuerle-Munz saugte diese erstaunliche Botschaft auf wie ein vertrockneter Schwamm das Wasser. Das war doch das, was ihr fehlte und was sie brauchte! Die Einladung, im Saal nach vorne zu dem dort stehenden Kreuz zu kommen, nahm Judith allerdings an diesem Abend nicht an. Nein, noch konnte sie ihren Willen nicht zeigen, Jesu Angebot für sich in Anspruch zu nehmen. Nein, sie musste darüber zunächst noch einmal nachdenken und vielleicht noch einmal mit Claudia darüber reden. Die ProChrist-Veranstaltungsreihe war ja noch nicht zu Ende.

Judith Feuerle-Munz spürte innerlich, dass sie sich an einer

Weggabelung befand, die von ihr unbedingt eine Richtungsentscheidung forderte. Sie sah deutlich ihren bisherigen Weg vor sich, breit und bekannt, aber mit einem Ziel in unausweichlichem dunklem Verderben. Der andere Weg, den sie genauso vor sich sah – auch weil der Pfarrer ihn in seiner Rede deutlich beschrieben hatte –, war schmal und für sie sehr unbekannt, und er führte in eine offene helle Ewigkeit.

Nach der Ulrich-Parzany-Predigt wusste die Frau und Mutter, dass sie nicht mehr wie bisher weiterleben konnte. Sie musste sich für einen der beiden Wege entscheiden! Aber für welchen? Der alte war ihr gründlich zuwider, von dem anderen wusste sie aber nicht, was da auf sie zukam und was sich in ihrem Leben alles ändern müsste. Sie wusste auch nicht, was denn ihre Familie zu einer Lebensänderung sagen würde.

Innerlich wurde Judith Feuerle-Munz so etwas wie wütend, weil sie sich an diese Weggabelung gestellt sah, ohne wirklich zu wissen, wie es denn weitergehen sollte. Sie wusste nur, dass es nicht weitergehen konnte wie bisher. Es machte ihr auch ein wenig Angst, sich auf unbekanntes Terrain zu begeben und die Konsequenzen einer Richtungsänderung nicht zu kennen.

Die junge Frau auf der Suche nach dem Frieden für ihre Seele erlebte zwei sehr unruhige Tage, in denen ihr aufgescheuchtes Gemüt keine Ruhe fand. Zwei ProChrist-Abendveranstaltungen später folgte sie dann dem Ruf nach vorn zum Kreuz und übergab im Gespräch mit einer Seelsorgerin, die sie dort in Empfang nahm, und mit einem angeleiteten Gebet ihr Leben diesem Jesus Christus, der ab diesem Abend ihr ganz persönlicher Herr werden sollte und der Heiland aller ihrer Lebensdefizite.

Dieses Ereignis entsprach nun nicht etwa dem Ausbruch eines Vulkans, bei dem der Berg mit großem Druck als glühende Lava ausspuckte, was sich in ihm jahrelang angestaut hatte.

Nein, die Bekehrung der jetzt dreißigjährigen Ehefrau und Mutter glich eher dem Start einer unbeholfenen, aber äußerst willigen Langstreckenläuferin, die wusste, dass die vor ihr liegende Strecke auf dem schmalen Weg einem langen und schwierigen Hindernislauf gleichen würde. Ihre Freundin Claudia hatte sie darin nicht im Unklaren gelassen, aber sie hatte ihr ihre Begleitung zugesagt. Das war schon einmal hilfreich und Mut machend und enthielt so etwas wie eine menschliche Garantie-Erklärung, dass der Kampf gegen die anstehenden Barrieren einen erfolgreichen Verlauf nehmen würde.

Die göttliche Garantie-Erklärung für die erfolgreiche Bewältigung des Parcours erfuhr Judith aus dem biblischen Wort, das ihr zu Beginn des Glaubenskurses in die Hand gedrückt wurde, für den sie sich bald nach ihrer Bekehrung angemeldet hatte. Es war das Wort Jesu an seine Jünger nach Johannes 15,16: „Nicht ihr habt mich erwählt, sondern ich habe euch erwählt und bestimmt, dass ihr hingeht und Frucht bringt und eure Frucht bleibt, damit, wenn ihr den Vater bittet in meinem Namen, er's euch gebe."

Welch ein Wort ihres neuen Herrn! Welch ein Zuspruch für die kommende Zeit! Aber auch welch ein Anspruch! Judith erschrak für einen Moment vor dieser Aussage Jesu. Doch dann entschloss sie sich, eben nicht weiter zu erschrecken, sondern für das Wort zu danken und eine gespannte Erwartung aufzubauen, wie sich dieser Zuspruch in den kommenden Zeiten umsetzen würde.

Die Erwartung der jungen Christin wurde nicht enttäuscht. Sie erlebte die Gegenwart Jesu in vielen kleinen und größeren Veränderungen ihres Werktags und Sonntags. So führte sie in der Familie zum Beispiel umgehend das Gebet am Tisch und auf der Bettkante ein und spürte bald, wie der anfängliche Widerstand ihrer Familie nachließ und schließlich gänzlich verschwand. Wenn sie zunächst auch allein mit ihren Kindern die Sonntagsgottesdienste besuchen musste, so kam doch der Tag, an dem ihr Markus sie begleitete und selbst begann, sich für den Glauben seiner Frau zu interessieren, den er ihr bisher großzügig überlassen hatte. Zwei Jahre später machte er selbst Ernst damit und wurde ebenfalls Christ.

Übrigens: Auf diesem Weg gewannen die beiden nach und nach neue Freunde, die die ersetzten, die sich wegen des Glaubens der beiden inzwischen kopfschüttelnd von ihnen getrennt hatten.

Der Glaube an Jesus führte dann zu der Entscheidung der Eheleute, sich den seinerzeit verschmähten Gottessegen für ihre Ehe nachträglich in und vor der Gemeinde zusprechen zu lassen. Das geschah am Sonntag, dem 25. September 2005, auf den Tag genau sieben Jahre nach der standesamtlichen Trauung und war für die inzwischen fünfköpfige Familie und für die Gemeinde ein richtiges Fest.

Judith Feuerle-Munz erlebte dann bei sich selbst, wie Licht und Finsternis in ihrem neuen Leben einen deutlichen Widerspruch bildeten. Sie fand beim Aufräumen eine Schachtel mit merkwürdigen Bildern und Horoskop-Abschnitten, die sie offenbar irgendwann einmal gesammelt hatte. Wozu eigentlich? Hatte dieses Zeug sie einmal interessiert? Jetzt brauchte sie es auf jeden Fall nicht mehr. Es passte nicht mehr zu ihrem neuen Leben, also weg und ins Feuer damit. Judith verbrannte Bilder und Texte, um den Kram loszuwerden. Bei dieser Aktion machte sie die besondere Erfahrung, dass der Teufel seine Sache nicht gerne aus den Händen gab: Das Papier wollte kaum brennen. Merkwürdig! Als es schließlich doch verbrannte, verursachte es einen schlimmen Gestank. Wieder merkwürdig!

Judith aber fühlte sich danach wunderbar frei und unbelastet. Das zeigte sich dann auch darin, dass die Ängste, die ihr in der Vergangenheit vor allem bei Dämmerung und Dunkelheit Mühe gemacht hatten, verflachten und bald gar nicht mehr auftraten. Da musste es wohl einen inneren Zusammenhang gegeben haben. Mit der Zeit spielte auch Nikotin keine Rolle mehr in ihrem Leben – auf Alkohol hatte sie bereits früher verzichtet –, und es ließ sich dann auch ganz gut ohne diese Dinge leben …

Seit der Hinwendung zu Jesus und zum Glauben an ihn als den Heiland und Retter der Seelen gab es noch manchen Kampf für Judith Feuerle-Munz, für ihren Mann und für die Kinder zu bestehen und zu verkraften. In allem aber bestätigte sich, was Paulus den Korinthern ins Stammbuch geschrieben hatte, nachlesebar in 2. Korinther 5,17: „Ist jemand in Christus, so ist er eine neue Kreatur; das Alte ist vergangen, siehe, Neues ist geworden."

Als die junge Christin einmal um ein persönliches Lebenszeugnis gebeten wurde, trat sie mutig vor ihre Zuhörer, um von den Veränderungen in ihrem Leben und in dem der Familie – zu der war inzwischen zu den drei Jungen noch ein Mädchen hinzugekommen – zu erzählen. Sie beschloss ihre Rede mit den folgenden Sätzen: „Unser Herz und Verstand weiß, dass Jesus uns so sehr liebt, dass er all unsere Fehler, unsere Sünden auf sich genommen hat und für uns am Kreuz gestorben ist. Er liebt uns unendlich, wie es kein Mensch vermag, und er hilft uns auch bei den kleinsten Alltagsproblemen. Mein Leben und das meiner Familie hat eine Wende erfahren, von der wir vorher nicht einmal träumen konnten, da uns die Möglichkeit nicht vor Augen war. Wir sind unendlich dankbar!"

In dieser Dankbarkeit zu leben und sie im Glauben umzusetzen, lässt im Leben von Judith Feuerle-Munz deutlich sichtbar ein ganz neues und ganz anderes „Feuerle“ brennen, das sicher nicht ohne „Frucht“ bleiben wird …

Otto und Brigitte Schaude

Vertraut Gott in allem

Liebe Brigitte und lieber Otto, bis zu eurer Hochzeit im Jahr 1970 hattet ihr beide euer jeweils eigenes Leben. Woher kamt ihr, was hat euch bis dahin geprägt?

Brigitte: Aufgewachsen bin ich in einem frommen Elternhaus als Nachkriegskind in Ravensburg in Oberschwaben. Geboren 1946, war ich die Älteste von vier Geschwistern. Meine schulische Laufbahn habe ich in meiner Heimatstadt absolviert. Nach dem Abitur ging ich für drei Jahre zum Studieren nach Ludwigsburg an die dortige Pädagogische Hochschule. Meine Arbeit als Grundschullehrerin begann ich in Horb am Neckar. Nach der Hochzeit im Jahr 1970 war ich dann „hauptberuflich" Ehefrau und Mutter.

Otto: Ich bin ein „Nachkriegskind", allerdings 1944 geboren. Aufgewachsen bin ich mit vier Geschwistern in Wippingen am Nordrand des Blautals auf der Blaubeurer Alb. Meine Eltern waren Bauersleute und wir alle lebten in sehr bescheidenen Verhältnissen. Was der Hof erwirtschaftete, brauchte er auch, um zu überleben. Dabei musste jeder Hand anlegen, damit die Hof- und Feldarbeit in den sechs Tagen der Arbeitswoche geleistet werden konnte. Auch ich musste mit ran. Kaum war ich aus der Schule zu Hause, hieß es an die Arbeit, die häufig als schriftlicher Auftrag auf dem Küchentisch lag: „Wir sind auf dem und dem Feld ..." Freie Zeit gab es höchstens am Abend, und die wurde für die Hausaufgaben gebraucht.

Sonntags wurde nur die nötigste Stallarbeit gemacht. Darin handelten meine Eltern nach biblischer Vorgabe. Die Sonntagsheiligung war ihnen sehr wichtig, und sie befolgten sie konsequent: „Sechs Tage sollst du arbeiten und alle deine Werke tun. Aber am siebten Tage ist der Sabbat des Herrn, deines Gottes ..." (2. Mose 20,9-10). Die Ernte hat übrigens nie darunter gelitten zum Staunen der Bauern im Dorf, die in dieser Frage anders dachten.

1954 wechselte ich zum Kepler-Gymnasium (damals noch „Oberschule") nach Ulm. Meine Lehrerin hatte meine Eltern dringend darum gebeten, mich dorthin zu schicken. Freilich bedeutete das: neun Jahre lang jeden Morgen bei jedem Wetter im Trab vier Kilometer hinunter zum Bahnhof in Herrlingen, um mit dem Zug nach Ulm zu fahren. Die Monatskarte für den Bus konnten meine Eltern nicht bezahlen. Am späten Nachmittag ging's dieselbe Strecke wieder bergauf nach Hause.

Ich war übrigens der erste „Einheimische" unseres Dorfes, der die höhere Schule besuchte und Abitur machte, Latein lernte und auf freiwilliger Basis sogar Griechisch. Das war was in der damaligen Zeit! Das Lernen hat mir viel Freude gemacht. Ich liebte damals schon Bücher über alles. Ich wollte doch auch nicht Bauer werden wie mein Bruder. Dem war die Schule eher eine Last und der Hof die Freude. Bei mir war es umgekehrt. Nach dem Abitur ging ich dann zum Studium nach Reutlingen, wo ich später im Stadtteil Orschelhagen meine erste Lehrerstelle bekam.

Hat Jesus in euren Elternhäusern schon eine besondere Rolle gespielt, sodass der christliche Glaube sich quasi „vererbt" hat, oder gab es irgendwann in euren Leben besondere Bekehrungserlebnisse?

Otto: Bei meinen Eltern war Jesus „zu Hause" und bei jeder Gelegenheit im Gespräch. In unserem Wohnzimmer fand auch die Gemeinschaftsstunde statt, schwäbisch „d' Schtond". Wir Kinder waren immer dabei, wenn die Stunden-Leute zusammenkamen. Wir mussten dabei sein, auch wenn uns das manchmal nicht gefiel. Aber: Wir haben in den Gemeinschaftsstunden unendlich viel gelernt, schon durch das bloße Dabeisein. Was sich allein schon durch das Hören von Bibeltexten im Gedächtnis eingehakt hat und auch vom Hören und Mitsingen der Lieder aus dem Philadelphia-Buch (es enthält tausend Lieder!), war und ist unendlich wertvoll.

Es hat sich auch tief eingeprägt, wie unsere Eltern ihren Glauben schlicht, aber überzeugend gelebt und artikuliert haben, auch wie andere Stunden-Besucher das getan haben. Wir hatten zudem immer wieder „reisende Brüder“ und Missionare auf Heimaturlaub zum Dienst und zur Übernachtung im Haus. Es hat uns fasziniert, wie die das Wort Gottes auszulegen wussten und was sie berichteten von ihren besonderen Einsätzen und von ihrer Arbeit auf dem Missionsfeld. Übrigens: Das Lied, das noch heute zu meinen Lieblingsliedern zählt, begleitet mich schon seit meiner „Pflichtteilnahme“ als kleiner Bub an der „Schtond“ in unserm Wohnzimmer. Dieses Lied des schwäbischen Methodistenpredigers Ernst Gebhardt aus Ludwigsburg ist mir noch heute eine große Hilfe und ein starker Trost:

„Solang mein Jesus lebt / und seine Kraft mich hebt, muss Furcht und Sorge von mir fliehn, / mein Herz in Lieb erglühn.

Er ist ein guter Hirt, / der treu sein Schäflein führt. Er weidet mich auf grüner Au, / tränkt mich mit Himmelstau.

Wenn sich die Sonn verhüllt, / der Löwe um mich brüllt, so weiß ich auch in finstrer Nacht, / dass Jesus mich bewacht.

Und glitte je mein Fuß, / brächt mir die Welt Verdruss, so eilt ich schnell zu Jesu Herz, / er heilte meinen Schmerz.

Drum blick ich nur auf ihn, / o seliger Gewinn! / Mein Jesus liebt mich ganz gewiss, / das ist mein Paradies."

Brigitte: Von einer Bekehrung als einem besonderen Ereignis kann ich in meinem Leben auch nicht sprechen. Ich habe den Glauben „mit der Muttermilch" aufgenommen. Mein Großvater und später auch mein Vater waren Leiter der Altpietistischen Gemeinschaft, der APIs, die sich im Evangelischen Gemeindehaus traf, und wir gingen immer als ganze Familie in die Stunde. Schon als Teenie habe ich bei den Versammlungen das Harmonium gespielt und mir dabei natürlich einen großen Liederschatz angeeignet.

Gab es in eurem Leben Momente, in denen ihr alles Fromme am liebsten von euch geworfen hättet? Wenn ihr es dann doch nicht getan habt – was oder wer hat euch gehalten?

Brigitte: Ich habe mich nach dem Abitur bewusst gegen die sehr nahe gelegene Pädagogische Hochschule in Weingarten entschieden. Ich wollte einfach mal von zu Hause weg und bin zum Studieren, wie gesagt, nach Ludwigsburg gegangen. Gewohnt habe ich allerdings auf Vermittlung der Eltern in Stuttgart im API-Gemeinschaftshaus in der Furtbachstraße. Da war ich unter der Aufsicht meiner Vize-Eltern, wie ich sie genannt habe, des Ehepaars Claus und der Schwester Lotte, der Hausmutter. Die hatten ein Auge auf mich. Dennoch habe ich die Tragfähigkeit des Jesus-Glaubens gelegentlich ausgetestet. Ich nenne nur drei Stichwörter: Kino, Tanzvergnügen und Fasching. Die waren in meiner Familie tabu. Aber ich blieb dabei an der langen Leine Gottes und der API-Leute, und das hat mich sicher letztlich im Glauben gehalten.

Otto: Ich kann mich nicht an solche Momente erinnern. Ich erinnere mich aber an Krisenzeiten während meines Pädagogik-Studiums, in dem die Theologie ja auch eine Rolle spielte. Damals ging es in den Vorlesungen und Seminaren stark um die Lehre von der Entmythologisierung der neutestamentlichen Verkündigung, die Professor Rudolf Bultmann und seine Schüler verbreiteten. Da war es im Herzen und im Kopf schon manchmal unruhig. Aber es gab einen guten Gegenpol. Das waren die jährlichen Freizeiten über den Jahreswechsel auf dem Schönblick. Da ging es um biblisch begründeten reformatorischen Glauben: „Solus Christus, sola fide, sola gratia, sola scriptura". Dieses vierfache „allein" hat eine starke Kraft. Und dann war da besonders „Onkel" Hermann Brillinger als „geistlicher Vater" – ich könnte noch andere Namen nennen, aber ich lasse es bei dem einen –, der mich immer wieder in die Seelsorge genommen und mir dabei geholfen hat, dass mein Seil des Glaubens fest geblieben ist und gehalten hat. Auch von der API-Gemeinschaft in der Silberburg in Reutlingen (mit Paul Stäbler und Albert Hirschburger) ging eine starke Kraft aus, die getragen und gehalten hat, wenn der Glaube ins Schwimmen geraten wollte.

Ihr hattet auch Konfirmation. Sicher kennt ihr noch eure Denksprüche. Haben deren Aussagen in eurer Jugend oder auch später besondere Bedeutung gewonnen?

Otto: Natürlich habe ich meinen Konfirmationsspruch aus 2. Korinther 5,10 im Kopf: „Wir müssen alle offenbar werden vor dem Richterstuhl Christi, damit jeder seinen Lohn empfange für das, was er getan hat bei Lebzeiten, es sei gut oder böse." Der Vers war mir aber nie besonders bedeutsam. Bedeutsam war mir dagegen schon immer, was Jesus in der Bergpredigt seinen Jüngern gesagt hat in Matthäus 6,33: „Trachtet zuerst nach dem Reich Gottes und nach seiner Gerechtigkeit, so wird euch das alles zufallen." Dieses Wort hat mich schon sehr früh fasziniert, und ich habe immer wieder neu versucht, es ins Leben umzusetzen. Es wurde auch unser Wort zur Verlobung. Ich muss sagen, ich habe seine Wahrheit unendlich oft erfahren.

Brigitte: Mein Konfi-Spruch aus Epheser 5,8b-9 hat mich schon durch mein Leben begleitet, aber auch nicht mit besonderem Gewicht. Er gibt eine immer wieder notwendige Ermahnung oder auch Ermutigung wieder: „Lebt als Kinder des Lichts; die Frucht des Lichts ist lauter Güte und Gerechtigkeit und Wahrheit."

Etwas ganz anderes: Wann und wo seid ihr beide euch zum ersten Mal begegnet? Hat Jesus euch zusammengeführt oder hat er erst später eure Beziehung bestätigt?

Brigitte: Wir sind uns zum ersten Mal 1967 bei einer Tagung der Evangelischen Lehrer- und Erzieher-Gemeinschaft in Wilhelmsdorf bei Ravensburg begegnet. Otto war bereits im Schuldienst in Reutlingen, ich war noch Studentin. Für Otto war diese Begegnung sehr eindrücklich. Er spürte, dass ich einmal seine Frau werden sollte, und betete seither für mich. Gesagt hat er mir das aber erst sehr viel später. Dann wusste ich übrigens, dass Gott mich an der Seite dieses Mannes ganz und kompromisslos in seiner Nachfolge haben wollte.

Otto: Das wäre jetzt eine Geschichte für sich, die ich hier leider nur ganz kurz wiedergeben kann. Onkel Hermann Brillinger hatte uns jungen Männern eingeschärft: „Betet um die richtigen Frauen!" Das habe ich immer wieder so gemacht; ich wollte ja doch die richtige für mein Leben haben. Als Brigitte bei der genannten Tagung damals zur Tür hereinkam, gab es für mich so etwas wie Gewissheit auf den ersten Blick, nicht Liebe, aber Gewissheit: Die ist es! Bis zu unserer Verlobung im März 1969 hat Gott manches Wunderbare, Merkwürdige, Überraschende lanciert, was uns schließlich zusammengebracht hat. Es fasziniert mich heute noch, wie Gott das hingekriegt hat, welche Ereignisse er genutzt hat und wen er gebraucht hat – Gebet, Hinweise aus Gottes Wort, brüderlichen Rat, „zufällige" Begegnungen ... Endlich war es dann eine Schachtel Mon Cherie und ein versehentliches „Du", wodurch es zu den entscheidenden Worten kam.

Zur Verlobung haben wir dann gemeinsam den bereits erwähnten Vers Matthäus 6,33 gewählt. Bei der Hochzeit am 16. Mai 1970 hat uns der damalige API-Vorsitzende Pfarrer Walter Schaal Kolosser 3,12-17 mit auf den gemeinsamen Weg gegeben. Ich zitiere hier nur den letzten Vers: „Alles, was ihr tut mit Worten oder mit Werken, das tut alles im Namen des Herrn Jesus und dankt Gott, dem Vater, durch ihn." So wollten wir es damals gemeinsam halten, und ich denke, das so sagen zu dürfen: So haben wir es gehalten. Wir werden es auch weiter so halten, solange Gott uns beieinander und unterwegs sein lässt.

Brigitte: Ich möchte noch ergänzen: In dem, was unser Trautext uns vorgibt, üben wir uns immer noch. Wir sind ja nicht fertig. Kolosser 3 gibt uns ja auch für unsere Ehe Leitlinien vor, die immer wieder praktiziert werden wollen. Von unserem Verlobungswort möchte ich sagen, dass es sich voll bewährt hat. Wir haben nie Mangel gehabt, obwohl in unserer jungen Ehe vor allem während und nach unserem Hausbau und mit der wachsenden Familie große finanzielle Belastungen da waren. Wir konnten unsere Kinder trotzdem auf Freizeiten schicken und zusammen auch immer wieder Familienurlaub machen. Das war für unser familiäres Miteinander ganz wichtig.

Otto, du bist Pädagoge mit einer Laufbahn vom Lehrer bis zum Gründungs-Schulleiter einer christlichen Schule. Daneben hast du dich intensiv mit Theologie beschäftigt. Warum gerade diese Gewichtung?

Otto: Als sich Anfang der Sechzigerjahre die Theologie Rudolf Bultmanns in den theologischen Fakultäten breitmachte, wurde im württembergischen Pietismus die Parole ausgegeben, das Theologiestudium zu meiden. Nur nicht Pfarrer werden! Ich wollte dennoch Theologie studieren, aber mein Vater hat es mir direkt verboten. Ich habe also Pädagogik studiert, denn ich hatte durch meine Mitarbeit im Kindergottesdienst und als Jungscharleiter große Freude an der Arbeit mit Kindern gefunden. Die Theologie habe ich als Nebenfach dazugenommen. Das musste ich, weil ich ja später in der Schule Religionsunterricht erteilen wollte. Ich bin auch immer der Meinung gewesen, dass eine Erziehung nach biblischen Grundsätzen nie unmodern war und ist, im Gegenteil: Erziehung nach biblischen Grundsätzen trägt besser, und sie trägt weiter und dient in jedem Fall dem jungen Menschen mehr als eine Erziehung, die diesen Bezug ausschließt.

Wenn du Absicht und Ziel deiner umfangreichen pädagogischen Tätigkeit in wenige Sätze zu fassen vermagst, wie lauten die dann?

Otto: Ich sah mich in meinem vielfältigen dienstlichen Leben immer wieder vor dieselben Herausforderungen gestellt, vor Fragen, die ich beantwortet wissen oder auch selbst beantworten wollte. Ich nenne ein paar: Wie können wir heute das Evangelium den Menschen weitergeben, die dem Glauben entfremdet sind? – Wie kann der Glaube überzeugend und einladend gelebt werden? – Wie gestalten wir unsere christlichen Gemeinden und Gemeinschaften einladend? – Wie können junge Eltern heute in ihrer schwieriger gewordenen Erziehungsaufgabe von der Bibel her geleitet werden? – Welche ganz praktischen Leitlinien entnehmen wir der biblischen Botschaft für den erzieherischen Alltag?

Es ging mir also immer um die Bereiche Glaube und Erziehung, Theologie und Pädagogik, Christsein und Schule, Akzente christlicher Schulen. Diese Themen habe ich in ungezählten Aufsätzen, Zeitschriftenartikeln und Textsammlungen bearbeitet und veröffentlicht. Vor diesem Hintergrund habe ich dann auch zusammen mit anderen die Gründung evangelisch-christlicher Schulen angeregt, vorbereitet und vorangetrieben. Die Erste war die FES, die Freie Evangelische Schule Reutlingen im Jahr 1973, deren Rektor ich sechzehn Jahre mit großer Freude und Engagement selbst gewesen bin.

Du hast dann 1991 als Vorsitzender des Evangelischen Gemeinschaftsverbandes Württemberg, wie das heute heißt, also der APIs, die Gewichtung der Bereiche getauscht. Welches war dein leitendes Interesse, ein geistliches Werk zu führen? Welche Rolle spielte dabei noch die Pädagogik?

Otto: Zum ersten Teil der Frage: Da gab es kein Interesse von mir aus, wenngleich ich schon jahrelang bei den APIs mitgearbeitet hatte. Da gab es eine eindeutige Berufung Gottes, die mir von den Brüdern Walter Schaal und Kurt Feuerbacher und anderen überbracht worden ist. Ich habe mir diese Aufgabe also nicht gesucht und bin auch nicht vor der Schule plötzlich davongelaufen. Ich habe bis heute keinen einzigen meiner Schultage bereut. Allerdings auch keinen in meinem neuen Amt.

Zum zweiten Teil der Frage: eigentlich gar keine andere als bisher. Vielleicht haben sich die Gewichtungen innerhalb der Bereiche, die ich genannt habe, ein wenig verschoben, oder es sind andere dazugekommen wie Konfirmandenunterricht, Kindergarten- und Sozialpädagogik, Erwachsenenbildung. Die Grundthematik ist dieselbe geblieben. Sie hat auch sehr stark meine nebenamtlichen Tätigkeiten in der Landessynode der Württembergischen Landeskirche bestimmt und auch die in Gremien des Evangelischen Gnadauer Verbandes, des Dachverbandes einer großen Zahl von pietistischen Werken und Verbänden unseres Landes.

Du hast viele Jahre zusätzlich ehrenamtlich in verschiedenen Gremien unter dem Dach des Evangelischen Gnadauer Verbandes gearbeitet; den Pädagogischen Arbeitskreis hast du geleitet. Hat sich der Einsatz an Zeit und Kraft gelohnt? Darf man überhaupt so fragen?

Otto: Beide Fragen beantworte ich mit einem uneingeschränkten Ja. Man darf durchaus so fragen, und der Einsatz hat sich auf jeden Fall gelohnt. Ich habe unter keiner Aufgabe geseufzt, auch wenn ich natürlich hier und da unter Lasten und Beschwernissen und atmosphärischen Störungen gelitten habe. Leitung hängt immer auch mit Leiden zusammen und gelegentliche Kopfschmerzen gehören zum Leben: Der Hauptamtliche ist immer der Kopf. Der kann nur sinnvoll arbeiten, wenn er Hände und Füße in Bewegung zu bringen weiß. Hände und Füße, das sind die Ehrenamtlichen. Wenn man die gewinnt und pflegt, hat man immer ein gutes Arbeitsteam – ganz nach 1. Petrus 4,10: „Dient einander, ein jeder mit der Gabe, die er empfangen hat, als die guten Haushalter der mancherlei Gnade Gottes." – Noch einmal: Aller Einsatz hat sich gelohnt. Vielleicht darf ich noch an den Satz erinnern, der dem Pfarrer Wilhelm Löhe von Neuendettelsau zugeschrieben wird, und ich zitiere den Satz in geistlich gebotener Bescheidenheit: „Mein Lohn ist, dass ich darf."

Eine Frage an dich, Brigitte: Dein Mann war in seinem Leben viel außer Haus und unterwegs. Wie hast du als Frau und Mutter eurer vier Kinder dabei empfunden und diese Tatsache verkraftet? Wie sind die Kinder damit umgegangen?

Brigitte: Vom Grundsatz her bin ich immer hinter meinem Mann gestanden und habe die jeweilige Berufung voll mitgetragen. Dabei war es manchmal nicht leicht, ihn in irgendeinem Einsatz zu wissen und mit den Kindern allein zu Hause zu sein. Ich musste das häufig wieder neu annehmen. Aber: Gott hat mir oft Engel geschickt in Gestalt von Menschen, die mich ganz praktisch im Haushalt oder auch mit den Kindern unterstützt haben.

Im Blick auf die Kinder haben wir festgestellt, dass Qualität unter Umständen mehr ist als Quantität, das heißt, wir haben die manchmal wenige gemeinsame Zeit intensiv genutzt und uns mit ihnen beschäftigt, Gemeinsames unternommen, Spiele gemacht und so weiter. Sooft es ging, haben wir unsere Mahlzeiten gemeinsam gehalten, um dabei miteinander im Gespräch zu sein. Gemeinsame Urlaube und Sonntage haben manches ausgeglichen, was in der normalen Arbeitswoche an Zuwendung nicht sein konnte. Ich denke nicht, dass unsere Kinder durch die Arbeit ihres Vaters Schaden gelitten haben.

Wieder etwas anderes: Nach deiner Pensionierung, Otto, gab es eine außergewöhnliche Berufung, die man nicht alle Tage bekommt. Was kam da auf euch zu?

Otto: Eigentlich ist das eine lange und hochinteressante Geschichte. Aber ich bemühe mich, kurz zu antworten: Ich gehörte zur Mitgliederversammlung der Liebenzeller Mission. Ich wusste also, dass Liebenzeller Missionare in Sibirien arbeiten. Nach meiner Pensionierung 2008 wurde ich gefragt, ob ich zu einer Besuchsreise dieser Leute und ihrer Gemeinden nach Russland bereit sei. Wir waren in dieser Sache recht unsicher. Dennoch reisten wir nach Sibirien, konkret in das riesige Kirchengebiet des Urals, zum Besuch der Schwestern und Brüder. War das ein Abenteuer, in eine völlig andere und fremde Welt einzutauchen!

Auf einer zweiten Reise habe ich dann im sibirischen Omsk zu den Synodalen der ELKUSFO, der „Evangelisch-Lutherischen Kirche Ural, Sibirien und Ferner Osten" gesprochen, übrigens mit einem ausgezeichnet geistlich mitdenkenden Dolmetscher. Das hatte zur Folge, dass ich bald danach um die Übernahme des ehrenamtlichen Bischofsamtes dieser Kirche gebeten wurde.

Im Zusammenhang mit den Überlegungen zu dieser außergewöhnlichen Anfrage bekamen zahlreiche Bibelworte eine besondere Bedeutung, unter anderem die Tageslosung aus 1. Mose 12,1 mit der Weisung an Abram: „Geh aus deinem Vaterland und von deiner Verwandtschaft und aus deines Vaters Hause in ein Land, das ich dir zeigen werde." Also: Otto, geh!?

Dann tauchte Matthäus 6,33 als Losung auf. Über den Vers haben wir schon gesprochen. Waren das nicht Signale, dass Gott ein Ja von mir, von uns erwartete? – Es tauchten aber auch Bedenken auf, weshalb ich einen zwölfseitigen Brief an das Konsistorium nach Omsk schrieb, in dem ich ausführlich mein, nein unser Nein! begründete. Aber alle meine Bedenken lösten sich in Luft auf. Selbst mein Hausarzt meinte, mit einem Nein! würde ich niemals glücklich.

Also sagten wir Ja!, reisten nach entsprechenden Vorbereitungen und nach einer Aussendung im Gottesdienst auf dem Schönblick nach Omsk, wo ich am 23. Oktober 2010 von der Synode der ELKUSFO einstimmig mit einer Enthaltung gewählt und am nächsten Tag bereits mit Handauflegung und Gebet in mein Amt eingeführt wurde.

Wie hast du diese Berufung aufgenommen, Brigitte?

Brigitte: Diese Berufung meines Mannes war eine besondere Situation. Ich konnte alle seine Aufgaben bisher immer annehmen und mittragen. Mit der Berufung in das Bischofsamt hatte ich allerdings Probleme. Ich hatte einen leichten Herzinfarkt hinter mir und war noch nicht wieder bei vollen Kräften. Ich habe zu Gott gesagt, er möge mir eine eigene Berufung zusprechen, damit ich auch Klarheit bekäme. Gott hat dann in unterschiedlicher Weise mit mir geredet durch sein Wort und durch menschlichen Zuspruch und Rat, sodass meine Zustimmung allmählich wuchs bis hin zum vollen und ganzen Ja.

Hat euer Einsatz für die Christen in Sibirien euren Glauben verändert?

Brigitte: Diese Frage kann ich nur deutlich bejahen. Wir sind durch den russischen Auftrag in die Situation von Pionier-Missionaren gekommen. Wir haben gelernt, viel stärker um alltägliche Dinge zu beten, als wir es gewohnt waren, und wir machten in ganz einfachen Dingen Glaubenserfahrungen.

Nur ein paar Beispiele: Unsere russischen Gastgeber verfügen selten über sanitäre Einrichtungen, die mit den unseren vergleichbar wären. Da beteten wir abends gerne darum, bei Nacht nicht zur Toilette zu müssen. Die befindet sich auf den Dörfern außerhalb des Hauses. Und dann brauchten wir auch keine.

Ich hatte in Russland einmal eine Blasenentzündung, aber keine Medikamente dagegen. Gott hat das Gebet um Heilung ohne Tabletten erhört.

Russische Verbindungsstraßen sind zumeist in einem desolaten Zustand. Da betet man anders um Bewahrung unterwegs als hier, wo man auf festen Untergründen fährt und rechts und links Leitplanken hat. Wir waren bisher immer bewahrt.

Seit wir in Russland unterwegs sind, üben wir ein ganz anderes Vertrauen, als wir es von hier gewohnt sind, und wir erleben, dass Gott sich um die kleinsten Dinge kümmert. Diese Erfahrung ist ungeheuer wichtig und glaubensstärkend.

Otto: Dieser Antwort meiner Frau kann ich nur zustimmen. Bei unseren deutsch-russischen und russischen Geschwistern lernen wir ganz neu, kindlich zu vertrauen und zu sagen: Bitte, Vater, kümmere dich! Und wir lernen neu zu danken für Bedingungen und Dinge der bescheidensten Art, ob es dabei um Versorgungsfragen geht oder Wohnverhältnisse oder Transportfragen.

Noch einmal etwas anderes: Seit einiger Zeit lebt ihr unter dem Damoklesschwert einer tückischen Krankheit. Wie geht ihr beide – jeder für sich und auch gemeinsam – damit um?

Brigitte: Die Diagnose Krebs ist hart, sehr hart. Aber sie ließ für mich nicht die Welt zusammenbrechen, wie man vielleicht denken könnte. Nein, Otto und ich, wir ertragen beide die Wahrheit, und wir leben im Frieden Gottes. Wir lassen uns dabei leiten von Hiob. Nachdem diesem Mann so ziemlich alles genommen war, was ihm genommen werden konnte, forderte ihn seine Frau auf, Gott abzusagen und zu sterben. Was antwortete Hiob? Wir können es nachlesen in Hiob 2,10 und haben es täglich im Bewusstsein: „Haben wir Gutes empfangen von Gott und sollten das Böse nicht auch annehmen?“

Natürlich beten wir mit dem Vaterunser das „Dein Wille geschehe.“ Manchmal tun wir das auch mit Tränen. Wir sind ja keine Übermenschen. Aber es ist uns wichtig zu beten: „Dein Wille geschehe.“ Wir erleben Ottos Krankheit auf dem Hintergrund von siebzig guten und reich gesegneten Jahren, und wir wissen uns in allem in Gott geborgen, in allem!

Otto: Meine Frau hat recht: Ja, wir wissen uns in Gottes Frieden geborgen. Ich erinnere an das eingangs erwähnte Lied „Solang mein Jesus lebt …“. Dabei wissen wir auch, dass Gott kann. Ob er aber will, wissen wir nicht. Es ist so: Sein Wille geschehe! Wir nähren uns in diesen Tagen von den Losungen und Lehrtexten, zum Beispiel heute, wo wir dieses Gespräch führen. Ist das nicht eine gute Zusage aus 5. Mose 8,7: „Der Herr, dein Gott, führt dich in ein gutes Land, ein Land, darin Bäche und Brunnen und Seen sind“? Welch eine Zukunftsprognose!

Wir bekommen viel Zuspruch per Post und per E-Mail mit einzelnen Bibelworten und ermutigenden Gedanken. Dann spüren wir die Macht der Fürbitte vieler Freunde und Geschwister, die einzeln für uns beten oder sich auch in Gebetskreisen zusammengeschlossen haben. Ich sag's noch einmal mit zwei Strophen des Liedes, das mir unendlich lieb und wichtig ist und das ich bereits zitiert habe: „Wenn sich die Sonn verhüllt, / der Löwe um mich brüllt, / so weiß ich auch in finstrer Nacht, / dass Jesus mich bewacht. / Drum blick ich nur auf ihn, / o seliger Gewinn! / Mein Jesus liebt mich ganz gewiss, / das ist mein Paradies.“

Bitte gebt den Lesern dieses Buches so etwas wie einen wichtigen Rat mit für deren weiteres Leben.

Otto: Ich antworte für Brigitte mit und ganz kurz: Gott führt unser Leben! Vertraut in allem dieser Führung und dem

Wort der Bibel. Lest viel Wort Gottes und helft mit, dass die junge Generation viel Wort Gottes auswendig lernt.

Herzlichen Dank, ihr beiden, für das Gespräch und für eure Offenheit! Gott segne euch in allem weiteren Denken, Tun und Lassen!

Romi Schweikardt

Was du gelobst, das halte

Der Name Romi Rodriguez hört sich spanisch an. Ist er auch. Dennoch ist Romi Rodriguez keine Spanierin, wenngleich Spanisch ihre Muttersprache ist, die sie immer noch pflegt, wenn sie mit Leuten zusammen ist, die diese Sprache sprechen. Romi ist Dominikanerin. Nein, keine Angehörige einer katholischen Ordensgemeinschaft. Sondern sie kommt aus der Dominikanischen Republik; ihre Heimat ist die Karibik. Auch wenn dieses Land überwiegend katholisch geprägt ist, lebt ihre Familie schon lange im evangelischen Glauben und war mit der evangelischen Gemeinde in der Hauptstadt Santo Domingo und Romis Heimatstadt, schon immer eng verbunden.

Romi Rodriguez lebte seit ihrer Geburt bei den Großeltern, die ihre Enkelin auch adoptierten. Ihre Mutter konnte sich nicht um die Tochter kümmern. Sie musste notgedrungen in einer Textilfabrik arbeiten, weil ihr Vater sich wenig um seine Familie kümmerte. Richtig kennengelernt hat die Tochter ihn nie. Er war selten da, und wenn, war er zumeist bald wieder mit unbekannter Adresse verschwunden.

Die Familie Rodriguez führte ein einfaches Leben in einer „Savana perdida“, das heißt in einer „verlorenen Stadt“ am Rande von Santo Domingo. Reichtum war dort ein Fremdwort. Dennoch herrschte im Haus Zufriedenheit. Man ließ sich genügen an dem, was da war. In der Erziehung ihrer Enkelin und Adoptivtochter ging es streng zu. Romi hatte nicht viele Freiheiten, wollten die Großeltern das Kind doch vor den Gefahren der Welt bewahren. Die lernte die Kleine dann zunächst auch kaum kennen. Dafür lernte sie aber christlichen Glauben und christliches Leben kennen.

In den Gottesdienst musste sie immer mit, auch schon zu Zeiten, in denen sie noch gar nicht verstand, worum es ging. Dabei lernte sie aber eine Menge über Gebet und gelebtes Gottvertrauen. Es gab zum Beispiel keine Krankenversicherung, und die medizinische Versorgung in der „verlorenen Stadt" war eher mangelhaft. Da waren die Leute angewiesen auf die Hilfe Gottes und Jesu. Das Gebet um die Lebensnotwendigkeiten spielte eine große Rolle. Dabei lernte auch Romi Rodriguez den Namen Jesus kennen und gebrauchen, und sie lernte auch schon, diesen Jesus ein Stück weit zu lieben, wenngleich diese Jesusliebe – ihren eigenen Worten nach – eher traditionell geprägt war. Eine richtige persönliche Beziehung zu dem Heiland und Gottessohn kannte das Mädchen nicht.

Hätte sie diese Beziehung gekannt, hätte sie ihren Glauben in ihrer „wilden Zeit" als Jugendliche vielleicht nicht über Bord geworfen, als sie sich als „schwere Sünderin" in die Ecke gestellt sah. Was war passiert? Romi Rodriguez hatte einen Freund und – wurde schwanger. Die Familie gab ihr allein die Schuld an dem „Unglück", als ob der Mann nicht dabei gewesen wäre. Sie entzog ihr die Liebe und verweigerte jegliche Unterstützung. Für die Enkelin-Adoptivtochter war das ein Beweis dafür, dass alles Reden über christliche Liebe in der Familie offenbar nur mit der traditionellen Kirchenzugehörigkeit zu begründen war. Ihren eigenen herkömmlichen Glauben warf sie weg und kappte alle Bindungen an Kirche und Gemeinde.

Gehalten hat sie die Treue ihres Freundes. Der stand zu seiner Beteiligung an der „schweren Sünde" und hielt zu der Jugendlichen, die sein Kind unter dem Herzen trug. Die beiden nahmen sich eine Wohnung und gaben sich mit einem sehr armen Leben zufrieden. 1995 gingen sie dann mit ihrem Kind über den Atlantik nach Deutschland in das schöne oberbayerische Landsberg am Lech, wo die Familie ihres Freundes lebte. Dort heirateten die beiden und bekamen im Verlauf der Jahre zwei weitere Kinder. Nach Santo Domingo fuhren sie gelegentlich, um dort Urlaub zu machen und um den Kontakt zur Familie Rodriguez nicht völlig zu verlieren beziehungsweise ihn nach und nach wieder aufzubauen.

Leider begann es dann aber in der Ehe zu kriseln, bis das Miteinander von Mann und Frau schließlich überhaupt nicht mehr funktionierte. Für Romi und ihre Kinder war das eine schlimme Zeit, die sie durch die Scheidung beendete.

Seit 2004 ist die Dominikanerin in Deutschland mit ihrem Eric verheiratet und heißt seitdem Schweikardt. Die beiden waren sich bei einem Urlaub an der Nordküste ihrer Heimatinsel begegnet und hatten sich auf Anhieb verstanden. Dass Romi geschieden war und drei Kinder hatte, war dem Mann aus dem deutschen Remstal östlich von Stuttgart kein Problem gewesen. Er war sehr positiv und einfühlsam mit dieser Tatsache umgegangen. Als dann jeder wieder zurück in Deutschland war, hatten die beiden Kontakt gehalten, der zur Freundschaft geworden war und schließlich zu richtiger tiefer Liebe. Die Heirat in Schwäbisch Gmünd war dann die logische Konsequenz der gewachsenen Beziehung.

Die Heirat war dann aber auch der verborgene Ausgangspunkt der Rückkehr von Romi zum Glauben ihrer Kindheit. Anders, nein besser: Sie war die Ursache für Romis Hinwendung zu einer ganz persönlichen Liebe zu Jesus, dem Herrn und Heiland für Leib und Seele, wie sie sie nie gelebt hatte. Was hatte sich ereignet?

Romi Schweikardt bekam aus heiterem Himmel Herzprobleme. Ihr Schwäbisch Gmünder Kardiologe vermochte die Krankheit nicht einzuordnen. Er fand keine Ursache für die

Symptome, unter denen seine Patientin litt. Deshalb schickte er sie nach Tübingen, wo sie intensiv radiologisch untersucht wurde. Dabei musste sie sich starken Strahlungen aussetzen. Am Ende der schwierigen und aufwendigen Prozeduren standen zwei Nachrichten, eine gute und eine schlechte. Die gute war, dass die Ursache der Herzprobleme erkannt war. Die notwendige Behandlung konnte begonnen werden, und sie hatte auch nach einiger Zeit den gewünschten Erfolg. Die schlechte Nachricht war, dass die Patientin schwanger war, was sie bisher noch nicht gewusst hatte. Mit sehr gemischten Empfindungen nahm Romi Schweikardt diese Nachricht auf. Einerseits freute sie sich, mit Eric ein Kind zu bekommen. Andrerseits erschrak sie zutiefst vor der Tatsache, dass dieses Kind bereits in seinen ersten Wochen im Mutterleib schwersten Strahlungen ausgesetzt gewesen war. Konnte das dem Fötus Schaden zugefügt haben? Konnte es sein, dass der kleine Mensch später mit einer Behinderung geboren wurde? Konnte es passieren, dass …?

Vor Romis Augen baute sich ein Horrorszenario auf, das ihr Angst machte, und es gab niemanden, der ihr in dieser Angst beigestanden oder sie ihr genommen hätte. Die Bemerkung des Arztes nach seiner vorsorglichen Fruchtwasseruntersuchung, die Gefahr einer Schädigung des Fötus durch die Strahlenbelastung sei durchaus realistisch einzuschätzen, machte die Situation noch schlimmer. Seine Frage an die werdende Mutter, ob sie nicht lieber das Kind …, brachte Romi Schweikardt schier zur Verzweiflung. Sie reagierte heftig: Nein, das nicht! Niemals würde sie das Kind abtreiben! Das Kind in ihr war doch ein Geschöpf Gottes! Das konnte man doch nicht so einfach wegmachen, weil man nicht wusste, ob es wirklich …

In ihrem inneren Kampf kam der leidenden Frau ein Bild vor

Augen, das sie als Kind in der Heimat besessen hatte. Es zeigte Jesus, den Heiland, wie er Kinder segnete, die zu ihm gebracht worden waren. Diese Geschichte stand doch in den Evangelien. Ob sie zu diesem Jesus beten durfte? Sie hatte ihn doch einmal geliebt, dann allerdings – vergessen. Durfte sie dennoch zu ihm beten? Romi Schweikardt war sich sicher, dass sie das durfte. Als sie allein in ihrem Krankenzimmer war, kniete sie sich an ihr Bett und betete laut etwa so: „Jesus, du hast allen Grund, sauer auf mich zu sein wegen meiner alten und neuen Sünden. Aber ich weiß, du bist ein Herr, der meine Sünden vergibt und der mich annimmt, wie ich bin. Ich habe dich verlassen. Das tut mir leid. Aber jetzt bin ich hier mit meiner Not. Nimm mich wieder an und lass mein Kind gesund zur Welt kommen. Wenn du das tust und das Kind gesund zur Welt kommt, will ich dir dafür danken und ihm viel von dir erzählen. Das verspreche ich dir. Jesus, ich weiß, dass du Gebet hörst. Erhöre mein Gebet und behüte mein Kind. Amen!"

Dieses erste Gebet nach langer Zeit bewirkte in Romi eine Veränderung ihres Denkens, Tuns und Lassens, gar eine Veränderung ihres Wesens.

Wie war das doch mit dem Menschen, der an der Erhörung seiner Gebete zweifelte? Er bekam den Auftrag, in einem schmutzigen Flechtkorb Wasser vom Brunnen zu holen. Natürlich war der Korb leer, wenn der Wasserträger beim Auftraggeber ankam. Er wurde aber immer wieder auf den Weg zum Brunnen geschickt und jedes Mal war der Korb bei der Rückkehr leer. Wasser konnte der Mensch nie abliefern, aber je öfter er zum Brunnen ging, desto sauberer wurde sein Korb.

Je länger Romi Schweikardt um die Bewahrung ihres Kindes betete – freilich auch darum, dass sie selbst wieder ganz gesund würde –, desto wärmer und größer wurde ihre Liebe zu Jesus und ihr Vertrauen in den Heiland; desto näher kam sie diesem Herrn aller Herren und König aller Könige; desto stärker wurde ihr Verlangen, ihm zu begegnen in den Worten der Bibel und im Miteinander mit anderen Christen.

Der Erste, mit dem sie christlichen Glauben gemeinsam leben konnte, war ihr eigener Mann. Der hatte sich bald von seiner Frau anstecken lassen darin, Jesus zu lieben und ihn in sein Leben zu nehmen, zu ihm zu beten, an ihn zu glauben und ihm zu vertrauen. Als dann Dennis zur Welt kam, durften die Eltern erleben, dass sie nicht vergeblich gebetet, geglaubt und vertraut hatten: Der Junge war kerngesund und ein richtiger Wonneproppen, für Romi und Eric Schweikardt ein besonderes Geschenk Gottes als Zeichen seiner Liebe und seines Segens.

Für die Mutter galt es nun, ihr Gelübde einzuhalten. Sie hatte es inzwischen vielfach gelesen und gelernt, was der Tempelsänger Asaf in die Worte gefasst hatte: „Opfere Gott Dank und erfülle dem Höchsten deine Gelübde und rufe mich an in der Not, so will ich dich erretten und du sollst mich preisen" (Psalm 50,14-15). Freilich hatten die Schweikardts dieses Wort in ihrer speziellen eigenen Reihenfolge umgesetzt.

Und sie setzen es immer noch um, wobei das Anrufen in Not zurzeit nicht die große Rolle spielt. Es gibt diese große Not nicht. Das Dank-Opfern und der Lobpreis spielen allerdings in der Familie, in der sich später noch eine Tochter eingefunden hat, eine große Rolle. Wie das geschieht? Das mag uns die lebensfrohe und glückliche Ehefrau, Mutter und Christin Romi Schweikardt noch selbst sagen: „Weil unsere großen Kinder nicht mehr zu Hause wohnen – wenigstens nicht immer –, machen wir immer wieder eine Telefonkonferenz zwischen Deutschland, der Dominikanischen Republik und den Vereinigten Staaten von Amerika. Dann singen und beten wir zusammen und sprechen von Jesus und von dem, was er uns

Gutes tut. Ich habe ja inzwischen wieder Frieden mit meiner Familie. Das ist alles wunderbar!

Wir lesen auch zu Hause die Bibel zusammen und singen und beten. Ich helfe auch in der Schönblick-Gemeinde mit und im Schönblick-Pflegeheim. Da bin ich sogar mit ein paar Stunden für die Betreuung der Bewohner angestellt. Dann erzähle ich den alten und kranken Menschen von Jesus und bete mit ihnen. Das Schöne daran ist, dass Jesus dabei immer wieder moderne Pfingstwunder geschehen lässt. Mein gesprochenes Deutsch ist noch nicht gut und manchmal fehlerhaft. Trotzdem verstehen mich die Leute und freuen sich. Übrigens fahren wir auch manchmal in die Latino-Gemeinde nach Stuttgart. Dort kann ich in meiner Muttersprache Spanisch über Jesus sprechen. Bei allem freue ich mich, dass Jesus durch mein Zeugnis wirken kann und dass er uns und alle seine Liebhaber segnet."

Dorothea Schieber

„Wunder gibt es immer wieder"

Eine Frage zu Anfang: Glauben Sie an Wunder? „Wunder gibt es immer wieder, heute oder morgen können sie geschehn ..." So heißt es in dem bekannten Schlager von Christian Kuhn und Günter Losse, den die christliche Sängerin Katja Ebstein bereits 1970 einem breiten Publikum bekannt gemacht hat und der auch heute noch im Radio zu hören ist. Bekannt geworden ist auch der viel ältere Satz von David Ben-Gurion, dem ersten Premier des Staates Israel: „Wer nicht an Wunder glaubt, ist kein Realist."

Von Dorothea Schieber, einer besonderen Realistin, von der hier die Rede sein wird, gibt es die Aussage vor dem Hintergrund eines ganz bestimmten dramatischen Geschehens in ihrem Leben: „Es geht mir gut. Das ist ein Wunder, von Gott geschenkt ..."

Nur, bitte: Was ist ein Wunder? Der Duden definiert ein Wunder als ein „außergewöhnliches, den Naturgesetzen oder aller Erfahrung widersprechendes und deshalb der unmittelbaren Einwirkung einer göttlichen Macht oder übernatürlichen Kräften zugeschriebenes Geschehen, Ereignis, das Staunen erregt". Zwei Gesichtspunkte machen demnach ein Wunder aus: Erstens entzieht sich das Geschehen der logischen Erklärung und ist mit dem Verstand nicht zu begreifen, und zweitens hat Gott in dem Geschehen seine Hand im Spiel. Im Umkehrschluss heißt das: Für den, der mit Gott nichts anfangen kann und das Leben ohne ihn in seiner Allmacht versteht, gibt es keine Wunder. Er sieht keine. Dafür weiß er für jedes außergewöhnliche Geschehen irgendeine wissenschaftliche oder zumindest wissenschaftlich anmutende Erklärung.

Ein solcher Mensch kann sich nicht wundern. Für den gilt dann der Satz der österreichischen Schriftstellerin Marie von Ebner-Eschenbach: „Es gibt kein Wunder für den, der sich nicht wundern kann."

Eine zweite Frage zuvor: Haben Sie schon einmal ein Toda-Fest gefeiert? „Toda!" ist Hebräisch und heißt „Danke!". Ein Toda-Fest ist nach jüdischem Vorbild eine Dankesfeier am Ende eines schwierigen Weges und nach Rettung aus Todesgefahr und Todesnot. Der Psalm 30 – er wird König David zugeschrieben – ist zum Beispiel ein Toda-Psalm, der auch mit den genannten Begriffen überschrieben ist. Er gibt sehr eindrücklich die schwierigen Lebenssituationen des Sängers und Beters wieder. David berichtet dann aber auch voll Lob und Dank vom glücklichen Ende seiner Notzeit, siehe Psalm 30,2-4.12-13: „Ich preise dich, Herr; denn du hast mich aus der Tiefe gezogen und lässest meine Feinde sich nicht über mich freuen. Herr, mein Gott, als ich schrie zu dir, da machtest du mich gesund. Herr, du hast mich von den Toten heraufgeholt; du hast mich am Leben erhalten, aber sie mussten in die Grube fahren ... Du hast mir meine Klage verwandelt in einen Reigen, du hast mir den Sack der Trauer ausgezogen und mich mit Freude gegürtet, dass ich dir lobsinge und nicht stille werde. Herr, mein Gott, ich will dir danken in Ewigkeit."

Toda! Danke! Gott zu danken war Dorothea Schieber und der Evangelischen Gemeinde Schönblick bei Schwäbisch Gmünd einen festlichen und fröhlichen Lob- und Dankabend wert. Davon auch später mehr.

Zunächst gilt es eine dritte Frage zu beantworten: Wer ist Dorothea Schieber, dass sie hier vorgestellt wird? „Doro" – so wird sie von denen, die sie näher kennen und die um ihre Geschichte wissen, zumeist genannt – stammt aus Unterweissach am Westrand des Schwäbischen Waldes. In dem Zentralort der heutigen Gemeinde Weissach im Tal wuchs sie als Gärtnerstochter auf und musste sich als „Sandwich-Schwester“ gegen fünf Brüder behaupten. Nach Abschluss der Schulzeit im Heimatort ging sie zunächst nach Bad Liebenzell im Nagoldtal im Nordschwarzwald, um dort in der Küche der Liebenzeller Mission als Haustochter zu arbeiten.

Später machte sie unweit der Kreisstadt Calw eine Ausbildung als Hauswirtschafterin. Ihrem Versprechen folgend kehrte sie anschließend nach Bad Liebenzell zurück, um in der „Pilgerruhe“, dem Gästehaus der Mission, Berufserfahrung zu sammeln.

1988 wechselte Dorothea Schieber nach Schwäbisch Gmünd und arbeitete künftig in der Hauswirtschaft des Hauses „Schönblick“, dem Christlichen Erholungsheim des Württembergischen Altpietistischen Gemeinschaftsverbandes, das seinen Namen nach dem Gelände oberhalb des Taubentals im Ortsteil Wetzgau-Rehnenhof hat.

Dorothea Schiebers geistlicher Lebenslauf begann in der christlich geprägten und ausgerichteten Familie und in der „Schtond“ der Liebenzeller Gemeinschaft in Unterweissach. Das Kind war viele Jahre nach eigenen Worten „Mitläuferin“. Es lief mit, wenn die Eltern gingen, und es besuchte die Zusammenkünfte der Jungschar und des Mädchenkreises. In Bad Liebenzell schloss Doro sich dann der EC-Jugend an, dem Jugendbund für entschiedenes Christentum, und sang im Gemischten Chor der Einrichtung mit. Der auf dem „heiligen Berg“ gelebten Enge und Strenge unterwarf sie sich freiwillig. Das bedeutete zum Beispiel den Verzicht auf lange Hosen und das Festhalten an den Zöpfen beziehungsweise der Langhaarfrisur. Das war damals in frommen Einrichtungen nun einmal so.

Den Start in ihr bewusst christliches Leben erlebte Dorothea

Schieber während einer Freizeit im schweizerischen Arosa. Dort ging es in einer Bibelarbeit besonders darum, dass es auch für einen jungen Menschen schon existenziell wichtig sei zu wissen, wo er nach dem irdischen Leben seine Ewigkeit verbringe. Diese Frage schlug bei der Jugendlichen ein wie ein starker Blitz in hochempfindliches Material, das sich sofort entzündete. Dorothea Schieber konnte die Frage nämlich für sich selbst nicht beantworten, und sie geriet in große Seelennöte. Von innerer Unruhe getrieben, bekam sie heftige Albträume, die ihr einige Nächte lang und auch am Tage keine Ruhe ließen. Die Angst vor der Hölle trieb sie dann in die seelsorgerliche Aussprache, die zum Wendepunkt ihres Lebens wurde und zu dem Thomas-Bekenntnis führte: „Jesus – mein Herr und mein Gott!“ (Johannes 20,28)

Fortan wurde die junge Frau gemäß 2. Korinther 5,17 zur Mitläuferin neuer Art: Sie lief als „neue Kreatur“ mit den bewussten Christen ihrer Umgebung den Weg des Glaubens und der Nachfolge Jesu. Dieser Weg verlief zwar nicht immer glatt und problemlos. Es gab immer wieder Kampf und Auseinandersetzung mit dem eigenen Wesen und mit Einflüssen, die von außen den Glauben angriffen. Dennoch war der Weg letztlich ein guter und gesegneter Weg, auch der spätere unter den Mitchristen auf dem Schönblick. Dorothea Schieber machte die Erfahrung, die bereits die Söhne Korach in Psalm 84,6-8 in Worte gefasst hatten: „Wohl dem Menschen, die dich für ihre Stärke halten und von Herzen dir nachwandeln! Wenn sie durchs dürre Tal ziehen, wird es ihnen zum Quellgrund, und Frühregen hüllt es in Segen. Sie gehen von einer Kraft zur andern und schauen den wahren Gott in Zion.“

Dann kam das Frühjahr 2001. Die Hauswirtschafterin im christlichen Erholungsheim Schönblick plante ihren Urlaub. Sie wollte sich selbst ein besonderes Geburtstagsgeschenk machen und mit einer Freizeitgruppe nach Westafrika reisen, um Gambia, den kleinsten Staat des afrikanischen Kontinents, kennenzulernen. Schon die Reisevorbereitungen durch die aufmerksame Lektüre von Prospekten und diversen Materialien über Land und Leute waren spannend und förderten die Vorfreude. Wenn da nur nicht der merkwürdige Husten und die damit verbundene immer häufiger auftretende Atemnot geärgert hätten. Blöde Bronchitis und ärgerliche Enge im Brustkorb! Hoffentlich verschwanden diese drückenden Beschwerden bis zum Reisebeginn. Afrika! Das war's doch! Die Reise dorthin sollte durch nichts gehindert werden, auch nicht durch die hartnäckige Bronchitis mit ihren merkwürdigen, lästigen Begleiterscheinungen.

Nachdem der Einsatz aller möglichen Hausmittel keine Änderung der gesundheitlichen Lage gebracht hatte, konsultierte Dorothea Schieber schließlich ihren Hausarzt. Der Fachmann für Allgemeinmedizin untersuchte die Patientin, wie es nötig war, befand auf chronische Bronchitis und verschrieb ein Medikament, das sicher helfen werde, den Husten zu stoppen und die Begleitbeschwerden abzubauen. Die blieben freilich sehr hartnäckig und verstärkten sich sogar noch, sodass Dorothea Schieber nachts beinahe nur noch im Sitzen schlafen konnte. Dazu fühlte sich die Frau immer häufiger erschöpft, müde und kraftlos. Zudem stellten sich Schmerzen ein, deren Ursachen unklar waren. Vor allem wurden die Atembeschwerden immer schlimmer und machten schließlich die klinische Untersuchung notwendig. Die Röntgenbilder zeigten einen deutlichen Schatten auf der Lunge. Das erzwang eine weitergehende Untersuchung per CT. Die computertomografische Untersuchung erbrachte ein Ergebnis, mit dem die Patientin allerdings überhaupt nicht gerechnet hatte und das ihr schier den Boden unter den Füßen wegzog: Die Bronchitis und die

Enge im Brustkorb wurden verursacht von einem riesigen Tumor, der unter dem Brustbein saß und auf die Lungenflügel drückte und der bereits Metastasen gebildet hatte, die sich an anderen Stellen des Körpers niedergelassen hatten und dort ihr Unwesen trieben.

Für Dorothea Schieber war das das wahrscheinliche Aus für ihre Urlaubsreise nach Westafrika. Das konnte aber doch wohl nicht sein! Dass dieser Befund für sie so etwas wie ein Todesurteil bedeutete, realisierte sie zunächst gar nicht. Afrika stand ihr vor Augen: Gambia, Banjul, Serekunda, der Fischmarkt in Tanji, der Gambia-River – da wollte sie doch unbedingt hin! Da durfte ihr doch keine Krankheit dazwischenkommen!

Die Patientin wurde für weitere Untersuchungen in die Fachklinik Löwenstein überwiesen. Im Ergebnis waren sich die Experten danach aber offenbar untereinander nicht einig. Sie nannten Lungenkrebs, Thymusdrüsenkrebs und Lymphdrüsenkrebs als mögliche Befunde. Das waren alles furchtbare Wörter, die aber doch irgendwie an Dorothea Schieber vorbeigingen. Einer von den Männern im weißen Kittel fügte dann noch an, die Lage sei mehr als ernst, sie, die Patientin, habe nach diesen Befunden möglicherweise nur noch drei Wochen zu leben.

Die Betroffene realisierte zu diesem Zeitpunkt aber nicht, was diese Bemerkung bedeutete. Sie verstand auch nicht, warum ihre Angehörigen sprachlos und weinend um ihr Bett standen. Was hatten die nur? Sie wollte doch wieder mit nach Hause und ihre Reise weiter vorbereiten.

Erst nachdem eine Biopsie des Primärtumors durchgeführt worden war und das Ergebnis der histologischen Untersuchung des entnommenen Gewebes vorlag, war der Befund eindeutig und hieß: aggressiver Lymphdrüsenkrebs. Weshalb der verkündende Arzt dazu meinte, sie, die Patientin, habe damit noch „Glück im Unglück", verstand sie natürlich auch nicht. Merkwürdiger Kommentar! Nein, Doros Bewusstsein war irgendwie afrikanisch ausgerichtet und dadurch für anderes blockiert.

Der bis dahin latent vorhandene Schock brach erst auf, als die Patientin von ihrer Schwägerin zur Intensivbehandlung in der Fachklinik für Onkologie des Robert-Bosch-Krankenhauses in Stuttgart abgeliefert wurde. Dabei saß sie in einem Rollstuhl, weil das Laufen wegen der fehlenden Kräfte kaum noch ging. Dort auf der Krebsstation dieser Klinik kamen ihr glatzköpfig-hohlwangige, ausgemergelt-bleiche Menschen jeden Alters mit tief in den Höhlen liegenden glanzlosen Augen entgegen, denen der Tod böse grinsend aus den Gesichtern schaute.

Bei diesen Anblicken gingen Doro plötzlich die Augen auf. Wo war sie hier nur hingekommen? Nein! Hier wollte sie nicht hin! Sie wollte doch nicht sterben, sie wollte doch leben und nach Afrika reisen! Blitzartig stand Dorothea ihr Schicksal vor Augen mit den Konsequenzen, die es nach der vorliegenden Diagnose zwangsläufig haben musste. Was hatte der Arzt in Löwenstein gesagt? Noch drei Wochen?! Die Frau packte augenblicklich panische Angst. Das schiere Entsetzen griff nach ihr. Mit dem Ausruf: „Hier bleibe ich nicht! Ich will nach Hause!" versuchte sie, aus dem Rollstuhl aufzuspringen und davonzulaufen. Freilich gelang ihr das nicht. Sie hatte gar nicht die Kraft dazu. Die Menschen um sie herum kostete es dann eine Menge Energie, die kopflose und wie in einem Krampf schreiende Frau einigermaßen zu beruhigen, sie in ihr Zimmer zu bringen und ins Bett zu legen.

Da lag sie nun unter dem Damoklesschwert ihrer Krankheit mit unbekanntem Fortgang und dem „Drei Wochen-Urteil" im Bewusstsein und musste sich notgedrungen mit ihrer Situation auseinandersetzen.

Für Doro folgte eine lange, wechselvolle Zeit des Kampfes zwischen Auf und Ab, Glauben und Zweifel, Zuversicht und Verzweiflung, Hoffen und Bangen, Lachen und Weinen. Lassen wir sie selbst erzählen: „Der Schock saß tief und Hilflosigkeit machte sich breit. Unwillkürlich setzte ich mich dann auch mit Tod und Sterben auseinander. Auf der Station starb ja beinahe täglich jemand an seinem Krebs. Aber ich wollte leben und ich entschied mich dafür, um mein Leben zu kämpfen. Welche Schritte bin ich gegangen? 1. Tiefe Krisen mit Angst, Resignation, Anklage an Gott und Zweifel an seiner Liebe zu mir hinderten mich zunächst daran, mich auf diesen Weg zu machen. 2. Der zweite Schritt war das ‚Annehmen'. Viele Menschen gab und gibt es, die mir dabei geholfen haben. Sie beteten für mich (auch nach Jakobus 5), begleiteten und unterstützten mich auf dem Weg durch dieses dunkle Tal. Auch wenn sich die Wegstrecke, die mit einigen Rückschlägen versehen war, über anderthalb Jahre hingezogen hat, so gab es doch auch in dieser Zeit immer wieder Lichtblicke."

Für Dorothea Schieber wurde es zum Beispiel zu einem Lichtblick, als sie just an dem Tag, als sie das erste Büschel Haare in der Hand hielt, die ihr wie erwartet während der Chemotherapie ausfielen, in den Herrnhuter Losungen als Lehrtext aus Matthäus 10,30-31 las: „Nun aber sind auch eure Haare auf dem Haupt alle gezählt. Darum fürchtet euch nicht." Welch ein Zuspruch aus der Welt Gottes in ihr Elend!

Etwas anderes wurde ihr zum Lichtblick: Jemand schickte ihr als Gruß und als Verheißung für ihr Leben, das zu diesem Zeitpunkt die „Drei-Wochen-Frist" längst überschritten hatte, eine Karte mit dem Text von Jesaja 41,10: „Fürchte dich nicht, ich bin mit dir; weiche nicht, denn ich bin dein Gott. Ich stärke dich, ich helfe dir auch, ich halte dich durch die rechte Hand meiner Gerechtigkeit."

So und ähnlich kamen immer wieder Mutmacher in das umkämpfte Leben der Krebspatientin.

Ein ganz starker Zuspruch für Dorothea Schieber war dann die Aussage des Psalmisten in Psalm 118,17, die ihr jemand auf einer Spruchkarte zusteckte: „Ich werde nicht sterben, sondern leben und des Herrn Werke verkündigen." Mit dieser Verheißung im Rücken ließ es sich für Doro künftig leichter kämpfen. Das half ihr durch die Zeiten, in denen die Chemotherapien keine weiteren Wirkungen mehr zeigten, die Therapie intensiviert wurde und schließlich ersetzt wurde durch eine Hochdosistherapie mit autologer Stammzelltransplantation. Das war eine besondere Therapie, bei der eigenes, zuvor entnommenes Stammzellmaterial verwendet wurde.

Das genannte Psalmwort half auch durch die schweren Wegstrecken, auf denen zu dem bekannten Übel zweimal zusätzliche lebensbedrohliche Lungenentzündungen hinzukamen und eine Thrombose weitere Probleme bereitete.

Worte wie das aus Psalm 118 halfen auch in den Wochen, die Dorothea Schieber wieder einmal auf der Intensivstation verbringen musste, mit höchstem Fieber und dem Tod viel näher als dem Leben. Das hätte sie sich zuweilen auch gerne selbst genommen. Sich aus dem Fenster stürzen oder sonst wie den Garaus machen, das wäre es doch. Die Last des Leidens endgültig abwerfen. Wozu noch leben, wenn Gott nicht spürbar war und offenbar ständig wegschaute? Wenn die Hoffnung und der Kampfeswille wieder einmal auf null heruntergebrochen waren? Suizidgedanken wurden zuweilen zur besonderen Gefahr für die Patientin. Zum Glück blieb es bei den Gedanken.

Wie gut war es doch während der langen „drei Wochen", dass es da viele Menschen gab, denen die Kranke mit ihrem Schicksal immer wieder vor Augen stand, die einzeln und gemeinsam die Hände falteten und auf die Knie gingen, um Gott Doros Leben abzuringen. Gut, dass es solche Leute auch ganz in der Nähe gab, die am Bett nicht nur über die böse Krankheit sprachen, sondern auch Worte der Beruhigung und Ermunterung und solche des Zuspruchs für die wunde Seele zu sprechen wussten. Auf diese Weise wurde dann auch der Lebenswille der Patientin nach und nach wieder gestärkt und gefestigt.

Nach etwa anderthalb Jahren stationärer Behandlung, die freilich mit fortschreitender Zeit durch Heimataufenthalte in Unterweissach oder auch auf dem Schönblick unterbrochen werden konnten, kam von den behandelnden Fachleuten das vorsichtige Signal, dass das Wachstum des Tumors stagniere und dass die ersten Metastasen sich aufgelöst hätten.

Mit deutlicher Genugtuung und Freude und mit sichtbarer innerer Bewegung verkündete schließlich irgendwann ein Sprecher des versammelten zuständigen Ärzteteams nach einer weiteren gründlichen Untersuchung, es seien keine Spuren des Krebses mehr zu finden. Der Heilungsprozess sei wohl erfolgreich zu seinem Ende gekommen. Hier habe sich ganz offenbar ein Wunder ereignet.

Das war ein sehr bewegender Moment am Ende eines langen Leidensweges, in dem nicht nur bei Dorothea Schieber Tränen der Freude und der Dankbarkeit flossen! Auch einige Leute des medizinischen Personals mussten nach Taschentüchern greifen …

Ja, das musste wohl wirklich als Wunder bezeichnet werden, dass Dorothea Schieber als geheilt entlassen werden konnte, freilich mit der Maßgabe, sich zur Überprüfung des aktuellen Befundes regelmäßig zu Kontrolluntersuchungen einzufinden. Dass die Hauswirtschafterin am 1. Juli 2003 – am Tag ihres 15. Dienstjubiläums im Gästehaus Schönblick – ihre Arbeit wieder aufnehmen konnte, durfte gerne, nein musste als Anschluss-Wunder bezeichnet werden. Dass sie heute, bereits ein paar Jahre jenseits ihres 25. Dienstjubiläums, immer noch gesund und fröhlich ihrer Arbeit in der Schönblick-Backstube nachgeht und dabei hervorragende Kuchen herstellt, die im Café Schönblick immer wieder mit höchstem Lob versehen werden, ist sicher ein weiteres Wunder …

Ach ja, da war doch noch das Toda-Fest. Es wurde als ein festlicher, fröhlicher Lob- und Dankabend zu Gottes Ehre und zur Freude über die wunderbare Genesung von Dorothea Schieber am 30. September 2003 im Saal des Gästehauses gefeiert, hatte Gott doch tatsächlich „die Klage verwandelt in einen Reigen“. Und so konnten viele Angehörige, Freunde, Kolleginnen und Kollegen und eine große Zahl Mitglieder der im Vorjahr gegründeten Evangelischen Gemeinde Schönblick – das Fest hatte insgesamt mehr als hundertzwanzig Teilnehmer – gemeinsam singen und sagen: „Der Herr hat Großes an uns getan; des sind wir fröhlich“ (Psalm 126,3). Manch einer der Feiernden schlug dann auch beim Festmahl nach jüdischem Vorbild des Toda-Festes an sein Glas, um vor den Festteilnehmern von besonderen Führungen Gottes in seinem eigenen Leben zu berichten: „Hört, was der Herr an mir getan hat …“

Am Schluss soll Doro noch einmal selbst zu Wort kommen. Sie sagt heute: „Mein Leben ist eine außerordentliche Kostbarkeit. Darum will ich immer auf vier Dinge achten: Ich will erstens mein Leben bewusst (er)leben mit allem Guten und allem Schweren, mit Wichtigem und Unwichtigem, mit Freud und Leid, alles ganz realistisch. Ich will weder den verpassten Gelegenheiten nachträumen, noch mich um die Zukunft sorgen. Ich lebe heute!

Zweitens will ich dankbar leben. Ich will die großen und

kleinen Besonderheiten fröhlich genießen. Ich will Gott danken für das, was mein Leben bereichert, aber auch für das, was mir schwer auf dem Herzen liegt.

Ich will drittens verantwortlich leben. Mit allem, was ich denke, tue und lasse, lebe ich vor Jesus. Ich will es ihm recht machen und mit allem vor ihm bestehen können.

Viertens will ich mit Gott leben in allem, was kommt. In der Verletzlichkeit des Lebens ist es gut zu wissen, wie es in Psalm 31,16 steht: ‚Meine Zeit steht in deinen Händen.' Von daher ist mein kleines Leben bei Gott bestens aufgehoben.

So sollte es gerne für jeden gelten, der meine Geschichte kennengelernt hat."

Andreas und Regina Scholz

Jesus verändert

Andreas Scholz ist ein junger Mann Jahrgang 1992, nett, zuvorkommend, von seinem Arbeitgeber, einem Stuttgarter Finanzunternehmen, im direkten Kundenkontakt eingesetzt. Da passt der freundliche hochgewachsene und gutaussehende Jung-Banker mit der dunkelblonden modischen Frisur auch hin. Von ihm lassen sich die Leute bei ihren Geldgeschäften gerne bedienen und beraten, weil offenkundig Innen und Außen übereinstimmen, Kompetenz und Auftreten einander entsprechen.

Gerne „bedienen und beraten" lassen sich von ihm auch die Jungen ab Klasse 3 im Kindergottesdienst der Evangelischen Gemeinde Schönblick. Diese Jungengruppe schart sich sonntags begeistert um ihren Leiter, denn auch hier stimmen Kompetenz und Auftreten zusammen. Andreas' Engagement ist freilich hier ein ganz anderes. Hier geht es nicht um Schätze geldlicher Art, die dem unwiederbringlichen Verbrauch und dem nur sehr bedingt kalkulierbaren Wertbestand oder auch Wertverlust unterworfen sind. Hier geht es um Schätze, die schon der junge Mensch sich im Himmel sammeln soll, denn „wo dein Schatz ist, da ist auch dein Herz". So sagt es Jesus in der Bergpredigt, nachzulesen in Matthäus 6,19-21.

Andreas Scholz weiß, wovon er redet, weiß er doch auch für sein eigenes Leben von dem Ort, wo die Sammlung seiner Schätze nicht von Motten oder Rost gefressen oder von Dieben gestohlen werden kann. Sein Herz hat einen festen Ort im Himmel, an dem es festgemacht ist für Zeit und Ewigkeit. Sein Herz schlägt für die Sache Jesu, und sein Einsatz an der genannten Stelle in der Gemeinde gilt dem Auftrag, seinen Jungen im Kindergottesdienst und inzwischen auch den Jugendlichen bis zur Konfirmation diese Sache ans Herz zu legen, ihnen diesen Jesus wertvoll und lieb zu machen, der ihm selbst als Junge im Grundschulalter vor Jahren wertvoll gemacht wurde und dann auch lieb geworden ist.

Andreas Scholz ist der Älteste von drei Brüdern, die gemeinsam in einer Familie aufgewachsen sind, die schon immer zur katholischen Kirche gehört hat. Die Eltern und auch die Großeltern haben den katholischen Glauben sehr ernst genommen. Der Sonntag gehörte dem Gottesdienst in der Heilig-Geist-Kirche von Lindach, dem nördlichsten Stadtteil von Schwäbisch Gmünd, und der Gottesdienstbesuch gehörte zum Sonntag. Zum Sonntag gehörte auch der Kindergottesdienst dieser Gemeinde, in dem Andreas' Mutter Regina als engagierte Helferin ihre Beiträge entsprechend der vorgegebenen Texte, Gebete und Lieder einbrachte und anschließend mit den Kindern spielte und bastelte, je nachdem, was dran war und wofür sich die Kinder interessierten.

Ein wichtiger „Gebrauchsgegenstand" im Glaubensleben der Familie war der Rosenkranz, der heiliggehalten wurde und der wöchentlich nach den bestehenden Vorgaben gebetet wurde. Die Texte des Vaterunsers, des Ave-Maria nach den Worten des Engels: „Gegrüßet seist du, Maria, voll der Gnade …" und der Doxologie: „Ehre sei dem Vater und dem Sohn und dem Heiligen Geist …", die in vorgegebener Abfolge zu einem „Gesätz" gehörten und für einen vollständigen Rosenkranz fünfmal gebetet werden mussten, hatte auch Andreas schon als Kind von den Großeltern und auch von seiner Mutter gelernt. Der Junge hatte dem allerdings nie etwas Besonderes abgewinnen können. Er hatte es eher als langweilig empfunden, die schwarze Kette durch die Finger laufen zu lassen und immer dasselbe zu beten und nachzubeten, was andere vorgebetet hatten.

Die Bibel wurde im Hause Scholz freilich nicht gelesen, wie sie überhaupt in katholischen Häusern in der Regel nicht gelesen wurde. Die Bibel „war halt ein Buch“, aus dem der Pfarrer in der Kirche vorlas oder auch ein Lektor oder ein Diakon, der dazu bestimmt war. Nur von daher, vom Hören, waren den Scholzens biblische Inhalte mit ihren Zusprüchen und Ansprüchen bekannt. Dabei blieben diese Inhalte lediglich oberflächlich mehr oder weniger im Bewusstsein und ohne Bezug zum eigentlichen Leben. Sie vermochten nicht, Prägungen zu vermitteln, die über Äußerliches hinausgingen. Glaube war Ritus. Die Ausübung des Glaubens war kultischer Brauch und Umsetzung katholisch-kirchlicher Lehre, die in der Familie Scholz freilich mit großem Ernst und voller Überzeugung gelebt wurde. Wie sollte es denn auch anders sein, wenn ihnen die „Weide auf grüner Aue“ und die „Quelle frischen Wassers“ nach Psalm 23,2 vorenthalten wurden und unbekannt blieben?

Und Jesus, der Gottessohn, der Heiland und Erlöser, der gute Hirte, das Brot des Lebens, das Licht der Welt und so weiter? Selbstverständlich hatte der seinen Platz in diesem ritualisierten Glauben. Es gab allerdings keinen unmittelbaren direkten Zugang zu ihm. Da brauchte es Maria, seine Mutter, die Mutter Gottes. Sie schlug die Brücke zu ihrem Sohn. Sie *war* die Brücke zu ihrem Sohn, wie es im Ave-Maria formuliert ist: „Heilige Maria, Mutter Gottes, bitte für uns Sünder jetzt und in der Stunde unseres Todes.“

Es sollte der Zeitpunkt kommen, wo im Haus Scholz dieses alles als ein Mangel für das eigene Leben empfunden und als Ursache für eine merkwürdige innere Unruhe erkannt wurde. Die fehlende innere Ruhe kehrte dann später ein, als jeder aus der Familie für sich diesen Mangel behoben hatte.

Ende der 1990er-Jahre stellte der Gemeinschaftsverband der Altpietisten in Württemberg eine neue Mitarbeiterin für die Kinder- und Jugendarbeit ein, deren Einsatzort die Evangelische Kirchengemeinde Lindach war. Es sprach sich bald herum, dass Magdalene Notz ihre Kinderstunden im Gemeindehaus ganz anders gestaltete als die Mitarbeiter der katholischen Heilig-Geist-Gemeinde. Für den Grundschüler Andreas Scholz war das ein Grund, diese Kinderstunden zu besuchen. Der Junge merkte bald, dass es hier wirklich ganz anders zuging, als er das bisher erlebt hatte. Hier wurde anders gesungen, viel fröhlicher und außerdem zur Gitarre: „Jesus sagt: Lass die Kinder zu mir kommen …“ Hier wurde anders gebetet, frei und ohne schriftliche Vorlagen, mit ganz eigenen Worten: „Herr Jesus, lieber Heiland, der du uns und alle Kinder liebst …“

Und hier wurden biblische Geschichten lebendig erzählt und nicht nur vorgelesen. Und wie sie erzählt wurden! Da glaubte man ja, man wäre in dem Geschehen selbst mittendrin. Dabei ging es immer wieder um Jesus, den Heiland, der in seiner Zeit in seinem Land unterwegs und ganz dicht bei den Leuten war. Das war alles sehr lebendig und nicht nur nach Schema F, wie Andreas das bisher erlebt hatte.

Der Junge war begeistert und versäumte schließlich kaum noch eine Stunde bei dieser jungen Frau vom Schönblick, diesem frommen Verein in dem schlossähnlichen Gebäude drüben im Stadtteil Wetzgau-Rehnenhof. Regina Scholz, die Mutter, ließ ihren Sohn gewähren, spürte sie doch, dass die Arbeit der evangelischen Kinderfrau einen positiven Einfluss auf den Jungen hatte. Dass Andreas bald das Rosenkranzgebet verweigerte, machte ihr freilich eine Weile Mühe. Dennoch ließ sie den Jungen gewähren.

Dann kam der Zeitpunkt, an dem Magdalene Notz ihre Kinderstunden hinüber auf den Schönblick verlegte. Dort wurde nämlich 2002 eine eigene evangelische Gemeinde gegründet, die natürlich auch eigene Sonntagsgottesdienste anbot. Während die Erwachsenen im Gottesdienst für die Großen saßen, gab es für die Kleinen Kindergottesdienst, für den Magdalene Notz, bei den Kindern „Maggy" genannt, verantwortlich war. Regina Scholz' Schwester zog es hinüber auf den Schönblick, und sie nahm ihre Kinder mit, wie sie sie zuvor auch schon ins evangelische Gemeindehaus hatte gehen lassen. Andreas, der Neffe, Reginas Erstgeborener, inzwischen ein wenig älter geworden, wollte „Maggy" auch treu bleiben und fuhr gerne mit, wenn die Verwandten hinüberfuhren.

In dieser Zeit bildete Andreas so etwas wie „Wurzeln", die sich im Laufe der folgenden Jahre tief in den Glaubensboden eingruben, den der Junge in den Räumen und auf dem Gelände dieses API-Schlosses vorfand. Seinen Eltern, vor allem seiner Mutter, wurde die Entwicklung dann aber doch mehr und mehr fragwürdig und gar ein wenig unheimlich. Das große Fragezeichen stand fortan im Raum, was sich hinter diesem „Schönblick" verbarg. Handelte es sich bei diesen Frommen etwa um eine Sekte? Sekten waren vom Teufel! So hatte Regina Scholz es gelernt.

Aber durfte sie so denken?, ging es der Frau doch auch immer wieder durch den Kopf. Konnten die da drüben wirklich Sektierer sein? Denen ging es doch um nichts anderes als um die Bibel, um Gott, den Vater, und um Jesus, den Sohn, und um den Heiligen Geist ... Konnte das wirklich sektiererisch sein? Oder war das nur völlig anders als katholisch?

Regina Scholz begann zu forschen, wer denn diese evangelischen Schönblick-Leute eigentlich waren. Sie suchte im Internet, sie las Bücher, sie fragte nach – und machte sich schließlich selbst auf den Weg, um am Ort des ominösen Geschehens zu kontrollieren, welcher Art der evangelische Glaube war, der von den Leuten dort gelebt und verkündet wurde. Es waren Kontrollbesuche aus Angst, ihr Junge könnte einer falschen Lehre aufsitzen und verloren gehen. Manchmal saß die Frau im Gottesdienst und hörte und staunte, und die Tränen liefen ihr dabei über die Wangen. So wurde sie gepackt von der ganz anderen Botschaft, die hier laut wurde, einer Botschaft unmittelbar aus der Bibel gespeist, aus dem unverbrüchlichen Wort Gottes, wie immer betont wurde, und das alles ohne die gewohnten Rituale.

Aus den Kontrollbesuchen wurden bald Interessensbesuche mit der Frage, was es damit auf sich hatte, wenn dort in den Gebeten unmittelbar mit Jesus gesprochen wurde und Maria, die Mutter Gottes, gar nicht vorkam. Doch, sie kam einmal vor in einer Predigt zu Johannes 2, der Geschichte von der Hochzeit zu Kana. Wie diese Geschichte von dem Schönblick-Pfarrer ausgelegt wurde, war für Regina Scholz völlig neu. Maria kam als die Mutter Jesu zwar vor, war aber überhaupt nicht die Hauptperson. „Was er euch sagt, das tut!", hatte sie gesagt, als ob sie sich selbst auch gar nicht wichtig genommen hätte.

Ein anderes Mal war im Gottesdienst von Jesusworten aus Johannes 6 die Rede: „Ich bin das Brot des Lebens. Wer zu mir kommt, den wird nicht hungern; und wer an mich glaubt, den wird nimmermehr dürsten." Und „... wer zu mir kommt, den werde ich nicht hinausstoßen". Erstaunliche Aussagen Jesu! Einfach toll und faszinierend! In dieser besonderen Weise hatte Regina Scholz, die Frau aus dem katholischen Haus in Lindach, noch nie von Jesus gehört. So kam der Gottessohn in der Liturgie der Gottesdienste, die sie in ihrer Kirche erlebt hatte, auch nicht vor.

In diesen Monaten entstand bei Regina Scholz eine tiefe Sehnsucht, für ihre vielen Fragen um den Glauben und seine echten biblischen Inhalte endgültige Antworten zu erhalten. Sie wollte liebend gerne die Orientierung gewinnen, die ihr Sohn Andreas schon lange besaß und die ihren Teenie offenkundig glücklich sein ließ.

Zu Hilfe kam der fragenden und suchenden Mutter im Jahr 2003 eine Woche der besonderen Verkündigung „ProChrist" auf dem Schönblick mit dem bekannten Theologen und Pfarrer der Württembergischen Evangelischen Landeskirche Rolf Scheffbuch, der zuletzt Prälat in Ulm gewesen war und seit seiner Emeritierung in Korntal bei Stuttgart lebte. Von dort aus machte er immer wieder von sich reden. Diesem Mann ging der Ruf voraus, es sei sein zentrales Anliegen, „... dass Menschen Christen werden und es bleiben". Deshalb müsse er auch im Alter evangelisieren und für den Glauben an Jesus werben.

Regina Scholz nahm an den Veranstaltungen im Betsaal des Schönblick-Gästehauses teil und saugte die Botschaft vom Heil in Jesus Christus auf wie ein trockener Schwamm. Gegen den Aufruf, nach vorne zu kommen und sich und sein Leben beim Heiland Jesus Christus an dem dort aufgestellten Kreuz abzugeben, versuchte sie sich freilich zunächst zu wehren. Sie gab ihren inneren Widerstand aber auf, als sie an einem Abend das starke Empfinden hatte, dass ihr irgendjemand unter die Arme griff, sie von ihrem Stuhl hob und sie quasi nach vorne an den Platz vor dem Kreuz schob. Eine merkwürdige Wahrnehmung!

Dann hatte sie weiter das Empfinden, dass sie dort beim Kreuz den alten Koffer ihres Lebens abstellen konnte – der Pfarrer hatte von vorne über einen solchen Koffer gesprochen – und dass sie sich befreien konnte von allem, was ihren

Alltag, ihr Denken, Tun und Lassen bisher und zuletzt zunehmend belastet hatte. Wie leicht war ihr plötzlich ums Herz! Welche beschwingte Freude spürte sie plötzlich in ihrer Seele! Und was war das für eine gute, schöne neue Reisetasche, die sie nach dem Gespräch mit einer Mitarbeiterin dieser Veranstaltung und nach deren Gebet von diesem Abend in ihr weiteres Leben mitnehmen durfte! Die Tasche war gefüllt mit Glaubensfreiheit, die nicht eingeengt war durch Normen und Rituale; sie war gefüllt mit nie gekannter Glaubensgewissheit, die gekennzeichnet war von direktem Zugang zum Heiland Jesus und die sich ausdrückte in ihrem ganz neuen persönlichen Bekenntnis: „Mein Herr und mein Gott!“ (Johannes 20,28)

Das war herrlich und zum Danken! Regina, die Königliche, wie ihr Name aus dem Lateinischen bekanntlich zu übersetzen ist, war plötzlich ein neuer Mensch, und sie nahm für sich in Anspruch, was der Apostel Paulus in 2. Korinther 5,17 über Menschen gesagt hatte, die „in Christus“ waren: „Ist jemand in Christus, so ist er eine neue Kreatur; das Alte ist vergangen, siehe, Neues ist geworden.“

Jetzt konnte die Mutter ihren Ältesten endlich verstehen in seiner Begeisterung für das Evangelium, das er seit ein paar Jahren immer wieder gehört und selbst in seiner Bibel und in geistlichen Büchern gelesen hatte. Bereits als Junge lebte er in seinem Glauben und gab ihn in seiner Weise und an seinen Orten gerne weiter. Dass Andreas sich geweigert hatte, den Firmunterricht zu besuchen, und dass er sich für den neuen Konfirmandenunterricht der Schönblick-Gemeinde interessierte, war Regina Scholz jetzt keine Frage mehr und schon gar kein Grund zur Besorgnis. Dass der Junge damit zugleich in die evangelische Kirche konvertierte – er konnte das ohne elterliche Zustimmung, weil er inzwischen vierzehn Jahre alt war –, war die logische Folge seiner christlichen Überzeugung.

Regina Scholz akzeptierte die Entscheidung ihres Sohnes in vollem Umfang. Irgendwann würde sie diesen Schritt vielleicht auch tun. Jedenfalls freute sie sich mit dem Konfirmanden über seinen Denkspruch Sprüche 3,5-6, den er gegen Ende der Zeit des biblischen Unterrichts aus der „Lostrommel" gezogen hatte und der ihm unter Handauflegung zugesprochen wurde: „Verlass dich auf den Herrn von ganzem Herzen und verlass dich nicht auf deinen Verstand, sondern gedenke an ihn in allen deinen Wegen, so wird er dich recht führen."

So wie es Sohn Andreas bei seiner Konfirmation in sein Christenleben mitgegeben worden war, so wollte seine Mutter es künftig auch für sich handhaben: Gottes Wort sollte gemäß Psalm 119,105 für alle Zukunft ihres Fußes Leuchte und das Licht auf ihrem Weg sein. Der Rosenkranz blieb fortan in der Schublade. Dafür gehörten das Bibellesen und das unmittelbare Gespräch mit Jesus unbedingt zum Tagesprogramm.

Eine Frage aus ihrem „alten" Leben war Regina Scholz allerdings zunächst noch wichtig: Wie sollte sie künftig mit Maria, der Mutter Gottes, umgehen? Durfte die nun gar keine Bedeutung mehr in ihrem Glauben haben? Musste sie die heilige Jungfrau jetzt völlig aus ihrem Bewusstsein verbannen?

Nein, das musste sie nicht, lernte sie bei Gesprächen über diese Frage im Glaubenskurs mit dem Schönblick-Mitarbeiter und ehemaligen Missionar der Überseeischen Missionsgemeinschaft, Hans-Martin Richter, zu dem sie sich gleich am Ende der Evangelisationswoche angemeldet hatte. Das war der nunmehr bibelorientiert und evangelisch ganz anders frommen Regina Scholz wichtig, dass sie Maria weiter für wertvoll erachten durfte. Die war und blieb die Mutter Jesu, die nun aber für sie nicht mehr Mittlerin und Fürsprecherin war, aber doch ein Vorbild bleiben durfte im Glauben und in der Hingabe an ihren Sohn.

Reginas Veränderung fiel zu Hause natürlich auf und sie färbte nach und nach auf ihre Eltern ab, die dann auch bald die Gottesdienste auf dem Schönblick besuchten. Sie beeinflusste auch ihren Mann, der zwar noch Lektor und Kommunionshelfer in seiner Gemeinde ist, der aber doch auch ab und an mit hinüberfährt, um die anders gestalteten Gottesdienste und das Miteinander der Leute beim anschließenden Kirchkaffee auf dem Schönblick zu erleben.

Inzwischen ist Regina Scholz ihrem Sohn gefolgt und Mitglied der Evangelischen Gemeinde Schönblick geworden. Sie hat seit einiger Zeit auch ihren eigenen Verantwortungsbereich im Christlichen Gästehaus Württemberg, wie sich das Erholungsheim seit einiger Zeit offiziell nennt. Auch Andreas hat nach wie vor seine Aufgaben im Kindergottesdienst und in der Jugendarbeit der Gemeinde. Der junge Mann bringt sich weiterhin mit Kompetenz und überzeugendem Auftreten ein.

Und in der Familie Scholz weiß es inzwischen jeder: Da ist einer, der trägt und hält, bewahrt und versorgt, und der weiß, wie es im Leben sinnvoll weitergeht: Jesus Christus! Dem zu folgen lohnt sich allemal!

Manuel und Liesel Canal

Gott leitet dich mit seinen Augen

Wenn man in die Lebensgeschichten von Manuel und Liesel Canal eintaucht, kommt man aus dem Staunen nicht heraus. Nicht, wenn man sie einzeln betrachtet, und noch weniger, wenn man sich die Jahre vor Augen hält, die vor ihrer gemeinsamen Zeit lagen. Auch die Jahre, die die beiden als Eheleute und Eltern zweier Söhne und einer Tochter gemeinsam unterwegs sind, sind ungewöhnlich. Im Folgenden soll es um einige besonders prägende Momente, Zeitabschnitte und Verbindungslinien ihres Lebens gehen. Sie lassen darüber staunen, wie Gott an Menschen handelt.

London 1964/65. In einem schlichten Hostel, ähnlich einer deutschen Jugendherberge, begegnen sich zwei junge Menschen, die unterschiedlicher kaum sein können: Er, Manuel Canal, achtzehn Jahre alt und aus dem asturischen Gijón, der großen Industrie- und Hafenstadt im spanischen Norden am Golf von Biskaya. Sie, Liesel Braun, demnächst zwanzig Jahre alt und aus der baden-württembergischen Landeshauptstadt Stuttgart. Er ist ein „Kartei-Christ“ aus spanisch-fromm-katholischem Haus; sie eine bewusst gläubige junge Frau aus einer evangelischen, schwäbisch-pietistisch geprägten Familie.

Er, der junge Nordspanier, hegt in sich den Traum, ins Hotelwesen einzusteigen und dort Kariere zu machen. Weil er dazu unbedingt Englisch lernen muss, was für ihn in der spanischen Heimat schwer möglich ist, ist er nach London gekommen, um dort zu leben, wo die Sprache wirklich gesprochen wird. Die Service-Arbeit im englischsprachigen Hostel und seinem Umfeld kommt der Verwirklichung seines Traumes zusätzlich entgegen.

Sie, die weltoffene, aparte Jugendliche aus Deutschland, möchte für eine Weile als Au-pair arbeiten und dabei zugleich ihr Schulenglisch verbessern. Da bieten sich der Aufenthalt in der britischen Metropole an der Themse und das Angebot der Gästebetreuung im Hostel geradezu an.

Dass die beiden sich an ihrem gemeinsamen Arbeitsplatz begegnen würden, das konnte freilich keiner von ihnen vorher ahnen. Aber es kam so, als sei die deutsch-spanische Begegnung auf britischem Boden von höherer Hand eingefädelt worden.

Ob es wohl auch von höherer Hand eingefädelt war, dass die beiden jungen Menschen bald Gefallen aneinander fanden und sich so ineinander verliebten, dass sich ihre Liebe tief in ihren Seelen eingrub? Dem jungen Manuel Canal gefiel das und er konnte sich gut vorstellen, mit dieser jungen Deutschen sein Leben zu verbringen. Ihre besondere Christus-Gläubigkeit, aus der Liesel Braun keinen Hehl machte, war ihm zwar fremd, aber er wollte schon damit zurechtkommen.

Der jungen Frau machte die Entwicklung allerdings mehr und mehr Mühe. Es störte sie, dass Manuel von ihrer persönlichen Jesus-Beziehung wenig hören wollte und dass er für Gespräche über den Glauben nicht offen war. Der Junge wollte lieber turteln als ernsthaft über den Sinn des Lebens für Zeit und Ewigkeit nachdenken. Das aber war Liesel Braun zu wenig Grundlage für eine gemeinsame Zukunft. Ihr Inneres drängte sie mehr und mehr dazu, sich der möglichen deutsch-spanischen Beziehung zu verweigern und sich ihr möglichst bald völlig zu entziehen.

„Ich muss dir etwas sagen, Manuel", begann sie eines Tages das Gespräch, als die beiden an einem gemeinsamen freien Nachmittag im Vorfrühling 1965 wieder einmal auf einer Bank am Serpentine-Lake im berühmten Hydepark saßen und sich an den zahmen Eichhörnchen erfreuten, die zu ihren Füßen um Nahrung bettelten. Dabei entzog sie sich seinem Arm und setzte sich quer, damit sie den jungen Mann anschauen konnte.

„Ich hoffe, du sagst mir etwas Gutes, meine Liebe“, schaute Manuel Liesel erwartungsvoll an.

„Wohl eher nicht“, antwortete die junge Frau mit bekümmerten Gesicht und einem leichten Seufzer. „Ich gehe zurück nach Deutschland.“

„Nein, Liesel! Das kannst du nicht machen!“ Manuel stand sofort großes Entsetzen im Gesicht. Er griff nach Liesels Händen: „Warum gehst du zurück? Warum jetzt? Das macht doch keinen Sinn! Das macht doch unsere Liebe kaputt! Was wird dann aus uns?“

Liesel Braun seufzte noch einmal auf und sagte dann: „Aus uns beiden kann sowieso nichts werden, Manuel. Wir sind einfach zu verschieden. Ein spanischer Katholik und eine protestantisch-fromme Deutsche, das geht auf Dauer nicht. Da kann die Liebe noch so groß und tief sein.“

„Aber wir verstehen uns doch gut“, widersprach Manuel.

„Menschlich verstehen wir uns wirklich gut“, gab Liesel zurück. „Aber geistlich sind wir so weit voneinander entfernt wie die Erde vom Mond. Und das Geistliche ist mir wichtig. Ich kann mit meinem Jesus-Glauben nicht katholisch werden. Und dich würde die katholische Kirche exkommunizieren, wenn du mich heiraten würdest. Das willst du aber nicht und deshalb geht das nicht mit uns, Manuel. Ich weiß auch nicht, ob meine Eltern ... Und ich glaube auch nicht, dass Gott das so will. Wir zwei ...? Nein, nicht, Manuel. Es tut mir leid!“

Manuel Canal verschlug es zunächst die Sprache. Nach einigen Momenten betroffenen Schweigens gab er zurück: „Wenn du meinst, dass Gott das mit uns nicht will, dann willst du das natürlich auch nicht. Das muss ich dann wohl verstehen, auch wenn ich das nicht will und auch nicht kann. – Wann gehst du nach Hause zurück?"

„Schon in einer Woche", sagte Liesel leise und fügte hinzu: „Glaub mir, das fällt mir nicht leicht, aber es ist für uns beide besser. Je länger wir zusammenbleiben, desto schwerer wird es für uns, dass wir uns trennen."

Manuel antwortete darauf nicht, sondern erhob sich von der Bank, um den Weg zurück zum Hostel anzutreten. Ihm war die Lust vergangen, hier länger in der Sonne zu sitzen. Liesel folgte ihm, ging dann aber an seiner Seite, schweigend wie er auch, dabei innerlich dankbar, dass sie ihren Entschluss endlich mitgeteilt hatte …

Wenige Tage später – es hatte noch einige Gespräche über Liesels Entscheidung und über die Zukunft der beiden an künftig unterschiedlichen Orten gegeben – kam dann der endgültige Abschied der beiden jungen Menschen, die sich lieb gewonnen hatten und doch keinen gemeinsamen Weg vor sich sahen. Ehe Liesel das Haus verließ, überreichte sie Manuel noch ein Geschenk: „Es hat mich viel Mühe gekostet, eine spanische Bibel zu besorgen, Manuel", sagte sie. „Ich weiß, dass du bisher nie in einer Bibel gelesen hast. Das ist bei vielen Katholiken leider so. Die überlassen das Bibellesen lieber den Männern ihrer Kirche. Ich lade dich aber ein, den Liebesbrief Gottes an die Menschen selbst zu lesen. Er ist auch an dich geschrieben, wie du weißt. Meinen Wunsch für dich habe ich als Widmung hineingeschrieben. – Und jetzt behüt' und segne dich Gott!" Danach gab es noch eine kurze Umarmung, einen flüchtigen Abschiedskuss, einen letzten Händedruck, und die Wege zweier junger Menschen liefen auseinander.

Ehe Manuel Canal wieder an seine Arbeit im Service des

Hauses ging, packte er rasch noch die Bibel aus – eine wertvolle argentinische Ausgabe in feiner, dunkler Lederbindung und mit Griffregister versehen –, um zu lesen, was Liesel Braun ihm als Widmung hineingeschrieben hatte. Dabei war ihm der Gedanke im Kopf, dass er diese Bibel trotz ihrer guten Aufmachung doch wohl eher nicht lesen, sie aber gerne als Erinnerungsstück auf seinem Wandbord deponieren würde. Liesels frommer Eintrag gefiel ihm zwar, aber er traf sein Inneres nur sehr oberflächlich: „God's word may bless you und lead you through your whole life! Your Liesel (London, March 11th, 1965)." (Gottes Wort segne dich und führe dich durch dein Leben! Deine Liesel.)

Dass sich dieser Segensspruch in den kommenden Jahren im Leben seines Empfängers auswirken würde, war der fromme Wunsch seiner Spenderin. Wie er sich aber auswirkte und dass diese Wirkung letztlich auf die Spenderin zurückfiel, konnte Liesel an jenem 11. März 1965 nicht ahnen. Der Segensträger Manuel freilich noch viel weniger, hatte er doch zu dem eigentlichen, dem göttlichen Segensspender, kaum eine Beziehung.

Von dem heute pietistisch geprägten Immer-noch-Katholiken und Deutsch-Spanier Manuel Canal gibt es aus jüngster Zeit die folgende Aussage: „Ich behaupte, dass die berühmte Nadel im Heuhaufen leichter zu finden ist, als dass sich zwei Menschen begegnen mit solch unterschiedlichen Voraussetzungen wie Herkunft, Sprache, Religion und Prägung. Dass sie nach sieben Jahren heiraten und nach 45 Jahren immer noch glücklich miteinander unterwegs sind, das ist im Resümee eine aussichtslose Geschichte mit Happy End. Dabei muss Gott eine Rolle gespielt haben. Es kann gar nicht anders sein. Ich bin sicher: Er hat die Hauptrolle gespielt."

Wie Gott das gemacht hat, sei hier in wenigen Sätzen beschrieben: Nach ihrer Trennung hatten die beiden jungen Leute sich vergeblich bemüht, einander zu vergessen. Zu tief hatte sich die Zuneigung bereits in ihnen verwurzelt, und die Gedanken der Sehnsucht begleiteten und verfolgten sie an alle Orte, an denen sie sich aufhielten. Dass gelegentliche briefliche Kontakte nicht dazu verhalfen, das Bild des jeweils anderen aus dem Herzen zu verbannen, versteht sich von selbst. Und tief in ihrem Inneren wartete wohl jeder auf ein Zeichen, wie es denn mit ihnen weiterginge, auch wenn Liesel in ihrer Post immer darauf hinwies, dass es eine gemeinsame Zukunft nicht geben könne.

Manuel war nach seiner Londoner Zeit, seinem Traum folgend, ins Hotelgewerbe eingestiegen, um in Paris im berühmten Hotel Ritz zu arbeiten und sein Französisch zu pflegen. Um Deutsch zu lernen, ging er später zur Arbeit nach Düsseldorf ins Hotel Breidenbacher Hof und nach Stuttgart ins Steigenberger Hotel Graf Zeppelin – alles Häuser der ersten Kategorie. Und das alles als fleißiges „Naturtalent" im gehobenen Gastgewerbe und ohne eine Hotel-Fachausbildung zu haben. Die hat der junge Mann auf der entsprechenden Fachschule in Heidelberg später nachgeholt – da war er bereits Ehemann und Familienvater. Zwischenzeitlich war er nach Spanien zurückgekehrt, um von dort aus in der spanischen Exklave Ceuta an der Mittelmeerküste Marokkos seinen Militärdienst abzuleisten.

Damals, im August 1969 – der Soldat hatte mitgeteilt, in seinem Urlaub demnächst nach Deutschland zu kommen, um Liesel Braun zu reffen –, hatte die junge Frau die Familie Canal in Gijón besucht, um der Begegnung mit Sohn Manuel zuvorzukommen und ihm endgültig ihren Verzicht auf den gemeinsamen Lebensweg mitzuteilen. Eine schicksalsträchtige Reise mit dem genauen Gegenteil als Ergebnis: Liesel Braun wurde von den Canals sofort auf- und angenommen, und die Liebe der beiden flammte neu auf. Eine sehr merkwürdige Entwicklung! Gott hatte offenbar andere Pläne mit den beiden jungen Leuten, als die für sich selbst!

Zurück in ihrer deutschen Heimat hatte Liesel Braun 1965 eine Ausbildung zur medizinisch-technischen Assistentin gemacht, hatte dann eine Zeit lang in Südafrika gelebt und gearbeitet, später in Bad Kissingen an der Fränkischen Saale südlich der Rhön und dann auch wieder in ihrer schwäbischen Heimat am Neckar.

Dort stand der junge Spanier am 4. Januar 1970 bei den Brauns zum ersten Mal an der Wohnungstür – von Liesel mit Vaters Auto am Hauptbahnhof in Stuttgart abgeholt –, wo er mit dem erstaunlichen Satz von Liesels Vater begrüßt wurde: „The friend of my daughter is also my friend." „Der Freund meiner Tochter ist auch mein Freund." Welch ein Satz! Für Manuel Canal war das ein Zeichen dafür, dass er als katholischer Spanier und Werber um die Tochter des Hauses bei den Eltern Braun wirklich willkommen war.

Was für Manuel Canal ein Zeichen war, angenommen zu sein, war für Liesel Braun ein ebensolches Zeichen dafür, dass ihre Eltern bereit waren, diesen für sie bisher fremden Menschen in die Familie aufzunehmen und die dauerhafte Verbindung der beiden jungen Erwachsenen zu akzeptieren; wussten sie doch, dass ihre Tochter diesen freundlichen, gut aussehenden jungen Menschen ebenso seit Jahren liebte wie er sie und dass alle selbst organisierten Trennungsversuche der beiden gescheitert waren. Ihnen, den Eltern Braun, war das ein Zeichen, dass der himmlische Vater die beiden als seine Kinder füreinander bestimmt hatte und offenbar ernsthaft dabei war, den Weg zu ihrer gemeinsamen Zukunft zu ebnen.

Dabei gaben sie zu, dass dieser Weg und sein Ziel sehr speziell waren: Hier ihre christus-gläubige Tochter, nach eigener Einschätzung und nach neutestamentlicher Definition ein Kind Gottes, durch ihre Familie und die Gemeinschaft, in der sie seit Jahren die altersgemäßen Kreise besucht hatte, pietistisch geprägt und in biblischen Dingen sehr bewandert – und dort der spanisch-katholisch erzogene Jung-Hotelier und Möchtegern-Schwiegersohn. Der war nach eigener Aussage von einer Gotteskindschaft weit entfernt. Ihm war die biblische Botschaft und das Evangelische bisher mal noch sehr fremd, wenngleich er seit Jahren eine besonders gewidmete Bibel besaß, in der er freilich kaum gelesen hatte.

Das Ganze war schon eine sehr merkwürdige Sache. Und doch: In dieser Geschichte musste Gott seine Hände im Spiel haben, sonst wäre es nicht zu dieser Begegnung gekommen. Es hätte am 2. August 1970 keine Verlobung gegeben. Es wäre in den mehr als fünfzehn folgenden Monaten nicht zu den zahlreichen ernsthaften Gesprächen darüber gekommen, wie es denn mit der späteren Hochzeit würde, die doch eine ökumenische sein sollte. Eine ökumenische Trauung im Jahr 1972! Und das in der frommen Familie Braun! Und was gab es vorher nicht noch alles zu klären, damit das Fest seine Würde und seine Prägung bekam mit einer tragfähigen geistlichen Komponente, mit harmonischem deutsch-spanischem und sonstigem Miteinander, mit kulinarischen und auch unterhaltungsmäßigen Höhepunkten?!

Schließlich war das alles geklärt. Der Feierort war gewählt und gebucht: Das Burghotel Stettenfels in Untergruppenbach bei Heilbronn bot Übernachtungsmöglichkeit für die spanischen Gäste, und die Burgkapelle gab ein schönes Ambiente für eine feierliche Trauzeremonie. Die ökumenischen Fragen waren ausdiskutiert, und der evangelische Ortspfarrer von Untergruppenbach und der katholische Priester aus Heilbronn, der dort seine spanischen Gastarbeiter-Landsleute betreute, waren gerne bereit, sich ihrer gemeinsamen Aufgabe zu stellen. Gerne wollten sie den Trauspruch der Hochzeiter in ihrem Miteinander bereits praktisch werden lassen und seine Aufforderung dem Brautpaar und der Hochzeitsgemeinde mit auf den Weg geben: „Nehmt einander an, wie Christus euch angenommen hat zu Gottes Lob“ (Römer 15,7).

Seit jenem zweiten Ostertag 1972 sind Liesel und Manuel Canal nun gemeinsam unterwegs, um immer wieder neu das eigene gegenseitige „Annehmen“ und das anderer Menschen zu lernen und zu praktizieren. Auf diesem Weg mit dem zugesprochenen Segen Gottes hat sich Liesels Glaube weiter ausgeprägt und gefestigt und hat Manuels Glaube ein gutes Fundament gefunden, hat sich fest darauf gegründet und ist so weit gewachsen, dass er später selbst zum Verkündiger wurde. Die Bibel blieb ja jetzt auch nicht mehr im Regal, sondern wurde immer wieder herausgenommen und gelesen und studiert. Die spanische aus London wurde vom Erinnerungsstück zum Gebrauchsgegenstand. Dass dazu deutsche Übersetzungen und verschiedene Bibelkommentare in Gebrauch genommen wurden, versteht sich von selbst.

Zwei besondere Lebensabschnitte der Canals seien hier noch in gebotener Kürze wiedergegeben. Dabei soll Manuel zunächst selbst zu Wort kommen:

„1993 hatte ich die Möglichkeit, bei der Austragung der Evangelisation ProChrist in Nürtingen am Neckar entscheidende Schritte im Glauben zu tun. Ich wollte nun nicht mehr nur Hörer des Wortes sein, sondern auch Täter nach Jakobus 1,22 (‚Seid aber Täter des Worts und nicht Hörer allein; sonst betrügt ihr euch selbst.‘).

Ich übernahm dann den Vorsitz des CVJM Neckartailfingen

und wurde später von den leitenden Brüdern an den Brüdertisch in der Gemeinschaftsstunde der APIs, der Altpietisten, berufen. Ein Katholik wird zum ‚Redenden Bruder' berufen! Das war doch was! Eine Zeit lang war ich dann sogar so genannter Bezirksbruder oder auch Reisebruder."

1999 erlebte das Ehepaars Canal noch einmal eine wichtige Veränderung, die Manuel in die „sinnvollste Tätigkeit meines Lebens" hineinführte und die die Vorgeschichte wurde zu seiner heutigen Tätigkeit als rüstiger Rentner. Es hatte allerdings zuvor bereits einige entscheidende Entwicklungen gegeben: Das Experiment, als Zweiter Direktor einer „1000-Betten-Burg" auf Mallorca zu arbeiten, war an unzumutbaren Arbeitsbedingungen gescheitert. Manuel kehrte nach Deutschland zurück, um wieder im „Graf Zeppelin" in Stuttgart zu arbeiten, diesmal als Empfangschef. Seine Frau lebte mit den Kindern, damals 6, 3 und 1 Jahr alt, zur selben Zeit in Madrid bei ihrer Schwägerin. Die beiden Jungen und das Mädchen sollten doch Spanisch lernen, um die Muttersprache des Vaters sprechen zu können. Aber auch dieses Experiment scheiterte. Die Zeit in der spanischen Hauptstadt brachte nicht den gewünschten Erfolg, und Liesel kehrte mit den Kindern wie zuvor ihr Mann nach Deutschland zurück. Fortan wurde in der Familie nur noch Deutsch gesprochen.

Schließlich scheiterte das Gesamtprojekt „Hotellerie", weil die Familie es nicht länger ertragen konnte, dass der Vater seine Kinder kaum noch zu sehen bekam nach dem Motto: „Wer ist denn der fremde Mann, der ab und zu ins Haus kommt?"

Manuel Canal begrub seinen alten und über viele Jahre gepflegten Traum, stieg aus seinem Hotel-Job aus, um etwas völlig anderes zu machen. Er wurde erfolgreicher Holzverkäufer mit familienfreundlich geregelten Arbeitszeiten. Als in diesem Geschäft dann aber auch die Freizeit immer knapper wurde, stieg Manuel beruflich noch einmal um und arbeitete in der Kontrollabteilung einer Schreinermeister-Genossenschaft, bis die ihn eines Tages wegrationalisierte. Gerade 54 Jahre alt, war der Familienvater plötzlich arbeitslos: „Zu alt, noch etwas Neues zu machen, und zu jung zum Sterben."

Aber was jetzt tun? Womit jetzt den Unterhalt verdienen? Dazu wieder Manuel Canals eigene Worte: „In diese Situation bekam ich die Berufung, als Zeltmeister für das Amt für Missionarische Dienste der Evangelischen Kirche in Württemberg im weiten Land unterwegs zu sein. Das war eine anspruchsvolle Aufgabe mit einem tiefen Sinn: ein schönes Zelt als ‚Verpackung' für einen guten Inhalt. Die Botschaft der Liebe Gottes, die allen Menschen gilt, auf diese Weise zu verbreiten, hat mir, der ich inzwischen tief in den christlichen und pietistisch geprägten Glauben hineingewachsen war, viel Freude und Erfüllung gebracht. Ich bin überzeugt, bei dieser Entwicklung hatte Gott immer wieder seine Hände im Spiel."

Anders kann es wohl auch nicht gewesen sein, meint es Gott doch immer gut mit seinen Leuten und möchte nach den Worten Jesu, dass sie durch die richtigen Türen gehen und „das Leben haben und volle Genüge" (Johannes 10,10).

Nach reichen Jahren als Verwalter seines modernen Zeltbaus, den er liebevoll seine „Kathedrale" nannte, und als Bewohner seiner mobilen „Sommerresidenz" kam für Manuel der Tag der Pensionierung. Zwei Jahre lang überlegten er und Liesel, welche Aufgabe sie nun übernehmen sollten. „Auf einer Urlaubsrückfahrt von Spanien", erzählt Manuel, „machten wir auf der Fahrt durch Frankreich einen Abstecher nach Taizé bei Cluny in Burgund, um dort die bekannte Kommunität des Versöhnungsordens von Roger Schutz zu besuchen. Dort wurden wir in einer Andacht darauf hingewiesen, dass Noah, der Mann mit der besonderen Gnade vor dem Herrn, vor Ausbruch der Sintflut weit mehr als 500 Jahre alt war, als er die Arche bauen sollte. Er war dann 600, als er auf trockenem Land ganz von vorne anfangen musste. Und wir waren gerade mal Mitte der Sechziger und sollten zu alt sein, etwas Neues zu beginnen? Dann wurde uns in Neckartailfingen unerwartet die Wohnung gekündigt wegen Eigenbedarfs. Wenn das keine Zeichen Gottes waren!"

Diese Zeichen brachten Manuel zurück in den Verband, dem er als „Redender Bruder" bereits gedient hatte, und dort in die Gästebegleitung, also in Tätigkeitsbereiche seines ursprünglich gelernten Berufs. Liesel fand gewissermaßen an ihre Wurzeln zurück: als Hilfe ihres Mannes in der Begleitung der Gäste des Schönblicks, in das ehrwürdige Haus, dessen erster Verwalter und Hausvater Friedrich Braun gewesen war, ihr Großvater!

Der Umzug von Neckartailfingen nach Schwäbisch Gmünd nach der Berufung in die neue Aufgabe setzte freilich voraus, dass sie endlich bereit waren, vieles loszulassen an menschlichen Beziehungen und irdischen Gütern – in dem Bewusstsein, dass Loslassen nie in irgendeinen Mangel führt. „Im Gegenteil", sagt Liesel Canal. „Wir haben jetzt Zeit und können unsere Gaben und Fähigkeiten der Allgemeinheit zugutekommen lassen, wie die Bibel es in 1. Petrus 4,10 empfiehlt: ‚Dient einander, ein jeder mit der Gabe, die er empfangen hat, als die guten Haushalter der mancherlei Gnade Gottes.' Wer so handelt, bleibt bewahrt vor Langeweile und Einsamkeit, und er wird beschenkt mit Genugtuung und Zufriedenheit."

Das Schlusswort dieses Textes soll noch einmal Manuel gehören: „Der Vers Kolosser 3,23 ist mir sehr wichtig: ‚Alles, was ihr tut, das tut von Herzen als dem Herrn und nicht den Menschen.' Den anderen Rat aus Matthäus 6,33 gebe ich genauso gerne weiter: ‚Trachtet zuerst nach dem Reich Gottes und nach seiner Gerechtigkeit, so wird euch das alles zufallen.‘ Wer nach diesen Worten lebt, lebt glücklich.“

Ja, das Leben von Manuel und Liesel bestätigt: Gott leitet seine Leute mit seinen Augen und führt sie seine Wege. Er will, dass sie glücklich werden und bleiben – so wie Manuel und Liesel Canal.

Steffen und Simone Leistner

Gott braucht manchmal lange Wege

„Die Wohnung war eigentlich nicht für Simone gedacht. Ich musste sie halt teilen." Mit verschmitztem Lächeln und in deutlich erzgebirgisch eingefärbter Sprache sagt Steffen Leistner das und eröffnet damit unsere Begegnung, in deren Verlauf ich die Geschichte der beiden sympathischen Menschen kennenlernen möchte. Sie haben mich dafür zu sich in ebendiese Wohnung eingeladen. „Ja, so war's nun mal", antwortet seine Frau Simone lachend – freilich etwas verhalten, weil die beiden Söhne Silas und Elias bereits in ihren Betten liegen und schlafen sollten – und ergänzt: „Das kommt davon, wenn einer zur Mitternacht endlich nach einer anderen Hand greift." Dabei knufft sie ihren Mann liebevoll in die Seite.

In den folgenden fröhlichen Stunden erfahre ich, wie ein Erzgebirgler in seiner Heimat in der damaligen DDR und nach der politischen Wende in verschiedenen Gegenden der weiten Welt darauf vorbereitet wird, seinen heutigen Lebensplatz einzunehmen, den er sich nun bereits seit Jahren mit einer schwäbisch-ostfriesischen Siegerländerin teilt. Die hatte er sich nicht unbedingt per Vorsatz gesucht, aber doch per göttlicher Fügung gefunden.

Steffen Leistner ist ein echtes DDR-Gewächs. Er stammt aus dem frommen Dorf Stützengrün am Kuhberg und an der Eibenstock-Talsperre, das unter anderem durch seine Waldgottesdienste am Pfingstmontag bekannt wurde. Diese Gottesdienste zogen schon zu sozialistischen Zeiten Hunderte von Menschen an. Im Jahr 1966 in eine fromme Gemeinschaftsfamilie hineingeboren, wurde Steffen bereits als Junge für den Staat zu einer „unangepassten" Person. Schon als Schuljunge führte Steffen ein Leben, das alles andere als staatskonform war. So war er nie Pionier und später folglich auch kein FDJler. Halstücher und Fahnenappelle waren ihm stets zuwider. Der Junge bevorzugte eher die Jungschar, hörte und lernte Jesus-Geschichten und sang christliche Songs. Später nahm er als Mitglied der Jugendgruppe der Landeskirchlichen Gemeinschaft seines Heimatortes lieber am gemeinsamen Bibelgespräch teil als an politischen Diskussionen. Als Vierzehnjähriger verweigerte er die staatliche Jugendweihe und ließ sich dafür von seinem Ortspfarrer konfirmieren. Eine neue Bibel zur Einsegnung war ihm wertvoller als das obligatorische „Weltall – Erde – Mensch" als Buchgeschenk zur Jugendweihe oder auch das Buch „Der Sozialismus – Deine Welt".

Zugegeben, für ihn war das damals nicht unbedingt bereits ein bewusst christliches Bekenntnis wie für seine Eltern, aber doch die logische Folge seiner bisherigen Haltung gegenüber dem Staat und seinen ideologischen und politischen Ansprüchen.

Die Benachteiligungen, die Steffen Leistner wegen dieses Verhaltens als bekennender Christ zu ertragen hatte, nahm er auf sich, ohne dagegen zu rebellieren. Da er ohnehin eher praktisch veranlagt war, fiel ihm der staatlich verordnete Verzicht auf den Besuch der Erweiterten Oberschule mit dem Abitur als Abschluss nicht unbedingt schwer, und er erlernte das Maurerhandwerk. In diesem Beruf nach der Ausbildung einen Arbeitsplatz zu finden, war nicht schwer. Bauhandwerker wurden in seiner Heimat immer gebraucht und waren gern gesehene Leute.

Im Herbst 1989 erhielt Steffen Leistner die Einberufung zur Nationalen Volksarmee. Inzwischen war der junge Mann „in den persönlichen Glauben an Jesus Christus hineingewachsen", wie er selbst erzählt. Von daher war es für ihn nur folgerichtig, auf „Recht und Ehrenpflicht" des Dienstes an der Waffe in der NVA, der Nationalen Volksarmee, zu verzichten und sich dem Fahneneid zu verweigern. Dem DDR-Staat als Bausoldat zu dienen und das zugehörige „entschärfte" Gelöbnis zu sprechen, war ihm allemal lieber:

„Ich gelobe, der Deutschen Demokratischen Republik, meinem Vaterland, allzeit treu zu dienen und meine Kraft für die Erhöhung ihrer Verteidigungsbereitschaft einzusetzen ... Ich gelobe, gewissenhaft die zur Erfüllung meiner Aufgaben erforderlichen Kenntnisse zu erwerben, die gesetzlichen und militärischen Bestimmungen zu erfüllen und überall die Ehre unserer Republik und meiner Einheit zu wahren."

Nach Abschluss des Anerkennungsverfahrens wurde Steffen mit einer Gruppe anderer Bausoldaten aus der Region nach Bitterfeld eingezogen. Dort sollten die jungen Männer mit den Spaten auf den Schulterklappen ihrer Uniformen in der Chemiestadt nördlich von Leipzig in einem Betrieb eingesetzt werden, wo sie ohne Schutzkleidung hochgradig verseuchten Materialien ausgesetzt waren. Sich dieser mörderisch-gefährlichen Aufgabe zu stellen, waren Steffen Leistner und seine Kameraden allerdings nicht bereit. Den Einsatz empfanden sie als reine Schikane des Staates. Sie protestierten schriftlich dagegen – und hatten mit ihrem Protest tatsächlich Erfolg: Der Einsatzbefehl wurde zurückgezogen! Der besondere Herbst 1989, in dem der öffentliche Unmut gegen das sozialistische Regime immer lauter wurde und wo in vielen Städten der DDR wachsende Bürgerscharen seit Wochen regelmäßig auf die Straßen gingen, um gegen die Zustände in ihrem Staat zu protestieren, zeigte wohl auch schon hier seine Wirkung.

Bausoldat Steffen Leistner landete danach zunächst mit verschiedenen Aufträgen an unterschiedlichen Orten der DDR, bis er schließlich als Helfer in einem Pflegeheim in Wernesgrün tätig war, gerade einmal fünf Kilometer von seinem Heimatort entfernt. Das war nun ein Einsatz, gegen den er gar nichts einzuwenden hatte, konnte er doch zu Hause wohnen und sich von da aus an seinem Dienstort als Christ für hilfsbedürftige Menschen nützlich machen.

Es waren politisch turbulente Zeiten. Manche DDR-Behörden waren absolut überfordert mit dem, was sich mit dem Mauerfall am 9. November 1989 und der Öffnung der Grenzen nach innen und außen im Land verändert hatte und täglich weiter veränderte bis hin zur Wiedervereinigung der beiden deutschen Staaten am 3. Oktober 1990.

Waren die DDR-Bürger bis zu jenem entscheidenden Satz von Günter Schabowski – Mitglied des Politbüros des Zentralkomitees der SED – über die Aufhebung der Reisebeschränkungen am Abend des 9. November 1989 in den Grenzen ihres Staates quasi eingepfercht, so stand ihnen seitdem die Welt offen. Das galt auch für Steffen Leistner. Dessen Militärdienst als Bausoldat im Pflegedienst löste sich auf in den Wirren der zerfallenden DDR. Der junge Mann suchte und fand Arbeit im jetzt erreichbaren Westen und landete 1991 nach mehreren Zwischenstationen auf Vermittlung von Freunden als Baumitarbeiter im christlichen Gästehaus Schönblick oberhalb von Schwäbisch Gmünd.

Von dieser Einrichtung hatte er bisher nur gehört. Dank Gottes Eingreifen in die deutsch-deutsche Geschichte konnte er sie nun für ein paar Jahre hautnah erleben – und hatte während dieser Zeit zum ersten Mal „optischen Kontakt“ mit Simone Sandersfeld, die damals „zufälligerweise“ gleichzeitig zum Besuch ihrer dort angestellten Freundin Claudia im Haus war. Wäre Steffen Leistner von seinem Naturell her nicht ein so schüchterner und zurückhaltender Mensch gewesen, er hätte die junge Frau vielleicht schon angesprochen und ihr gesagt, dass er sie nett und angenehm fände. Die hätte dann vielleicht die Gelegenheit genutzt, um auf das Herzenskompliment zu reagieren. Wer weiß, wie die Geschichte dann weitergegangen wäre …

So aber ging Steffen Leistner 1995 zurück in seine erzgebirgische Heimat, nachdem er in Schwäbisch Hall die Meisterschule erfolgreich absolviert hatte. Ehe er wieder irgendwo sesshaft würde, wollte er gerne für Gott „irgendetwas Verrücktes" machen, wie er sich ausdrückte. So fand er sich schließlich wieder als sogenannter technischer Missionar im Auftrag der Liebenzeller Mission auf den mikronesischen Inseln Yap und Guam, die zu den USA gehören. Auch auf dem Missionsfeld hier im westlichen Pazifik wurden Experten in Sachen Neu-, Aus- und Umbau gebraucht, und Instandhaltung des Bestehenden benötigte ebenfalls entsprechendes Fachwissen und -können. Für den Maurermeister war das eine gute Gelegenheit, seine praktischen Fähigkeiten missionarisch einzusetzen und auf diese Weise christlichen Glauben zu leben, auch ohne viele Worte machen zu müssen. Viele Worte zu machen, war nämlich nicht sein Ding.

Auf einer der beiden Inseln erreichte ihn eines Tages ein Telefonanruf aus Schwäbisch Gmünd, ob er nicht zurück auf den Schönblick kommen wolle. Man brauche dringend einen fähigen Hausmeister, und er habe sich doch bereits in der Einrichtung bewährt. Steffen Leistner lehnte das Angebot damals allerdings ab und arbeitete nach seiner Rückkehr nach Deutschland lieber bei einer Baufirma in Heubach am Fuß des Rosensteins am Rande des Remstals. Von hier aus lag der Schönblick beinahe in Sichtweite, und er konnte frühere Kontakte aufleben lassen.

Die Verantwortlichen in der Leitung des Erholungsheims

aber ließen ihm mit ihren wiederholten Anfragen keine Ruhe. Schließlich gab Steffen Leistner dem häufigen Werben nach, in das seine alten und neuen Schönblick-Freunde kräftig mit einstimmten. So kam er 2002 auf Dauer an den Ort, wohin Gott ihn offenbar haben wollte. Hier beteiligte sich der inzwischen siebenunddreißigjährige Junggeselle sogleich an der Erstellung des sogenannten Roten Hauses, das von einigen Mitarbeitern als Bauherren für den Eigenbedarf und für weitere Mitarbeiter des Schönblicks gebaut wurde. In diesem modernen Bau wollte auch der Mann aus dem Erzgebirge, der sich zu dem Zeitpunkt schon beinahe mit seinem Schicksal als ewiger Junggeselle abgefunden hatte, für sich eine eigene Wohnung einrichten.

Aber da gab es ja auch Simone Sandersfeld, die schwäbisch-ostfriesische Siegerländerin, der Steffen Leistner 1991 bereits begegnet war und die seit dem 1. März 2001 in der Verwaltung des christlichen Erholungsheims ihren Dienst tat. „Schwäbisch-ostfriesisch" war Simone deshalb, weil sie als Tochter einer Mutter aus dem schwäbischen Nufringen und eines Vaters aus dem ostfriesischen Firrel nordöstlich von Leer in Backnang am Rande des Schwäbischen Waldes zur Welt gekommen war. Siegerländerin war sie deshalb, weil sie in dieser Region an der Sieg – bedingt durch die Dienstorte ihres Vaters – die bisher längste Zeit ihres Lebens verbracht hatte. Dort hatte sie nach dem Besuch von Grund-, Haupt- und Höherer Handelsschule ihre Ausbildung zur Industriekauffrau absolviert und auch ein Jahrzehnt lang in diesem Beruf ihr Geld verdient, bis Gott sie schließlich auf den Schönblick geführt hatte. Dort wollte er sie offenbar haben und gebrauchen, und dort sollte sie nach seinem Vorsatz Steffen Leistner wieder begegnen.

„Und, was meinst du, wer gewinnt?" Mit dieser Frage in

breitem Sächsisch ließ sich der Schönblick-Hausmeister neben Simone Sandersfeld nieder. Mit vielen anderen wollten die beiden im Betsaal – so hieß der Saal des Gästehauses damals noch – am „Publik Viewing“ teilnehmen. Welch eine Zweckentfremdung des Raumes: „Publik Viewing“ im Betsaal! Wie hatten sich doch die Zeiten geändert!

Es war Sonntag, der 30. Juni 2002, Finale der Fußball-Weltmeisterschaft in Japan und Südkorea. Die deutsche Nationalmannschaft hatte es entgegen allen Prognosen bis ins Endspiel geschafft und stand in der japanischen Stadt Yokohama den favorisierten Brasilianern gegenüber. Dieses Ereignis durfte natürlich auch an den interessierten Leuten des Schönblicks nicht vorbeigehen. Deswegen war der Raum für diesen besonderen Nachmittag „umgewidmet“ worden. Dafür, dass Steffen neben Simone zu sitzen kam, hatten ihre Freunde vom Schönblick bereits im Vorfeld gesorgt. Wenn die zwei alternden Jugendlichen mit ihrer Beziehung nicht selbst voranmachten und nicht auf Gottes Zeichen achteten, mussten sie, die Freunde, eben ein wenig nachhelfen.

„Ich weiß es nicht“, antwortete Simone. „Die Brasilianer sind ein harter Brocken. Die tragen schon ein paar Sterne auf dem Trikot.“

„Vier sind's genau“, wusste Steffen. „Den fünften werden sie sich heut holen. Stern, auf den ich schaue.“

„Steffen!“, tat Simone ein wenig empört. „Das Lied passt hier doch wohl nicht hin.“

„Wieso nicht?“, gab der grinsend zurück. „Guck gleich hin, wie die sich vorm Spiel bekreuzigen, die Brasileiros. Die wissen was vom ‚Stern, auf den ich schaue‘. Da sind fromme Jungs dabei.“

Es ging noch ein wenig weiter zwischen den beiden und auch den Freunden, besonders darum, ob man für einen Sieg beten dürfe, ob Gott wohl auf der Seite der „frommen“ Mannschaft sei oder ob er sich überhaupt für Fußball interessiere …

Während des Spiels ging es lebhaft zu – im Betsaal des Schönblicks wie im fernen Fußballstadion –, das bis zur 67. Minute einen ausgeglichenen und dabei recht spannenden Verlauf nahm und lange keinen Sieger erkennen ließ. Dann unterlief „Titan“ Oliver Kahn im Tor ein schwerwiegender Fehler. Er hielt den Ball nicht fest. Weltfußballer Ronaldo nutzte die Gelegenheit gnadenlos, und schon lag Deutschland 0:1 zurück. Als dann Ronaldo in der 79. Spielminute mit einem unhaltbaren Schuss aus sechzehn Metern Entfernung zum zweiten Mal zuschlug, war der Traum vom deutschen WM-Titel ausgeträumt.

Zum vierten Mal musste Deutschland eine WM-Endspiel-Niederlage hinnehmen. Zum Weinen, dieses himmelschreiende Pech! Auch unter den Freunden waren die Enttäuschung und der Frust spürbar. Lediglich Steffen Leistner äußerte sich sachlich knapp: „Ich hab’s doch vorher gesagt: Jetzt haben die ihren fünften Stern. Und unsere laufen weiter hinter dem vierten her.“

„Und was machen wir jetzt mit unserer Enttäuschung?“, fragte jemand, während sich das „Publik Viewing“ relativ still mehr und mehr auflöste. Ein paar Vorschläge zur Restabendgestaltung gingen zwischen den Freunden hin und her. Passendes für alle war nicht dabei. Schließlich sagte Steffen: „Ich fahr noch rüber nach Rechberg und lauf auf die Ruine oder zur Kapelle. Ich muss mich abreagieren. Wenn keiner mitfährt, fahr ich halt alleine.“

Die Einzige, die reagierte, war Simone Sandersfeld. „Ich fahr mit zum Abreagieren, wenn du mich mitnimmst.“

„Natürlich nehm ich dich mit“, war Steffen sichtlich erfreut. „Hat noch jemand das Bedürfnis?“

Niemand hatte das Bedürfnis. Jeder hatte einen anderen Grund, nicht hinüber nach Rechberg zu wollen. Ob die Freunde den beiden wohl die Chance geben wollten, einmal ganz für sich und ohne Begleitung …

„Gut“, sagte Steffen, „fahren wir halt alleine. Komm, Simone. Machen wir uns fort.“ Wenig später saßen die beiden in Steffens Wagen, überquerten unten in Schwäbisch Gmünd die Rems und fuhren auf der anderen Seite des Tales den Hang hinauf, um oben in der Dorfmitte von Rechberg das Auto abzustellen und den Weg hinauf zur Burgruine unter die Füße zu nehmen.

Wäre das jetzt nicht die Gelegenheit gewesen, einmal ohne die anderen fünf des Freundeskreises über sich selbst zu reden? Wenn die beiden Abendspaziergänger diesen Gedanken in den Köpfen hatten, so hat ihn doch keiner ausgesprochen. Die beiden verpassten wieder einmal die Gelegenheit, sich gegenseitig ihre Empfindungen füreinander zu offenbaren. Steffen Leistner und Simone Sandersfeld gingen an dem milden Abend beinahe stumm nebeneinander her und tauschten gerade einmal ein paar Gedanken aus über den ausgehenden Tag mit seinen Ereignissen und über die bevorstehende Woche. An ihrem persönlichen Thema ging das aber alles vorbei.

Nein – doch nicht alles. Ein Thema hatte mit ihrer eigenen Zukunft zu tun, wenngleich den beiden das nicht bewusst war: Steffen und Simone sprachen darüber, wie die Arbeit am und im Roten Haus weiterginge. „Wenn du willst, kannst du mir ja mal helfen“, war einer von Steffens Gedanken, den Simone sogleich zustimmend aufgriff: „Morgen nach Feierabend komm ich rüber.“

Wie vereinbart, so geschah es mehrmals in den nächsten Wochen, ohne dass die beiden Menschen sich dabei äußerlich erkennbar nähergekommen wären. Dennoch planten sie für die gemeinsame Zukunft. Steffen wollte zum Beispiel sein Schlafzimmer mit einem Teppichboden versehen. Er wollte nicht gerne aus dem Bett auf einen kalten Fußboden aussteigen.

„Teppichboden im Schlafzimmer ist nicht gut, Steffen“, widersprach Simone. „Teppichböden sind Staubfänger und ideale Wohnplätze für Milben und anderes Ungeziefer von der kleinen Sorte, und im Schlafzimmer gibt es nun einmal Staub. Ich hab übrigens eine Stauballergie.“

Nach einigem Hin und Her zu dieser Frage beendete der Mann die Diskussion mit der Bemerkung: „Na, wenn du das meinst, Simone, dann eben ohne Teppich und dafür mit Laminat.“

Ein anderes Mal ging es beim gemeinsamen Anschauen von Küchenmöbeln um Griffe für Türen und Schubladen. Steffen hatte ganz andere Vorstellungen davon als Simone. Die aber setzte ihren Geschmack durch und suchte gemeinsam mit einer der Freundinnen die Griffgarnituren aus.

Wieso mache ich eigentlich schon wieder, was die will?, mochte es Steffen durch den Sinn gegangen sein. Er hatte doch gar nichts mit dieser Kollegin. Oder hätte er doch gerne? Hatte die was mit ihm? Gesagt hatte die zumindest nie etwas davon. Die Männer aus dem Freundeskreis, bei denen Steffen gelegentlich sein Problem andeutete, rieten ihm schon lange, endlich einmal Klartext zu sprechen und gezielt nachzufragen. Er sei da am Zug. Es sei Männersache, sich einer Frau zu öffnen. Steffen lehnte diesen Rat allerdings ab. Das könne er nicht. Dazu sei er zu schüchtern. Auch eine immerhin denkbare Hilfe seiner Freunde lehnte der heimlich Verliebte ab.

In Simones Sinn bewegten sich zunehmend ähnliche Gedanken in umgekehrter Richtung. Warum nahm Steffen viele ihrer Vorschläge zur Gestaltung seiner Wohnung an? Hatte der keine eigene Meinung? Dachte er vielleicht irgendwie an spätere gemeinsame Zeiten mit ihr? Hatte sie denn etwas mit dem Mann? Oder hätte sie vielleicht gerne etwas mit ihm? Simone wusste es selbst nicht so recht, und ihre Freundinnen gaben ihr auch keinen sinnvollen Rat. Sie konnte doch nicht auf ihn zugehen. Das gehörte sich nicht! Das widersprach allen Regeln des Umgangs miteinander. Frauen werben nicht um Männer! Das muss umgekehrt ablaufen! Punkt!

Die Situation zwischen den beiden Menschen war schon merkwürdig. Aber sie sollte sich klären. Gottes Mühlen mahlen zuweilen halt langsam. Es kam Samstag, der 17. August 2002, ein Tag, an dem alle Welt über die verheerende Flutkatastrophe an der Elbe redete und darüber, dass die Stadt Dresden in den Fluten des Jahrhunderthochwassers bei einem Rekordpegelstand von 9,40 Metern schier unterging. Traurig und dramatisch! Was ging in dieser schönen Stadt nicht alles in den Wassermassen kaputt?! Schon gut, dass von menschlichen Opfern der Flut keine Rede war, umso mehr vom menschlichen Einsatz, der versuchte zu retten, was zu retten war, und zu bewahren, was zu bewahren war.

Natürlich war das Hochwasser an diesem Tag auch Steffens Thema. Schließlich war Dresden die Hauptstadt seiner Heimatregion. Er konnte dort aber leider nicht helfen, deshalb hatte er auch noch ein anderes Thema. Er lud Simone zu einer Fahrt auf seinem neuen Motorrad ein, einer Honda CBR 600 mit 110 PS und einer Höchstgeschwindigkeit von mehr als 220 km/h. Wow, was für eine Maschine! Er würde gerne einmal den Blautopf besuchen, meinte er und lud Simone ein, mit ihm dort hinzufahren und diese Karstquelle in Blaubeuren bei Ulm anzuschauen.

„Da hat mir doch meine Mutter einmal einen schwäbischen Zungenbrecher beigebracht“, erinnerte sich Simone und kramte sofort in ihrem Gedächtnis. „Ich glaub, ich krieg den Spruch hin. Pass auf, Steffen! Wenn du mir nachsprechen kannst, setz ich mich auf den heißen Ofen und fahr mit dir zum Blautopf."

„Oh!", erschrak Steffen. „Das wird jetzt schwer. Ich bin kein Sprachkünstler. Ich bin Sachse aus dem Erzgebirge und des Schwäbischen nicht mächtig."

„Macht nix, versuchst es halt. Ich bin auch großzügig mit meinem Urteil", machte Simone dem heimlichen Mann ihres Herzens Mut und zitierte den Reim mehr oder weniger stockend; leicht kam ihr der Zungenbrecher auch nicht über die Lippen:

„'S leit a Klötzle Blei glei bei Blaubeira;
glei bei Blaubeira leit a Klötzle Blei."

„Jetzt bist du dran", lachte Simone ihr Gegenüber an. Steffen holte ein paarmal tief Luft und machte dann einen Versuch, den Zweizeiler nachzusprechen. Er versagte kläglich. „Sprachakrobatik ist nichts für mich! Fährst du jetzt trotzdem mit?", fragte er und tat ein wenig zerknirscht.

„Wenn du mir versprichst, deine Honda nicht auszureizen", gab Simone gnädig zurück, und so befanden sich die beiden wenig später in Lederjacke und Helm auf dem Weg hinüber zur Alb. Dass Simone sich an den Fahrer klammern musste, ließ sich leider nicht vermeiden. Sie wollte das auch gar nicht vermeiden, sie genoss diese erzwungene körperliche Nähe. Dabei ging es dem Mann am Lenker nicht viel anders. Der genoss es, seine Sozia hinter sich zu fühlen. Und das noch mehr, wenn er einmal abbremsen musste und sie deshalb nach vorne gedrückt wurde.

Die beiden hatten einen eigentlich wunderbaren Ausflug an einen interessanten Ort hinter sich, als sie abends auf den

Schönblick zurückkamen. Der Besuch einer Pizzeria in Göppingen als Unterbrechung der Fahrt hatte den „zähen Tag“ – eine spätere Beschreibung von Steffen – allerdings auch nicht aufgelockert. Schüchternheit kann schlimm sein. Schüchternheit gepaart mit Mutlosigkeit ist schlimmer.

Nach dem langen Sitzen auf dem Motorrad tat ein kleiner Fußweg noch gut, und so beschlossen die beiden, den lauen Sommerabend ihres gemeinsamen Reisetages noch mit einem Gang durch die angenehme Abendluft zu beschließen. Vielleicht brachte das ja die ersehnte Lockerung des zähen Tages. Ordentlich nebeneinander hergehend machten sie sich auf den Weg durch die Flur zwischen Wetzgau und Großdeinbach hinüber zur Burgruine Waldau. Ihr Ziel erreichten sie, ohne viel miteinander geredet zu haben. Jeder wartete wohl darauf, dass der andere ein Gespräch begann.

Am historischen Ort ließen sich die beiden im Gras nieder, wobei sie wie von allein dicht nebeneinander zu sitzen kamen. Dennoch kam es immer noch nicht zu einem Gespräch. Wie war das doch: Schüchternheit ist schlimm. Schlimmer wird's, wenn auch noch der Mut fehlt auszusprechen, was man unbedingt aussprechen sollte und möchte.

Was zwischen Steffen Leistner und Simone Sandersfeld ausgesprochen werden musste, brauchte leider immer noch eine längere Vorbereitung. Zu der gehörte es, dass der Mann nun doch sein Spiel mit Grashalmen aufgab und sehr vorsichtig die Hand der Frau neben sich suchte – und sie auch fand. Diese Hand wurde nun nicht etwa zurückgezogen, nein, sie wurde willig zur Verfügung gestellt. Hurra, der erste Schritt war getan! Der zweite kam nach: Die beiden rückten noch ein wenig näher zusammen und legten dann auch – endlich! – jeder einen Arm um den andern. Dabei geschah alles noch ohne Worte. Als drittes kam dann endlich auch die befreiende Frage von

Steffen in herrlichem Sächsisch: „Solln mer uns net zusammendun, Simone? Willste net mei Frau wern?“

Mit dieser Doppelfrage war endlich der Bann gebrochen! Simone wandte sich sofort Steffen zu und antwortete mit einem erlösenden, fröhlichen „Ja! Ich will!“ Jetzt war die Freiheit da für ein entspanntes Gespräch über ihre Zuneigung, die sie beide schon lange in ihren Herzen gepflegt hatten, die längst zur großen Liebe gewachsen war und die getragen war von der hoffenden Sehnsucht nach einer gemeinsamen Zukunft.

Nach diesem gegenseitigen Bekenntnis war es nicht mehr weit bis zur herzlich-festen Umarmung. Und es war auch nicht mehr weit bis zum ersten innigen Kuss … Endlich waren die zwei Menschen an dem Punkt ihres bisher getrennt empfundenen Lebens angekommen, an den Gott sie hatte haben wollen. Auch darüber wurde an diesem späten Abend von den beiden noch manches gesprochen, bis die fortgeschrittene Zeit sie dann doch nach Hause trieb. Dabei war ihnen, als ob die Sterne in dieser mondlosen Nacht ganz besonders hell vom Firmament herunterleuchteten.

Am folgenden Sonntag gab es ein Scheunenfest auf dem Gelände des Försters Flad. Das war für Steffen und Simone die Gelegenheit, sich vor den Freunden und allen anderen Festbesuchern offen als Paar zu zeigen. Sie taten es, indem sie fröhlich lachend und händchenhaltend auf das Gelände kamen und sich nach einer entsprechenden Ansage vor den Leuten in die Arme nahmen. Der Jubel, den sie damit auslösten, war deutlich, hatten doch viele Leute ihres Umfeldes lange auf diesen Moment gewartet. Der Knoten war geplatzt! Das Scheunenfest bekam eine unerwartete weitere Bedeutung …

Ihre inoffizielle Verlobung „feierten" die beiden im November 2002 während eines Spazierganges auf dem Gelände des Oberen Schlosses in Siegen, nachdem Simone ihren Steffen in ihrer Familie vorgestellt hatte. Eine „Nachfeier" zu zweit folgte in einer Pizzeria in Neunkirchen unweit der elterlichen Wohnung. Auf eine große Verlobung verzichteten die beiden. Ihre Ringe kauften sie später in ihrer Gold- und Silberstadt Schwäbisch Gmünd, sodass sie rechtzeitig zur Hochzeit im Mai 2003 zur Verfügung standen und angesteckt werden konnten.

Freilich musste Steffen ab diesem Zeitpunkt seine Wohnung im sogenannten Roten Haus mit seiner Frau teilen, die Wohnung, die er doch eigentlich nur für sich gebaut und eingerichtet hatte ... Gerne hat er eingesehen, dass Gott es anders vorgehabt und letztlich auch konsequent nach seinem Vorsatz zum glücklichen Ende geführt hatte.

Das Ende war dann ja ein ganz neuer Anfang, denn seitdem sind Steffen und Simone Leistner, geborene Sandersfeld, nun fröhlich und glücklich gemeinsam – und inzwischen mit ihren beiden Jungen zu viert – unterwegs, und sie sind an ihren Werktagen und auch an ihren Sonntagen eifrig bemüht, ihren Trauspruch aus 1. Korinther 16,13-14 immer wieder neu praktisch werden zu lassen: „Wachet, steht im Glauben, seid mutig und seid stark! Alle eure Dinge lasst in der Liebe geschehen!"

Das Leben im Glauben und das Tun der Dinge in der Liebe hat die beiden Leistners dann auch das Reden gelehrt, das Reden miteinander, mit den Jungen, mit den Menschen ihrer Umgebung. Dabei hält sich das Reden immer noch in deutlichen Grenzen. Es ist wohl unmöglich, dass die beiden Neuschwaben sich zu „Lälabäbbel" entwickeln könnten. Das verbieten die erzgebirgischen und die Siegerländer Restmentalitäten ...

Der Schönblick

Das Christliche Gästezentrum Schönblick ist Gastgeber für Seminarteilnehmer, Urlauber, Sinnsucher, Naturfreunde, Kulturinteressierte und Familien.

Der Schönblick ist ein offenes Haus, aber auch ein Ort der Ruhe und Besinnlichkeit. 100 Jahre christliche Tradition verbinden wir mit aktuellen Themen und zeitgemäßen Diskussionen.

Wir sind ein überregionales Gäste- und Tagungszentrum mit einem anspruchsvollen und vielfältigen Seminar-Programm.

In unserem Gästezentrum dürfen Körper, Geist und Seele Urlaub machen. Ein Spaziergang durch den wunderschönen Landschaftspark Wetzgau schafft Distanz zum Alltag. Neben den zahlreichen Spazier- und Waldwegen, wie z.B. dem christlichen Meditationsweg „LebensWeg“, stehen den Gästen ein Beachvolleyballfeld, ein Fußballplatz, ein Wasserspielplatz sowie ein Bewegungsbad zur Verfügung.

Wer viel unterwegs ist, draußen oder in Gedanken, braucht eine Stärkung. Unser Küchenteam verwöhnt die Gäste mit frischen Produkten aus der eigenen Gärtnerei und regionalen Spezialitäten.

Der Schönblick liegt am Rande der Schwäbischen Alb. Eine Gegend, die es zu entdecken lohnt. Schwäbisch Gmünd bietet als älteste Stauferstadt ein vielfältiges Stadt- und Kulturleben. Der Skypark „Kletterwald“ befindet sich direkt neben dem Gelände des Schönblicks. Dort warten zehn interessante Parcours auf Kletterer jeden Alters.

Lothar von Seltmann

Wir nannten sie Mutter Eva

Das bewegende Leben
der Eva von Tiele-Winckler

240 Seiten, gebunden
ISBN 978-3-7655-2040-2

Abenteuerlust, Mut, Energie, eine behütete Kindheit, ein tiefer Glaube und ein reiches, unternehmerisch äußerst erfolgreiches Elternhaus: Das ist die ungewöhnliche Mischung, aus der eine der bedeutendsten Frauengestalten in der Diakonie hervorgeht – Eva von Tiele-Winckler. Schon mit 24 Jahren wird sie „Mutter Eva" genannt. Sie gründet „Kinderheimaten" für Tausende von verlassenen Kindern. Dort leben diese – ganz modern – in Familiengruppen. Als Mitstreiterinnen gewinnt Eva viele Frauen, für die sie eine Schwesternschaft aufbaut. Sie gründet die erste diakonische GmbH auf der Welt. Doch nicht organisatorischer Aktionismus, sondern die Liebe prägt ihre große Arbeit. Sie stirbt 1930 mit einem Lächeln auf dem Gesicht.